地理标志农产品保护
百佳典范

中国绿色食品发展中心　编著

中国农业科学技术出版社

图书在版编目（CIP）数据

地理标志农产品保护百佳典范 / 中国绿色食品发展中心编著. -- 北京 : 中国农业科学技术出版社, 2025. 6. -- ISBN 978-7-5116-7446-3

Ⅰ. F724.72

中国国家版本馆 CIP 数据核字第 2025MJ0033 号

责任编辑 史咏竹
责任校对 马广洋
责任印制 姜义伟 王思文

出 版 者 中国农业科学技术出版社
北京市中关村南大街 12 号 邮编：100081
电　　话 （010）82105169（出版中心） （010）82106624（发行部）
（010）82109709（读者服务部）
网　　址 https://castp. caas.cn
经 销 者 各地新华书店
印 刷 者 北京科信印刷有限公司
开　　本 210mm × 290mm 1/16
印　　张 18
字　　数 462 千字
版　　次 2025 年 6 月第 1 版 2025 年 6 月第 1 次印刷
定　　价 128.00 元

《地理标志农产品保护百佳典范》编著委员会

主　　编　沈光宏　王多玉

副 主 编　赵　辉　修文彦　史美越　宫凤影　赵　坤　张海彬　李全军　惠　芳

编写人员　（以姓氏拼音为序）

卜秋霞　曹　雨　常筱磊　陈　玲　陈　曦
陈书红　陈艳芬　董博钊　冯连第　高继红
关晓雪　郭　萍　贺　研　李　超　李　刚
李　珅　李晓慧　刘建朝　刘鹏琰　马红战
彭一文　曲云凤　任　伶　沈　熙　施维新
宋耀欣　孙建春　汪　湖　王国成　王江涛
王振雨　席　静　肖　伟　肖秀兰　谢晴晴
辛绪红　杨　楝　杨红朝　杨艳芹　尤　帅
张　琪　张　月　张馨蕾　周　熙

目　录

CONTENTS

产自特定地域

浓缩山水馈赠

凝聚农人匠心

彰显独特品质

农产品地理标志

Agro-product Geographical Indications

Ministry of Agriculture and Rural Affairs,PRC

中华人民共和国农业农村部

◆ 北京鸭

北京鸭历史悠久，素以生产填鸭闻名遐迩，以北京鸭为原料精细加工的北京烤鸭更是北京的一张名片。近年来，北京市围绕品种培优、品质提升、品牌打造3个目标，形成贯通全程的北京鸭高品质生产和质控技术体系，在品种评价鉴定、养殖工艺提升、专用饲料配制和品牌培育提升4个环节取得突破，实现技术成果在北京核心区全覆盖、生产企业广泛应用、加工企业高度认可和餐饮企业一致采信4个方面的成效，有效支撑和彰显了北京烤鸭的品牌价值与美誉度，促进了一二三产业融合发展。“六位一体”模式的推广，覆盖1.7亿余只北京鸭，创造经济效益12.0亿元，带动农户1 800余户，在推进乡村振兴方面起到重要作用。

一、经验做法

（一）北京种，加强北京鸭的品种保护和培优

在北京市昌平区设立2个北京鸭国家级保种基地，加强北京鸭品种的源头保护，与北京市畜牧总站种质基因库相结合，开展北京鸭种质资源保存新技术的研究与应用，为北京鸭品种的开发利用奠定基础。支持相关企业与在京高校和科研机构合作，利用北京鸭相继培育了4个新配套系，进一步占据烤鸭中高端市场。利用北京鸭特异性SNP（单核苷酸多态性），建立了北京鸭品种鉴别技术平台，为高品质北京鸭建立了分子标识和基因“身份证”。

（二）北京养，确保北京鸭的高品质

制定了北京鸭投入品、填饲技术、品质鉴定和屠宰工艺4项标准，构建全产业链标准综合体，形成贯通全产业链的地理标志北京鸭生产技术和质控技术体系。推广异位发酵床和原位发酵床养殖北京鸭技术模式2套，提高北京鸭福利养殖水平。创制北京鸭育雏生长期和育肥提质期“两段式”养殖技术模式，保障北京鸭高品质。建立北京鸭全程溯源平台，打造北京鸭质量安全与品质监督综合服务平台，确保身份标识化，保障质量。相关成果获2019—2021年度全国农牧渔业丰收奖一等奖。

（三）北京填，北京鸭历史文化的传承与创新

做好北京鸭的品质提升和品牌打造，关键是对具有悠久历史的北京鸭品种和填饲工艺的文化传承与创新，讲好北京鸭故事。近年来，通过举办北京鸭农产品地理标志发布会，召开北京鸭地理标志及产业发展工作会，组建北京鸭农产品地理标志研究专家委员会，依托农民丰收节、中国国际农产品交易会、北京餐饮食材预制菜博览会等各类节庆与展会，不断提升北京鸭的知名度和影响力。2022年，

在顺义区前鲁鸭场打造北京鸭历史文化馆，展示北京鸭的历史资料、标志性事件和填饲技艺场景，在起源地讲好北京鸭和填饲工艺悠久的历史文化。持续开展烤鸭店特色宣传，联合北京市内多家北京烤鸭店，进行北京鸭地理标志元素的装饰，打造“地标餐厅”，将北京鸭地理标志向更多消费者宣传推广，进一步提升北京鸭的品牌影响力和消费者认知度。

二、主要成效

（一）全产业链标准化生产水平提升

北京市以高品质北京鸭生产和推广应用为目标，围绕品种培优、品质提升和品牌打造，研究形成了贯通生产全程的规范化、标准化北京鸭高品质生产技术体系，全产业链标准化生产水平进一步提升，得到相关方面充分认可和采信应用。辐射带动生产主体采用北京鸭高品质生产技术体系，“两段式”生产模式带动众多农户增收，户均年纯收入可达到 10 万元。

（二）地理标志产品提质增量

从北京鸭种源保护、品种选育提升、产品品质监管等方面出发，北京市进一步保障北京鸭的种质质量与产品质量。在已有授权用标企业的产能基础上，进一步提升北京鸭用标企业综合生产能力，提高产量，提升品质，2023 年，北京市父母代北京鸭存笼量 3.1 万只，商品代北京鸭存笼量 14.9 万只，出栏北京鸭的数量达 800 万只，较 2022 年增长 400%。

（三）餐饮企业认可度明显提高

采用北京鸭为原料加工制作北京烤鸭的餐饮企业在北京的市场占有率进一步提高，守护好北京烤鸭传统味道，并逐渐从店内广告、餐具标识、桌签宣传、多媒体推广、伴手礼制作等多个方面展现北京鸭的特色，餐饮企业对北京鸭的认知度和采信度不断提高。

（四）品牌影响力进一步提升

通过北京鸭历史文化展示、持续举办系列宣传活动、制作宣传视频、开展媒体宣传等系列宣传工作，让消费者了解北京烤鸭源自地理标志农产品北京鸭，其品牌影响力不断提升。2023 年，北京鸭被评选为全国畜牧地理标志区域公用品牌“品牌声誉百强”排行榜第一名，充分彰显了北京鸭的品牌影响力，也有力彰显了中华传统美食北京烤鸭的品牌价值及其美誉度、公信力、消费忠诚度和良好口碑。

昌平草莓

昌平草莓，聚焦自身资源禀赋和地理标志文化发掘，以“培育一个品牌，做强一个产业，造福一方百姓”为目标，通过政策、创新、服务、宣传和文化5个方面深度融合，推动了北京市昌平区草莓生产标准化、产品特色化、身份标识化和全程数字化，实现了“小草莓带动大发展”，助力乡村振兴，促进农民增收。

一、基本情况

昌平草莓经过20余年的发展，已成为集科研示范、技术孵化、品种繁育、组织生产、加工配送、观光采摘和文化展示等功能于一体的现代都市农业支柱引领产业。目前，昌平草莓种植温室规模维持在5 000余栋，年总产量6 400吨，年总产值达3.2亿元，带动了昌平区13个镇街、70余个村、1 500余户农户、4 000余名农民就业增收。

二、主要做法

（一）融合政策为引领，蓄力产业发展

北京市昌平区高度重视昌平草莓地理标志农产品的保护和发展工作，将其纳入发展规划并出台多项政策文件。2016年昌平区政府出台了扶持农业产业化发展的意见，对草莓种苗、蜜蜂授粉、绿色防控、增施有机肥等9项投入品进行补贴，每年补贴1 800余万元，累计补贴1.5亿元，引导农户按标准生产。2023年，昌平区出台促进农业高质量发展实施细则，围绕种业振兴、质量检测、品牌包装、电商销售等草莓全产业链条，形成了47项补贴细则，进一步引领昌平草莓高质量发展。

（二）融合创新为驱动，筑牢科技支撑

昌平草莓建立“政府＋科研院校＋企业”农科创发展模式，通过在种业振兴、先进技术、现代装备、智慧农业等方向创新攻关，强化科技支撑产业发展的能力。建设昌平草莓种质资源圃，保存了100个种质资源，攥紧“农业芯片”；创新“南繁北扦”“京苗北扦”模式，提升昌平草莓种苗质量。创新草莓与蔬菜间套作技术、机械化起垄等技术，提升生产技术水平；开发“昌平草莓地图”小程序，追踪溯源，带标上市，打造“数字昌平草莓”。引入院士工作站，创建博士农场、草莓科技小院等，促进草莓产业科技成果转化落地。

（三）融合服务为抓手，夯实生产基础

昌平区制定“入镇、入村、入户、入社”和“促进农民增收农业增效”的“四入一促”服务机制，为昌平草莓高质量发展保驾护航。9支草莓服务队伍做到吹哨报到，服务生产一线，年均下乡指导1.5万余人次，实现草莓技术服务100%覆盖。培育国家级、市级、区级等草莓专业合作社30余个，不断摸索创建新型联合社，将其作为推进产业政策实施、加强监管保护、做好“最后一公里”服务、带

动农民增收的重要服务组织支撑，在生产、管理、培训、销售和社会化服务等方面发挥服务带动作用。

（四）融合宣传为导向，扩大品牌影响

融合传统媒体与新媒体宣传，开发昌平草莓专属微信表情包，拍摄“昌平草莓人人赞”系列短片，依托中央电视台财经频道“消费新主张”栏目、中央电视台农业农村频道“乡村大舞台”栏目、1039 广播电台、户外广告牌、专题报道、微信直播等多种形式，打造“亮点突出，融合传播”的昌平草莓主题宣传。联合邮政、万达商业城等，举办骑行、草莓大集等促销推介活动，创新产销对接模式。

（五）融合文化为载体，增强品牌记忆

以“品昌平草莓，赏地标文化”为主题，建成 860 米 ^{2} 的昌平草莓文化长廊，形成全方位展示昌平草莓的文化高地。在核心基地设立昌平草莓统一品牌标识，增强品牌记忆；在重点基地设立展板，展示合作社带动社员发展、高标准草莓育苗、全产业链标准化生产等典型模式；在示范基地设立昌平草莓统一品牌标牌；开发昌平草莓文创产品，设计印制带有昌平草莓 IP 形象的包装，促进品牌标准化统一销售。

三、主要成效

（一）成功打造昌平草莓品牌矩阵

通过昌平草莓统一标准化生产、统一服务、统一包装、统一上市、园区定制化宣传、产品个性化打造等方式，多措并举，打造了“公共品牌 + 企业品牌 + 产品品牌”的昌平草莓品牌矩阵，提升了昌平草莓公共品牌影响力，叫响了“御享”“鑫城缘”“天润园”“万德园”等多个企业品牌和产品品牌。

（二）持续打造昌平草莓专属节日

昌平草莓节以“莓”为介，挖掘昌平草莓文化、讲述昌平草莓故事，全面展示推广昌平草莓产业发展成就，促进农民增收。节庆活动增加了昌平草莓的互动性与参与度，增强了宣传覆盖面与纵深度，持续提升了昌平草莓品牌影响力，并大幅度拓展了消费市场，成为宣传展示昌平区都市现代农业发展建设成就的一个重要窗口。

（三）标准化带动农民持续增收

昌平区制定发布了地方标准《地理标志产品　昌平草莓》（DB11/T 992—2021）以及行业标准《设施草莓生产技术规程》（NY/T 3848—2021），将昌平草莓从育苗生产到果品质量进行全方位的规范，保证昌平草莓安全、优质生产。通过专题培训、生产操作规程上墙、发放农事记录本和标准化生产技术手册等形式，每年培训企业技术人员和农户 3 000 余人次，入户服务 7 000 余次。进一步规范了草莓标准化生产，全区草莓总产值逐年增加，实现了社会效益与经济效益双丰收。

◆ 茶淀玫瑰香葡萄

天津市滨海新区茶淀街道是我国最大的玫瑰香葡萄集中连片种植区，是全国玫瑰香葡萄标准化示范区，是环渤海葡萄产区的优秀代表。目前，玫瑰香葡萄种植面积已达 2.7 万亩（1 亩 ≈ 667 米 ^{2}，全书同），年总产量 5 万吨，年产值 3 亿元，已成为滨海新区种植业的支柱产业。近年来，滨海新区加强改革创新，全力建设玫瑰香葡萄生产基地，卓有成效地开展地理标志农产品保护工作。

一、提升地理标志农产品综合生产能力

在茶淀玫瑰香葡萄生产基地核心区茶淀街道孟圈村建立了 100 亩茶淀玫瑰香葡萄标准化示范基地，开展试验、示范、推广工作，改善生产设施条件，保护特定产地环境，促进适度规模发展，辐射带动葡萄种植 2.7 万亩。葡萄核心示范区示范绿色防控 100 亩，示范应用果实套袋 400 亩等，推进标准化生产，加强品质和质量控制，确保质量安全，促进绿色发展。葡萄核心示范区示范土壤改良 100 亩，推广水肥一体化、商品有机肥、无纺地布，改良土壤，确保茶淀玫瑰香葡萄的特色品质。对原有葡萄栽培架型进行技术改造，解决结果部位低、负载不合理等问题，推行葡萄花果精细化管理，轻简化修剪，单产控制在 2 000 千克 / 亩以内，解决果品质量参差不齐的问题。改造低产低质茶淀玫瑰香葡萄园，推广茶淀玫瑰香葡萄优系新品种，使葡萄更新复壮。推广节水灌溉技术和水肥一体化技术，科学施肥、用药，提高肥料利用率和药剂有效率，减少化肥和农药的施用量，确保产品质量安全，节省水、肥、药和劳动力成本，促进增收节支，提高经济效益 0.4 万元 / 亩。

以茶淀玫瑰香葡萄示范基地为样板，以点带面，带动周边果园升级改造，示范辐射整个地理标志农产品保护区域，使茶淀玫瑰香葡萄的商品性普遍得到提升。适度发展设施促早和延迟采收葡萄，使葡萄排开上市，延长茶淀玫瑰香葡萄的销售期。改造升级传统的葡萄贮藏保鲜技术，示范改造保鲜库 1 个，提升贮藏保鲜新材料、新工艺、新设备，包括保鲜库新型保温材料、小型制冷设备、智能温控设备等。

二、推进地理标志农产品品牌成长

深入挖掘茶淀玫瑰香葡萄地理标志农产品的历史文化内涵，讲好茶淀品牌故事，提升知名度。设置地理标志保护地域标识标牌 1 个，明确产品名称、证书持有人、生产地域、规模产量等信息，设立地理标志

保护宣传牌及葡萄文化旅游节宣传彩旗等，加强品牌宣传，开展相关展示宣传活动。建立滨海新区葡萄种植业协会公众号，建立顺丰大当家等网上电商营销促销平台，借助现代信息技术，加强市场营销，提升市场占有率，促进优质优价，促进高品质产品生产。在茶淀玫瑰香葡萄生产基地核心区茶淀街道孟圈村建设百亩茶淀玫瑰香葡萄标准化示范基地，推行葡萄标准化栽培技术规范，果品质量显著提升，使之成为当地葡萄标准化栽培的样板。同时，结合百亩茶淀玫瑰香葡萄标准化示范基地建设，配套附属设施，营造优美的田园风光景点，使之成为休闲娱乐、旅游观光的好去处，提高了果园的综合效能。该示范基地已成为天津市旅游观光代表性景点。开展茶淀玫瑰香葡萄文化旅游节活动，自 2006 年以来，已经成功举办了 15 届天津滨海新区茶淀玫瑰香葡萄文化旅游节，树立了良好的品牌形象。

三、强化地理标志农产品知识产权保护

制定、修订茶淀玫瑰香葡萄标准化栽培技术规程 1 个，保持提升地理标志农产品的优良品质特性，实现标准统一、技术统一、品牌统一、绿色防控统一。开展茶淀玫瑰香葡萄地理标志农产品质量控制技术规范及相关管理制度的宣贯培训 4 次，培训果农 300 人次，并组织参观观摩 2 次，从而推进标准化生产、规范农民的生产行为、促进农民增产增收。建立完善的地理标志农产品原产地可追溯制度和质量标识制度。购置二维码设备，开展产品质量检测与追溯，确保地理标志农产品特色品质和质量安全。建设地理标志农产品质量追溯系统，由销售平台对葡萄专业种植合作社和示范基地进行严格管控，向葡萄种植农户推行使用二维码标识，用以追根溯源。购置农药残留速测仪等必要的小型设备，不定期对区域内的产品进行农残检测，同时，委托有资质的检验监测单位，在葡萄生产关键时期进行抽样检测。 建立地理标志农产品标识管理制度，强化检测与质量追溯，杜绝标识滥用，包装实行统一规划、设计、制作，严格管控标识的使用，切实保护地理标志农产品知识产权，维护茶淀玫瑰香葡萄品牌的良好形象。

◆ 小站稻

天津市津南区深入实施小站稻地理标志农产品保护工程，针对小站稻生产能力提升、质量提升与特色品质保持、品牌培育宣传、身份标识化和全程数字化 4 个方面进行建设，改善生产设施，增强小站稻品牌影响力，提高市场认可度，提升小站稻生产、监管和服务信息化水平。

一、提升生产能力

近年来，津南区全面振兴复垦小站稻，全面提高品质，着力推进小站稻产业由增产向提质转型，进一步明确了小站稻的发展定位，凝练出“源、种、魂”三大核心。

目前，津南区小站稻种植面积约 5.1 万亩，通过田间地头的调研摸底发现，区内现有育秧基地的育秧能力远远不能满足全区对秧苗的需求。地理标志农产品保护工程项目建设了育秧中心，共计 23 栋育秧棚，服务于津南区广大稻农和企业，进一步提高了小站稻的育秧技术和效率，实现集约化、标准化和设施化育秧，完善了津南区小站稻产业的育秧设施条件，从而提升了全区小站稻生产能力。

二、加强质量提升，保持特色品质

一是通过组织开展小站稻地理标志农产品质量控制技术规范及相关管理制度的宣贯培训，进一步明确小站稻质量控制规范，确保小站稻特色品质得到保持，优化并落实了生产技术规程，建立健全了小站稻产业标准体系。

二是发放小站稻地方标准合订本 2 000 余册，加强标准宣贯力度，助力推行小站稻地方标准，使小站稻从种子生产到大米加工均实现标准化管理。

三、开展品牌培育宣传

为使抽象的小站稻品牌具体化与形象化，让广大人民亲自接触、感受、感知，增强小站稻品牌影响力，提高市场认可度，保护工程从以下 6 个方面进行小站稻品牌培育建设。

一是拍摄小站稻宣传片，传播小站稻地理标志农产品的稻耕文化。

二是召开第一届农民丰收节暨第二届津南区稻米节，结合富于农耕气息的“祈福金秋共庆丰收”收割仪式，让群众在感受到农耕丰收的喜庆氛围之时，深入了解小站稻的悠久历史文化内涵。创新开展稻香文化节，将小站稻生态资源同丰富多彩的民俗文化、历史文化相结合，依托诗歌、绘画、舞蹈、歌曲等文化创意手段，弘扬小站稻传统稻耕文化。

三是组织开展小站稻品牌推广会，吸引全国各地农业及相关部门、各级科研院所、农产品经营知名企业、大型电商超市负责人等前来参加，品鉴小站稻。

四是在核心产区小站镇会馆村以及津南区规模化的小站稻种植片区设置带有小站稻地理标志农产品名称、证书持有人、生产地域、规模产量等信息的标识标牌 100 块，通过最直观的视觉形式传递小站稻品牌信息。

五是对小站稻产品包装进行升级设计，设计“精制”“优选”“臻品”三大系列包装，进一步提高小站稻品牌辨识度和市场认知度，从而促进小站稻产业发展。

六是建设小站稻农闲生活专营店，吸引更多的消费者到店消费，从而提升小站稻品牌认知度。

四、推动身份标识化和全程数字化

为进一步做好小站稻生产信息采集，推行产地和产品台账管理，在小站稻生产过程中，证书持有人按照质量控制技术规范、农产品地理标志使用协议等相关规定，对产品生产区域、规模产量、特色品质、标志使用等开展技术服务和监督管理，规范标志授权使用，实行产品带标上市，建立健全质量标识和可追溯管理制度。依托国家农产品质量安全追溯管理信息平台和经营企业现有的小站稻天猫旗舰店电商平台，利用现代信息技术，通过智慧营销，实现小站稻产品生产全程可追溯，从而推动小站稻产品标识化和生产管理数字化建设。天津市优质小站稻开发有限公司已在国家农产品质量安全追溯管理信息平台完成信息注册，其天猫旗舰店展售的所有小站稻系列产品全部带有可追溯的二维码电子信息标识。

张北马铃薯

河北省张家口市张北县马铃薯种植历史悠久，最早可追溯到1880年，享有“河北省马铃薯之乡”“中国马铃薯原原种之乡”“中国北方马铃薯之乡”的美誉。张北马铃薯的种植区位优势独特，海拔1 400米左右，气候冷凉，昼夜温差大，日照时间长，土壤沙性，铸就了张北马铃薯入口沙绵、薯香味浓的独特品质。

依托2017年农业部实施环京津贫困县对口帮扶计划，张北县瞄准品牌扶贫，依托优良的生态环境，以马铃薯产业为重点，大力推广标准化生产，积极发展培育绿色食品、有机产品、地理标志农产品，促进地域特色产品高质量发展，创建了10万亩全国绿色食品原料（马铃薯）标准化生产基地。2018年，“张北马铃薯”登记为国家农产品地理标志，2019年，实施张北马铃薯地理标志产品保护工程项目。通过项目实施，进一步提高了张北马铃薯标准化生产水平，提升了产品质量，延伸了产业链条，创造了较好的经济效益。经过几年发展，张北马铃薯成为张北县推进乡村振兴的支柱产业。

一、一种情感不容忘怀，让全县人民对马铃薯有了特殊感情

2017年1月24日，习近平总书记来到张北县小二台镇德胜村考察调研人民生活以及产业发展情况时，对马铃薯产业发展提出了要求。张北县深入贯彻落实习近平总书记指示精神，紧紧围绕如何发展产业与带动农民脱贫的利益联结机制这一核心问题，着力打造集种薯繁育、商品薯生产、仓储、加工于一体的全产业链，把农户吸引到产业链上，使其在各个环节受益，特别是立足贫困户的实际需求，探索创新了马铃薯产业带动扶贫模式，带领人民脱贫致富。

二、一个园区集合发展，带动模式引起全县共鸣

张北县根据自身独特的区位优势和气候因素，打造了小二台德胜村马铃薯微型薯育种园区，新建育种大棚280个。在棚建方面，投入211.2万元补贴资金，按每个大棚补贴1.2万元的标准建设，由村委会委托合作社统一管理，村民承包经营。本村村民每个大棚每年租金1 000元，牵头企业每个大棚每年租金2 000元，所得租金用于租赁土地以及给无劳动能力的特殊群体补偿分红。

德胜村已在全县率先成规模地发展微型薯育种产业，年生产优质微型薯3 300多万粒。为便于贮藏，在园区建立了30个马铃薯贮藏窖，每个窖可贮藏2 400吨马铃薯，为后续的加工和销售提供了强有力的“后勤保障”。德胜村生产的马铃薯已通过绿色食品认证，并通过“龙头企业+基地+农户”的合作联结机制，逐步打造了集马铃薯组培、微型薯繁育、种薯基地建设、商品薯仓储于一体的完善产业链。

三、一种模式"两端"发展，让人民持续增收致富

一个好的农产品，除了具有生产环境优势外，好的技术支撑更会为产品增值加码。

在种植培育一端，张北马铃薯使用新式"组培瓶苗"技术，让脱毒苗产量成倍增长，由过去的每瓶30～50株增加到最多150多株，而且定植成活率几乎可以达到100%。同时，利用"离地穴盘"技术，让原原种（微型薯）的产量和品质达到极优。在张北县，到处可见紧密相邻的育种大棚，每亩大棚可以产24万～30万粒原原种，年收益可达5万元，成为人民脱贫致富、乡村振兴的"招财宝"。

在市场培育一端，打造了仓储、加工和销售为一体的全产业链条，做优做精既可做主食亦可做菜品的张北马铃薯。目前，张北县拥有马铃薯生产基地35万亩，年总产量约50万吨，马铃薯脱毒苗年产量约5.66亿株，原原种年产量约8亿粒，占全国总产量的25%左右。全县马铃薯贮存库配套设施完善，仓储能力达到60万吨，每年可吸纳9 600人务工，人均创收达14 400多元。在加工环节，一方面，大力引进裕农集团大型马铃薯加工企业入驻张北县，另一方面，依托农业产业化补贴等项目资金，积极扶持丰茂农业等现有马铃薯龙头企业不断做大做强。全县马铃薯企业年加工能力近20万吨，车间年用工1 000多人，带动农民人均增加年收入1.8万多元。

四、一项工程，全方位将农产品地理标志品牌做优

张北县借助地理标志农产品保护工程的实施，制定张北马铃薯全产业链生产标准体系，推广建设了12 000亩的张北马铃薯地理标志农产品标准化生产示范基地。建成了张北马铃薯种薯质量检测中心，配套相应设施设备及检测人员，提升专业检测技术水平，保障了地理标志农产品的特色品质和质量安全。引进建设了马铃薯净菜生产流水线，延伸产业链条，既提高了张北马铃薯的附加价值，又提高张北马铃薯市场竞争力，促进了县域经济发展。

"酒香也不忘多吆喝"，张北马铃薯借助农产品地理标志金字招牌广泛开展宣传推广活动，在中央电视台、今日头条、优酷、腾讯、淘宝等平台宣传张北马铃薯，通过专题片、直播带货，县长直播代言等多种方式，张北马铃薯品牌影响力持续增强。2020年，张北马铃薯入选第二批中国—欧盟地理标志互认互保产品名单。"小土豆大产业"的张北马铃薯将迎来更大的辉煌。

◆ 平泉香菇

河北省承德市平泉市发展香菇产业已有近 40 年的历史，集科技研发、标准化种植、精深加工、市场物流、品牌打造等于一体，全产业链发展，呈现出贸工农、产学研、育繁推一体化格局。

2010 年，平泉香菇获得农产品地理标志证书，产品保护范围覆盖了平泉市卧龙镇、柳溪镇、杨树岭镇等 10 个乡镇，现有种植基地面积 1.5 万亩，种植规模 1.5 亿袋，年产量 15.2 万吨，年产值 16 亿元。全市有 2 000 多人常年从事平泉香菇的生产和营销，产品包括干品、鲜品、盐渍品、速冻品、罐头、酱料等 100 多个品种，出口 12 个国家和地区，销往国内 60 多个大中城市，形成了 25 个知名企业和产品品牌，市场美誉度和信任度很高。

2020 年，平泉香菇实施地理标志农产品保护工程，生产设施条件得到了改善，生产标准化、产品特色化、管理数字化水平得到了提升，产品的知名度、美誉度及市场占有率明显提升，实现了品牌溢价。平泉香菇独特的产地环境和特定的生产方式得到有效保持，资源和产品品牌得到有效保护，传统人文历史得到有效传承，探索出了通往百姓致富、特色产业健康发展、提高标准化程度的乡村振兴之路。

一、产业效益持续提升

保护一个地理标志产品、推动一方产业发展、延伸一个产业链所带来的增值效应与溢价效应是明显的。地理标志保护工程项目的实施，使平泉香菇广大生产经营主体、园区和农户在产量及产品质量方面均有大幅度提升，香菇单棒产量提升 10% 左右，优质菇率高达 80% 以上，商品化率达 100%，经济效益显著。

目前，平泉香菇核心区有标准化种植基地 2 000 余亩，43 个村的 760 户菌农直接受益，覆盖人口达 2 300 余人，每年人均新增可支配收入 1 万元以上。地理标志农产品保护区域内平泉香菇标准化生产率达到 90% 以上，大幅增加了菌农收入。

二、产业带动能力逐步稳定

依托承德市“零成本投入、零风险经营、零距离就业”的“三零”帮扶机制，结合地理标志农产品保护工程项目，探索了“领养领种”“订单农业 + 社会化服务”“入园务工”“品牌增收” 4 种带农增收模式，变被动“输血”为主动“造血”，助推产业发展，巩固脱贫成果，为承德市乃至河北省打造了科技扶贫样板。

2020 年，仅在地理标志农产品保护工程项目区内就提供就业岗位 550 个，吸纳脱贫户 200 余人就业，人均增收在 2.5 万元以上；直接帮扶贫困户近 400 户，发放分红资金 120 万元；发展 30 户农户进入园区“领养领种”经营，有效地带动了农户直接增收致富。平泉市的“三零”产业发展模式，在承德市脱贫攻坚战役中发挥了积极的示范引领作用，其经验做法在《人民日报》《经济日报》《光明日报》《农民日报》等国家级媒体相继刊发，得到国家和河北省相关领导的肯定，在全省范围推广。

三、产品质量不断增强

（一）加强种质资源保护

新建设了菌种扩繁基地，运用菌种净化制冷装置、净化灭菌器、化验 / 检测仪器、菌种培养室、菌种保藏室等现代设备设施，对已衰退的菌种进行纯种分离和选择性培养，从而使平泉香菇种源特性得到保护和保持。平泉香菇获得了国家商标局核准的地理标志证明商标，并作为河北省唯一入选“中国好香菇”榜单的品牌，列入国家农产品品牌名录；中国食用菌协会授予平泉市“全国香菇出口优秀基地县（市、区）”荣誉。

（二）强化标准体系建设

编制了平泉香菇地理标志生产标准化体系规范，拍摄了技术流程短片，建立了生产档案管理制度，实施了标准化生产。技术流程短片内容涵盖原材料选择、种植生产、加工销售全过程的规范操作，具有“通俗、易懂、可视”特点。农户按照标准开展生产，各个生产环节都处于标准化可控状态。

四、农产品品牌全面推广

（一）强化宣传

拍摄了平泉香菇品牌形象宣传短视频和《平泉香菇》宣传片，并在抖音、快手、腾讯视频等媒体进行宣传，点击量达 50 万次。建设了平泉香菇文化展馆，讲述平泉香菇的人文历史故事及相关产品特色，使品牌文化得以传承。

（二）积极推介

参加青岛世界园艺博览会、第十八届中国国际农产品交易会、第五届京津冀品牌农产品产销对接会等，对平泉香菇进行整体宣传、推介，提升了“平泉香菇”品牌的知名度、辨识度和影响力。举办“平泉香菇”区域公用品牌高峰论坛，确立了“平泉香菇，源来更好”的品牌口号，推动平泉香菇产业全域共建，实现产业融合新飞跃。

◆ 柏各庄大米

柏各庄大米种植史最早可追溯到光绪元年（1875 年）。河北省唐山市滦南县柏各庄镇特殊的退海地理环境，土质黏重且偏盐碱，土壤有机质含量达 1.9%，加之有天然的滦河水灌溉，决定了柏各庄大米独特的品质：颗粒匀净，饭粒结构紧密、油亮，入口后滑爽、有黏性、香味浓，口感细腻、软硬适中。2014 年，柏各庄大米获得农产品地理标志证书。2019 年实施地理标志农产品保护工程项目，产业发展水平得到大幅提升。

一、以项目建设为载体，柏各庄大米地理标志得到有效保护

滦南县委、县政府及柏各庄镇党委政府高度重视柏各庄大米地理标志农产品保护工程项目建设，成立工作专班，全力以赴抓好工程实施，重点围绕强化知识产权保护、质量安全与品质保障、培育树立品牌、完善生产设施条件 4 个方面开展建设。制定了柏各庄大米生产技术规程及企业标准，建设面积近 400 米^{2}的柏各庄大米博物馆，建立了网络销售、宣传平台，并与河北省水稻研究所、唐山市农业科学院、河北省科技师范学院对接，组建了近 20 人的专家团队，专门对地理标志农产品柏各庄大米知识产权保护、品牌建设、质量提升、市场营销进行设计、指导、培训和推介。通过项目实施，使地理标志农产品柏各庄大米生产区域基础设施条件明显改善，农户质量意识明显提高，柏各庄大米品牌知名度明显提升，同时，也促进了地理标志保护区域内水稻规模化生产企业及大米加工产业的进一步发展。目前，区域内从事水稻规模化生产的农民专业合作社达 8 家，其中，滦南县华圃谷物种植专业合作社流转土地面积达到 1.12 万亩；镇域内大中型大米加工企业达到 30 余家，年加工能力达到 15 万吨。

二、实施标准化生产，提升产品质量

为保障柏各庄大米产品质量，滦南县聘请河北省农林科学院滨海农林研究所专家，对合作社员工及广大水稻种植户开展了技术培训，培训内容涵盖水稻种植管理、病虫害绿色防控等。同时，滦南县农业农村局技术人员到基地举办技术培训班、现场观摩会等，培训指导基地实施标准化生产，提升合作社和种植户科学技术知识水平。制定了《绿色食品柏各庄大米生产技术规程》和《柏各庄大米企业标准》，大力实施有机肥替代，严格按绿色食品标准生产，并在基地显著位置安装绿色生产相关标志牌，委托

有资质的监测机构，对水源、土壤、空气等环境状况及产品进行检测。制定了绿色食品安全生产制度、产品检测制度、基地产品准出制度、农业投入品管理制度、生产档案管理制度、产品质量追溯制度等生产管理制度，做到生产有规可依、有章可循。购置了农药残留检测仪、重金属质量信息分析系统等检测设备，建立了农药残留检测室，健全绿色农产品生产档案。合作社指派专人负责日常生产、收获、储藏、销售等环节的记录工作，及时做好绿色农业生产管理记录，填写记录表，如实记录日常生产管理活动，健全农事操作记录和生产管理档案，做到生产有记录、流向可追踪、信息可查询。生产过程管理纳入唐山市智慧农安管理系统，实时上传水稻生产管理信息，完善了产品质量从田间到餐桌的追溯体系。

三、多渠道宣传推介，培育树立柏各庄大米品牌，提高市场知名度

为提高柏各庄大米知名度，滦南县组织水稻种植、营销方面的专家以及农业生产经营者、相关技术人员，对柏各庄大米地理标志相关情况进行深入研究探讨，聘请人文、历史、农业等方面的专家及艺术家，对柏各庄大米相关的历史传承进行挖掘，建成占地400余米^{2}的柏各庄大米博物馆，制作了柏各庄大米宣传片，对柏各庄大米相关产品、生产环节、历史文化等进行宣传展示。聘请专业设计人员设计了柏各庄大米专用包装。地理标志地域内符合规范标准的产品，统一使用专用标识和质量追溯二维码。

举办各种形式文化活动，一是看“大米戏”，聘请滦南“文艺三枝花”主要演艺人员，以评剧、皮影、乐亭大鼓等文艺形式对柏各庄大米进行宣传。二是品“大米味”，对各品种的大米进行品鉴。三是游“大米镇”，组织大米种植环节农事体验、参观大米加工、捉河蟹、钓鱼等休闲观光活动。四是赶“大米集”，依托柏各庄大集发展大米专业集市，利用电视、电台、网络、报刊等媒介进行多方位的宣传推介，积极参与“互联网+”活动，建设了“柏各庄大米”电商平台，积极参与各级各类农产品展销会，扩大销售推广面，使柏各庄大米市场知名度明显提高。在2019年“食材源道米解香”全国优质大米争霸赛上，柏各庄大米获得银米粒奖。

鸡泽辣椒

鸡泽辣椒，2011 年注册了地理标志证明商标，2019 年登记为农产品地理标志，2021 年获批地理标志保护产品，2021 实施地理标志农产品保护工程项目。河北省邯郸市鸡泽县委、县政府高度重视鸡泽辣椒地理标志农产品保护发展，大力推广地方特色产业品牌的保护与开发，促进鸡泽辣椒产业不断提档升级，带动鸡泽辣椒全产业链的兴旺与发展，积极提升鸡泽辣椒在全省乃至全国的知名度。

一、讲好地标故事，夯实文化底蕴

鸡泽辣椒种植历史悠久，品质上乘，到明清时期，已是向宫廷进贡的贡品，是御膳房的主要调味品之一。鸡泽辣椒既是当地传统土特产品，也是出口创汇名牌产品。鸡泽县深挖鸡泽辣椒种植历史，结合鸡泽县志、邯郸农业志、河北省志以及对鸡泽辣椒有记载的历史文献，凝结鸡泽辣椒传统文化，使鸡泽辣椒不仅仅成为鸡泽县的一大特色产业，更成了鸡泽县的一个文化名片。

为打造好鸡泽辣椒这一“金字招牌”，提升鸡泽辣椒的市场竞争力，自 2004 年开始先后在湖南韶山、河北石家庄和邯郸连续举办了辣椒节、丰收节、产销对接大会等各类推介活动，吸引全国各地客商来到鸡泽，了解鸡泽辣椒产业，推介鸡泽辣椒区域品牌；此外，多次参加全国糖酒商品交易会、中国绿色食品博览会、中国国际农产品交易会等国内大型农产品产销大会，持续加强鸡泽辣椒区域品牌的宣传推介力度。先后建立了省级辣椒园区、鸡泽辣椒科技展示馆、鸡泽辣椒博物馆，深入挖掘鸡泽辣椒传统生产加工技术流程，增强鸡泽辣椒文化历史底蕴，提升品牌效应。近年来，结合乡村振兴战略，将辣椒园区、魏青辣椒小镇、游园水系、毛氏宗祠、辣椒加工等统筹打造为一二三产业融合发展的乡村振兴示范区，形成了全产业链发展高地。

二、争做名优品牌，提升产品价值

鸡泽辣椒于 1985 年被商业部评为全国优质产品；1996 年，鸡泽县被中国特产之乡组委会命名为“中国辣椒之乡”；1998 年，鸡泽辣椒产业被河北省政府确定为“省级龙型经济”；2017 年，鸡泽县被农业部等九部委确定为首批“全国特色农产品优势区”，鸡泽县辣椒园区被中国绿色食品发展中心确定为“全国绿色食品一二三产业融合发展示范园”。鸡泽辣椒获得了“河北省十大地方特色蔬菜”“河北十佳区域公共品牌”“中国国际养生食品博览会金奖”等诸多荣誉。

鸡泽县被评为“河北省十大单品蔬菜基地”，完成了鸡泽辣椒品牌设计、策划，确定宣传广告语为

“鸡泽辣椒，大厨的秘密武器”，形成了一个系统性的鸡泽辣椒品牌宣传方案，汇聚一县之力，宣传好鸡泽辣椒品牌，保护好鸡泽辣椒地理标志产品。

三、加强育种管理，保护特色品种

针对鸡泽辣椒独特的品种优势，不断加强与科研院所的交流合作，建立特色品种繁育基地，重点进行鸡泽辣椒提纯复壮和抗病品种选育，着力解决鸡泽辣椒品种退化问题。与中国工程院邹学校院士签订合作协议，建设鸡泽辣椒产业院士专家工作站，组建了邯郸市辣椒食品工程技术研究中心、邯郸市羊角红辣椒研究所、辣椒产业公共服务平台等科技研发服务平台。先后与中国农业科学院蔬菜花卉研究所、河北省农林科学院、河北工程大学、邯郸市农业科学院合作，在产品研发、技术指导、农民培训等方面开展全面合作。2018 年，登记鸡泽辣椒品种“鸡泽红”，年产辣椒种子 2 500 千克，年育苗能力 300 万株，使鸡泽辣椒特色品种得到了进一步保护。

四、强化认证管理，提升产品品质

一是制定绿色栽培规程，制定了河北省地方标准《鸡泽辣椒栽培技术规程》（DB1304/302—2017）；实行了辣度分级标识制度，参与起草国家标准《辣椒及辣椒制品中辣椒素类物质测定及辣度表示方法》（GB/T 21266—2007）；制定了《鸡泽县辣椒制品小作坊生产必备条件管理规范》，明确了辣椒栽培生产、辣椒食品生产全过程标准。

二是建立完善的监测监管机制，成立了辣椒质量检测中心、农产品质量安全监测站，建立辣椒质量安全监管制度，定期开展辣椒产业安全执法和监测，在辣椒采摘季节，每年从辣椒园区、基地及种植户抽检鲜辣椒 64 批次进行自检和送样监测；每月对全县各辣椒加工企业开展辣椒制品质量抽检，为辣椒产品质量安全保驾护航。

三是建立农产品质量安全可追溯体系和农产品生产加工档案管理机制，实现了从种植、加工到餐桌的全程可追溯。四是大力推广绿色食品标准化生产。辣椒种植基地以施用有机肥为主，综合利用农业、物理、生物防治手段防治病虫害，累计绿色食品监测面积达 10 000 亩以上，累计认证绿色食品产品 26 个。

深州黄韭

河北省衡水市深州市种植深州黄韭历史悠久，据传始于明朝永乐年间（1403—1424 年）。深州黄韭叶片呈金黄色、叶长鞘短，口感鲜嫩，韭香扑鼻，既可作为调味的香料，又可炒、煮、凉拌或做汤。深州黄韭 2020 年登记为农产品地理标志，获第二十届中国绿色食品博览会金奖。近年来，深州黄韭牢固树立精品意识，紧盯产品安全，抓管理、保品质，不断提高品牌知名度和影响力。

一、寻找儿时味道，传承黄韭文化

黄韭寓意“长长久久”，在深州本地及周边县市自古就有“没有黄韭不过年”的传统。深州黄韭，这个备受老百姓喜爱的年礼，自明朝开始距今已有 600 余年的栽培历史。相传，明朝永乐年间有一位老人将韭根当柴烧，无意中把韭根放在烧火的炕上，过了 10 多天，未干的根上竟长出了黄芽韭，这位老人受到启发，于是试种冬韭，经过后人世代相传，不断改进，便有了如今的黄韭。

一段时间来，由于生产过程中农药化肥施用不当，栽培管理方法不科学，黄韭味道发生了很大的改变，深州市安庄金良黄韭专业合作社为还原儿时纯正的黄韭味道，开始探索发展标准化黄韭种植技术，并开始创立“安庄・马家”品牌。

二、严把投入品管理关，壮大黄韭特色产业

深州市安庄金良黄韭专业合作社 2018 年在深州市西安庄村转变生产模式，调整种植方式，改良土壤，探索从土地到餐桌的绿色食品全程质量控制标准化模式。严把种子质量关，种子都从具备生产许可证、种子质量合格证的生产单位购买，由专门的保管人员入库保管；采用物理防治及生物防治措施来防治病虫害，严把农药使用关，按照《绿色食品　农药使用准则》（NY/T 393）使用农药，杜绝施用化学合成的农药；严把施肥关，按照《绿色食品　肥料使用准则》（NY/T 394）施肥，全程使用有机肥替代化肥。

通过采取标准化种植模式，深州黄韭生产基地的土壤得到了很大的改良，大大减少了韭菜中最常见的韭蛆、蓟马等病虫害的发生，周围的生态环境得到了很大的改善，农田里出现了很多许久未见的

蚯蚓、青蛙等有益生物，黄韭的口感更是上了一个新的台阶。

三、强化种植过程管理，提升特色品质

一是推广应用研究优选品种，选用抗病虫、抗寒、耐热、外观和内在品质好的韭菜品种。

二是苗期进行科学的肥、水、温、光管理，防治病虫害，以利韭菜健壮生长。

三是结合本地历年病虫害发生情况，应用先进实用的技术，控制病虫害的发生和蔓延，做到对症下药，适时用药。把农业防治、生物防治、化学防治、物理防治等技术结合起来使用，搞好清洁田园、土壤消毒、合理轮作，提高施药人员的技术水平，喷药应周到、均匀，农药应交替使用。

四是科学施肥，有机肥和化肥配合使用，人畜粪便经过充分腐熟无害化处理后用作基肥。推广标准化农业设施和材料，完善韭菜基地的水利设施，健全排灌系统，保障基地用水。

四、创新盆景种植模式，助力脱贫增收

在传承、提升传统黄韭种植方法的同时，注重融入创意，开发出黄韭盆景，从黄韭由单一的食用功能衍生出观赏、美化环境等多种功能，使传承千年的深州黄韭又一次迎来了“质”的飞跃。用花盆种韭菜，这听着就“悬乎”的事却给村民带来了意想不到的效益，原本每千克 12 元的黄韭不但“身价倍增”，还成了当地的抢手货。农户建起自己的黄韭销售网站，通过上传黄韭盆景的相关图片和文字介绍招揽客户。西安庄村越来越多的“新农人”开始栽培黄韭盆景，并注册微信、微博账号，建起了自己的网上“微店”。

五、提供就业岗位，带动农民增收

黄韭生产基地在创收的同时不忘造福家乡人民，黄韭的规模种植常年为西安庄村村民提供了几十个务工岗位，仅务工一项每年就能带动村民增收 40 多万元。

◆ 唐山河鲀

河鲀素有百鱼之首的美称，深受消费者喜爱，至今仍流传着“拼死吃河鲀”的说法。河北省唐山市出产的唐山河鲀2019年登记为农产品地理标志以来，紧紧围绕标志管理、质量控制、品牌培树和联农带农，取得积极成效。

一、擦亮地理标志品牌，壮大唐山河鲀特色产业

获得唐山河鲀农产品地理标志证书后，唐山市水产技术推广站按照农产品地理标志管理办法，制定相关监督管理制度，突出唐山河鲀资源发掘，健全强化特色品质，扎实有序开展唐山河鲀标准化生产，推进一二三产业融合，做强做优乡村特色产业。目前，唐山河鲀产量占全国同类河鲀产量的50%以上，种苗产量占全国的90%以上，已成为唐山市重要的特色产业。唐山河鲀农产品地理标志登记以来，规范了唐山沿海地区红鳍东方鲀的养殖、加工流程，提高了唐山河鲀的综合生产能力和售价，进一步保证和提升了唐山河鲀的食品质量，生产出更多、更好让消费者放心食用的唐山河鲀食品，其产品深受广大消费者喜爱。目前，唐山河鲀养殖面积4万余亩，在国内市场上备受推崇，并出口远销日本、韩国、澳大利亚等多个国家和地区。

二、严格标志授权，保持唐山河鲀特色品质

唐山市水产技术推广站严格按照农产品地理标志使用管理规定，与标志使用人签订标志使用协议，切实加强标志使用者养殖、加工、储藏、包装全过程监管。建立唐山河鲀农产品地理标志核心示范基地——唐山海都水产食品有限公司，全面带动引领唐山河鲀各养殖企业（场、户）的规范化、标准化养殖，扎实有序推进唐山河鲀全产业链标准化生产。同时，将唐山河鲀各生产经营主体纳入国家农产品质量安全追溯管理信息平台、河北省农产品质量安全监管追溯平台等监管体系。联合河北农业大学、

河北大学等高校开发唐山河鲀深加工产品，目前已开发出河豚水饺、鱼片等产品，深挖唐山河鲀附加值，促进第三产业发展。

三、提高市场知名度，传承唐山河鲀文化

获得唐山河鲀农产品地理标志证书后，进一步挖掘唐山河鲀的历史人文和农耕文化，推进唐山河鲀产业发展与文化、旅游、教育和康养等产业融合。运用电视、网络、报刊、杂志等媒体进行广泛的品牌宣传，先后在中央电视台等媒体开展唐山河鲀宣传，在《中国水产品》等报纸、杂志上做平面广告，在曹妃甸等地举办不同形式、规模的河鲀鱼文化美食节等活动，同时，到各地举办或参加品牌推介会。建设了集展示体验、科普、品牌宣传、河鲀美食推介等于一体的唐山河鲀主题展示体验馆和曹妃甸河鲀小镇，规划设计了唐山河鲀鹭港美食文化一条街，不断提高品牌影响力和产品价值。

四、带动农民致富，助力乡村振兴

唐山河鲀离岸价格高达 100 元 / 千克以上，年销售额 3 亿元以上，年销量占全国红鳍东方鲀销量的 50% 以上，带动养殖户就业 5 000 人以上，养殖户每年户均增收 30 万～ 40 万元，捕捞渔民每年增收 10 余万元。唐山河鲀地理标志使用单位农业产业化国家级龙头企业唐山海都水产食品有限公司是国内河鲀有条件开放第一批双认证单位。深入挖掘唐山地区优势特色资源，引导中国海洋大学、北京水产集团、京东、盒马等单位与平台的资金和信息向产业集聚，拓展销售渠道，促进了产销对接，唐山河鲀已经成为唐山市乡村振兴重要载体。

五、借力产业集群，创新唐山河鲀产业发展模式

依托唐山海都水产食品有限公司，建设部级红鳍东方鲀种质资源场、红鳍东方鲀养殖河豚鱼源基地，被评为农业农村部水产健康养殖示范场、中国水产流通加工协会常务理事、中国渔业协会河豚鱼分会副会长单位，构建了从种质、绿色循环养殖、精品加工、衍生品开发、智慧生产、质量追溯、品牌渠道打造等全产业链条标准化发展模式，促进了产业集群发展，入选了河北省人民政府优先支持的河北省农业产业集群。

◆ 阳曲小米

近年来，山西省太原市阳曲县紧紧围绕农产品“特”“优”战略，深入推进阳曲小米农业生产和农产品两个“三品一标”（农业生产“三品一标”指品种培优、品质提升、品牌打造和标准化生产；农产品“三品一标”指绿色食品、有机农产品、质量安全承诺达标食用农产品和农产品地理标志），形成政府强力推动、企业主动创建、社会积极参与的品牌建设和产业发展良好局面。

一、全面融合一二三产业，发展壮大阳曲小米特色优势产业

近年来，阳曲县把发展壮大阳曲小米产业作为农业高质量转型发展的重要内容以及全面推进乡村振兴的重要举措，通过结构调整“开方子”，奖补扶持“迈步子”，有机旱作“铺路子”，绿色发展“创牌子”，书记县长“甩膀子”，阿里巴巴“亮嗓子”，走出一条县政府强力推动、精心打造公用品牌、巩固提升脱贫成果的路子。

阳曲小米实施了全国农业产业强镇项目、“互联网 +”农产品出村进城工程试点县项目、有机旱作谷子省级现代农业产业园项目、全省有机旱作谷子封闭示范片项目、省级农业产业联合体项目等，聚集资源要素，突出集群成链。

阳曲县着力打造东黄水农业产业强镇，形成泥屯镇、东黄水镇 2 个有机旱作谷子主产区，建成 2 个现代化小米杂粮加工区、1 个阳曲小米物流配送区、1 个阳曲小米电子商务区、8 个优质谷子核心示范区和 100 个农村益农信息社，发展 10 万亩优质谷子种植基地，加大绿色食品与有机农产品认证以及阳曲小米品牌培育力度，促进优势农产品向优势产业区聚集，带动全县农业、工业和服务业三大产业健康协调发展。

二、围绕“百万乡品进省城　区域品牌全国行”，阳曲小米流通环节逐步畅通

阳曲小米产业不断优化产品结构，提高精深加工产品比例，增加绿色食品生产规模，提升产品附加值。阳曲小米农产品地理标志覆盖面积为 75 000 亩，认证绿色食品生产基地 30 000 亩，突出有机旱作农业特色，推广普及全程机械化作业，提高旱作谷子种植科技水平。

阳曲小米产业的发展从过去拼价格、比产量，变成现在的拼绿色、靠技术。实施农药化肥“减量”行动，打造安全、放心产品。经过连续多年的示范推广，全膜双垄沟播、渗水地膜穴播、膜侧种植、秸秆还田、测土配方施肥、绿色安全防控等有机旱作谷子集成技术已被广泛应用。

阳曲小米参加了在并州饭店、龙潭公园、太原大都会举办的国际美食节活动，并通过 4 个消费帮

扶专馆在社区开展展销活动 35 场。阳曲小米产业积极融入“北上京津冀、南下粤港澳、东进长三角”发展战略，在北京、广州、上海等城市参加农产品展销及品牌宣传推介活动 20 余场，彰显“特”“优”自然禀赋，深度融合了阳曲小米文化历史内涵，在提升地域品牌核心竞争力、实现品牌溢价等方面有了新的突破，同时，展销期间开展品鉴、互动等多种形式宣传活动，提高了品牌影响力。

三、拓宽销售渠道，线上线下全面发力促进农业增效、农民增收

线上设立天猫、淘宝、京东等推广体验店、直销店，开通阳曲小米地理标志农产品旗舰店。线下组建山西绿色山区农业产业联合体，“企业 + 合作社 + 种植户”大联合，推动小农户与阳曲小米大产业有机衔接、良性互动。全县小米种植规模稳定在 8 万亩，累计培育 6 家农业企业、80 个农民专业合作社、150 个种粮大户从事或参与小米产业。阳曲小米产业带动全县 1.6 万农户，户均增收 1 874 元，其中，带动 2 194 户贫困户脱贫，户均增收 1 890 元，全县直接增收达 6 000 余万元。

◆ 芮城菊花

山西省运城市芮城县是优质菊花生产区。芮城菊花呈扁球形，朵大瓣多，色泽外黄内白，气清油香，口感醇厚。2023 年，全县菊花种植面积 6.8 万亩，年产干胎菊花 9 000 余吨，一产年产值达到 5.2 亿元，带动当地 2 万余户菊农年均增收 2.5 万元。现种植杭白菊、北京菊、白香菊等 10 余个品种，有菊花企业、合作社 100 余家，研发推出了菊花茶等系列产品 20 余种，产品走俏北京、上海、成都、广州等多个城市。

一、主要做法

芮城县制定了《关于推动菊花产业高质量发展的实施方案》《芮城菊花产业发展规划（2022—2032）》《2023 年促进菊花特优产业发展相关扶持措施》《芮城县菊花产业标准体系》，科学引导芮城菊花产业高质量发展。

（一）培育适栽品种

受地理环境和气候等影响，目前全国适宜栽植杭白菊（药茶两用）的产区很少，而芮城县具有栽植杭白菊得天独厚的地理及品质优势，且药企以及广州等部分地区的消费群体只认可杭白菊品种。一方面，芮城县积极引导菊农重点生产适宜本地种植且质高价优的杭白菊；另一方面，与山西农业大学合作，筛选培育具有芮城地域特色的优质、高产、高抗菊花品种。

（二）推进按规生产

制定了《茶菊种植技术规程》《菊花扦插育苗技术规程》地方标准，印发了《芮城县菊花扦插育苗技术手册》，录制了菊花生产重要环节技术要点视频并在芮城融媒体等平台播放。建立“产学研”合作机制，聘请高校和科研机构的菊花专家，组织技术人员加强菊花扦插育苗、抗连作障碍技术、土肥水管理、病虫草害防治、采摘加工等技术的培训和推广。加强政策扶持，引导全县重点菊花合作社、家庭农场应用水肥一体自动化控制设备、绿色防控设施等绿色生产技术，全面提升芮城菊花品质。

（三）打造品牌矩阵

芮城菊花 2021 年获得农产品地理标志证书后，成立了菊花产业联盟，集成推进统一组织管理、统一政策体系、统一数字赋能、统一识别标识、统一品牌维护、统一宣传推介等“12 个统一”举措，初步形成以“芮城菊花”公用品牌为核心、企业自主品牌为主体的“1+N”品牌矩阵。天人菊业、康寿药茶等 5 家企业获得“山西药茶”区域公用品牌授权，“吕祖老家”“愚溪”“晋芮皇”等多元化茶菊品牌竞相争辉，深圳航空、西安航食公司、中国石化等合作商相继签约，芮城菊花品牌溢价力和市场美誉度不断提升。

（四）推动延链补链强链

积极培育龙头企业，芮城县4家菊花加工企业取得食品生产许可证，芮城绿翠菊花专业合作社获评国家专业合作社，山西天人菊业开发有限公司获评省级龙头企业。接续推出菊花特色单品，先后开发菊花系列保健食品、功能食品、养生酒、化妆品等大健康产品20余种，在北京、上海等各大城市深受欢迎。投资2.5亿元建设集农产品交易、物流、电商、贮藏、展览、研发等为一体的农产品（菊花）批发市场，打造“一心两轴串四区”的格局。

（五）打造农文旅融合发展新高地

菊花在芮城有着悠久的栽植和品鉴历史。相传，1 200年前，八仙之一吕洞宾在芮城九峰山留下赏菊赞菊用菊的“一碑一书一药方”。晚唐时期，诗人李商隐客居芮城永乐镇，写下了“暗暗淡淡紫，融融冶冶黄”的《菊花》名篇。芮城县成立了以县委书记、县长为双组长的芮城县特色专业镇建设领导小组，专业镇“一个核心、三大基地、五化发展、八大行动”初见成效，力争两年产值达15亿元。立足千年文化底蕴和产业发展实际，以芮城县学张乡斜口村3 000亩菊花基地为依托，规划打造了芮城菊花小镇，定期举办芮城菊花节，芮城菊花正成为芮城县的一张响亮名片。

二、主要成效

近年来，芮城县依托优质农产品主产区优势，大力发展菊花特色产业。芮城菊花作为地理标志农产品和全国名特优新农产品享有盛誉，特别是杭白菊，因其花形饱满均整、汤色清鲜亮、滋味清润爽口，备受市场青睐，已实现规模化种植，产量占全国的60%以上。通过普及绿色化生产技术，芮城菊花所含的绿原酸、木樨草苷、奎宁酸、挥发油等有效成分含量远高于《中华人民共和国药典》规定的指标。参加了第二十四届中国中部农业博览会，在第十八届中国国际农产品交易会和首届全国名特优新农产品产销对接会上，芮城菊花荣获“最受欢迎产品”称号，“芮城菊花”品牌入选第十九届中国国际农产品交易会“一县一特”全国优质农产品品牌。芮城菊花已经形成集种苗供应、栽培管理、收购、加工、销售、研发于一体的全产业链发展格局，成为深受消费者青睐的特优产品，芮城菊花产业成为推动芮城县乡村振兴的特优产业。

◆ 夏县西瓜

山西省运城市夏县以发展农产品“三品一标”为引领，以实施夏县西瓜地理标志保护工程为依托，创新性提出了“品种、品质、品控、品宣、品牌”的五品模式，提出了“一品（品种）、一标（质量控制标准）、一馆（品牌文化馆）、一片（产品宣传片）、一平台（质量追溯平台）”的建设思路，成功打造了以特色品牌为龙头、以特色产业为支撑、特色经济大发展的区域农业高质量发展模式。

一、主要成效

（一）品牌价值不断提升，历史名产变成金字招牌

夏县西瓜品质稳定，被誉为“瓜中精品”“行业名牌”，质量品质、市场价格稳居全国前列，先后被评为“中国著名品牌”“中国瓜业行业领先十大品牌”“山西省著名商标”“2020 年山西省市级农产品区域公用品牌”和“运城市十大城市名片”。同时获得绿色食品、全国名特优新农产品等认证，被亚洲果蔬博览会评为“2020 年度最受欢迎的果品区域公用品牌 100 强”，获评第十八届中国国际农产品交易会“最受欢迎农产品”，品牌价值达 8.37 亿元。

（二）特色产业日益壮大，小西瓜变成富民大产业

产业规模逐步扩大。种植夏县西瓜农户数量从 2018 年的 245 户增长到 2021 年的 630 户，增长了近 1.6 倍；种植面积增长了 1.4 倍；年产值增长了 1.5 倍。特色产品增收明显。近年来，夏县西瓜的批发价格平均比同类西瓜高 0.4 元 / 千克，成为全国高品质西瓜的标杆。夏县西瓜平均亩产 5 000 千克，每亩可增收 4 000 元，地理标志保护工程项目区每年可增收 1 400 万元。

联农带农作用明显。夏县西瓜每年亩均纯收入 10 000 元左右，每年人均纯收入 25 000 元以上，带动周边 5 个乡镇 11 个村的 63 个建档立卡贫困户脱贫致富，吸纳 4 000 多名农民季节工创收 2 000 多万元，助推生产服务业年创收 4 600 多万元。

在地理标志保护工程的带动下，夏县西瓜真正成为加快实施乡村振兴战略的特色产业、优势产业和支柱产业。

（三）生态环境有效改善，绿水青山就是金山银山

扎实开展“两增一减”绿色生产活动，平均化肥使用量减少 30%、农药使用量减少 30%，降低了农业面源污染，改善了土壤结构。组织广大会员严格按照绿色食品生产技术和标准要求进行种植管理，大幅减少肥、药等投入品使用，改善了周边生产环境，改良了土壤性状，增强了保水保肥能力，逐步

恢复地力，维护了产地生态环境质量，实现了绿色安全生产。

二、主要做法

（一）品种是基础，做到最优化选择，体现独特性

开展主栽品种“8424”等的抗重茬试验、水肥一体化示范、良种良法配套试验，不断提升主栽品种的竞争力。积极与湖南、河南等地的西瓜育种机构联合，开展西瓜连作无土栽培、嫁接种植新技术试验示范活动，持续提升地理标志农产品质量、品质、效益和综合生产能力。开展新品种试验示范30余个。

（二）品质是核心，做到标准化生产，体现一致性

严格按照标准规范组织种植生产，把生产标准推广应用到栽培管理的各个环节中。举办3期质量管控及生产技术培训班，开展质量管控和生产技术培训720人次，夯实品质管控基础；严格管控投入品，项目实施过程中使用生物有机肥、菌肥、育苗基质和生物农药295.36吨；印制《夏县西瓜生产技术手册》1.5万册，购置耕地机械3台；保持特色品质，推动地理标志产品绿色优质丰产。

（三）品控是关键，做到商品化供应，体现稳定性

落实采摘、分级、装箱三级质保措施，设立质检员、验瓜员、包装员三道质检环节，入驻国家农产品质量安全追溯管理信息平台，执行“食用农产品合格证”管理制度，建立西瓜生产档案，确保每个西瓜的质量均可追溯。建设夏县西瓜地理标志农产品大数据平台，对接国家农产品质量安全追溯管理信息平台，逐步实现精准化种植、可视化管理、智能化决策，提升智慧生产、营销、监管和服务水平，推动产业链优化升级。制作夏县西瓜品牌标识，印制溯源码商标400万个、标识包装箱11.7万个，构建“生产有记录、流向可追踪、信息可查询、安全可追溯、风险可预警、责任可追究”的地理标志农产品溯源体系。

（四）品宣是推手，做到内涵化赋能，体现文化性

建设450米^{2}的夏县西瓜品牌文化博览馆，展示历史文化。绘制了形象生动的品牌创始人田红卫的创业故事。编印《夏县西瓜品牌文化故事》单行本2万册，设计制作了“夏县西瓜”区域公用品牌标识，制作地理标志农产品专题宣传片，讲好品牌故事。在国内多个大城市安装LED巨型广告牌，组织参加全国农产品交易会、亚洲果蔬产业博览会等国内国际有影响力的展会，不断提升“夏县西瓜”品牌影响力和文化传播力。

（五）品牌是引领，做到差异化塑造，体现战略性

夏县西瓜成功塑造了专注、专业、专心的品牌内涵，形成了生产绿色、品质安全、质量可靠的品牌认知。在此基础上，将“夏县西瓜”区域公用品牌和协会注册商标“夏乐”相结合，构建了“技术品牌双轮驱动、生产基地全国布局、市场产品周年供应”发展新模式，不但扩大了产量，而且提高了市场影响，带动了特色产业的发展壮大。目前，夏县的西瓜产业已形成了生产季节“夏县西瓜”公用品牌市场唱主角，其他季节“夏乐”品牌唱主角的周年供应模式。

科尔沁牛

内蒙古自治区通辽市养殖的科尔沁牛，是以西门塔尔牛为父本，蒙古牛、三河牛及蒙古牛的杂种母牛为母本，采用育成杂交方法培育而成。科尔沁牛肉，肉质细嫩，肉香纯正。科学饲养保障了科尔沁牛肉具有良好的脂肪沉淀，保持了纯正的牛肉口味，入口香嫩多汁，肉香四溢。源于科尔沁草原、生产全程无污染的绿色饲料，使科尔沁牛牛肉散发着一股草原特有的清香。2016 年，农业部批准对科尔沁牛实施农产品地理标志登记保护。2019 年科尔沁牛纳入国家地理标志农产品保护工程以来，科尔沁牛地理标志农产品产业得到快速发展。

一、主要成效

2023 年，通辽市肉牛产业在全国地级市获得四个第一。

品种改良时间位居全国地级市第一。通辽市自 20 世纪 50 年代初开始进行牛品种改良，历经 70 余年，先后培育出科尔沁牛和中国西门塔尔牛（草原类型群），已成为通辽市肉牛产业发展的当家品种。

养殖规模位居全国地级市第一。2023 年，全市牛存栏 385.8 万头，能繁母牛存栏 221 万头；全市出栏肉牛 140 万头，牛肉产量 28 万吨。

优秀种质资源位居全国地级市第一。通辽市现有“两场一站”3 个国家级肉牛种源基地（内蒙古科尔沁肉牛种业股份有限公司和高林屯种畜场为国家级肉牛核心育种场，京缘公司为国家级种公牛站）。农业农村部发布的《2022 年肉用及乳肉兼用种公牛遗传评估概要》中，GCBI（中国肉牛基因组选择指数）育种值评估前 100 名种公牛中，通辽市入围 47 头。CBI（中国肉牛选择指数）育种值评估前 100 名种公牛中，通辽市入围 18 头，综合排名全国第一。

区域公用品牌价值位居全国地级市第一。“科尔沁牛”区域公用品牌 2017 年被评为“中国百强农产品区域公用品牌”，品牌价值达到 258.1 亿元，2018 年通辽市被认定为科尔沁牛中国特色农产品优势区。2021 年中国品牌价值评价信息发布，“科尔沁牛”入选全国百强区域品牌（地理标志），位列第

二十名，在内蒙古自治区入选区域品牌中排名第一。2022 年 9 月，经中国优质农产品开发服务协会评审，“科尔沁牛”品牌价值达 265.23 亿元。雄厚的产业基础，为通辽市肉牛产业的高质量发展提供了有利条件。

二、经验做法

（一）生产能力提升

建设核心基地，强化科尔沁牛品种培育。支持科尔沁肉牛种业育种资源建设，培育优秀科尔沁牛后备种牛，强化科尔沁牛良种推广体系建设，实现科尔沁牛冷配全覆盖，推动良种变产品、繁育成产业建设。建设规模化养殖场、屠宰场，加强养殖聚集程度，完善养殖设施，着力提高科尔沁牛标准化、规模化养殖比例，提高育肥牛比例，释放屠宰加工产能。

（二）质量提升与特色品质保持

一是围绕科尔沁牛的独特品质开展品质分析、鉴评工作，对用标产品进行特色品质保持与产品质量安全检测。开展产品特色品质营养指标评价、分等分级及产地溯源相关科研工作，建立健全质量控制体系。开展产品产地环境质量安全监测工作，通过产品产地环境监测和产品品质监测等有针对性的优化保护措施，保障和保持产品特异性、一致性和稳定性。

二是积极扶持全市肉牛行业的农民合作社、家庭农场、规模养殖场、产业化龙头企业、大型深加工企业发展绿色食品、有机农产品，实现产品升级，带动企业增效、农民增收，最终实现社会效益、生态效益、经济效益同步提升。

三是继续加强科尔沁牛标准体系建设。细化并增加主推和配套标准，扩大标准化生产基地存栏规模，提高全产业链标准化生产配套技术覆盖率。

四是开展新生代经理人培养、新型经营主体带头人培养、高素质牧民培训工作，大力培育肉牛养殖农民合作社、家庭农牧场等新型经营主体，提高农牧民的组织化程度。

（三）品牌培育宣传

一是深度挖掘产品历史文化内涵，讲好“科尔沁牛”区域公用品牌故事，充分利用各种传播渠道，举办宣传活动，制作宣传片、广告等。

二是做好“科尔沁牛”品牌视觉识别系统（VI）设计、制定产品统一形象，规范农产品地理标志授权行为，指导用标企业规范用标，实行带标上市。统一印制用标证书，明确产品名称、证书持有人、生产地域、规模产量等信息。开展科尔沁牛品牌市场价值评估、发布等工作。

三是积极组织用标企业参加内蒙古绿色农畜产品博览会、中国国际农产品交易会地理标志专展、中国绿色食品博览会、中国国际有机食品和绿色食品博览会等重要展会和其他宣传推介活动。

（四）身份标识化和全程数字化

推进建设肉牛大数据交易中心，加强追溯管理，完善主体备案登记管理系统、育种追溯管理平台、养殖追溯管理平台、育肥追溯管理平台、屠宰追溯管理平台、追溯查询监督管理平台、防疫信息管理平台、物联网实时监测平台、信用评价管理平台及系统的管理功能，实现肉牛繁育、养殖、防疫、屠宰、加工、产品销售等全程可追溯。

达茂草原羊肉

内蒙古自治区包头市达尔罕茂明安联合旗（以下简称达茂联合旗）出产的达茂草原羊，作为地域特色鲜明的优良品种，以其具有显著的适应性、优越的生产性能及稳定的遗传性能而著称，其羊肉在营养价值和口感方面表现卓越，肉质细嫩、营养丰富，富含蛋白质、脂肪、维生素、钙、铁、磷等多种营养物质。

一、基本情况

1994出版的《达尔罕茂明安联合旗志》及《绥远通志告》记载，1932年达尔罕旗有绵羊90 000只，茂明安旗有绵羊19 000只。新中国成立后，羊群的养殖规模持续扩大，截至2021年，全旗达茂草原羊养殖户8 490户，达茂草原羊存栏101.39万只，年出栏37.75万只，实现产值6亿多元，成为推动地区经济发展、增加农牧民收入的重要产业。

达茂联合旗农牧民80%以上的收入来源于达茂草原羊产业，是整旗推进的传统畜牧业优势产业，人均年收入超过23 000元。现在全旗已有自治区级、市级龙头企业27家，自有品牌53个。

二、主要做法及成效

（一）实施标准化管理，提升生产能力

达茂联合旗结合当地生产实际，积极构建现代化农业体系，建立饲草料种植基地5处，达茂草原羊养殖基地7处，实施标准化管理，从而达到标准化生产，进一步提高产品质量和整体生产水平，为消费者提供了更加安全、健康的产品。

（二）开展营养指标和质量安全监督检测与评价

一是对达茂草原羊肉样品中营养元素、氨基酸等含量进行检测，以确保产品的营养价值和品质。二是对饲草种植基地的土壤、灌溉水、环境空气及饲草均按照有机标准进行检测，确保饲草的安全和卫生。三是开展达茂草原羊肉产品特色品质营养指标与产地环境关联性评价，确保地理标志农产品特色品质指标科学、准确、可量化，为产品的品质和特色提供有力保障。

（三）着力提升质量并保持特色

一是编制标准汇编，建立健全保护体系，进一步提升达茂草原羊肉的品质和特色。二是调查收集达茂草原羊的种质资源并建档立卡，为种质资源的保护和利用提供了科学依据。三是对种质资源养殖基地进行规范化管理，确保养殖过程的标准化和规范化。

（四）建立公共品牌保障机制

一是制定《达茂草原羊区域公用品牌准入与管理规范》，明确了品牌使用的条件和要求，确保品牌

使用的规范性和合法性；二是制定《达茂草原羊区域公用品牌管控与溯源管理规范》，建立了完善的溯源管理体系，实现产品从生产到销售的全过程可追溯，为消费者提供更加安全、可靠的产品；三是制定《达茂草原羊区域公用品牌引导与扶持机制》《达茂草原羊区域公用品牌保护与应急机制》，使“达茂草原羊”区域公用品牌保护的具体工作有章可循。

（五）持续培育打造品牌

“达茂草原羊”区域品牌自创建发布以来，利用主流新闻媒体及自媒体形成主要传播推广矩阵，积极加强宣传推广，通过线上线下广告宣传，统一设计品牌包装、准入企业包装，定制办公形象用品，在海南、北京、深圳、成都、青岛等达茂草原羊肉产品覆盖区域举办品牌推介招商活动，为达茂草原羊产业的发展注入了新的活力，提高了品牌认知度、美誉度及社会综合影响力。

三、经验启示

（一）强化管理是提升品质的有效手段

达茂草原羊产业的持续发展离不开科学的管理和标准化生产。确保每一个标准化基地均按照《达茂草原羊地理标志农产品实用标准手册》开展饲草料种植、达茂草原羊养殖。建立健全达茂草原羊种质资源保护体系，提升保护能力。加快数字化进程，实现“一标一品一码”全程质量追溯体系，为达茂草原羊产业的稳健发展奠定了坚实基础。

（二）强化宣传是培育品牌的有力举措

品牌是农产品市场竞争的重要力量。组织用标企业申报认证良好农业规范、绿色食品、有机产品，鼓励用标企业打造自身品牌。线上、线下举办达茂草原羊肉推荐活动，通过微信公众号、网红直播等多种形式扩大达茂草原羊肉的品牌影响力，以推动达茂草原羊产业的品牌建设与发展。

（三）物流体系建设是畅通产品流通的重要保障

重点围绕优势特色产业强化冷链运输，扶持引导一批重点物流主体，加快冷藏、冷冻、冷运等冷链体系建设及保鲜技术体系建设，推动农畜产品物流体系不断完善和发展。

◆ 兴安盟羊肉

兴安盟肉羊是在内蒙古自治区兴安盟特定的区域，基于产区特殊的气候、土壤、水质以及优良的草场林带，在纯天然、无污染的环境下繁育的优良品种。兴安盟肉羊以天然放牧为主，舍饲圈养为辅。兴安盟羊肉肉质鲜美，营养丰富，具有干物质多、膻味轻、风味佳、无污染的高品质特点，羊肉细嫩，烹饪后味道鲜美，口感好，肥而不腻，香而不膻，易消化。

一、落实标准化生产

兴安盟羊肉地理标志农产品保护工程项目实施后生产设施条件明显改善，生产技术和效率明显提高，地理标志农产品品牌影响力明显增强，市场认可度明显提升，农户收入显著增加；同时，兴安盟羊肉独特的优良品质特性得到有效保持，品种资源和产品品牌得到有效保护，传统养殖方式得到有效传承。

兴安盟羊肉地理标志农产品保护工程项目发展兴安盟肉羊标准化养殖示范基地 100 个，辐射带动全旗兴安盟肉羊标准化养殖基地的全面发展。项目实施后，标准化养殖率达到 75% 以上。项目在实施过程中采用推广“地理标志农产品 + 绿色食品（有机产品、名特优新农产品、特优区）+ 企业（合作社、家庭农场）+养殖基地+脱贫户+农牧民”的新型农牧业产业化模式，为农牧户提供养殖技术指导、加工等全过程服务，农牧户按照兴安盟羊肉标准进行规范化养殖，产品由企业统一收购，统一品牌进行销售。

二、打造知名品牌

兴安盟肉羊养殖主要以科尔沁右翼前旗乌兰毛都苏木、桃合木苏木、满族屯满族乡、阿力得尔苏木 4 个养殖集中区为中心，养殖规模达 400 万只。科右前旗积极引导新型农业经营主体开展绿色食品、有机产品、农产品地理标志和名特优新农产品认证，产品数量及规模不断扩大。

兴安盟羊肉在第二十一届中国绿色食品博览会上荣获金奖，通过电商等形式销往全国各地。科右前旗现有绿色食品生产企业 5 家，认证了 15 个绿色食品产品；有机产品生产企业 1 家，认证了 5 个有机产品。2023 年，兴安盟羊肉被列入全国“土特产”推介名单。兴安盟肉羊产品畅销全国各地，受到消费者的普遍好评和赞誉。

三、带农增收致富

通过地理标志农产品保护工程项目的实施，兴安盟肉羊年存栏量 20 万只，年出栏量 8 万只，年产值达 8 000 万元，收购农牧民肉羊 2 万只，带动养殖农牧户 1 500 户增加年收入 800 万元，同时带动更多的农户通过肉羊养殖产业受益，形成规模不断扩大的局面，企业和农户利益均沾、互惠双赢。

组织用标企业开展产品品质特色和质量安全水平双提升。建立标志使用备案制度和标志使用数据库，对标志使用者实行登记管理，授权企业用标率达 100%，产品品质和质量抽检合格率达 100%。兴安盟羊肉生产企业入驻国家农产品质量安全追溯平台，100% 赋码标识。

引导兴安盟羊肉经营主体线上线下开设兴安盟羊肉实体营销店。广泛开展人才培育和生产者技术培训，培育科技带头人 24 名，年培训行业相关人员 500 人次。通过项目实施，加快了农牧业发展方式的转变，推进畜牧标准化养殖以及农畜产品精深加工与标准化生产，不断拉长产业链条，提高产品附加值。

项目的实施对于加强对地理标志农产品的保护、调整优化农牧业结构和布局、发挥特色优势、建设优势农畜产品基地、带动提高规模效益、提升兴安盟羊肉品牌知名度、壮大区域经济、繁荣周边肉羊市场和发展现代农业起到广泛的辐射作用。此外，通过一二三产业融合推进，在养殖、加工、仓储运输、销售过程中有效新增就业岗位 300 人，其中包括农牧民劳动力 100 人，增加了当地农牧民收入。

◆ 扎兰屯黑木耳

一、基本情况

2009年9月，扎兰屯黑木耳获农产品地理标志登记保护。多年来，内蒙古自治区呼伦贝尔扎兰屯市依托分布广泛的柞树、桦树等阔叶林资源扎实开展黑木耳标志许可、品牌宣传和市场开拓等工作，以扎兰屯黑木耳入选首批中国—欧盟地理标志互认互保产品名单为契机，整合优化全市黑木耳种植，发挥品牌效应，在推进农业发展方式转变、提高产品质量安全水平、促进农业增效与农民增收方面取得了显著成效，特别是在巩固拓展脱贫攻坚成果同乡村振兴有效衔接方面发挥了重要作用，带动贫困群众1 200余户、2 900余人实现脱贫，菌农人均年增收1.2万元。

二、经验做法

（一）强化政策推动

建立政府主导、部门协同、社会力量参与的工作机制，严格落实各级产业扶持政策，对于绿色食品、有机农产品认证企业给予每个认证产品1万元的奖励，按照每袋菌袋补贴0.2元、每个菌厂补贴5万～50万元、每平方米吊袋大棚补贴30元的标准进行补贴，为扎兰屯黑木耳品牌创新发展营造良好环境。

（二）强化主体带动

发挥龙头企业带动作用，授权使用“扎兰屯黑木耳”地理标志公用品牌，通过“公司＋科研机构＋基地＋农户”的方式建设黑木耳核心基地，发展菌厂76个，建设黑木耳吊袋大棚80栋，黑木耳年栽培量发展到1 500万袋、975吨，年产值5 850万元。

（三）强化市场拉动

组织企业参加中国绿色食品博览会、中国国际农产品交易会、呼伦贝尔市招商引资网络直播推介会等涉农展会、论坛、展示展销活动，2020年6月，中国农产品质量安全微信公众号对扎兰屯黑木耳进行了线上展播。

（四）强化宣传活动

2017年8月6日，《人民日报》刊发文章《内蒙古扎兰屯市叫响黑木耳品牌：从屯里来到世界去》。2020年，扎兰屯黑木耳参加了“内蒙古广播电视台广告精准扶贫项目签约暨启动仪式”并对扎兰屯黑木耳进行了宣传，提高了扎兰屯市地理标志农产品的品牌竞争力。

（五）强化电商互动

借助电商平台，实现在天猫、苏宁易购、淘宝等20余家网商线上销售黑木耳，产品主要销往北京、上海、天津等地区和蒙古国等国际市场，初步形成了线上线下的立体销售网络。以电商新业态为引领，扎兰屯市黑木耳产业迈入全新发展阶段。

三、主要成效

（一）品种培优加速

建成食用菌研究所1家，研发出适合本地区的森宝1号（多筋）、森宝2号（半筋）、森宝3号（无筋）等优良菌种，开发出黑木耳饮料、黑木耳粉等10余种产品。

（二）品质提升加快

获绿色食品、有机农产品认证的黑木耳生产加工企业以及获准使用“扎兰屯黑木耳”农产品地理标志的企业全部纳入国家农畜产品质量安全追溯平台，按照《扎兰屯黑木耳全程质量控制规范》生产。

（三）品牌强农加大

扎兰屯黑木耳获第十三届、第十六届中国国际农产品交易会参展产品金奖，被评为第十八届中国国际农产品交易会最受欢迎农产品，入选《全国名特优新农产品目录》。“扎兰屯黑木耳”品牌被认定为“2017年最受消费者喜爱的中国农产品区域公用品牌”。2021年5月，中国品牌建设促进会发布了品牌价值榜，“扎兰屯黑木耳”品牌强度为751，品牌价值为2.65亿元。

四、发展规划

打造农业品牌是深化农业高质量发展必然需求，产业振兴是乡村振兴的重中之重，产业旺则乡村旺。扎兰屯市将继续围绕带动农民致富这一核心，努力构筑黑木耳产业“前端延伸、中端纵深、后端拉伸”三位一体发展格局，大力推广吊袋栽培模式，不断完善线上线下销售网络，利用中国—欧盟地理标志互认互保的机会挖掘其商业价值，重点做好出口工作，高水平保护地理标志农产品，稳农就业，助农增收，把小木耳做成大产业，全力打造内蒙古黑木耳之乡，助力乡村振兴。

◆ 库伦荞麦

通辽市库伦旗位于内蒙古自治区东部，地处燕山北部向科尔沁沙地的过渡地带，是世界荞麦黄金种植带，有 1 000 多年的荞麦种植历史，素有“中国荞麦文化之乡”的美誉。依托特色资源禀赋、深厚的文化底蕴、良好的产业基础，库伦旗抓住国家农业品牌精品培育的契机，正在打造具有影响力的“库伦荞麦”品牌。

一、强化规划引领特色产业创新突破

在库伦旗“十四五”经济社会发展规划中，荞麦产业被列为重点农牧产业首位，旗委、旗政府组织制定了《库伦荞麦乡村特色产业“十四五”规划》，并发布了《库伦旗荞麦产业发展实施方案》，明确了产业发展的基本思路和目标。制定了《库伦荞麦品牌提升战略规划》，以建设全球荞麦大健康产业核心区为发展目标，打造“库伦荞麦　健康常在”的金字招牌，规划了“一节、一会、一大赛、一区、一体、一传播”的实施路径（即“六个一”工程），引领产品休闲化、营养功能化、产地产业化、品牌国际化，一二三产业融合发展。

二、培优区域特色品种品质

建设库伦荞麦特色品种选育基地，库伦小三棱传统品种保护与品种培优相结合，在库伦旗库伦镇打造 100 亩品种提纯复壮选育基地，培育一批适合库伦本地种植的优良品种，提升库伦荞麦地理标志产品品种供种能力。

开展库伦荞麦特色品质监测和提升行动，建立库伦荞麦特色品种质量控制体系，并对其特有营养物质、微量元素等产品指标进行年度品质分析监测，年样本量约 30 个批次，同时，对库伦荞麦种植基地特定监测位点的土壤、水质进行关键指标年度分析监测，年样本量约 80 个样品，检测项目包括 pH 值、全氮、有效磷、微量元素、污染指标等，分析库伦荞麦品质与独特地域环境的相关性，为保持库伦荞麦特有品质提供科学依据。

三、打造区域公用品牌，促进价值提升

库伦旗利用本地荞麦的宝贵资源，顶层设计、多措并举，倾力打造“库伦荞麦”区域品牌。在供给侧，充分聚焦库伦荞麦产区地域特征，深入挖掘库伦荞麦独具价值的生态特征，从战略性、差异化与价值感三个维度进行定位。在消费侧，针对消费者“低脂、低卡、轻食、均养”的理念追求与对美好生活的向往，通过市场趋势、消费场景、自身特质三个维度，突出体现消费者对荞麦寄予的“常态化的健康生活方式”定位。

邀请专业机构，组建专家团队进行“库伦荞麦”品牌设计，创作了新的品牌标识和宣传语，设计了一系列包装物、宣传牌、平面宣传图片、文创产品等，相关成果申报了作品著作权和商标知识产权保护。在2022年中国国际服务贸易交易会暨世界地理标志品牌分销服务大会上，“库伦荞麦”地理标志区域公用品牌价值提升至20.1亿元。

四、加强库伦荞麦品牌宣传

制作《库伦荞麦》宣传片，在中央电视台综合频道（CCTV-1）、财经频道（CCTV-2）以及中文国际频道亚洲版（CCTV-4）等多个频道播出，引发强烈反响。制作《咱们家乡有特产——库伦荞麦》《一斗荞麦》《库伦荞麦　健康常在》《荞・春秋》等多期视频节目，在中央电视台财经频道（CCTV-2）、融媒体等平台播出，有力扩大了品牌知名度、增强了企业和种植户的发展信心。制作“库伦荞麦”地理标志农产品品牌宣传片，多维度强化消费者品牌记忆，持续强化品牌影响力、生命力、辐射力。

五、联农惠民厚植发展根基

库伦旗委、旗政府把荞麦产业作为巩固拓展脱贫攻坚成果、全面推进乡村振兴的重要抓手，通过荞麦全产业链融合发展，带动农村牧区致富。提升库伦荞麦标准化生产能力，支持种植大户、合作社、龙头企业，以库伦镇、扣河子镇为核心，在库伦旗域范围内打造约2 000亩核心生产基地。同时借力其他项目资金拓展荞麦种植面积。库伦旗农业技术推广中心指导规范化科学种植和基地建设，严格按照生产技术规程生产，建立生产日志。

通过实施规模化经营、集约化生产、标准化种植、订单化销售，带动荞麦生产经营农户稳定增收。目前库伦旗荞麦种植面积在10万亩以上，2023年荞麦种植户实际收益较2022年提升25%，种植收益亩增收150元以上。

◆ 大石桥大红袍李子

大石桥大红袍李子原产于辽宁省营口市大石桥市周家镇大沟村，因其果实个头硕大、果形端正、肉厚多汁、酸甜适口，受到了消费者青睐，是大石桥市东部山区的优势特色产品、乡村振兴的一张抢眼名片。全市种植面积约2万亩，年产量1.68万吨。经过各级政府的大力推动和相关单位的协同发力，果农们搭上了科技的便车，摸索出生产、经营、贮藏、销售、加工一整套产业链条，走上了乡村振兴的发展之路。2020年，大石桥大红袍李子登记国家农产品地理标志，并入选《全国乡村特色产品和能工巧匠目录》。

一、主要做法

（一）基地创建，打造强势生产经营主体

大石桥市按照精细管理、标准推进的原则，打造了一批强势生产经营主体，在果园科学管理、配方施肥、病虫害绿色防控、产地环境控制、产品贮藏保鲜等方面制定了一整套生产标准规程。大石桥市周家镇周家村率先发力，创新发展模式，由村集体经济组织创办领办专业合作社，基地所获收益实行“3+3+4”管理，即30%用于合作社成员分红，30%用于村集体经济组织基础设施建设、公益事项等，40%作为大红袍李子发展基金，用于扩大生产、可持续发展。

（二）科技引领，助力技术富民增值业态

与科研院所开展深度合作，因地制宜引进了辽宁省果品贮藏保鲜科技特派团、营口市大石桥李高效栽培科技特派团、辽宁省分析科学研究院农产品质量服务科技特派团等，资深专家团队为大石桥大红袍李子的优质、绿色发展保驾护航，农民只需要打一个电话，就有专家远程协助或进园指导。大石桥市按照《大红袍李优质栽培技术规程》（DB21/T 3188—2019），在产地环境、种植方式、贮藏运输、包装销售等重点环节全面落实标准化管理，探索建立了一整套适应本地需求的主推技术，包括配方施肥技术、水肥一体化技术、病虫害绿色防控技术、果园生草覆盖技术等。

（三）项目支撑，全力整合优势资金资源

大石桥市聚焦大石桥大红袍李子优势特色产业，充分利用地理标志农产品保护工程项目，结合国家农技推广补助县项目、李杏新品种及配套栽培技术推广项目、辽宁省农产品质量安全追溯重点县项目和辽宁省水利厅产业升级项目等，整合资金、资源，在科技培训、技术推广、品牌创建、质量把控、产品溯源等各方面联合发力，打造辽宁省区域公用品牌，提升核心竞争力。

（四）强势传播，讲好区域特色品牌故事

借助地标项目建设，大石桥市不仅利用省市各级传统媒介造势宣传，在高速公路、高铁站等场所投放广告，更向中央媒体发力，向网络借力，在中央电视台中文国际、农业农村等频道播放广告，借助抖音、快手等新媒体开展大石桥大红袍李子节暨乡村振兴名优特农产品展销直播大会，门户网站及重点资讯网站共170多家媒体转载落地。

（五）产地溯源，聚焦优质高效竞争高地

大石桥市作为国家农产品质量安全县（市），加强体系建设，构建县、镇、村网格化管理模式，对规模生产主体实行产地溯源管理，通过农产品质量安全溯源监管平台及大数据中心，精准管控产品流向，为大石桥大红袍李子精准背书。经营主体通过全过程管控、产品检测、分级包装、开具食用农产品承诺达标合格证，实现了二维码产地溯源。

二、工作成效

（一）品种培优

大石桥市联合辽宁省果树科学研究所开展大红袍李子品种审定工作，优化栽培模式，保护好种质资源，全力助力特异优异李杏种质资源评价体系及基因库建设。鼓励生产主体开展良种提纯复壮及扩繁工作，促进大石桥市果树产业结构调整，做到保质量、稳产量、增效益。

（二）品质提升

大石桥大红袍李子严格按照地理标志农产品生产要求进行果园管理，不定期进行空气、土壤、水质等环境监测以及果实的风险监测和监督抽查，上市前严格把关，精挑细选，分级销售，优质大石桥大红袍李子每盒售价可达198元，供不应求，年销量可达到5 000余万元。

（三）品牌打造

大石桥市独特的资源禀赋和优良的生态环境为特色农业发展奠定了良好基础。每年8月上旬，大石桥市举办大石桥大红袍李子丰收节暨全市名优特农产品展销会。先后举办“农创联”“营口出货”等多场大型线上直播活动，打通了大石桥市名优特产品宣传推介的快车道。

（四）品味悠长

大石桥大红袍李子耐贮性不强，大石桥市积极探索开展果品的精深加工，延长产业链，做强“小而精”特色产业。同时，为了更好利用裂果和等外果，大石桥市联合科研部门开展大红袍李子白兰地的生产试验，将新鲜的李子去核、榨汁、发酵，再经过多段蒸馏，陈酿成馥郁浓香的大石桥大红袍李子酒。

东港大黄蚬

辽宁省丹东市东港市位于黄海北部，海岸线长 126 千米，海域面积 3 500 千米 ^{2}，鸭绿江和大洋河等众多河流与黄海交汇，造就了优良的海况和丰富的渔业资源。这里盛产的东港大黄蚬以品质优良、营养丰富、味道鲜美而备受消费者青睐。经过几代人的不懈努力，东港大黄蚬已形成了完善的养殖、加工、销售产业链，“东港大黄蚬”地理标志品牌建设也得到了加强，形成了品牌和产业互相促进的格局。

一、基本情况

2011 年，东港大黄蚬获得农业部农产品地理标志登记和国家工商行政管理总局地理标志证明商标。2020 年，开展东港大黄蚬全国农产品地理标志保护工程工作，进一步叫响了“东港大黄蚬”品牌。目前东港大黄蚬养殖面积 20 万亩左右，主要集中在鸭绿江和大洋河入海口，年产量 1.5 万吨左右，2022 年全产业链产值 5 亿元。

二、经验做法

（一）加强品牌建设政策引导

2013 年颁布了《东港梭子蟹、东港大黄蚬、东港杂色蛤地理标志管理办法》，成立了“东港梭子蟹、东港大黄蚬、东港杂色蛤地理标志产品保护领导小组”，作为东港市地理标志工作的领导机构，日常工作由设在渔业渔民渔船管理局的领导小组办公室负责，海洋环境监测、水产技术推广、渔政管理等部门，根据各自的职能分工，定期向贝类养殖和加工单位提供技术和信息服务。

（二）提升综合生产能力

近年来由于近海资源减少，东港大黄蚬的数量也在减少。自 2012 年 11 月建立辽宁东港海洋经济发展院士专家工作站以来，东港市与中国科学院海洋研究所合作研发“黄蚬子人工繁育与增养殖关键技术研发及产业化示范”项目，具备可以独立完成大黄蚬繁殖、养殖、示范和推广的基础设施和专业技术能力。近年来累计增殖放流大黄蚬苗种近 4 亿粒，促进了东港大黄蚬等生物资源的恢复和海洋生态环境健康可持续发展。

（三）落实标准化生产和提升特色品质

一是强化地理标志农产品质量控制和特色品质保护，推进企业制定大黄蚬生产标准和产品评价标准，对东海大黄蚬生产、加工、仓储、运输、销售等环节进行标准化管理，保证产品品质和质量。

二是开展生产经营主体和生产者按标生产培训，提高从业者专业技能，累计培训 300 余人次。

三是开展质量安全检验检测和品质特性检测评价。通过农产品检测中心和企业自行检测，实现质量检测常态化，企业自检、抽检大黄蚬样品 100 多批次，合格率达 100%。

（四）夯实品牌建设工作基础

积极培育东港市渔业区域公用品牌。在东港市人民政府网站发布“挖掘海洋文化·讲好渔业故事”征文，编辑出版图书《渔乡东港》，利用各大知名短视频平台，开展数字化模式营销，市政府连续 10 余年举办以打造渔业区域品牌为主题的“海鲜节”，东港海鲜在全国的影响力逐渐扩大。支持、组织水产企业到大连、沈阳、上海、福州、重庆、青岛、厦门等地参加各类国内国际展会。企业培育自主品牌工作不断加强，先后培育出“泰宏”“渔之郎”“渔家福”等品牌，其中国家级著名商标 2 个，省级著名商标 12 个。

三、主要成效

（一）推进地理标志使用，主体用标意识明显提升

通过深入地理标志涉及的企业及市场主体开展摸底调研，发挥行业协会、龙头企业的引领作用，引导企业提升对农产品地理标志的认知度和价值感。主动靠前服务，助力企业加快发展。实施“一对一”全程一站式服务，采取入户、电话、微信等多种形式，指导企业使用农产品地理标志。通过强化宣传培训，开展东港大黄蚬保护工程、品牌建设会等工作，宣传农产品地理标志的使用意义，普及农产品地理标志知识，广大生产经营主体的用标意识和保护意识大幅提升，目前共有 27 家企业使用农产品地理标志。

（二）增强品牌影响力，拓展销售范围

在扎实做好基本工作的同时，积极推荐和申报其他农产品区域公用品牌，“东港大黄蚬”连续多年被评为辽宁省农产品区域公用品牌。2020 年，东港大黄蚬被列入首批中国—欧盟地理标志互认互保产品名单，成为辽宁省唯一入选该清单的水产类地理标志产品。随着品牌培育的加强，东港渔业产品的国际和国内市场进一步拓展，在国际上畅销东南亚、日本和欧美市场，在国内畅销所有省会城市和部分二三线城市。

（三）带动渔民增收致富，助力乡村振兴

带富致富的效果明显。东港大黄蚬相关市场主体达到 300 余家，初步形成了集育苗、零售、加工、电商销售、文化旅游等关键环节的产业链，从业者约 2 万人，带动年收入约 5 亿元，促进了农户增收致富，产业升级的潜力巨大。随着鲜食大黄蚬品质提升、产量增加，以大黄蚬为重点全力推动优势转型升级发展，先后培育了丹东大鹿岛海兴（集团）有限公司、丹东永明食品有限等 20 多家加工骨干企业，其中，丹东大鹿岛海兴（集团）有限公司年销售额达到 2 亿元以上。据粗略统计，带动贝类养殖户、旅游服务业户、车船运输户以及参与贝类生产、加工的商户 3 000 余户，2023 年人均收入增幅为 12%。

黑山褐壳鸡蛋

辽宁省锦州市黑山县蛋鸡产业历史悠久，规模可观。蛋鸡饲养量常年保持在 2 500 万～3 000 万只，存笼量 1 000 万～1 500 万只，是辽宁省最大的鸡蛋供应基地。黑山褐壳鸡蛋具有高蛋白、高磷脂、低脂肪的特点，深受广大消费者喜爱。

近年来，黑山县坚持品牌强农战略，积极打造“黑山褐壳鸡蛋”区域公用品牌，推进蛋鸡养殖、产品加工及出口贸易的进一步发展，成效显著。2012 年，黑山褐壳鸡蛋获农产品地理标志登记证书；2018 年，黑山褐壳鸡蛋成为全国第一个蛋类农产品国家级地理标志示范样板；2019 年，中国品牌价值评价，“黑山褐壳鸡蛋”品牌强度 827，品牌价值 6.12 亿元。黑山褐壳鸡蛋产业以品牌为引擎，发挥智力资源优势，在品质提升和品牌打造上下功夫，产业转型升级效果初步显现，现已成为黑山县乡村振兴的主导产业。

一、顶层设计，以数字化引领产业发展方向

黑山县委、县政府高度重视黑山褐壳鸡蛋产业，充分发挥带头引领作用，健全工作领导机构，改善和优化政策支撑环境，促进黑山褐壳鸡蛋市场主体对优势资源进行整合，形成产业化发展。制定出台《黑山褐壳鸡蛋产业发展规划（2017—2020 年）》《黑山褐壳鸡蛋区域公用品牌建设三年规划（2023—2025）》等文件，为黑山褐壳鸡蛋品牌建设奠定了坚实基础。

加快数字化在黑山褐壳鸡蛋产业中的应用。统筹黑山数字农业平台建设，搭建数字化平台，提升黑山褐壳鸡蛋生产智能装备和信息化水平，实现全产业链可视化。完善农业数字化转型的政策制度，制定协同创新的数字信息技术、金融与财税、辅助培训等配套激励政策，全面激发产业数字化转型活力。坚持市场驱动，引导扩大资本市场，激活和鼓励民间资本参与，为农业数字化转型提供资本保障和市场活力。

二、引智入县，以标准化助推产业高效发展

自 20 世纪 80 年代以来，黑山县蛋鸡饲养步入快速发展轨道，陆续引进嘉吉蛋白科技（滁州）有限公司、国家电力投资有限公司、京东集团、牧原食品股份有限公司等，构建多方资源合作共赢的新机制，落地合作机构或实体，共同助力黑山褐壳鸡蛋产业发展。

不断强化科技研发合作，与沈阳农业大学签署战略合作协议，建立长期合作关系，组织专家完善黑山褐壳鸡蛋产品标准体系，包括生产标准、质量标准、商品化标准等，在品牌打造、产业链延伸、品质管控等方面，取得显著成效。依托产品标准体系，建立可追溯机制，保障产品质量安全和产业发展安全。

三、品牌打造，以体系化带动产业转型升级

以黑山褐壳鸡蛋品牌标识、品牌内涵、品牌文化塑造为切入点，开启“黑山褐壳鸡蛋”区域公用品牌创新发展道路。依托沈阳农业大学的智力支持，确立品牌定位、用户定位、文化定位、竞争定位，构建以区域公用品牌为引领，企业品牌、品类品牌为组成的品牌架构体系。设计企业视觉识别系统（VIS），确定品牌标识在不同场合、不同情境下的使用方式、使用原则及注意事项等。以红色文化、鸡蛋之乡、长寿之源、营养健康为品牌内涵，提取核心价值，创意提出三种类型品牌故事，用于品牌文化塑造和传播，提升“黑山褐壳鸡蛋”品牌的知名度和美誉度。

以“黑山褐壳鸡蛋”区域公用品牌为主品牌，采取“区域公用品牌 + 企业子品牌”的运营模式，建立企业子品牌准入和产品可追溯管理制度，严格管控区域公用品牌授权使用范围，构建融合共生的“母子品牌”体系。以“统一品牌、统一标准、统一营销、统一服务”的标准形象进入市场，通过打造鸡蛋中高端产品形象，拉升消费者对“黑山褐壳鸡蛋”品牌的认知度和美誉度，启动黑山鸡蛋中高端消费市场，实现品牌产品溢价。

以品牌为引领，加快推进黑山褐壳鸡蛋产地批发市场建设，完善市场功能，创新销售方式，打造中国北方鸡蛋交易集散中心。积极构建电商运营体系，大力推进黑山褐壳鸡蛋电商平台建设，鼓励生产经营主体开展多种形式的电商业务，积极建立现代化物流体系，破解黑山褐壳鸡蛋流通难题。

四、机制创新，以规模化实现产业绿色发展

打造黑山褐壳鸡蛋全产业创新模式。跳出鸡蛋生产的传统思路，形成贯穿育雏、养殖、饲料、兽药、粪污利用以及鸡蛋生产、加工、流通、销售的全产业链，严格划定禁养区、限养区和适养区，全面推广更先进、更环保的养殖模式，引导蛋鸡养殖向集约化、标准化、生态化、规模化转型发展，走出一条绿色发展的蛋鸡产业提升之路。

提升龙头企业、中等规模企业联农带农能力。借助龙头企业成熟的市场运营能力，推进黑山褐壳鸡蛋产业化向纵深发展。扶持中等规模的生产经营主体，通过沟通和培训逐步转化为黑山褐壳鸡蛋建设的中坚力量，带动小规模养殖户，培育养殖户的品牌意识，共同助推“黑山褐壳鸡蛋”区域公用品牌的价值和影响力提升。

◆ 铁岭榛子

辽宁省铁岭市是中国特色农产品优势区，被誉为“中国榛子之都”。多年来，铁岭市委、市政府始终注重打造农业公共区域品牌，将“铁岭榛子”作为拳头品牌，带动农业农村经济发展。

一、主要做法

（一）实施政府主导战略，把榛子产业作为铁岭农业主导产业来抓

一是加强领导，提供保障。铁岭市委、市政府强化顶层设计，主动靠前服务，把榛子列入全市重点发展的“十大特色农业产业”，以全方位的公共服务引领产业发展，多元化培育经营主体。

二是科学规划，明确方向。为促进榛子一二三业产融合发展，推进高质量发展，依据创新、协调、绿色、开放、共享的新发展理念，合理制定榛子产业发展规划，实施“良种化、园艺化、机械化、信息化、时尚化”战略，打造区域优势品牌。

三是政策扶持，创造条件。2020 年，根据辽宁省农业农村厅统一部署，铁岭榛子实施地理标志农产品保护工程，对促进全市榛子产业快速发展起到了重要作用。

（二）实施科技兴榛战略，建设全国高产、优质榛子产品集散中心

一是全力搞好科技服务。科技特派团开展送科技下乡活动，推广实用生产技术，帮助榛农解决生产难题。不断加大榛子科技人员培训力度，建立了一支技术过硬的榛子科研队伍，为广大榛农提供科技支撑。成立了中国林业科学院榛子研究中心科研教育培训基地、中国平榛园艺化实验基地、铁岭榛子提质增效工程实验基地等科研教育基地，充分发挥基地在质量教育培训方面的作用，推广质量至上理念。

二是围绕产业发展进行科学研究。科研部门把榛子科研作为林业科研工作的重中之重，结合产业发展实际，围绕成果转化应用，开展实用技术研究。建立良种繁育基地，进行榛子优良品种选育、改良、扩繁等试验研究。以提高榛子产量、提升榛子品质为目的，开展了病虫害防控、疏株、施肥、灌水、钐茬等实用技术研究。积极探索榛子深加工的技术难题，开展了榛子相关产品加工技术研究。

（三）实施产业化经营战略，努力把小榛子做成大产业

一是抓标准化建设，做大基地。制定市、县榛子标准园建设技术标准，指导广大榛农在自家承包的榛园内采取疏株、施肥、灌溉、病虫害防治等精细管理措施，实施科学生产，扩大榛子标准化栽培面积。短短 10 余年，全市榛子标准化普及率达到 65% 以上。

二是抓龙头牵动，做强加工。积极帮助加工企业做大做强，铁岭市扬帆食品有限公司、铁岭中榛

阁林业有限公司等企业生产的榛子油、榛子酥、榛子粉、榛子酱、榛子奶糕等产品打入市场，广受欢迎。与中国食品工业协会坚果炒货专业委员会紧密合作，积极参加各类活动，并与成员单位深度接触，积极洽谈，争取项目。

三是抓产品流通，做活市场。成功举办了12届中国（铁岭）榛子节、首届森林食品交易博览会和铁岭榛子（沈阳）展销会等活动，以坚果有益健康为宣传主题，以消费体验、行业开放相结合开展活动，取得了丰硕成果。

（四）实施知名品牌战略，打造榛子产品优势区

一是引导企业争创名优品牌。政府通过举办食品节、中国农民丰收节和榛子节等节会，举行产品质量品鉴会等，有力地调动了企业争创名优品牌的积极性。同时组织企业参加国内各种大型博览会、展销会，扩大铁岭榛子的知名度和影响力。

二是扩大宣传，弘扬知名品牌。政府通过制作宣传片、宣传册，在电视等媒体上播发广告，邀请省内外记者围绕榛子产业开展系列采访报道等形式，广泛宣传铁岭榛子。同时，建立了中国榛子网（http://www.zhenzi. cc），形成了面向全国、面向世界的“铁岭榛子”品牌信息化宣传平台。

三是规范市场，保护知名品牌。为保护“铁岭榛子”品牌信誉，全力打造监管体系，坚持把建章立制、加强计量和认证工作作为质量提升和品牌创建活动的基础性、关键性工作来抓，建立健全政府、监管单位、生产企业三级榛子质量安全综合评价与考核指标体系。

二、取得成效

经过10余年的不懈努力，铁岭已成为全国榛子生产、加工、购销集散地。铁岭榛子种植面积由不到30万亩发展到113万亩，平均亩产由10千克提高到60千克，品牌价值达到60.56亿元，年产榛子6万吨，年产值20亿元，占全国的70%，榛林面积和榛子产量均居全国之首，山区农民人均榛子年收入800元，榛农户均年收入2.6万元。

2007年，被国家质量监督检验检疫总局评为“第六批国家级平榛农业标准化示范区”；2011年，被中国林业产业联合会、中国经济林协会授予“中国榛子之都”称号；2015年，被国家林业局授予“国家榛子生物产业基地”称号；2019年1月，被中国品牌建设促进会、中国林业产业联合会品牌建设分会评选为中国坚果品牌集群副主席单位；2019年11月“铁岭榛子”被中国农产品市场协会纳入“2019首批中国农业品牌目录”；2020年2月，被农业农村部等8部委认定为“中国特色农产品优势区”。

大连大樱桃

辽宁省大连市已有130多年大樱桃生产历史，是我国大樱桃主产区之一。自2018年获得农产品地理标志登记保护以来，大连大樱桃产业链不断完善，产业发展水平全面提升，现有栽培面积35万亩，产量26万吨，产值近100亿元，已成为大连市乡村振兴、农民致富的主导产业。

一、政策引领，产业快速发展

大连市委、市政府高度重视大樱桃产业发展，持续跟进扶持政策，推动产业快速发展。连续多年实施新植果树补贴，新栽植大樱桃每亩补贴500元，高于其他树种。同时，对新建温室大棚给予奖励扶持，带动设施大樱桃快速发展，大连现有设施栽培大樱桃9.5万亩，居全国首位。2018年，市政府出台关于加快推进大樱桃产业发展的实施意见，将“大连大樱桃”品牌建设列入大连市“十四五”规划纲要。2021年，市农业农村局印发了加快推进大樱桃产业高质量发展的工作方案。各樱桃主产区、市、县也都出台了大樱桃产业发展的扶持政策。“十四五”以来，大连大樱桃产业规模增长近50%。

二、科技支撑，品种结构不断优化

大连是我国最早开展大樱桃科研的地区，培育出我国第一个自主选育的大樱桃品种“红灯”，并大面积推广种植，为全国樱桃产业发展作出巨大贡献。近年来，大连市农业科学研究院致力于大樱桃种质资源收集、保护和新品种研发，先后收集保存种质资源100多份，自主选育了“五红”“七珠”“三蜜”等一系列优良新品种，在生产中广泛应用。大连市首创大樱桃设施栽培模式，经过多年研究探索，已形成一整套设施大樱桃栽培技术体系，亩经济效益10万元以上。

三、标准化生产，生产水平持续提高

大连大樱桃为农业农村部全产业链标准化试点目录产品，已建立相对完善的标准体系。大连市金普新区编制了大樱桃标准技术体系，主产区七顶山街道建立了大樱桃标准综合体。全市实施绿色食品、地理标志农产品标准进企入户，强化了技术指导和培训，认证绿色食品企业40余家。通过实施标准化生产，大连大樱桃生产水平不断提高，尤其是设施栽培技术水平世界领先，吸引众多国内外专家、企业、果农前来考察学习。

四、产业链不断完善，现代产业体系初步建立

大连市持续推进大樱桃产业链建设，产业链不断延伸。建立了一批服务全国的大樱桃现代种苗基地，打造了一批大型产地批发市场。产业社会化服务组织不断健全，培育了一批生产、销售、农资、技术等专业化服务队伍。贮藏保鲜、冷链物流、电商基地等产业链不断完善，樱桃酒、樱桃果酱、樱桃果干等加工产品不断创新，现代产业体系初步建立。

五、培育新型主体，产业化程度不断提升

2019年，大连市整合科研、生产、销售、农资、金融等产业相关机构，组建了大连市大樱桃产业联盟，金普新区、旅顺口区、瓦房店市也分别组建了大樱桃产业联盟，形成市、县两级联盟体系，产

业组织化程度显著提升。目前，大连大樱桃专业合作社、家庭农场、企业数量已逾千家，有国家级农业产业化龙头企业 2 家，省级、市级农业产业化龙头企业 5 家。

六、夯实品牌基础，产品知名度显著增强

依托大连大樱桃农产品地理标志，开展了品牌建设规划，制定了品牌管理办法，区域公用品牌体系初步建立。通过举办大连国际樱桃节、中国樱桃年会、中国樱商大会，参加中国国际农产品交易会、上海中食展等大型专业展会，到国内各大城市进行产品推介，开展品牌评比活动，在中央电视台、辽宁电视台以及各大网络媒体进行广告宣传，举行网络樱桃节直播活动，产品知名度大幅提升。“大连大樱桃”获得辽宁省百强农产品品牌称号，入选首批中国农业品牌目录。大连市被授予“中国优质大樱桃示范区”称号，被认定为中国特色农产品优势区。同时，涌现出以“艺树家”为代表的全国知名大樱桃品牌。

七、拓展销售渠道，形成多元化销售格局

通过建立大型产地批发市场，进一步夯实了传统销售渠道，每年吸引上千家国内客商前来采购，增强了果农的市场议价能力。组织企业和商超、大型采购商进行对接，不断拓宽销售渠道。大连大樱桃产业联盟和大连电商协会共同协作，在天猫商城开设“大连大樱桃官方旗舰店”，通过举办阿里巴巴线上樱桃节、网红直播、社群营销、多平台分销等形式，全面打造大连大樱桃电子商务品牌，拓宽销售渠道，增加农民收入。在建设银行善融商务交易平台、邮乐网、“学习强国”等平台销售大连大樱桃，拓展了线上销售渠道。据不完全统计，2021 年大连大樱桃实现线上零售 600 万单，销售额近 10 亿元。近两年，市委、市政府主要领导也走进直播间，宣传推介，助力产品销售推广。

八、产业融合发展，产业链价值有效提升

大连市十分重视大樱桃产业融合发展，尤其是产业与乡村旅游、文化传播相融合。已连续举办 14 届大连国际樱桃节，在樱桃节期间发布大樱桃采摘游线路，举办各种节庆活动，有效促进了大樱桃一产与三产融合发展。带动主城区周边大樱桃种植基地融入乡村旅游产业，形成以大樱桃为载体的休闲旅游、观光采摘消费文化，实现了产业链价值的有效提升，推动了都市型现代农业高质量发展。

九、创新金融保险服务，产业发展有效保障

农业银行在大樱桃主产区开展整村授信，发放信用贷款，仅瓦房店市八里村就有 339 户信用户，其中 230 户贷款 2 300 多万元。农业银行针对设施大樱桃生产推出了“樱果贷”产品，农户可享受最高 30 万元低息纯信用贷款。在整村授信基础上，农商行推出了“农 e 贷”“扶贫贷”等惠农产品。对较大额度的贷款需求，推出土地承包权经营权抵押贷款试点。针对特殊情况的企业大额资金需求，建立“政银企”合作模式，开展果树及苗木物权登记抵押贷款，单笔额度达到 1 000 万元。近年来，大连市政府还与保险公司合作，开展了大樱桃裂果保险、树体保险等创新险种，增强产业发展抗风险能力。

桦甸黄牛肉

吉林省吉林市桦甸市位于长白山余脉龙岗山脉大山深处，地处第二松花江上游，素有“一江秀水，百里桦林，千顷湿地，满山红叶”之美誉！在桦甸，一头牛，形成了既保护环境又富农家的绿色循环产业。

一、强组织，同推进，共筑地标高质量

桦甸市高度重视桦甸黄牛肉地理标志农产品保护工程的实施，印发了《桦甸市肉牛产业发展政策实施意见（2.0 版）》，成立了桦甸黄牛肉地理标志农产品保护工程项目工作领导小组，负责项目实施过程的监督与管理。积极动员生产主体共同参与项目实施，进一步做好桦甸黄牛肉品种繁育基地建设，加强品种资源保护、提纯复壮、良种繁育，同时，建立产品质量控制体系并开展品质检测，延续地理标志产品的地域禀赋并保持特色品质。

二、强标准，提品质，夯实产业“根基石”

品质是地理标志农产品信誉的基础。桦甸黄牛肉地理标志农产品保护工程始终突出标准化生产和品质提升。制定桦甸黄牛肉生产技术标准化体系，同时组织开展桦甸黄牛肉标准化生产培训，培训地理标志生产经营主体和相关农户不少于 500 人次，有效提升生产经营人员按标生产意识和标准化生产能力。改造提升生产企业繁育基地晾晒场，提升牛饲料品质。建立桦甸黄牛肉生产及冷链物流运输体系，提升现代化的养殖技术与冷链运输能力。通过建设可视化生产监测平台，不仅提升了监管效率和养殖管理水平，还为企业现代化转型注入了强大的动力，提升了畜产品的质量安全水平。将企业经营活动纳入国家农产品质量追溯信息平台，让消费者拥有“源头信任”，“桦甸黄牛肉”成为吉林省放心肉工程公共品牌，品牌价值不断提升。收集整理桦甸黄牛肉地理标志产品特色图片、文献、视频资料等，并将信息录入桦甸市农产品数字服务平台，提升地理标志农产品数字化管理、数字化营销水平。

三、优品种，保特色，注入培优“原动力”

特色的产地生态与纯正的“血统”是地理标志农产品独特的价值源泉。通过建设国家级肉牛科技小院、省级现代农业产业园、桦甸市肉牛良种繁育服务中心，加强品种资源保护，开展桦甸黄牛肉品种提纯复壮、良种繁育、引种选育工作，保持提升地理标志农产品的优良品质特性，延续地理标志农产品地域禀赋和特色优势。建立起桦甸黄牛肉高品质特色良种体系。围绕桦甸黄牛优良品种的保护与繁育，提升桦甸黄牛的标准化饲养与管理，构建全产业链标准化体系，加强桦甸黄牛原种保护机制，为桦甸黄牛肉产品质量与特色品质提升提供有力支撑。制定了《新品种培育方案》，与吉林农业大学共

建吉农桦牛科技研发中心，现有研发人员30人，聘请外部专家6人，培育工作有序推进，为吉林省的肉牛养殖发展不断夯实产业基础。

四、建体系，搭平台，引领产业再升级

全面构建标准体系，共构建420个管理体系，聚焦产地环境、品种种质、投入品管控、饲料制备、健康养殖、疫病防控、屠宰加工、储运保鲜、包装标识、分等分级、粪污资源化利用、冷链物流、品牌创建、市场营销、信息化应用等肉牛全产业链标准体系关键环节，聚力开展标准化建设攻坚，务求实现100%覆盖，全面保障全产业链质量安全，进一步提高桦甸黄牛养殖管理水平，提升桦甸黄牛肉综合生产能力。为进一步推动桦甸黄牛产业发展，还以体系化推进、数字化赋能引领产业升级。加强绿色发展引领地理标志产业升级，引导用标企业开展名特优新农产品认证，实现“地理标志＋绿色食品＋名特优新”品牌叠加效应，促进地理标志产品品质特色和质量安全水平双提升。加强地理标志农产品知识产权保护，建立健全桦甸黄牛肉地理标志管理制度，明晰管标、用标责任人，加强业务培育，规范标志使用，强化市场监管，引入专业化策划保障品牌运营维护，推动企业用标率达到100%，建立完善的桦甸黄牛肉原产地可追溯制度和质量标识制度，确保用标企业与持标人全部签订书面授权使用协议并实行带标上市，且100%纳入省级以上农产品质量安全追溯管理信息平台。

五、塑文化，传佳名，树地标“产业名片”

为进一步扩大桦甸黄牛肉品牌美誉度，开展了一系列品牌管理活动，讲好地理标志农产品故事。以保护工程为抓手，制定地理标志农产品品牌发展规划，结合吉林省“千万头肉牛工程”品牌宣传活动，做好“吉致吉品”农产品品牌，带动龙头企业打造企业品牌和产品品牌。为挖掘桦甸黄牛肉特色禀赋，建设桦甸黄牛肉展销中心，完善品牌体验馆，并规划建设桦甸黄牛博物馆，提升用标企业品牌展示点，深入挖掘农产品地理标志特色优势和历史文化内涵，讲好品牌故事，增强地理标志农产品品牌知名度。在桦甸市机场路设置“桦甸黄牛肉”地理标志农产品生产地域标识标牌，组织拍摄桦甸黄牛肉品牌与质量安全宣传片，并通过省级以上电视媒体、新媒体平台进行宣传推介。完善地理标志产品包装设计，印制一批桦甸黄牛肉文创宣传品及文化衫，开展宣传推介。积极组织用标企业参加中国绿色食品博览会等重要展会以及全国性、全省性宣传推介活动，利用各种媒体和展会平台，开展多渠道、全方位、立体式品牌宣传，桦甸黄牛肉成功入驻国家地理标志农产品展示体验馆。2023年，桦甸黄牛肉被世界500强永旺大型国际商超选为“旺选味道”牛肉产品，“桦甸黄牛肉”品牌知名度、美誉度得到全面提升。

靖宇林下参

靖宇林下参于2022年入选地理标志农产品保护工程项目。吉林省白山市靖宇县高度重视地理标志农产品保护工程，及时成立项目领导小组，严格按照项目实施要求，认真编制项目实施方案，认真履行项目实施程序，取得了丰硕的建设成果。

一、项目基本情况

靖宇林下参地理标志农产品保护工程项目总投资670万元。项目实施过程中，靖宇县围绕改善示范基地生产环境、培优区域特色品种、提升产品特色品质、强化品牌策划宣传、强化可追溯体系建设、推进全产业链标准化6个方面，全面提升靖宇林下参产业发展水平。项目完成的主要内容：一是为靖宇县县域内3家用标林下参种植企业设立围栏、防鼠瓦、林下串等，强化核心基地生产环境改善。二是建设林下参核心基地3处，规模1 200亩，建设林下参核心种苗繁育基地1处，规模1 000米^2。三是为用标企业建设林下参冷藏库1座，林下参冷藏保鲜能力达到10吨。四是制作靖宇林下参产业宣传片、专题片2部，在相关媒体播出；同时，在中央电视台财经频道和农业农村频道进行广告宣传，在吉林省长长高速和长白山机场出口，设置了4处“擎天柱”广告牌。五是邀请相关专家制定了靖宇林下参种植生产技术规程团体标准，并且对120多名从业人员进行培训。六是设计制作靖宇林下参相关产品的包装，建立了用标企业监管、质量可追溯体系等。

二、典型经验做法

（一）领导重视是基础

靖宇县成立了由主管县长任组长，县财政局、农业农村局、特产协会等单位领导为成员的地理标志项目领导小组，同时成立了专家组和项目推进组，把地理标志保护项目列入县农业农村局年度重点工作之一，主要领导亲自抓，分管副职具体负责，编制了项目实施方案，制定了相关工作制度，保证项目顺利实施。

（二）选择企业高标准

靖宇县严格按照地理标志保护项目实施方案要求开展工作。在认定项目支持企业方面，一是要求被支持企业必须是靖宇林下参用标企业；二是被支持基地必须是县域内最好的规模化基地，企业用地手续健全，并且基地在吉林省范围内有较大的知名度和影响力；三是企业自身资金投入额度较大，基地投入至少为 500 万元。

（三）项目程序规范化

项目实施过程中，项目申报、方案制定、企业选择等各个方面，均严格履行前期调查分析、会前沟通协商、会议集体决策、公开询价采购、依法依规招标、专家评审论证等项目运作程序，做到公开、公平、公正，严禁违规操作和个人独断。

（四）多方选择保质量

林下参围栏、防鼠瓦、标志牌、冷藏库等核心基地建设工程类项目，严格履行编制控制价格、项目公开询价、邀请专业设计、聘请项目监理等规范化程序，优选施工单位，保证项目建设质量。品牌策划宣传、标准制定、从业人员培训、产品包装设计、用标企业监管、可追溯体系建设等软件项目，要求中标企业发挥自身优势，拿出切实可行的技术服务方案，根据实际需要进行沟通协调，最终选定项目方案，从而达到最佳实施效果。

三、主要工作成效

（一）基地规范化程度大幅提高

通过实施靖宇林下参地理标志农产品保护工程项目，为 3 家企业的林下参核心生产基地建设了 1.2 万延米的标准铁丝网围栏，埋设了 0.5 万延米的防鼠瓦，建设了 1.5 万米 ^{2} 的林下串，能够有效防止野生动物破坏和夏季伏雨的侵害，基地生产条件得到显著改善。制定林下参种植生产团体标准，企业严格按照标准开展生产，基地的标准化程度有了大幅度提升。

（二）产业知名度和影响力明显增强

靖宇林下参产业已基本达到了“生产标准化、产品特色化、身份标识化、全程数字化”，产品的知名度、美誉度、影响力和市场占有率得到显著提高。

（三）用标企业效益有了显著提升

靖宇县神草林下野山参专业合作社栽培的 23 年林下参单株销售价格突破 5 万元。吉林省和升圆生物科技有限公司 2023 年通过电商实现销售 300 多万元，其高端林下参产品单支销售价格达到 20 多万元。中民康达药业股份有限公司 2023 年实现林下参产品销售收入 2 200 多万元，比 2022 年提升 20%。

（四）产业示范带动作用得到有效提升

通过地理标志保护项目的有效实施，核心生产基地的示范带动能力大幅度增强。2022 年以来，靖宇林下参核心基地和林下参相关种植生产企业，每年接待外省和国际朋友考察学习的次数比往年增加 1 000 多人次。通过种苗繁育基地建设，靖宇林下参的综合生产能力明显增强，林下参鲜品优质率达到 60% 以上，产品市场价格提升 15% 以上。2023 年，全县林下参产业实现产值 12 600 多万元，林下参栽培户达到 1 243 户，实现户均增收 6.5 万元。靖宇林下参产业真正成为带动农民增收、助力乡村振兴的朝阳产业。

◆ 舒兰大米

吉林省吉林市舒兰市坐落于长白山余脉拉林河上游，拥有丰富的水系资源和良好的生态环境。舒兰市空气好、土壤好、水源好、气候好、耕种好，孕育出了晶莹剔透、香糯润滑、营养丰富的舒兰大米。

曾经的舒兰大米专供清朝皇室食用，而今的舒兰大米在地理标志农产品保护工程项目的支持下，以标准建设夯实产业基础、以培训宣传推广质量管控技术规范、以数字化系统管控产品质量安全，以品牌创新重塑名品品牌，全力助推舒兰大米步入高质量发展快车道。

一、以标准化为支撑，打牢产业基础

依托舒兰大米特色优势资源，以优质、安全、绿色为导向，制定产地环境标准、栽培技术规范、加工企业良好生产规范、产品质量标准、管理规范、使用资格认定管理规范、质量安全追溯体系建设与管理制度、商标使用制度等，涵盖种植、加工与管理各环节，构建舒兰大米全产业链标准体系。推动新型农业经营主体按标生产，补齐农业标准体系短板，破解舒兰大米高质量发展技术难题，形成质量硬约束，淘汰落后产能。推动舒兰大米产业转型升级，引导构建“优质优价”的市场竞争环境，激发舒兰大米质量提升和转型升级的内生动力。

二、以数字化为农产品质量做背书

（一）以全流程数据管理实现产业数字化

舒兰大米地理标志管理系统建设的核心理念是“用数字化为农产品质量做背书”。一方面，采用移动端和计算机终端相结合的方式，采集和管理地理标志生产、加工、销售全流程数据；另一方面，实时、自动采集生产及加工关键节点的环境条件、投入品、地理位置、加工工序等信息，让消费者能够看到生产及加工全流程，提供真实数字化佐证信息。

（二）以平台化管理实现数字产业化

舒兰大米协会管理的 17 家企业通过地理标志管理系统形成一个标准一致、行动统一、质量可靠的统一整体，打造了一套高效的管理平台，通过管理系统的平台化模式能够将以往分散的数据汇集在一起，将众多数据孤岛整合后形成面向消费者的舒兰大米行业大数据。通过产业的集中管理、数据的集中展现，使舒兰大米生产数据成为极具参考价值的宝贵财富，舒兰大米成为实现大米行业数字产业化的带头人和领跑者。

（三）以创新的展示技术实现数据可视化

舒兰大米的产品宣传过去集中在产品包装和宣传广告等方面，通过在现有基础上进行创新和提升，采用线上“云展厅”的方式实现了数据可视化。消费者扫描产品包装上的二维码后，能够进入“云展厅”，舒兰大米地理标志认证的内容在“云展厅”中以不同场景和功能进行区分，用虚拟现实技术展现文字、图片、音视频内容，采用“导游”方式引导消费者查看标准内容（包括标准文件和标准可视化短片）、品牌宣传内容（包括品牌历史、产品特点、包装规格、宣传视频等）、溯源内容（包括环境信息、投入品信息以及农产品生产和加工全流程的图片和文字信息）。通过创新的展现方式，让消费者更直观地感受到舒兰大米的产品特点和质量保证。可视化数据成为舒兰大米提质增效的技术支撑，让舒兰大米成为行业的领军者。

三、以创新定位彰显舒兰大米品牌价值

品牌作为最基本的印记，深度凝练舒兰精神与产业特色，彰显品牌价值，准确传达出产地信息、产业优势、产品特征、情感价值等品牌文化内涵。舒兰市立足于当地的农耕文化、地域环境、产业特色、城市气质、价值追求等要素，对“舒兰大米”品牌核心进行凝练提升，形成了“舒兰大米”品牌形象和“好山好水好大米”的宣传标语。舒兰大米农产品地理标志将舒兰市厚重的文化精神内涵和蓬勃发展的大米产业进行融合，让消费者联想到山清水秀的生产基地、勤劳耕耘的农民、高品质的农产品，推动舒兰大米产业持续健康发展。

◆ 伊春蓝莓

黑龙江省伊春市位于祖国北部边陲，素有“中国林都”“红松故乡、天然氧吧”的美誉，是中国野生蓝莓原产地之一。伊春蓝莓在冻土层中生长，各项理化指标稳定，富含多种微量元素，鲜果中花色苷含量高达1.63毫克/克。近年来，依托得天独厚的环境优势，伊春在蓝莓基地建设、品质提升、主体培育、品牌打造、产销对接、融合发展等方面持续发力，蓝莓产业“接二连三”发展。截至2023年年底，全市野生蓝莓年采集量约2 000吨，种植蓝莓7万亩，可年产鲜果5 000吨，已成为东三省重要的蓝莓集散地。

一、改善基地设施建设，提高蓝莓产能

伊春市委、市政府统筹规划，科学划定生产区域，形成“以野生蓝莓加工为主，人工种植蓝莓鲜食为辅”的专业化布局。同时，引进先进生产技术，开展农业机械、生产设备等改造，有效提升蓝莓基地标准化生产水平。优化冷冻、冷藏、冷链运输等保鲜设施设备，将伊春的小浆果做成大产业。

二、加强蓝莓质量把控，提升蓝莓品质

通过对大量科学实验和生产实践总结，紧密结合伊春生产实际，参与制定蓝莓酒国家标准、黑龙江省蓝莓日光温室栽培技术规程、蓝莓育苗技术规程、露地蓝莓生产技术规程、盆栽蓝莓生产技术规程等。标准的制定及有效实施，进一步规范了伊春蓝莓的生产管理，进一步提升了伊春蓝莓的产品质量，进一步保障了伊春蓝莓产业的健康持续发展。

三、培育龙头企业，打造产业集群

以园区为载体、以项目为引领，加快蓝莓企业培育。截至目前，全市有规模以上蓝莓企业17家，其中，国家级重点龙头企业1家，省级重点龙头企业6家。蓝莓加工能力不断提高，加工损失率明显降低，现年加工原料量达5 000吨，产品有蓝莓冻干粉、固体蓝莓花青素等7个系列160个品种。

四、产销同步对接，稳步拓展外埠市场

一是不断加强冷链物流建设。目前，全市冷链冷库容积共计213 108米^3，加工企业罐储能力达到72 150吨，冷藏能力达61 183吨。蓝莓鲜果通过“顺丰专线”实现从基地即采即送，蓝莓加工

产品则通过完备的物流体系配送，保证全国各地都能享受到“舌尖上的美味”。二是全力拓展线下销售网络。在全国 20 多个省（区、市）建立旗舰店、专卖店、经销点、代销点等，共设立了 1 800 余处销售专柜和销售网点，销售网络逐步由东北、环渤海地区向长江三角洲、西北、西南地区拓展，甚至远销美国、俄罗斯、韩国、日本等地。三是大力发展直播电商新经济、新业态。2023 年伊春市网络零售额实现 8.3 亿元，同比增长 9.1%，网络活跃店铺数量 7 000 个，有力推动了特色农产品市场销售。通过组合拳接续发力，实现伊春蓝莓销售、合作双丰收，伊春也成为全国重要的蓝莓销售市场和集散地。

五、做强优势产业，打造蓝莓知名品牌

伊春蓝莓全国走俏，伊春借势而进，组织各项活动。举办兴安蓝莓节、国际蓝莓小姐大赛、国际蓝莓发展论坛、友好蓝莓采摘节、忠芝蓝莓采摘节等，丰富节庆活动内容；组织参加国内展会活动，通过哈尔滨国际经济贸易洽谈会、中国绿色食品博览会、中国国际农产品交易会等活动亮相，全方位展示伊春蓝莓，借助“伊春蓝莓”地理标志农产品品牌，斩获了一系列殊荣；采取高速路广告牌、蓝莓宣传视频、蓝莓宣传画册、蓝莓文创产品等多种形式，向全国展示伊春蓝莓。2022 年，“伊春蓝莓”品牌强度 830，品牌价值 16.54 亿元。2023 年，伊春蓝莓入选黑龙江“九珍十八品”区域品牌，成为祖国林都的又一张亮丽名片。

六、融合发展为指导，推陈出新

通过举办“伊春蓝莓”农产品地理标志品牌推介会、蓝莓采摘节，兴建蓝莓酒堡、蓝莓主题酒店、蓝莓体验馆、蓝莓专卖店等方式，实现蓝莓产业的融合发展；沿伊嘉公路打造蓝莓主题采摘观光休闲旅游经典线路；创作《美丽的蓝莓姑娘》歌曲，制作《伊春四时，品味蓝莓》宣传短视频，拓宽宣传渠道。“十四五”期间，伊春将通过“蓝莓创意农业 + 文旅特色小镇”建设，加快蓝莓产业融合发展。

◆ 东宁黑木耳

一、基本情况

黑龙江省牡丹江市东宁市是优质黑木耳主产区。东宁黑木耳形如弯月，色如墨玉，口感爽滑，味道鲜美，被业界盛赞“东宁黑木耳，中华第一品”，是东宁市富民增收的支柱产业。

近年来，得益于产业持续健康发展，东宁黑木耳列入首批中国—欧盟地理标志互认互保产品名单，创建中国百强农产品区域公用品牌和国家级地理标志保护产品示范样板，被中央电视台《端牢中国饭碗》《源味中国》节目以及《人民日报》等大型媒体广泛报道。东宁先后收获“中国黑木耳第一县”“绿色黑木耳生产基地县”“小蘑菇新农村建设十强县”“全国黑木耳主产基地县”“食用菌产业科技创新先进示范县”“全国食药用菌行业标准化示范县”“全国食用菌餐饮文化示范县”“全国食用菌文化产业建设先进县”“中国特色农产品优势区”“全国特色产业百佳县”等国家级殊荣30余项。

2022年，全市黑木耳种植规模9亿袋，干品产量4.3万吨，产值36.6亿元。全市200亩以上黑木耳生产园区39个，总占地面积1.7万亩。全市稳定就业菌农2.8万人，占全市农民总人数的28%，另有经纪人1 700人。中国食用菌协会黑木耳分会在东宁挂牌成立，组建黑木耳类科研机构5个。登记木屑经销商40家、菌用物资经销商店41家、黑木耳专业合作社89家，注册登记黑木耳相关企业129家，其中菌包生产企业103个、菌械制造企业6个、木耳加工经销企业10个、废弃菌包综合利用企业10个。注册各类商标184个，其中著名商标6个、知名商标6个、普通商标171个。

二、取得的成绩

一是建成了全国最大的生产基地。建设了15万亩全国绿色食品原料（黑木耳）标准化生产基地，建设国家级示范园区1个、标准化种植基地38个。地理标志农产品保护面积12万亩，年均栽培黑木耳9亿袋。

二是培育了全国最大的批发市场。由江苏雨润集团投资建设的雨润绥阳黑木耳交易大市场，拥有门店643家，年均交易黑木耳干品10万多吨，交易额60多亿元，被农业农村部批准为国家级木耳批发市场，已发展成为全国最大的黑木耳交易集散中心。

三是拥有全国领先的栽培技术。率先研发的小孔单片、棚室挂袋、春耳秋管技术被全国各地竞相采用并已成为黑木耳业界主导关键核心技术。培育了“黑山”“德金”“草优”系列优质菌种，开展了菌种筛选改良、替代料栽培、菌糠综合利用等10余项课题研究，独创了越冬耳栽培等20余项产业新技术，革新了装袋机、窝口机、刺孔机等30余款菌用器械设备。

四是创建了全国闻名的品牌。率先打造国家级地理标志农产品示范样板，2022年入驻国家地理标志农产品展示体验馆，成功注册国家级地理标志商标并荣获中国百强农产品区域公用品牌，入选中国

农业品牌目录，在“2022中国品牌价值评价信息发布”活动中，东宁黑木耳以品牌强度843、品牌价值181.9亿元位列全国区域品牌（地理标志）排行榜第十五名，蝉联全国地理标志产品食用菌类第一名。

五是创造了全国一流的富民效果。随着袋料栽培技术不断成熟，黑木耳产业逐渐发展成为东宁农村第一富民支柱产业，并连续10余年拉动东宁农民人均纯收入稳居黑龙江前列。东宁市绥阳镇上榜第二批全国种植业“三品一标”基地名单并连续3年入列“十亿元镇”。

三、经验做法

一是政策先行，护航产业持续健康发展。近年来，东宁市委、市政府将黑木耳产业作为促进市域经济发展最重要的农业产业以及东宁乡村振兴优先发展的产业予以高度重视、强力推进，制定中长期发展规划，在技术研发、示范推广、园区建设、灭菌厂建设、产品加工、品牌培育等方面，出台优惠政策全面扶持发展。

二是创新驱动，打造产业发展最强引擎。发挥东宁是全国黑木耳分会会长单位的优势，与全国20多家科研院所建立协作关系，与东北农业大学、黑龙江大学、黑龙江省科学院等单位联合开展产业技术攻关，相继研发出多项先进技术，成为引领国内黑木耳技术研发的“硅谷”。

三是做大市场，更好发挥市场引领作用。狠抓销路建设，实施品牌战略，大力倡行“企业+工厂+基地+其他”的发展模式，引导会员企业积极作为，使产业影响力得到进一步提高。做强线下国家级黑木耳交易市场，雨润绥阳大市场被评为国家级黑木耳专业批发市场。

四是加工增值，建强延伸产业发展链条。努力做大做强黑木耳加工业、提高产品附加值，先后对市内一批有实力的外经贸企业进行了加工劝业并面向全国开展战略招商，雨润、宏福、运福等一批加工企业如雨后春笋般迅速崛起。研发并生产木耳酱、冻干脆片、木耳糖、木耳菜肴、木耳粉丝、即食木耳等深加工产品6款20余个品种，不但延伸了生产链条，还增加了产品附加值，拓展了销售渠道。

五是社会分工，夯实产业发展组织保障。延伸产业链条，强化环节配置，完成了从菌需物资供应，到生产、加工、销售、研发各环节的社会化分工，使耳农从小生产、小作坊中解放出来。建立市镇两级产业办公室、市镇村三级协会组织，全市技术人员达200多人，农村科技明白人上万人。

六是做强品牌，壮大提升产业业界影响。先后举办了6届黑木耳节，承办了小蘑菇新农村建设现场会、黑木耳分会成立大会及分会年会、食用菌新产品新技术展销会、黑木耳产业高峰论坛等活动，加强与国内外黑木耳产学研各界的交流与合作，创办了中国黑木耳网，在中央电视台财经频道、农业农村频道介绍东宁黑木耳及其食药用价值，与中国食用菌协会合作编辑出版了《中国黑木耳菜谱》《黑木耳全产业链图解》等图书，有力提升了东宁黑木耳品牌影响力。

◆ 绥化鲜食玉米

黑龙江省绥化市地处世界著名三大黑土带之一的松嫩平原腹地，阳光充足、雨量丰沛，土壤有机质和微量元素含量居全国前列，是“世界三大黄金玉米带”核心区，尤其适合鲜食玉米生产。绥化市鲜食玉米种植已有50多年历史，因果穗大小适宜、籽粒饱满、甜糯适口、营养丰富而备受消费者青睐。自2018年登记农产品地理标志以来，绥化市把打造绥化鲜食玉米品牌、做大做强绥化鲜食玉米产业作为加快“农业强市、产业兴市”的重要举措，强化政策保障、基地建设、产业集群、宣传推介和科技支撑，种植面积稳步增长，产业不断壮大，品牌知名度显著提高。2023年，被授予“中国鲜食玉米之乡”称号。

一、强化政策保障

一是强化组织保障。绥化市成立了鲜食玉米产业综合党委，同步在10个县（市、区）成立了鲜食玉米产业党总支部，以党组织建设保障产业规范发展。二是强化政策保障。为实现“厚植优势、打造优品、保障优质、畅销优价”目标，出台了《关于加快绥化鲜食玉米产业发展的指导意见》，明确了未来3年的发展目标。三是强化农产品地理标志管理。根据有关法律法规制定了《绥化市鲜食玉米农产品地理标志保护使用管理办法》，授权用标企业29家。

二、强化基地建设

一是稳步扩大面积。2023年，绥化市鲜食玉米种植面积发展到101.1万亩，约占全省的1/2，形成了布局合理、规模宏大、种植稳定的鲜食玉米规模区域种植基地。二是推广绿色种植。在生产过程中，大力推广绿色有机种植技术，确保生产的鲜食玉米不仅鲜嫩香甜、风味独特，而且质量安全、健康营养。全市有绿色有机鲜食玉米企业35家，产品74个。三是打造示范基地。2017年，绥化市被评为全国鲜食玉米产销示范基地。打造鲜食玉米省级现代农业科技示范展示基地4个，加强与东北农业大学、八一农垦大学科技共建，开展鲜食玉米种植技术科学研究。每个基地核心区连片种植面积均在500亩以上，辐射带动全市鲜食玉米生产。

三、打造产业集群

一是提升加工能力。立足鲜食玉米资源优势，大力发展鲜食玉米加工。全市鲜食玉米加工企业发展到81家，市级以上龙头企业21家，年加工能力25亿穗，可实现年产值30多亿元。二是延伸产业链条。持续推动企业加强技术改造，更新设备、扩产扩能，做强做大龙头企业，推动集群发展。海伦市、青冈县、北林区纳入全省鲜食玉米特色产业集群，辐射带动肇东市、兰西县、绥棱县等多地鲜食玉米产业发展。产品由速冻玉米穗与速冻玉米段向玉米浆、速冻玉米粒、玉米饼、真空鲜玉米、水果玉米等延伸。

四、放大品牌优势

一是强化品牌规划。聘请专业团队，对“绥化鲜食玉米”品牌进行全面规划设计，提升品牌形象，放大品牌效应。二是强化价值评估。2023 年，“绥化鲜食玉米”品牌价值 39.31 亿元，连续 3 年荣登中国品牌价值评价区域品牌榜百强。三是强化品牌融合。组织绥化鲜食玉米标志授权企业申报省“黑土优品”授权，依托省级区域公用品牌带动绥化鲜食玉米产业发展。目前已有 10 余家企业产品加入“黑土优品”。

五、强化营销推介

一是拓宽宣传渠道。在北京多处做了为期 4 个月的绥化鲜食玉米灯箱广告宣传，进一步提升了品牌知名度。二是激活宣传载体。制作高质量绥化鲜食玉米产业发展宣传片，突出区域特色、资源优势和文化内涵，进一步提升了绥化鲜食玉米在各类展销会、网络媒体等平台宣传推介的效果。三是做好线下推介。组织召开了 6 届绥化鲜食玉米大会，邀请业内人士、国内客商到企业基地参观洽谈。借助中国国际农产品交易会、中国绿色食品博览会、中国国际有机食品和绿色食品博览会等全国大型展会广泛推介绥化鲜食玉米。四是做实线上推介。在“黑土优品”之黑龙江地理标志农产品宣传推广暨天猫黑龙江春耕节活动中，天猫、阿里巴巴等数家网络媒体共同发声，通过直播推介绥化鲜食玉米，销售额达 200 多万元。受邀做客第二十届中国国际农产品交易会官方直播间，线上推介绥化鲜食玉米。

六、推进抱团发展

一是优化组织团队。2017 年，绥化市组建了绥化鲜食玉米 · 速冻果蔬联合会。经过多年发展，联合会的组织规模进一步壮大，领导和管理能力进一步加强，会员企业由 23 家发展到 81 家。二是完善标准体系。2023 年，制定完善了《绥化鲜食玉米生产技术规程》《绥化鲜食玉米采收加工技术规范》《绥化鲜食玉米质量追溯信息规范》等全产业链团体标准。

七、强化科技支撑

一是强化科技合作。围绕鲜食玉米产业发展，与中国科学院合作建立了科学家工作室、院士工作站。与东北农业大学、黑龙江省农业科学院、大连化学物理研究所等多所科研机构开展全方位产学研联合攻关。二是强化科技服务。全市有农业技术人员 1 000 千余名，形成了覆盖市、县、乡、村四级比较完善的技术推广体系，可对 100 亩以上的种植大户实行一对一“保姆式”技术服务。同时，开展送服务进村、送技术到田间活动，累计开展农技咨询 500 多人次、培训约 2 000 人次。三是强化科技示范。建设标准化示范区 5 个，总面积 5 000 亩，辐射带动 5 万亩，形成内容全、技术新、应用成果先进的绥化鲜食玉米科技园区，有效引领和带动生产企业、种植主体、种植农户应用新技术、选用新品种科学种田，实现优质高产高效的生产目标。

◆ 白鹤草莓

一、基本情况

白鹤镇位于上海市青浦区西北部，地处上海市与江苏省交界处，是上海市现代农业先行区，也是上海草莓主要种植区。

草莓是白鹤镇的特色产业，是青浦区特色优质农产品之一，也是国家“一镇一品”战略的丰硕成果。种植区域主要分布在白鹤镇的 18 个自然村。草莓特色经济作物产业园区被列入“上海市现代都市农业十大特色产业园”。

二、经验做法

（一）聚力“标准化生产体系”建设，夯实产业发展根基

1999 年，白鹤镇成立了草莓研究所，先后制定了白鹤草莓科学栽培的生产规程，明确了定植、肥水管理、疏果、病虫害防治和采收等生产技术的标准，建立了全程生产档案，与莓农签订安全生产销售承诺书，有效保证了产品的绿色、安全。

2000 年，白鹤镇成立了白鹤草莓协会，旨在帮助提高草莓种植技术及生产标准。

2018 年，白鹤镇农业农村服务中心修订了白鹤草莓质量控制技术规范，完善了质量标准。

2022 年，在地理标志农产品保护工程项目的支持下，加强核心生产基地建设，提高基地的生产条件和环境质量，强化授权管理，构建了包括品种选择、生产管理、收获贮存、包装运输、产品加工等环节的全产业链标准化技术体系，开展栽培技术、安全用药、规范用标等方面的技术指导与培训。白鹤草莓标准化生产体系不断完善，产品品质有效提升。

（二）致力“品牌宣传”建设，提升白鹤草莓影响力

在 2003 年以前，白鹤草莓的主要销售渠道是上海市区内各农贸市场、街头巷尾和草莓交易市场。2003 年开始在镇政府的推动下，与上海好又多超市联合举办推介会，宣传地产草莓，随后通过上海市农业农村委员会、上海市商务委员会、上海市副食品办公室等上级部门牵线搭桥，与数家大型超市达

成合作，使产品直接进入超市，采用生产、加工、销售一体化的生产经营模式，逐渐打造出白鹤地区的草莓品牌。

近年来，白鹤草莓在提升产品品质的同时，广泛开展品牌宣传。2010 年 4 月，白鹤镇首次举办白鹤草莓文化节，开展产品品鉴、现场销售、采摘体验等活动，至今已连续举办 15 届，成为当地种植户的一项传统活动，为草莓产业宣传和农事休闲旅游业打下了坚实的基础。积极推动合作社参加农产品展览展示及产品推介活动，白鹤草莓多次在全国评比中斩获各类奖项。2022 年，在地理标志农产品保护工程项目的推动下，白鹤镇打造了上海市首个以草莓为主题的文化展示馆。一系列的宣传活动进一步提高了白鹤草莓的品牌影响力。

（三）着力质量追溯体系建设，保证产品质量安全可控

根据《白鹤草莓地理标志农产品保护工程项目质量检测方案》，每年均在草莓上市前期委托专业检测机构对地产草莓生产者，特别是授权用标企业和合作社，开展产品及环境抽检，抽检合格率 100%。同时，运用神农口袋大数据追踪系统，将草莓生产者纳入食用农产品达标合格证管理，实行农产品承诺达标合格证制度，要求上市产品全部出具合格证，进行安全承诺，做到了生产主体可追溯，保证产品质量可控可查。

三、主要成效

作为地方特色产业的“拳头”产品，白鹤草莓先后被全国农村特色经济之乡推荐宣传委员会评为“中国草莓之乡”，在中国国际农业博览会上被评为名牌产品，白鹤镇被国家标准化管理委员会评为“全国草莓标准化示范基地”。全镇共有授权用标企业 8 家，绿色食品认证合作社 18 家，有机产品、绿色食品、良好农业规范（GAP）认证面积 2 921 亩。

2022 年，白鹤草莓实施地理标志农产品保护工程项目，通过培优区域特色品种、提升核心生产基地、提升产品特色品质、推进产业链标准化、加大区域特色品牌、完善质量监管体系等多方面工作的开展，有效提升了产品品质、生产效率及品牌效益。白鹤草莓坚持将带动农户增收作为出发点和落脚点，通过健全产业发展与农户利益联结机制，让中小农户切实分享发展成果，辐射带动周边农户 508 人，每亩增加产值约 0.3 万元，同比增长约 10%。

◆ 马陆葡萄

马陆葡萄是以上海市嘉定区马陆镇为中心，扩展到嘉定区范围内的地理标志农产品。马陆葡萄凭借品种丰富、充分成熟、风味浓郁等特色获得了上海乃至长江三角洲地区消费者的青睐，在40余年的发展历程中围绕品种、品质和品牌工作不断创新、坚持与时俱进，打造了上海郊区著名的农产品名片。1999年，马陆镇被命名为“中国葡萄之乡”。进入21世纪后，马陆葡萄先后荣获“上海名牌”“上海市著名商标”“中国名牌农产品”“全国名特优新农产品”等荣誉，马陆镇被评为中国特色农产品优势区。

近年来，立足上海市都市现代绿色农业发展要求，围绕马陆葡萄的发展定位，马陆镇大力发展特色农业、品牌农业、休闲农业，实现传统农业向精品休闲农业转变，着力打造农产品地理标志示范样板、国家现代科技农业示范展示基地和产业融合农旅艺术村，获得“全国一村一品示范镇村”称号。2019年，“马陆葡萄”地理标志农产品列为上海市第一批国家地理标志农产品保护工程项目，通过基础设施、生产技术、品牌培树等方面的提升工作开展进一步提质增效，有效地扩大了品牌影响力。马陆葡萄种植面积达9 000亩，年总产值超过1.7亿元，其中，集中种植区总面积约4 600亩，年总产值1.09亿元。授权用标企业25家，通过绿色食品认证的生产经营主体7家，带动农户达到585户。

一、与时俱进扶持产业发展，不断创新坚守产业灵魂

马陆葡萄地理标志农产品的产业兴旺是镇政府多年栉风沐雨的坚持和与时俱进科技创新的结晶。1992年，马陆镇成立上海马陆葡萄研究所，成为上海郊区第一家研究所，提出用科技引领产业发展，提倡控产栽培。2000年，创办马陆葡萄节，成为上海郊区第一个农业主题节庆活动。2006年，马陆葡萄公园开门迎客，成为国内首家以葡萄为主题的公园。2013年，第一个提出葡萄产业需要转型升级，打造马陆葡萄升级版。2017年，制定马陆葡萄休闲农业规划，研发葡萄衍生品，开发精品民宿，推进葡萄旅游线路，拓展马陆葡萄产业发展模式。凭借坚持匠心和与时俱进的科技创新，马陆葡萄成为南方葡萄产业乃至全国葡萄产业的一面旗帜。

二、经营主体灵活多样，品牌发展有分有合

马陆葡萄产业从最初单纯的第一产业逐步发展成一二三产业融合，采用“研究所+企业+合作社+农户”发展模式，以上海马陆葡萄研究所作为龙头进行新品种、新技术示范，由企业和合作社进行扩大集成，成熟后再推广，带领当地农户共同致富。2004年12月，上海马陆专业葡萄合作社注册成立，成为合作社联社。合作社以马陆葡萄农产品地理标志为抓手，制定马陆葡萄生产技术规范团体标准，推行葡萄标准化生产，加强标准控制、品牌管理、品牌宣传，将地域品牌做大做强。同时，引导辖区内葡萄种植户成立小型的葡萄种植合作社，目前23家葡萄种植合作社均加入联社管理。合作联社下属种植企业及合作社以地域品牌为背书，注册了各自的企业子品牌。地域品牌加合作社品牌的“母子”品牌共生模式，形成了一种“聚是一团火，散是满天星”的农业品牌模式。合作联社和合作社在管理工作安排上又有分有合，管理灵活，进一步提升了全镇葡萄种植户的组织化程度，又通过集中管理提高了整体种植水平。

三、品种是基础，品质是核心，品牌是载体

品种是提高葡萄品质的基础。多年来马陆葡萄种植团队一直重视品种筛选工作，选取巨峰、夏黑等适应性强、市场需求旺盛的葡萄品种大面积栽植。在如今葡萄市场竞争越来越激烈的情况下，马陆葡萄始终坚持品质至上，马陆葡萄产业也从高产高效益阶段向优质高效益阶段成功转型。通过推广控产栽培技术，马陆葡萄穗长、粒数、果粒大小的一致性和糖度明显提高，实现优质果率80%以上。如巨峰葡萄每穗长18～20厘米、果粒40～50粒、糖度在17%以上，成为真正的优质果品。

品牌是产品质量、价值和信誉的载体。2001年，上海马陆葡萄研究所申请注册“马陆”牌葡萄商标，确立马陆葡萄在上海地区特色优势农产品的地位。2007年，马陆葡萄公园申请注册“传伦”牌葡萄商标，作为高端精品引领马陆葡萄发展。在“马陆葡萄”区域公用品牌下形成了“传伦”“管家”“品冠峰”“展信”等企业品牌集群，并形成梯次价格，突破了农业效益从“赚劳工”转向“赚品牌”的瓶颈，实现了优质优价。

四、产业融合发展，共谱美丽篇章

进入21世纪，马陆葡萄产业的发展形成了以休闲旅游观光农业带动果品采摘、直销的模式，解决了果品销售难的问题。从2001年起，在每年葡萄上市季节举办马陆葡萄节，至今已连续举办了24届，主题多样，节目多彩，让马陆葡萄声名远扬。展示马陆葡萄文化的马陆葡萄公园已建设完成并面向广大游客开园。马陆葡萄艺术村利用旧厂房改造，筑巢引凤，吸引上海市一批知名艺术家入驻，其中，嘉源海艺术中心已挂牌成立，艺外萄源艺术酒店已对外开放，休闲、餐饮、住宿等多种服务形式不断完善，文化艺术多彩纷呈，内容不断丰富。各种产业形态好似围绕葡萄产业不断延伸的一粒粒珍珠，与葡萄共同串起了乡村振兴的美好明天。

庄行蜜梨

一、基本情况

奉贤区庄行镇是上海市现代农业先行区，也是上海蜜梨主要种植区。庄行蜜梨是庄行镇“一镇一品”农业支柱产业，是奉贤区特色优质农产品。自2021年实施地理标志农产品保护工程以来，庄行蜜梨产业持续健康发展，全镇现有蜜梨种植面积4 280亩，蜜梨种植基地和专业合作社数十个，涌现了一批规模化的蜜梨标准园，“众熠”“老伯伯”等知名品牌享誉沪上。

二、经验做法

为进一步做好庄行蜜梨地理标志农产品培育工作，夯实特色农业产业基础，激活产业发展新动能，庄行镇以地理标志农产品保护工程实施为契机，秉持绿色发展理念，在标准化生产、特色品质研究、标志授权管理、品牌宣传推广等方面发力，解放思想，大干巧干。

（一）着力推进标准化栽培

积极吸纳高新技术，建立标准化栽培体系。制定了庄行蜜梨科学栽培的生产规程，包括定植、嫁接、整形修剪、肥水管理、疏果、套袋、病虫害防治和采收等环节生产技术标准。落实安全生产责任制，与梨农签订安全生产销售承诺书，保证产品的绿色、安全。大力开展果农技能培训，针对蜜梨生产季节性特点，依托上海市农业农村委员会、上海市奉贤区农业技术学校、市区两级农业技术推广中心等开展蜜梨生产实用技术培训11次，共计培训500余人次，树立示范基地和梨农“少而大、少而优、少而精”的观念和意识。

（二）开展特色品质提升研究

一是完善地理标志农产品质量控制技术规范及相关管理制度，严格要求种植主体按照技术规范开展生产活动，同时建立并完善生产档案，做到内容全面，生产规范。二是以四季生产技术活动为抓手，不断提高示范基地绿色防控生产技术水平，进一步提升农业科技服务水平，做好化肥农药“双减”工作，完善庄行蜜梨安全体系，目前5家用标合作社已获得绿色食品认证。三是依托上海市农业科学院林木果树研究所，开展梨省力化栽培技术研究，确立了梨省力化栽培模式，实现机械进梨园目标，土壤管理、喷药等实现机械化，同时，完成矮化密植主干型树形培养修剪技术研究和示范。通过实施梨省力化栽培，梨园管理用工节省20%，商品果率提高10%，目前此项技术已推广400亩。

（三）强化授权用标管理

严格落实农产品地理标志授权用标管理，出台《庄行蜜梨地理标志使用办法》，完善标志使用备案制度和标志使用数据库，对标志使用者实行统一编码管理。成立上海市奉贤区蜜梨协会，落实制度化管理，使标志使用者统一认识、统一原则，设计使用授权用标产品统一包装，整体对外宣传销售。此外，在核心蜜梨种植区域明显位置树立地理标志农产品生产地域标示牌，规范标志标牌设立。目前，庄行蜜梨累计授权用标主体 6 家，涉及 3 244 亩梨园，占全镇种植面积的 76.6%，年产量 4 991 吨。

（四）大力开展品牌宣传推广

践行农产品品牌化发展理念，拓展品牌知名度。2020 年，协助上海市农业农村委员会开展上海地产优质蜜梨评优推介暨消费品鉴活动，为庄行蜜梨的品牌推广起到了积极推动作用。举办马路村众熠梨园梨树认建认养活动，以突破传统销售方式、聚焦销售源头的理念，以梨园为核心，尝试建设田园综合体，打造大农业全产业链。2022 年，成立奉贤区蜜梨行业协会，帮助种植户提高蜜梨种植技术，拓宽销售渠道。2023 年，举办“2023 奉贤蜜梨嘉年华”活动。近年来，通过抖音直播平台等进行线上销售，并出台相关宣传、科普视频，供市民朋友们借鉴。随着电商的发展，线上销售比例变大，积极与快递公司洽谈集约化合作，降低成本，提升服务，助力庄行蜜梨销售。

三、主要成效

自 2021 年庄行蜜梨地理标志农产品保护工程项目实施以来，带动周边种植户进行老梨园改造及科学种梨技术提升，庄行蜜梨栽培标准化水平明显提高，绿色防控技术深入人心，蜜梨的独特品质得以有效提升，梨园生态大幅改善，蜜梨园区旅游及品牌建设推广取得长足发展，建成以“精品村”为主导的集休闲、旅游、住宿为一体的规模型田园综合体 1 个，带动区域内农户 744 人，人均年收入增幅 10.2%，蜜梨销售收益提升 10% 以上。同时，通过土地流转，将梨农分散的蜜梨种植地块整合，进行统一管理，农民参与生产，让农民分享土地流转分红及公益性收入，庄行蜜梨地理标志农产品产业健康持续发展。

◆ 阳澄湖大闸蟹

阳澄湖大闸蟹，产于江苏省苏州市的淡水湖泊阳澄湖，类属中华绒螯蟹。阳澄湖水质清澄、水草丰茂、湖泥坚硬等得天独厚的自然地理环境，造就了“天赋异禀”的阳澄湖大闸蟹。

阳澄湖大闸蟹壳薄，背青色油亮、隐有黄色纹路，肚呈象牙白，金爪黄毛特征显著。熟制后，外壳脆、背橘红透黄，肉质细腻，味鲜带甜。外形具有“青背、白肚、金爪、黄毛、壮体”五大特征，被誉为“蟹中之王”。

阳澄湖大闸蟹是中国三大古名蟹的唯一遗存，历史文化悠久。在苏州市政府和苏州市阳澄湖大闸蟹行业协会的倾力打造下，阳澄湖大闸蟹品牌知名度和市场影响力日益提升，不仅成为传承苏州深厚吴文化底蕴的响亮名片，更是渔民增收致富、助力乡村振兴的重要产业。

2020 年 4 月，阳澄湖大闸蟹取得农产品地理标志登记证书，极大提升了阳澄湖大闸蟹的市场知名度和国际影响力。苏州市阳澄湖大闸蟹行业协会坚持不懈推动地理标志保护与发展，在生产经营的各个环节进行了有益的探索和实践，从中积累了一些经验，也取得了一定成效。具体体现在以下两个方面。

一、高品质——强化苗种育养，建立全产业链标准化体系

高品质是产业安身立命之本。本着提升产品质量和保持特色品质的宗旨，苏州市阳澄湖大闸蟹行业协会以强化苗种育养为核心，有计划、有步骤地制定阳澄湖大闸蟹质量控制技术、生产技术、质量安全技术等规范管理标准，形成一整套阳澄湖大闸蟹从基地到餐桌全过程质量控制体系，推动阳澄湖大闸蟹全产业链标准化生产。

苗种选育方面，苏州市阳澄湖大闸蟹行业协会以科技平台为载体，加强繁育选育、种质改良和提纯复壮，从源头抓起，支持建立阳澄湖大闸蟹苗种培育基地——阳澄湖 1 号苗种培育基地。每年 12 月，将优选的阳澄湖大闸蟹雌蟹（200 克 / 只以上）和雄蟹（300 克 / 只以上）放入基地，精心培育。亲蟹交配后，取出雄蟹，培育抱卵蟹。雌蟹挂笼排幼后，采用鲜活生物饵料投喂。每年 5 月上旬，开始捕捞大眼幼体进行淡化养殖，盐度由 20‰逐级淡化至 10‰。在阳澄湖现代农业产业园区建立 350 亩阳澄湖大闸蟹扣蟹培育基地，将淡化后的大眼幼体按每亩 1 ～ 2 千克放入扣蟹池进行培育。在扣蟹培育过程中，通过全程饲料投喂、调控水质、保持水生植物旺盛生长等精细化管理措施，降低性早熟蟹和懒蟹的比例，提高扣蟹质量和产量。每年可产出阳澄湖 1 号扣蟹 10 万千克左右。

螃蟹养殖方面，苏州市阳澄湖大闸蟹行业协会印发《阳澄湖大闸蟹质量控制手册》和《生产和管

理台账》。邀请水产技术推广站专家开设培训班，积极向养殖户传输科普知识，增强科学精养本领。在养殖过程中，按照《阳澄湖大闸蟹生产技术规范》《阳澄湖大闸蟹质量控制技术规范》要求，采用“863”绿色养殖技术，“8”指亩放扣蟹800只，“6”指回捕成蟹600只，“3”指亩产值3万元，实现养殖“生态好、品质好、效益好”。该技术包括标准化池塘改造、水草种植、螺蛳投放、高密度微管增氧、饲料精准投喂、塘口科学管理等技术要点，养殖的商品蟹不仅规格大、品质优、效益高，而且还能实现养殖尾水零排放。

二、高效能——建立智管平台，加快全产业链数字化改造

高效能是产业发展必不可少的因素。围绕创新机制，实现产业转型发展，苏州市阳澄湖大闸蟹行业协会搭建阳澄湖大闸蟹质量安全智慧管理平台，以“互联网+农业”思维，实现对阳澄湖大闸蟹从生产到销售全过程远程可视化监管。全方位的高清真实场景溯源，实现“监管+服务”在线化，助力阳澄湖大闸蟹产业数字化转型升级。

2020年9月，苏州市阳澄湖大闸蟹行业协会启动阳澄湖大闸蟹质量安全智慧管理平台建设，整合应用5G网络、人工智能等新技术。平台分为质量安全追溯分平台、智能养殖分平台、智慧执法分平台和水产品销售分平台4个部分，包含尾水监测、智能控制、养殖水质在线监测、视频监控、移动App管理和无人机大水面巡航管理等多个系统。苏州市阳澄湖大闸蟹行业协会将阳澄湖镇苏渔水产有限公司、巴城镇阳澄湖蟹鑫园蟹业、沙家浜镇长虹阳澄湖大闸蟹有限公司3处具有代表性的高标准池塘作为智慧平台监管示范点，分别安装人脸识别设备、视频监控设备、尾水监控设备，并连接其他13个监管点共同发挥监管作用。通过创新智慧监管手段，切实把阳澄湖湖区和周边乡镇标准化池塘逐步纳入统一监管范围。实时准确检测水温、pH值、溶氧、氨氮、亚硝酸盐等8个水质指标，实现精准测水调水。新技术的应用，把阳澄湖大闸蟹养殖过程中质量安全相关的信息和数据都融入智慧管理平台，做到产品来源可识别、产品流向可查证、产品质量可追溯。

在产品追溯方面，苏州市阳澄湖大闸蟹行业协会根据保护区域范围内各乡镇养殖面积的统计、市农业农村局提供的养殖数据信息和《农产品地理标志管理办法》的相应规定，针对不同养殖区域，制作2种不同颜色具有较高科技含量且不易复制仿造的阳澄湖大闸蟹防伪标识，并将阳澄湖大闸蟹保护区域范围内生产者、经营者相关信息一并纳入追溯系统进行管理。消费者可通过扫防伪标识二维码查询到养殖户、养殖基地及经营者信息，做到追根溯源，明辨真假。

在防伪标识发放方面，苏州市阳澄湖大闸蟹行业协会根据苏州市推行的“863”生态养殖模式和《阳澄湖大闸蟹生产技术规范》的要求，按每亩600只回捕率配额精准发放相应数量的防伪标识。防伪标识领取时，必须由生产者携带相关证件签字确认，实行“一蟹一扣”使用规则。

扎实推进，久久为功。依托地理标志农产品保护，苏州市阳澄湖大闸蟹行业协会紧盯全程全面高质高效发展方向，两手抓两不误，阳澄湖大闸蟹成为品质过硬、品牌可靠、消费者喜爱、市场认可的地理标志产品。据苏州市阳澄湖大闸蟹行业协会统计，2021年，阳澄湖大闸蟹销售额达到45亿元，极大带动了旅游、度假、餐饮、物流等相关产业的发展，实现综合收入350亿元左右，有力促进了湖区百姓就业，实现了发展产业、致富百姓的目标。

◆ 阳山水蜜桃

阳山水蜜桃作为阳山镇、无锡市、江苏省，甚至全国农业产业的靓丽名片，其发展经历了从小到大、从弱到强的历程，得到了各级政府的高度重视以及社会各界的广泛关注，是广大桃农辛勤耕耘的成果。阳山水蜜桃 2014 年获得农产品地理标志，阳山镇先后被评为国家农业标准化示范区、国家地理标志保护产品示范区，阳山水蜜桃先后获得中国名牌农产品、中国驰名商标等国家级荣誉，被美国《华尔街日报》称为“世上最美味的桃子”。随着航空物流业的发展，阳山水蜜桃的销售市场遍及我国除西藏、青海、台湾以外各省（区、市），并少量出口国外市场。2020 年以来，无锡市惠山区阳山水蜜桃桃农协会坚持把阳山水蜜桃地理标志农产品保护工程项目与水蜜桃标准化生产结合起来，优化农产品质量，保障农产品安全，增强市场竞争力，提高农业经济效益。

一、基本情况

各级政府加强对阳山水蜜桃品牌价值开发和呵护，持续加大开发投入，进行基础设施建设和改造、优质品种培育和保护、栽培技术研究和创新、品牌培育和保护等。2017 年区惠山区政府再次出台了“阳山水蜜桃产业提升三年行动计划”，区级投入专项资金 5 000 万元，紧紧围绕绿色发展、品质提高、产业提升和品牌保护 4 个方面，全面提升阳山水蜜桃产业。阳山水蜜桃栽种面积控制在 3.2 万～ 3.5 万亩，其中常年盛产面积 2.6 万～ 3 万亩，年产水蜜桃 4 万吨左右，年销售额近 5 亿元，亩均收入 1.5 万元。

二、模式介绍

（一）加强产业组织管理

惠山区在 21 世纪初确定发展水蜜桃特色产业伊始，先后组织成立了阳山水蜜桃桃农协会、无锡阳山水蜜桃有限公司、无锡阳山水蜜桃科技园、惠山国家级现代农业产业园等，加强水蜜桃产业发展规划、品种和栽培技术研发、品牌和市场建设培育、桃农组织管理、技术指导服务等一系列工作，有计划、有步骤地推进水蜜桃产业的稳步提升。

（二）推进绿色发展理念

一是创建一批水蜜桃健康栽培集成技术标准园。在产区布局 20 个健康栽培集成技术标准园，展示集水蜜桃健康土壤、科学栽培、合理防治等技术于一体的基本模式，重点展示与大专院校、科研院所以及省（区、市）各级单位协同创新、协作攻关的各项成果，带动周边桃农使用新型科学栽培管理技术。二是建立一批水蜜桃病虫害统防统治示范区。完善了水蜜桃主要病虫害系统观测数据，加强了病虫害预测预报体系建设，通过日常监测与及时会诊，制订病虫害解决方案，引导桃农实施群防群治、统防统治。试点统防统治示范区，确定 1 000 ～ 1 600 亩的实施主体（桃农和专业合作社），统一防治时间、统一药剂配方、统一用药方法，开展统防统治试点与示范。三是加强水蜜桃绿色生产示范区建设。将水蜜桃绿色生产纳入总体工作绩效考核，将绿色防控措施、商品有机肥推广、产业技术体系建设、健康栽培集成技术等关键措施作为重要内容推动水蜜桃产业绿色发展。

（三）实施品质提升工程

一是开展土壤改良。建立 200 个土壤检测抽样样点，建立土壤动态数据库。二是加强田间管理。推广绿色防控，推行休耕轮作制度，推行起垄栽培、宽行密株、高秆栽培等新模式，从而减少病虫害发生，改善桃园环境，提升机械化作业水平。三是开展技术革新。打造了 300 亩阳山金鸡墩高科技示范基地、70 亩东山研究基地和 100 亩阳山村高标准现代桃园示范基地，集成目前国内先进的技术和装备，为阳山水蜜桃科技创新提供了优质平台。2016 年与江苏省农业科学院合作组建了无锡阳山水蜜桃研究所，深化产学研合作。四是完善生产技术标准。修编了阳山水蜜桃生产技术规程和产品标准，每年举办培训班 10 期，培训桃农 1 000 多人次，一大批新技术、新药肥和新装备得到推广应用。五是开展示范引领。制定了标准园建设标准，通过年中、年末考核，对达到要求的桃园予以授牌，并给予一定的资金奖励。

（四）探索市场发展途径

一是扶持龙头带头。发挥太湖阳山公司等龙头企业的领头优势，培育了 2 家省级龙头企业，116 个农业专业合作社，22 家家庭农场，规模经营主体面积约占 50%，培育发展 300 多人的经纪人队伍。二是扶持培育电商。培育较大电商平台 5 个，电商年销售额近 2 亿元。“联姻”邮政 EMS、顺丰速递等物流巨头，推动阳山水蜜桃快步跻身全国水果高端市场。三是发展农旅结合。充分发挥阳山地域优势，深挖阳山桃文化、书院文化、火山文化、节庆文化，积极推进农文旅结合。2013 年引进“田园东方”综合体，走一二三产融合发展之路，打造山水美景、温泉度假、农家风情等休闲区，吸引游客旅游观光。四是做好产业延伸。将单一的桃经济发展为桃产业，延伸桃文化。与常州大学合作研发的水蜜桃果酒将批量生产；与江南大学合作研发的水蜜桃汁得到了广大消费者的认同；融合桃文化元素，建设桃木工艺品加工基地。通过深加工产品开发，有效延长了产业链。

（五）实施品牌保护工程

成立品牌保护协会，引入“双商标”品牌机制，保护“阳山水蜜桃”品牌。一是品牌管理提档升级。成立无锡市惠山区阳山水蜜桃品牌保协会，加强产前、产中、产后的指导服务和监管，建立“双品牌”机制，培育阳山水蜜桃高端品牌。二是市场管理科学有效。建立 9 个溯源点，实现生产记录可存储、产品流向可追踪、储运信息可查询，逐步形成产销一体化的农产品质量安全追溯信息网络体系。三是宣传引导精准发力。逐步改变水蜜桃质量评判标准，纠正片面追求果形大、颜色艳的误区，树立甜度高、口感好才是优质桃的舆论氛围与消费导向。

面对机遇和挑战，无锡市惠山区阳山水蜜桃桃农协会将牢牢把握有利时机，扎扎实实推进，通过政府扶持撬动更多的民间资本、社会力量和先进生产力加入阳山水蜜桃的产业链，实现水蜜桃产业绿色化、优质化、特色化、品牌化发展。

宿迁籼米

宿迁市位于江苏省北部，境内平原辽阔、土地肥沃、河湖交错，自古以来就有“鱼米之乡”之称，被业界公认为中国北缘优质籼米生产基地。

一、主要做法

（一）精塑宿迁籼米示范基地，实施优新品种技术示范推广工程

借助宿迁籼米地理标志保护工程项目实施的契机，在宿豫区来龙镇新建350亩宿迁籼米科技综合示范基地，与中国水稻研究所、南京农业大学、扬州大学院士团队建立了紧密的合作关系，开展符合宿迁籼米特征特质指标要求的优新品种试验、示范、筛选、展示和推介，强化绿色生态高效生产技术的试验、集成与示范。在宿豫区新庄镇高标准建设了万亩宿迁籼米种植核心示范区，沿268省道两侧打造了10万亩标准化宿迁籼米种植推广区，辐射带动100万亩宿迁籼米地理标志保护区的提档升级。

（二）发展宿迁籼米订单生产，实施“百万亩”订单工程

按照“种植（主体）基地+龙头（加工）企业”一体化发展模式，全力推广订单生产，形成符合市场规律的定向供销关系。重点以金粮米业、农垦米业、贵嘴米业、金丰米业、华源米业等15家加工企业作为主导单位，在优势种植区建立订单生产基地。同时，鼓励使用“宿有千香、宿迁籼米”公共品牌的企业率先建立订单生产基地，对实施订单生产的加工企业，市财政每千克稻谷补贴0.1元。

（三）提升宿迁籼米生产水平，实施标准化生产工程

宿迁市特别重视宿迁籼米全程标准化生产工作，在保护区内全面推行《中华人民共和国农产品地理标志质量控制技术规范—宿迁籼米》，以及《宿迁籼米—稻谷种植技术规程》《宿迁籼米—稻谷》《宿迁籼米—大米加工技术规范》《宿迁籼米—大米》4个团体标准，强化用标宣传和监管，实现按标生产全覆盖。

（四）聚力宿迁籼米精深加工，实施稻米产业补链强链工程

宿迁籼米被列为全市农业“六大百亿级产业”和“二十条重点产业链”建设内容。重点突出宿豫来龙籼米加工集中区建设，加强仓储、物流等设施配套，提高配套服务水平。大力开展“招大培强”，促进宿迁籼米产业向规模大、产品丰和品质高的方向发展。对外重点招引中粮集团、益海嘉里等旗舰型稻米加工企业，提升精制米加工产能和质量水平。对内选择一批有基础、有能力、有意愿的稻米加工企业，对加工设备、工艺进行改造提升，开展中高端米、功能米、营养米等新兴产品开发，配套建

设低温仓储，提升产品品质和加工效益，丰富产品品类，促进企业做大做强。市、县财政每年安排专项资金对新建、改扩建的加工企业进行扶持补贴，推动龙头加工企业快速崛起。

（五）强化宿迁籼米品牌运作宣传，实施营销市场深耕开发工程

充分发挥“宿迁籼米”公共品牌的引领作用，健全完善“公共品牌 + 企业品牌”营销机制，在宿迁籼米的产品渊源、产品特质、产品故事、包装设计、形象宣传上进行深度挖掘，全面提升品牌的内涵和品位。实施公共品牌提升和市场营销渠道拓展项目，组织稻米企业参加省部级展销会和宿迁农产品品牌推广活动，开设宿迁籼米专卖店、直营店、大型超市专柜（专区）等，提高市场知名度和占有率；支持企业利用直播平台，大力宣传，发展直播带货。市财政每年安排 1 000 万元专项经费用于“宿迁籼米”品牌的运营推广，全面提升品牌的享誉度。

二、取得成效

（一）宿迁籼米的享誉度得到了快速提升

宿迁籼稻种植历史悠久，是传统的特色产业。近年来，市委、市政府高度重视农业优势特色产业的挖掘和扶持培育，使宿迁籼米的品牌影响力迅速崛起。目前，宿迁区域内拥有万吨以上籼米加工企业 42 家，年产能超过 150 万吨。拥有中国驰名商标 1 个，省著名商标 2 个，省名牌产品 2 个，市名牌产品 5 个。累计认证绿色食品产品 118 个。在第三届中国 · 黑龙江国际大米节上，宿迁籼米产品荣获“十大好吃米饭”籼米组第三名和第六名。在第三届至第七届“江苏好大米”品鉴活动中，宿迁籼米荣获特等奖 8 个、金奖 13 个，充分彰显了宿迁籼米的独特优势。

（二）宿迁籼米的种植品种得到了进一步优化

充分发挥宿迁籼米科技综合示范基地的引领作用，按照宿迁籼米的特征和品质要求，筛选出了一批更适合目前种植的品种，并在生产上广泛推广应用。其中，旱育大苗人工手栽秧品种主要推广荃两优丝苗、荃两优 2118 等高产优质品种，中苗机插秧品种主要推广九优粤禾丝苗、明两优丝苗、华浙优 210、沭优 49 等早熟优质品种。2023 年，优新品种集中连片种植面积已达 90 万亩。

（三）宿迁籼米的精深加工水平得到了较快升级

通过对外招引和内部培育，宿迁籼米的产能和加工工艺得到了快速提升，新增金粮米业、金丰米业、优鲜米业、中垦米业 4 家 10 万吨以上智能化精制米加工企业，以及 3 家米糠、重组米、米糠油深加工企业。全市年产能万吨以上的稻米加工企业已达 42 家，年产能 5 万吨以上的 15 家，年产能 10 万吨以上的 7 家。培育市级以上稻米加工龙头企业 21 家，其中省级 3 家。正在建设中的宿豫粮食产业园，集“低温仓储、精深加工、标准化种植、品牌宣传推广”于一体，是江苏“十四五”期间规模最大、功能最全、设施最优的粮食产业园，建成投产后，将对宿迁籼米产业的发展起到更大的引领支撑作用。

（四）宿迁籼米的产业富民效应日益凸显

随着全产业链建设的加速推进，宿迁籼米发展中存在的短板弱项得到快速补齐，在品种选择、标准化种植技术、品牌培育宣传、追溯体系建设、智能化管理方面取得了重要突破，推动宿迁籼米产业发展迈入标准化、系统化、品牌化发展新阶段。宿迁籼米产业的富民效应将越来越显著，2022 年，宿迁籼米种植主体亩均增收 182 元，宿迁籼米地理标志保护区的全产业链产值已达 84.9 亿元。

◆ 灌云豆丹

一、基本情况

江苏省连云港市灌云县杨集镇豆丹养殖协会以豆丹养殖为重点，引进选育新品种 20 多个，年产值达 300 多万元。该协会自有豆丹养殖基地 600 亩，建有反季节钢架大棚 120 亩，大豆、豆丹综合种养 480 亩，豆丹原种品种繁育基地连栋棚 2 560 米^2，保鲜、冷冻库 342.3 米^2，豆丹育种室（含加温、加湿等配套设施）826 米^2，基地基础设施完备。灌云县杨集镇豆丹养殖协会现有 10 家养殖企业主体，是一家集推广豆丹养殖技术、豆丹学术交流、豆丹开发研讨、人工室内育种及大豆高产栽培管理为一体的新型现代农业科技协会。协会受到了社会的一致好评，中央电视台农业农村频道“每日农经”“科技苑”“致富经”“三农群英汇”等栏目组先后专程赴灌云县对其进行采访报道。

2017 年，灌云豆丹获国家地理标志农产品证书；2018 年，入选江苏省农产品品牌目录；2019 年，获连云港市优质农产品“十佳品牌”称号；2022 年，获全国名特优新农产品证书。2022 年，灌云县杨集镇豆丹养殖协会获中国农村专业技术协会“百强农村专业技术协会”荣誉称号。2022 年，生产基地被评为江苏省标准化豆丹养殖示范基地。

二、经验做法

（一）协调配合聚合力

豆丹人工养殖技术标准化试点工作是一项系统工程。灌云县杨集镇豆丹养殖协会率先组建组织框架，制定实施方案，明确工作职责。从 2022 年开展标准化试点创建以来，灌云县杨集镇豆丹养殖协会根据标准化试点项目的具体要求，对协会企业生产基地的软件和硬件进行达标改造升级。成立了标准化创建工作领导小组，将总体工作分工到人，责任明晰到人，逐条逐项落实。两年多来，召开了多次动员会、推进会、誓师会、标准体系编写会议以及标准化培训会议，分阶段对豆丹人工养殖技术标准化试点创建工作进行了全面安排部署，通过专题培训等方式，凝聚共识，形成合力，强化宣传，摸索标准化试点创建工作方法，制订年度工作方案，积极推进完善标准化工作。

（二）推动集聚式发展

灌云县杨集镇豆丹养殖协会会员深入田间地头、各示范点、产业核心区进行试验示范，做给农民看，带着农民干，在种养实践中让农民了解技术。以新品种展示与推广、病害防治等为主题，举行大田示范、新品种新技术观摩展示、现场解答等活动 20 余次，推动灌云“大豆 + 豆丹”产业做大做强。截至目前，“大豆 + 豆丹”综合种养模式已在灌云县落地生根，带动更多的农民通过科学种田实现增收致富。

（三）广泛开展技术培训

灌云县杨集镇豆丹养殖协会印制各种豆丹养殖的宣传资料，开展形式多样的科普宣传活动。每到关键农时，灌云县杨集镇豆丹养殖协会就邀请专家到村里进行技术培训，把优良品种交给农民，把适用技术教给农民。专家们始终把豆丹产业技术培训作为一项基础性工作，通过技术培训不断地把最新技术、市场行情、产业分析传递给农民。举办“大豆 + 豆丹”综合种养技术培训观摩会，结合具体的生产过程和标准需求，把讲解、现场观摩和动手操作结合起来，每年累计培训 1 200 人次。在现场技术指导方面，重点种植大户和专业合作社都要走访，发现问题及时指导，现场解决。通过专家们的言传身教，解决了豆丹养殖过程中品种选择、密度、放养时间等关键问题，为豆丹产业健康发展，提供了技术保障。

（四）打造质量品牌

灌云县杨集镇豆丹养殖协会完善大豆豆丹综合种养模式，开展反季节及夏大豆豆丹养殖模式示范。开展了适宜豆丹养殖的大豆播种技术、田间管理技术、豆丹最佳放养时间的研究。推广应用套袋保苗技术，该技术显著提高了豆丹幼虫的存活率。

近年来，在大豆豆丹产业发展中，灌云县杨集镇豆丹养殖协会始终以市场为导向，以绿色生态和质量安全为基础，重点打造“灌云豆丹”品牌。2021 年以来，灌云县杨集镇豆丹养殖协会参加省市级农产品展销会 20 余次，宣传扩大灌云豆丹地理标志影响力，在产业发展中不断提升特色与质量，把产业优势转变为市场优势。

三、主要成果

目前，灌云县杨集镇豆丹养殖协会已实现年提供豆丹卵 1 500 亿粒、生产豆丹 45 200 千克的生产能力，年接待学习豆丹养殖技术人员 1 350 人，辐射带动周边豆丹养殖 5 800 余亩。灌云县杨集镇豆丹养殖协会豆丹养殖用工直接和间接带动当地 280 名农民实现季节性就业。通过集中流转农户土地，吸收大量农民参加豆丹养殖生产与管理，项目区年用工量达 15 000 人以上。同时，协会养殖的豆丹市场竞争力明显增强，对下一步更好地开展灌云豆丹地理标志农产品保护工作具有重要意义，营造了灌云豆丹的良好社会形象，形成了社会效益与经济效益共赢的发展局面。

董浜黄金小玉米

近年来，江苏省常熟市董浜镇以壮大特色产业为目标，探索出了一条政府精准引导、龙头企业联动销售、农户安心种植的地方特色农产品产业发展新路径。2020 年，董浜黄金小玉米获得农产品地理标志登记，随后先后入选苏州市农业品牌区域公用品牌名录、名特优新农产品名录，并获得江苏省优质特粮特经产品金奖。2023 年，董浜镇获得“黄金小玉米特色产业小镇”称号。

借着国家地理标志农产品东风，董浜镇积极打造黄金小玉米品牌，当地 4 000 亩黄金小玉米年产量 3 000 吨左右，年产值近亿元，实现农户亩均增收 5 000 元，农民人均收入年增幅达 15% 以上，带动千余户农民致富。

一、主要做法

（一）深耕特色农业，强化品质提优

2017 年以前，董浜黄金小玉米只是董浜镇的一款特色“乡土小食”，农民种植多为自己食用。为进一步壮大董浜黄金小玉米产业，董浜镇积极探索配套产业服务体系建设。一是围绕品种改良，提升产品品质。针对黄金小玉米种性退化问题，与南京农业大学、扬州大学、江苏省农业科学院等合作，共建董浜黄金小玉米种质资源保护基地，建立和完善资源库，开展黄金小玉米提纯复壮、新品种开发、智慧生产场景打造。二是依托数字产业，深化产业链条。探索开展农村电子商务本地化实践，推进园区“互联网 + 农业”公共服务平台建设。围绕农业生产、加工、流通、销售等环节，以及农业电子政务、电子商务、“三农”服务和科研开发等，延伸产业链，提升农业综合价值。三是开展定向培训，提高种植水平。董浜镇在做好技术服务同时，董浜镇定期邀请南京农业大学、江苏省农业科学院以及地方职能部门开展董浜黄金小玉米种植技术培训与现场观摩，使农户耳濡目染新技术的应用效果。

（二）形成联运模式，深化助农网格

董浜镇采用“公司 + 合作社 + 农户”种植模式，在董浜黄金小玉米地理标志农产品种植区域开展核心示范基地建设。董浜镇建有 50 亩工厂化育苗基地，为种植农户提供种苗；种植过程中提供专业技术指导；玉米收摘后“兜底式”保护价回购，统一包装营销。一是产业延伸，提升产品品质。董浜镇按照“品种优、品质好、品牌强”的发展思路，在核心示范区内大力推广优良品种，以绿色防控技术为重点，研究集成绿色生产技术规程；以优质优价为目标，提升加工包装、保鲜贮运等技术创新，打造黄金小玉米产学研基地，促进一二三产业融合，扩展产业链。二是数字赋能，把牢产业标准。以智慧监管为手段，通过全程质量控制体系建立，强化产品质量控制和特色品质保持；通过二维码防伪监管，推动全产业链标准化生产，提升董浜黄金小玉米特色化、身份标识化、全程数字化。三是精准服

务，实现产业联动。在黄金小玉米种植关键时期，镇农村工作局、镇农旅公司积极发挥“田保姆”作用，组织村组党员、农技员对接种植户，坚守生产一线指导农户生产，为黄金小玉米的绿色、优质、高产提供坚实的技术支撑。同时，董浜镇积极打造“红色农业＋产业扶持”新模式，充分发挥基层农口党组织的引领帮扶作用，通过一户一策引导和帮助农户实现增收，镇农旅公司与小玉米种植户签订种销协议卡，使农业扶持工作从原来“输血”变成“造血”，开拓“精准助农”新思路。

（三）创新发展模式，驱动品牌升级

为创新董浜黄金小玉米产业化发展模式，驱动品牌升级，董浜镇农旅公司努力探索黄金小玉米线上线下融合发展模式。一是打造农业节庆，打响农产品声誉。董浜镇连续举办7届“黄金小玉米节”，以节兴产，提升产品知名度。在节庆期间，根据董浜黄金小玉米“天然儿童磨牙棒”的特性，招募“董小童”“董小颜”形象代言人，并以此为主题开发系列文创产品，扩大产品形象的感染力。二是借力信息平台，扩大销售区域。强化“互联网＋产业”发展，利用抖音、快手等自媒体平台，通过“网红效应”拓展线上引流，打造“玉米很小、世界很大”“玉米很小、董浜很美”等特色农业IP。设计制作“童颜”专属表情包，用于扩大网络传播力度。同时，签约淘宝、京东、社群团购等网络平台，实现全国销售网络覆盖，累计平台客户突破100万人。三是依托“国字号”招牌，抢占高端市场。董浜黄金小玉米获得了绿色食品、地理标志农产品证书，拿到了“国字号”招牌。董浜镇同步建立健全农产品地理标志品牌管理体系，规范授权用标行为，努力提高精品包装率和带标上市率，乘势开拓高端零售市场。2021年，“童颜”董浜黄金小玉米走进全国一线城市的盒马鲜生，成为一款轻食“新宠”。

二、主要成效

一是立足乡村产业，助推农民致富。农户售价从品牌挖掘前的4元/千克提高到现在的30元/千克，头茬田头收购价已稳定在16元/千克以上，亩均效益由400元提升到3 000元，采用绿色防控技术，亩均节本超过1 200元。价格逐年上涨，成本降低，农户收益稳步增长。种植面积从50亩扩大到4 000亩以上，成了董浜的主导产业之一，为至少300人提供了就业岗位。

二是专注品牌强农，推动三产融合。将黄金小玉米农事体验、科普宣教等融入旅游活动中，以农业为基、文化为魂、旅游为径，串联乡村旅游资源，打造具有区域特色的旅游精品线路，实现农文旅融合发展。常熟市董浜镇“悦乡·悦生活”全域旅游路线，被评为2022年度苏州市乡村旅游精品线路，真正实现了一二三产业融合发展。

三是鼓励合作联建，实现产业联动。组织村组党员、农技员对接种植户，强化“党建红色引领＋农技绿色帮扶”的组合效能，打通助农惠民路径的“最后一公里”。同时，利用“农企＋基地”“农企＋合作社＋农户”“互联网＋合作社＋农户”等合作模式推进农业产业化，充分发挥产业链中的主体作用，实现农民受益、企业获利、农村发展、乡村振兴。

淮安蒲菜

一、基本情况

蒲菜是多年生水生宿根草本植物，是江苏省淮安市最具有特色的水生蔬菜。2014 年，淮安蒲菜被认定为地理标志农产品。淮安蒲菜是长江三角洲地区名优食品，其栽培与蒲文化系统 2021 年被列入江苏省重要农业文化遗产名录。全市现有蒲菜面积约 1 万亩，粗蒲菜年产量 2 万吨，年总产值 1.5 亿元。

二、产品品质特征构建

通过地理标志保护工程的实施，构建起淮安蒲菜的品质特征要素。

形态特征：淮安蒲菜植株高大，茎粗壮，平均高度 3.5 米，最高可达 3.8 米，茎直径可达 10 厘米。可食茎平均直径 2 厘米，最大可食假茎直径达 3.5 厘米。假茎 50%以上为白色。

理化指标特征：富含果糖、芳香物质、B 族维生素，钾元素含量达 4.5 毫克 / 克。

食味特征：新鲜蒲菜口感甘甜、清香、脆嫩。

产品生长环境特征：蒲菜生长于长年累积形成的黑色淤泥层，池口水多数处于非流动状态。多年的植株腐化形成浮泥层，能给翌年生长的植株补充养分，使蒲菜品质更好。

三、产品文化挖掘

通过地理标志农产品保护工程建设，挖掘淮安蒲菜的文化，展现其独特的魅力。

（一）礼仪文化

淮安蒲菜文化底蕴深厚、历史久远。淮安人最早食用蒲菜和使用蒲菜的文字记载可以追溯到汉武帝时期。《汉书 · 枚乘传》记载："武帝自为太子闻乘名，及即位，乘年老，乃以安车蒲轮征乘……"这是"安车蒲轮"的成语典故，即车轮用芳香的蒲叶包裹着，可以安然地坐在马车上。古代马车的车轮为实木制作，在车轮上缠裹厚实的蒲菜，能起到减震抗冲击作用，防止行驶过程中颠簸，用以迎送德高望重之人，表示优礼。淮安人枚乘（公元前 210—前 138 年）的代表作《七发》中描述："犓牛之腴，菜以笋蒲……此亦天下之至美也。"可见汉代时，蒲菜在淮安已被广泛使用。

（二）历史故事

在饥荒和物资匮乏的年代，蒲菜可以用来充饥饱腹。传说南宋建炎年间（1127—1130 年），金国十万精兵攻打淮安，当时梁红玉领兵镇守淮安，被金兵长期围困，在内无粮草、外无军援的情况下，取蒲菜代食，解决了粮食尽绝的困境，使“兵 3 万，金兵 10 万不能犯”。后来淮安人为了纪念梁红玉，把蒲菜称作“抗金菜”，并创制淮扬名菜“红玉列兵”——白色的蒲菜如列兵，红色的虾仁如将帅。

（三）诗歌文化

明代淮安人顾达在外做官，在病床上怀念家乡的蒲菜，写了一首《病中思乡》的诗：“家在新城古刹旁，小桥流水浴斜阳。月明鹤影翻松径，风暖莺声闹草堂。一著脆思蒲菜嫩，满盘鲜忆鲤鱼香。”明代吴承恩在淮安完成了《西游记》，其中写道“蒲根菜并茭儿菜，四般近水实清华”。清代学者段朝瑞《春蔬》云：“艳说青泥坊底芹，少时下笔有余欣。春蔬那及吾淮好，入馔蒲芽不论斤。”由此可见蒲菜的淮安情结。

（四）美食文化

淮扬菜是我国八大菜系之一，蒲菜是淮扬菜的重要食材，有“无蒲不成宴”之说。淮安人招待宾客和友人缺少不了蒲菜。

四、基地建设及标准化生产

通过淮安蒲菜地理标志保护工程的实施，建立了淮安蒲菜生产示范基地，扩大了生产规模，稳定了蒲菜的市场供应。目前已形成蒲菜种植、套养、分等分级、加工等技术规范和标准。加工蒲菜通过了 ISO9001 质量体系认证，鲜蒲菜通过了绿色食品认证；产品纳入省级质量安全追溯管理，产品质量抽检合格率 100%。

五、品牌建设

通过淮安蒲菜地理标志农产品的保护工程的实施，开展品牌及产品宣传，参加各类农产品展销会等，扩大淮安蒲菜的知名度和美誉度。淮安蒲菜入选 2022 年中国地理标志农产品品牌声誉 100 强、江苏省农业企业果蔬类品牌 10 强。

六、项目实施成效

一是第一次系统地对淮安蒲菜的种植环境、土壤状况、产品生态特征、营养成分及特征物质进行检测分析。构建了淮安蒲菜的特征指标；编著并出版发行《水生植物：蒲菜》一书；申请发明专利 2 项，发表论文 1 篇。

二是建立淮安蒲菜的质量控制体系和标准体系。产品身份实现标识化，带标上市，并对接国家级、省级质量安全追溯管理平台。

三是建立核心基地。可为全区提供种苗、种植指导、技术服务、示范观摩。2023 年开展培训观摩 513 人次。

四是提升深加工能力。授权企业生产深加工蒲菜制品，可解决生产旺季产品供过于求的问题。蒲菜加工能力从原来的 500 吨 / 年提升到现在的 1 000 吨 / 年，蒲农年均增收 5 000 元。

五是系统制作蒲菜专题宣传片，挖掘淮安蒲菜的农耕文化、饮食文化、诗歌文化、礼仪文化等内涵，提高了淮安蒲菜的文化价值、生态价值、经济价值及景观价值。

马山杨梅

马山岛坐落在太湖西北，是江苏省无锡市伸向太湖中的一个半岛。这里气候四季分明，日照充足，雨量充沛，土壤肥沃，土质为微酸性砂质黄壤土，土层深厚，适宜栽种杨梅。马山岛杨梅种植面积12 000亩，基本覆盖全岛山岭岗坡，年产量约4 000吨，年产值达8 000万元。

一、基本情况

马山杨梅以其悠久的历史，独特的品味闻名于江浙沪一带。宋代苏轼曾赞曰："闽广荔枝，西泠葡萄，未若吴越杨梅。"马山杨梅有10多个优良品种，优质品种有"乌梅种""潭东""雪桃"等，以其成熟早、果形大、汁液浓、味道可口，深受消费者喜爱。特别是马山"乌梅种"，俗称"家杨梅"，以形大、肉厚、核小、味甜、色紫、汁多而优于其他品种。

二、项目建设情况

为保护马山杨梅这一特色农产品，无锡市滨湖区马山街道于2022年实施马山杨梅地理标志农产品保护工程。项目主要内容为马山杨梅质量控制与品质保持、品牌建设和推广运营、生产条件和能力建设3个方面。

（一）马山杨梅质量控制与品质保持

一是统一马山杨梅质量标准。与江苏省农业科学院开展合作，根据马山杨梅地域特点与发展现状，规范马山杨梅质量控制技术规程。整理总结马山杨梅栽培人文历史、产地环境、产品品质和栽培技术等要点，汇编出版《话说马山杨梅》一书。

二是应用与推广生产技术标准。开展标准化生产技术培训，加强标准实施应用和技术推广，推动杨梅全域标准化生产。为用标主体建立统一的生产记录台账，组织开展马山杨梅投入品使用、修剪栽培、病虫害防治等技术培训10场，培训530人次以上。

三是实施马山杨梅品质、环境检验检测。开展产学研合作，加强马山杨梅产前、产中、产后的检验检测，保证马山杨梅特色品质。对种植基地土壤、水源进行理化性质分析，为改善杨梅种植生态环境提供科学依据。对杨梅果品进行抽样检测，同时对土质、水质进行检测，共计122批次。

四是建立健全质量标识和可追溯管理。提升马山杨梅品牌形象，设计品牌标识，升级产品包装。建立健全标志使用管理制度，与用标主体签订授权协议，针对产品生产区域、规模产量、特色品质、标志使用等开展技术服务和监督管理，统一产品包装，规范带标上市。依托省追溯平台，加强生产主体入网管理，打印追溯码、合格证等追溯凭证，并支持开展打假维权行动。

五是建设农产品质量安全村级服务点。在地理标志保护范围内社区设立5个村级服务点，加强农产品质量安全监管力度。加强农产品质量安全宣传，引导农户规范使用农业投入品，完善生产记录台账，确保马山杨梅质量安全。

（二）品牌建设和推广运营

一是建设马山杨梅品牌展馆。在核心生产区耿湾大坪场建设了杨梅品牌展馆，展示马山杨梅品牌文化，包括种植历史、种植技术、产品品种和特色品质等，提升马山杨梅品牌形象和影响力。

二是拓展品牌辐射面。制定品牌宣传手册，运用新媒体、新渠道、新形势进行品牌宣传。通过各类推介展会、“杨梅节”活动、马山杨梅地理标志宣传片、广告牌等方式，进一步拓展“马山杨梅”地理标志品牌辐射面。

（三）生产条件和能力建设

一是建立优质品种繁育基地。在马山街道耿湾社区鹿鸣谷建立马山杨梅优质品种繁育基地，面积50亩，改造提升繁育基地，设置农产品地理标志保护工程标识标牌。在古竹社区竹溪苑打造杨梅种植栽培示范区，探索杨梅矮化修剪技术，逐步辐射带动地理标志保护区域标准化种植。

二是绿色防控技术及设施设备。采用生物防治、理化诱捕生态调节等绿色防控措施和技术，在保护区域内设置捕虫灯，推广使用黄板等绿色防控设施设备。

三是投入品管控。在辖区内农资店设立杨梅投入品专柜，引导农户规范使用农业投入品，强化杨梅投入品管控。

三、主要成效

按照农产品地理标志保护工程实施目标要求，在现有基础上，立足补齐短板，科学合理地统筹安排支持资金，重点安排示范基地建设、种质资源保护、质量管理追溯、产品宣传展示推广等方面的建设。通过项目实施，切实推进马山杨梅农产品地理标志核心产区保护，稳定提升马山杨梅品质，巩固提升“马山杨梅”品牌，致富一方百姓，推进滨湖区农业高质量发展、助推实施乡村振兴战略。

◆ 射阳大米

射阳县地处江苏省盐城市沿海，是全国粮食生产大县。“射阳大米”2017年取得农产品地理标志登记，同时也是国家地理标志集体商标、中国驰名商标、中国农产品百强区域公用品牌，品牌价值为245.32亿元。射阳大米香醇绵甜、筋道润滑、食味独特、好吃营养，特别受到长江三角洲地区消费者的青睐。

射阳县大力实施品牌战略，将地理标志农产品射阳大米作为农业重点特色产业来抓，有力推动了射阳粮食产业的高质量发展。2023年10月18日，全国深入推进优质粮食工程、加快粮食产业高质量发展现场经验交流会在射阳县举行。射阳连续13年获得全国“粮食生产先进县”表彰奖励，是中国优质粳稻之乡、全国农业（水稻）标准化栽培示范县。射阳大米2022年被列入农业农村部农业品牌精品培育计划。全县建成稻米加工企业70多家，年加工水稻能力300多万吨，带动米糠油、米糕、稻壳颗粒燃料、饲料加工等全产业链以及包装、运输等行业稳定发展，稻米产业年产值超100亿元，稻农年增收超3亿元。实现了“打造一个品牌，振兴一片产业，致富一方百姓”的目标。在品牌赋能和保护过程中，射阳县始终做到“三个突出”。

一、突出品质打造，夯实品牌基础

一是优选优良品种。坚持“科技赋能，良种先行”，2015年推广种植南粳9108，2021年牵手江苏省农业科学院建立射阳大米产业研究院，研育出专属品种鹤香粳1号。在上海、苏州、南京等地举办大米品尝会、专家品鉴会，让科技育种的成果经过市场的检验，获得消费者的认可。

二是优化标准制定。在制定射阳大米种植、储藏、加工团体标准基础上，2019年制定了地方标准，重点在品种选择、绿色生产、科学收储、加工、理化指标等方面体现特色、优化规程，为射阳大米可持续发展提供了有力的技术支撑。

三是优建产业链条。县域种植水稻140万亩，其中60万亩优质稻米基地实行供种、育秧、栽培、管理、收购“五统一”管理，确保射阳大米源自优质粮源。实施国家数字种植业创新应用基地项目，建成1.6万亩集智慧农业、产业融合、绿色种植试点示范于一体的现代农业（水稻）示范基地。建成烘干企业200多家，达标仓储超100万吨。坚持龙头带动，培植米业加工国家级、省级、市级农业产业化重点龙头企业数量分别为3家、3家、9家，“江苏精品”加工企业2家，全国放心粮油示范加工企业9家，形成“以稻优米、以米生糕、以糠制油、以稻壳加工燃料”的产业链模式，充分放大射阳大米品牌效应。

二、突出质量安全，塑造品牌信誉

一是注重绿色发展。精心实施全国首批绿色循环种养试点项目，提高水稻病虫害绿色防控覆盖面，积极推广应用生物防治、物理诱控等复合种养模式，着力推广测土配方施肥技术，切实减少面源污染，努力达到绿色栽培标准。全县创成绿色食品优质水稻基地 50.84 万亩、省级水稻绿优基地 72.07 万亩，稻米加工企业绿色食品、有机产品申报率达 50% 以上，全县认证绿色食品大米 33 个、有机农产品大米 5 个，绿色优质农产品比重达 80% 以上。

二是注重追溯管理。2019 年，由行业协会牵头，在江苏省率先对射阳大米加工企业实行质量追溯管理，创新应用比标签追溯、合格证追溯更加省工省本的射阳大米品牌码和企业产品二维码“双码”追溯模式，各方反应良好。在上海《新民晚报》整版刊发公告，发放报纸 1 000 万份，宣传识别射阳大米的办法。稻米加工企业追溯“双码”应用率达 94.2%，实现扫码可见射阳大米品牌和企业产品视频介绍，做到来源可查询，过程可追溯，质量可控制，安全无事故，消费者买得放心、吃得开心。

三是注重用牌护牌。一方面，坚持集体商标使用“五挂钩”（与质量溯源管理、拥有绿色食品证书、执行射阳大米地方标准、遵守协会章程、会员自律公约挂钩），推动拓展营销市场，开展转型直销、联营联销，线下与线上互动，连锁与专供结合，千方百计搞活流通、用活品牌、争创高效。另一方面，坚持依法依规打假。抓现行，釜底抽薪；抓窗口，净化市场；抓企业，规范管理。成立江苏省首家地理标志司法保护中心，常态化开展内部督查、市场巡查、司法维权，年诉讼侵权、制假案 30 起，年均法院调解判处 16 起，有效维护了“射阳大米”品牌形象。

三、突出扶持推介，致力品牌提升

一是强化政策支持。县委、县政府高度重视稻米产业发展，出台《射阳大米产业健康发展实施意见》《射阳大米产业绿色高质高效行动的实施方案》等系列文件，实施射阳大米品牌化经营、标准化生产、产业化发展、差异化竞争、数字化推进“五化联动”。县委、县政府主要领导带头参与每年在上海、南京、北京等地的宣传推介活动，持续提高各级干部的重视程度，提升“射阳大米”品牌影响力。

二是强化资金投入。先后获得农业农村部地理标志项目提升资金 250 万元，江苏省知识产权局地理标志促进资金 80 万元、正版正货补助资金 50 万元，江苏省粮食和物资储备局地理标志项目补助资金 50 万元，用于大米产业发展。设立县级专项奖补资金，聚焦高标准农田与基地建设、良种推广、质量溯源、品牌创建等重点环节，先后投入各类财政资金 10 多亿元，增强了射阳大米品牌发展活力和后劲。

三是强化宣传推介。积极参加国家级、省级展览会、展销会、交易会。“射阳大米”连续两届被评为江苏十大农产品区域公用品牌，连续 3 届获得中国国际农产品交易会金奖，连续五届获得中国国际粮油交易会金奖，3 次被评为中国大米十大区域公用品牌，成为中国农产品百强区域公用品牌。建设射阳大米文化馆，讲好品牌故事，展示射阳大米的历史、文化、农耕、发展前景，该展馆已成为江苏省粮油学会四星级粮油科普教育基地。编著出版全国地理标志农产品丛书首卷《射阳大米》。汇聚专家智力，连续举办大米产业论坛，造浓发展氛围，找准发展路径，奏响发展强音，不断提升品牌竞争力和美誉度。

仪征绿杨春茶

江苏省扬州市仪征市生产的仪征绿杨春茶，形如新柳，翠绿秀长，香气高雅，汤色清明，滋味鲜醇，叶底嫩匀，是烘炒结合工艺制成的绿茶。清代文人王士祯所作词句“绿杨城郭是扬州”，此后“绿杨”成为扬州代称，“春”源于清康熙年间（1662—1722年）扬州著名的虹桥西岸冶春社茶肆，为古扬州文人骚客饮茶诗聚之地，两词组合成“绿杨春”，意为扬州出产的形似柳叶的春茶，亦可理解为在扬州饮茶论道、饮茶交友。

仪征绿杨春茶产业是仪征市农业主导产业之一，仪征拥有扬州地区最大的茶叶生产加工基地。仪征市先后荣获“全国重点产茶县”“中国名茶之乡”称号，2021年获评江苏省特色农产品优势区。目前，仪征市茶树种植面积4万亩，规模化茶园3.5万亩，年产干茶510吨，年产值达3.6亿元，2023年品牌价值达13.58亿元。

一、追根溯源，保持土特产根植力

仪征市在地理标志农产品保护培育工作上迈出的第一步，是弄清楚什么样的茶是绿杨春茶，怎样才能制作出标准的绿杨春茶。2022年，仪征市委托江苏省农业科学院，对仪征地区茶叶中的水分、水浸出物、游离氨基酸、茶多酚、酚氨比、黄酮等品质成分进行检测，以数据定义仪征绿杨春茶。

启动了仪征绿杨春茶全产业链标准体系建设，修订了地方标准《绿杨春茶　茶叶加工技术规程》（DB32/T 1682—2022），并于2022年4月8日实施。制定江苏省茶叶学会团体标准《绿杨春标准茶园建设技术规范》《地理标志产品绿杨春茶加工技术规程》。

建立了核心基地智能化监控系统、茶园环境自动化监测系统、物联网管理系统、农产品质量安全溯源系统，建设了50米^{2}数据中心并配备LED大屏显示终端，项目区协会成员单位茶园环境数据、种植加工数据、现场环境均可通过计算机终端、手机客户端即时查看，实现茶叶种植全过程有标准、可追溯、可查询。

二、文化挖掘，赋予茶产业生命力

仪征地区产茶源于唐宋，宋代时所产茶叶成为皇家贡品。仪征绿杨春茶是古茶新制，一冲一泡，叶荡波清间，尽显扬州人对精致慢生活的美好追求。同时，大运河文化催生出扬州人锐意进取、敢为天下先的创新开拓精神。千年茶道文化浸润到扬州人的血脉中，尊礼尚客、礼奉友人、礼尚往来的美好遵循成为扬州人的共识。

为提升仪征绿杨春茶文化在全国的影响力，拍摄了仪征绿杨春茶宣传视频和非物质文化遗产加工技艺制作视频2部，仪征市政府每年举办“中国仪征绿杨春早茶文化节”，2022年举办了“第二届扬州绿杨春茶手工制茶大赛”“第五届全国农业行业职业技能大赛茶叶加工赛项江苏选拔赛”等活动，通过运用“互联网+新媒体”传播工具及手段，宣传推介“仪征绿杨春茶”品质、种植加工环境、品牌价值内核等，传播产品文化。

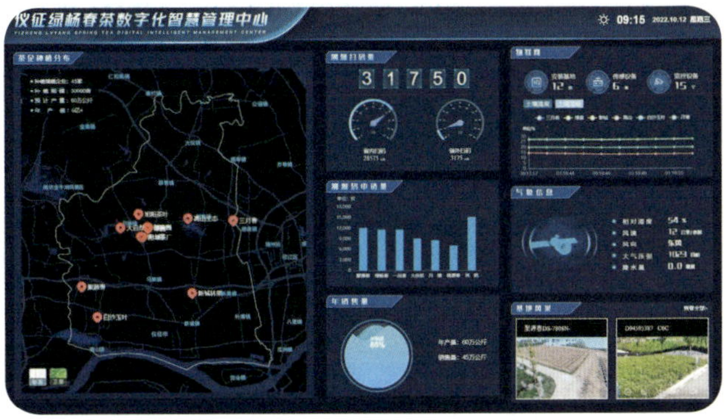

三、强链延链，提升茶产业竞争力

通过地理标志保护工程项目及当地政府扶持，仪征市投入资金建设标准化茶园、核心示范园区、品种繁育基地和标准化茶叶加工车间，统一发放绿色生产物资，建设出了一批高标准茶园、标准化生产车间，保障绿色安全生产。

大力发展茶产业的三产融合工作，申请省级财政资金计划建设茶博馆，在茶叶集中种植区域打造休闲旅游设施，引入社会资本打造文旅文创产业。广泛宣传地理标志保护工程和“仪征绿杨春茶”品牌，举办“2022江苏省扬州绿杨春茶产业高质量发展论坛暨仪征绿杨春茶品牌发布会”，邀请中国工程院院士刘仲华、全国知名专家王岳飞等发表主题发言。在扬州主城区投放公交车尾广告25条线路，新华社、央广网、《中华合作时报》《江苏经济报》《扬州日报》等多家媒体宣传仪征绿杨春。在《扬州日报》公布首批仪征绿杨春茶地理标志授权许可单位以及首批“绿杨春”注册商标授权许可单位，保护并宣传“仪征绿杨春茶”公共品牌。

四、助农爱农，提高茶产业带动力

为更好地服务茶农，仪征市与江苏省农业科学院签订技术服务合同，筛选出适制绿杨春的茶树品种，做好病虫害调查，制定绿色防控方案，发放太阳能杀虫灯、诱虫板、诱捕器，帮助茶农建立茶园虫害绿色防控体系，年培训500人次以上，为规模茶园购置茶园管理、加工机械30台（套），并改造设备维修点1处，逐步推动茶园生产机械化操作。

在地理标志农产品保护工程项目的有效推动下，全市茶叶品质得到有效提升，产量也有所增加，直接带动农户500多户，人均收入增长10%以上，壮大了仪征市仪农联茶叶专业合作社联合社的力量，年销售额已突破2 000万元；同时，引导生产主体申报绿色食品、有机农产品，帮助茶农实现品质、效益双提升。

◆ 启东绿皮蚕豆

作为国内规模最大且最负盛名的绿皮蚕豆生产基地，江苏省南通市启东市 2021 年实施江苏省地理标志农产品（启东绿皮蚕豆）保护工程项目，致力于促进绿皮蚕豆地理标志产品的品种培优、品质提升、品牌建设、标准化生产、市场拓展、效益提升，以及农耕文化的传承与光大，实现特色富民产业的壮大、农业产业结构的优化、农户收入的增长，同时，为乡村产业振兴作出贡献，实现了农业可持续健康发展。

一粒小蚕豆，实施地理标志保护、注入科技元素、接长青收链条，支撑起了一个充满生机的全新富民产业。启东市实施地理标志保护工程项目所取得的可圈可点系列成果中，数当地通过绿皮蚕豆“混杂”改“纯绿”、“干收”改“鲜收”以及“应季”改“春化”三大产销模式与推广实践，经验最亮眼、成果最丰硕、乡亲最受益，有力推动了该项目“‘三变’小蚕豆、奏响富民曲”的实施目标。

一、“混杂”变“纯绿”，护航“金豆豆”

蚕豆产业若要走得远、做得强，离不开品质强大这一后盾。遵循这一思路，启东市在实施江苏省地理标志农产品（启东绿皮蚕豆）保护工程进程中，将良种、纯种培育作为重中之重，历经选育、培植，全市目前绿皮蚕豆良种提纯率、覆盖率已分别提升至 98% 和 80%。

启东市以地理标志保护工程为引领，通过创建核心基地、建立专家团队、确保种源质量等举措，成功地从本地 10 多个混杂蚕豆品种中，筛选出本土独有、食客好评、抗病害能力强的优质绿皮蚕豆作为主推良种，随之落实保护机制、强化良种推广、规范培育流程、建立生产日志，总计建起了 371 亩良种选育、繁育基地，确立了 100 个示范农户。

种质“纯绿”，护航“金豆”产业健康稳步发展。往年多发高发的蚕豆锈病发生率大幅下降。绿皮蚕豆规模持续扩展，产出、销量、农户收入连年稳步提升。绿皮蚕豆品质得到消费者广泛认可，“春化”早熟绿皮青蚕豆成为城市消费新宠，“青收”绿皮蚕豆拓展出更为广阔的市场。

二、“干收”变“青收”，觅得新商机

蚕豆“干收”，产出偏低。改革开放后，当地农户不再将蚕豆作为主要粮食作物，因而种植面积锐

减。山穷水尽之时，放眼城市菜场，一盘鲜嫩的油炒绿皮蚕豆，“端”上周边上海、杭州、苏州等大城市的餐桌，是食客们的最爱。

启东市大力挖掘增收潜力，全面推广蚕豆“干收”变“青收”的产销模式，并将之纳入“四青”（蚕豆、毛豆、豌豆、玉米）产业发展战略。同时，将最具本土特色的启东绿皮蚕豆申报地理标志农产品取得登记证书后，又趁热打铁实施地理标志产品保护工程，多措并举，让启东最具特色的绿皮蚕豆产业得以传承，并重现生机。

绿皮蚕豆“干”变“青”，富民多增收。2023 年，全市 5 万多亩大田青蚕豆荚总销售接近 5 万吨，亩收益超 2 000 元，销量、效益 10 年间翻了两番，由此形成了包括 15 个龙头企业、1 个专业协会、300 多个贩销大户在内的庞大产业链。

蚕豆“青收”菜用，无疑为干品市场腾出更大空间，加之南通启吾农产品有限公司等企业年出口 3 000 多吨脱皮干蚕豆、“乌小馆”等企业竞相生产休闲食品，蚕豆产业由“青”而兴，在“干”“青”互补中重获新生。

三、“应季”变“早熟”，洞开致富门

在启东蚕豆产销业界，早熟“春化”青蚕豆是个热门话题。通过实施绿皮蚕豆地理标志保护工程，绿皮蚕豆成功实现了“应季”到“早熟”的蝶变，同是一粒豆，市场价增涨了 3 ～ 5 倍。

2021 年，启东绿皮蚕豆地理标志保护工程实施，以全面推广绿皮蚕豆“春化”育种技术作为产业发力点。为此，启东市借助江苏省沿江地区农业科学研究所的科研力量，化技术资源为增收优势，凭借绿皮蚕豆的独有品质，不断放大启东绿皮蚕豆的市场优势，使之成为继鲜收蚕豆后更具市场竞争力和增收潜力的特色富民产业。2023 年，全市试点“春化”鲜收蚕豆 2 000 亩，产值达 1 300 多万元。

蚕豆“春化”，还能应用于大田。启东市高效设施农业协会尝试露地种植，青荚提前 5 ～ 8 天成熟，效益提升五六成，彰显出这一生产技术十分诱人的增收与市场开发前景。

以实施地理标志农产品（启东绿皮蚕豆）保护工程成果为充足的底气，启东市谋划实施的新一轮绿皮蚕豆富民产业行动计划振奋人心，2023 年秋播，初筛绿皮蚕豆良种覆盖率超 85%，增加 1 000 亩以上的“春化”早熟青蚕豆，实现蚕豆综合经济效益年递增 10%。

◆ 恒北早酥梨

近年来，江苏省盐城市大丰区恒北村立足果树产业优势，紧紧围绕“一个地标，唱响一个品牌，带富一方百姓，美丽一个乡村”发展目标，大力发展早酥梨产业，做大做响恒北早酥梨品牌，将农业、文化和旅游有机融合，走出了一条产业富农、推动乡村振兴的新路子。

一、严格按标生产，让早酥梨种出“家乡美”

一是修订技术规范，引导科学生产。邀请国家梨产业技术体系岗位专家和江苏省梨产业技术体系专家对《恒北早酥梨生产技术规范》《梨树农药安全使用手册》进行了修订完善，累计开展标准化生产技术培训 500 余人次，引导果农自觉按照标准规范生产种植早酥梨。

二是增强规范用标意识。制定《恒北早酥梨地理标志农产品使用规范》，组织企业、种植大户及农民经纪人集中培训，讲解地理标志基础知识以及使用注意事项，确保用标单位规范使用恒北早酥梨标志，增强果农的商标品牌意识。

二、依靠科技兴农，让早酥梨品质更优

品质至上，质量决定成败。在梨果生产过程中，积极推动科研创新与基地实践相结合。

（一）组建专业团队

先后成立恒北早酥梨协同创新中心、专家工作室、技术服务小组，为果农提供技术答疑、市场信息。同时，与江苏省农业科学院、江苏省农业技术推广总站、南京农业大学进行产学研合作，为恒北村产业发展、文化挖掘、技术指导、市场拓展等提供智力支持。

（二）争取政策保障

利用地理标志农产品保护工程项目，建成 10 亩早酥梨核心基地、5 亩恒北早酥梨品种展示基地。改善核心区周边道路和水系，购置风送式喷雾机、乘坐式割草机、物流冷链车等果园配套机械，积极争取“拓果”奖补政策，加快基地规模扩展，辐射带动周边乡镇种植梨树 4 万亩，壮大了地方特色产业。

（三）打造智慧果园

与江苏省农业科学院合作，建设以恒北核心种植园为核心，以万盈、草庙、西团梨园为示范点的智慧果园综合管理云平台，配套建设水肥一体化系统，开发手机端 App，数字平台涵盖了果园生产、农机管理、物联网管理、农旅云平台、地标工程大数据中心等，使恒北梨品“产、供、销、管”各环节的数据集成化、可视化。

三、深挖品牌价值，让早酥梨品牌更知名

充分发挥“名人、名品、名村”的三名效应，打造“恒北恒美、梨缘天下”乡村旅游品牌。

（一）注重品质保持

与江苏省农业科学院开展梨果营养品质指标筛查工作，采集恒北区域梨果、土壤、灌溉水样品100余份，围绕品质指标进行筛查检测，通过筛查确定了恒北梨特征品质指标。建立完善了恒北梨营养成分基础数据档案和种植区土壤改良方案，为强化恒北优质梨的产品特色挖掘，提高市场辨识度和认可度奠定了坚实基础。

（二）强化宣传推广

开展高铁专列宣传，利用上海至南京高铁椅背、高铁到站口广告宣传“真的梨不开你”恒北梨品牌。积极参加省内外展销会、品鉴评选8次，在江苏省第五届早熟梨评选中获得金奖，在江苏现代农业（梨）产业技术体系中晚熟梨品鉴评价活动中荣获金奖，在全国中华好梨评选中“圆黄”“秋月”恒北早酥梨分别获得金奖和银奖。

（三）多渠道合作

与江苏人致和春酒厂合作开发恒北梨果酒加工项目，推动梨果深加工。与上海农场、本来生活、叮咚买菜等渠道商合作销售恒北优质梨。与光明集团合作建立果品生产基地，将恒北早酥梨打入上海市场，进入上海第一食品商店。在南京钟山宾馆集团设置恒北形象店，销售恒北果品及文创产品，进一步放大恒北早酥梨品牌效应。

四、聚焦产业振兴，让三产融合发展更紧密

恒北村聚焦兴农富民、绿色发展、产业振兴，围绕恒北早酥梨，形成“2+1”（即有机果品产业、生态旅游产业 + 梨园衍生产业）特色产业。

（一）发挥“一村一品”产业优势

带动运输、包装、采摘、乡村旅游、民宿发展，增加果农收入。建设宾馆、酒店、农家乐、旅游超市，成立旅游公司、旅行社，开通南京至恒北、上海至大丰的旅游专线，接待大丰精品一日游、两日游路线，增加集体收入。

（二）依托区位优势开发周边产业

新建工业厂房，发展租赁经济，开发了恒北酥梨酒、恒北梨木梳、“真的梨不开你”文创产品等衍生加工产业。

（三）挖掘梨园文化

引入摄影、国学、瓷刻、秸秆画、手工制作等文化元素，提升恒北文化内涵。立足疗养培训、文化搭台、经济唱戏，实现农文旅融合，整合资源，助力乡村发展。

天目湖白茶

一、基本情况

对照地理标志农产品保护工程项目实施方案，江苏省常州市溧阳市建立天目湖白茶核心生产基地 3 个，引进新设备，提高生产能力，通过投放诱虫板等措施，实现茶叶绿色生产。筛选出咖啡碱、必需氨基酸等天目湖白茶特征品质指标，修订完成白茶栽培、加工两项技术规程，组织生产技术培训共计 609 人次。参加杭州茶叶博览会，在高铁站投放广告，进行抖音短视频推广。签订标志授权使用协议并实行带标上市，建立可追溯体系并对接江苏省及常州市农产品质量安全追溯管理信息平台。通过项目实施，有效带动了农户增收。

二、经验做法

（一）高度重视，组建领导小组

为深入推动天目湖白茶地理标志农产品培育和发展，根据《江苏省农业农村厅 江苏省财政厅关于做好 2020 年地理标志农产品保护工程实施工作的通知》（苏农计〔2020〕30 号）要求，溧阳市农业农村局成立了溧阳市天目湖白茶地理标志农产品保护工程领导小组。

（二）专题研讨，制定实施细则

作为项目实施单位，溧阳市农业综合技术推广中心多次组织召开各部门碰头协商会议、专家论证会议，在充分协商和认真讨论的基础上，形成了天目湖白茶地理标志农产品保护工程实施细则，明确了具体工作内容。

（三）及时总结，做好项目自查

在项目实施过程中和项目完成后，组织专门力量对项目的实施成效和典型经验进行全面总结评估。按照项目管理实施要求，及时报送项目实施进展情况和项目总结，并组织做好项目材料的归档。

三、主要工作成效

（一）提升了天目湖白茶的综合生产能力

一是建立 3 个核心基地。实施以绿色栽培、茶园机械化生产、精深加工、品质提升等白茶先进栽培加工示范技术。通过专家论证，在天目湖周边确定 3 家企业作为核心基地，统一制作配套宣传资料，统一购置相应示范设施设备。

二是购置茶叶色选机和自动包装机。支持天目湖白茶地理标志农产品生产企业改善生产条件，购置茶叶色选机和自动包装机，提升产品质量，促进了企业生产能力的提升。

（二）提升了天目湖白茶的产品质量和特色品质

一是推广茶园绿色防控技术。采购并配备了一批绿色防控物资，包括黄板 70 000 套、诱捕器（加诱芯）5 000 套、太阳能杀虫灯 90 套。

二是开展特征品质指标筛选和分析。委托江苏省农业科学院开展天目湖白茶品质特征挖掘项目。通过对品质指标检测数据的处理、对比、分析和提炼，采用主成分分析、因子分析等统计方法，确定天目湖白茶特征品质指标，综合评价天目湖白茶。

三是完善生产技术标准。修订《白茶栽培技术规程》和《天目湖白茶加工技术规程》，推进按规生产，提升天目湖白茶的产品质量和特色品质。

四是组织开展技术培训。组织人员培训，提升天目湖白茶产业从业人员的理论和技术水平，从而达到提升产品质量和品质的目的。通过项目实施，组织相关培训 6 次，培训人数达 609 人。

（三）品牌建设再上新台阶

一是在高铁站投放专题宣传广告。为更好地宣传天目湖白茶，扩大天目湖白茶的市场占有率和品牌影响力，在人流量大、人员密集、停歇时间长的上海虹桥高铁站到达层出租车通道墙面灯箱和南京南高铁站到达层三面直梯灯箱投放天目湖白茶宣传广告。

二是参加各级各类展览展示。积极组织茶企参加第四届中国国际茶叶博览会，举办了天目湖白茶专场推介活动，开展品鉴会、冲泡教学、礼品派送等活动，现场观众反响热烈。与上海媒体单位合作，在“12306”“城市之窗”App 展示天目湖白茶 1 分钟宣传视频和 300 字软文推广，把宣传推广做到了最前端，使品牌建设再上新台阶。

三是开展文化创意。统一设计印制宣传手册、展板等资料，制作天目湖白茶专题宣传片，制作天目湖白茶伴手礼，通过一系列实物展示，让群众直观感受到天目湖白茶的魅力。

四是开展短视频推广。在抖音平台建立天目湖白茶抖音账号，同时进行天目湖白茶专题短视频推广，共完成 60 条短视频、30 场直播。此项工作仅针对天目湖白茶产品，做到内容专一和创意输出，同时从公益宣传角度出发，不涉及某一家特定茶叶企业。

（四）完善身份标识化和全程数字化管理

依托天目湖白茶地理标志农产品保护工程项目，推广农产品质量追溯系统，完善天目湖白茶种植台账，实行对产品质量安全动态监管。同时，推广农产品质量追溯系统，所有天目湖白茶地理标志授权企业均已接入市级农产品质量追溯系统，实现了对农产品质量安全的动态监管。

◆ 丁庄葡萄

高质量发展现代农业，是实施乡村振兴的关键。江苏省镇江市句容市茅山镇丁庄村重视地理标志农产品品牌的打造，在注重不断自我提升的同时，积极总结相关经验，形成可行性高、可推广的丁庄葡萄发展方案，助力农业高质量发展。

一、基本情况

2015 年 8 月，为加强资源整合、凝聚产业合力、推动葡萄产业高质高效发展，在茅山镇党委、政府指导下，成立了丁庄万亩葡萄专业合作联社。合作联社实行“五统一”的经营管理模式：统一品种育苗、统一生产资料、统一技术培训、统一品质标准、统一品牌销售。重点围绕三大功能开展日常管理服务：一是品质管理功能，以葡萄生产管理体系建设为抓手，旨在提升全镇葡萄品质；二是公共服务功能，包括改善基础设施、建立社员大数据、提供金融贷款、开展技术培训等；三是品牌经营功能，集中资源进行品牌推广，依托葡萄节、媒体广告、电子商务等系列工作做大做强丁庄葡萄品牌，提升葡萄产品的附加值。

二、经验做法

（一）打造组织体系，强化生产服务

茅山镇以合作联社为抓手，围绕产业融合发展，以问题为导向，紧抓生产服务体系。一抓品质标准体系，请南京农业大学、镇江市农业科学院葡萄领域的专家学者，制定丁庄葡萄标准，供种植户生产参考，并作为销售时分级定价的依据。二抓区域品牌体系，打造丁庄葡萄区域品牌，由合作联社授权符合品质标准的社员核准使用，提升葡萄销售价格，通过市场价格倒逼社员提升种植技和产品品质。三抓科技服务体系，合作联社与农业院校和科研单位合作，构建了“首席专家团队 + 本地推广团队 + 若干示范户”的现代科技服务体系，组织开展培训授课，保障农业技术的有效传递，提升葡萄品质。四抓农业生产资料订购体系，对种植户大量需求的生产资料由合作联社提供统一订购渠道，在保证生产资料安全性与规范性的前提下，通过批量购买使价格下浮，降低农户生产成本。五抓精品销售体系，以合作联社为主体开拓多家中高端精品销售渠道，对生产出符合高品质标准产品的农户，帮助其实现产品高质高价销售，提高农户生产提质的积极性。六抓金融支持体系，通过与银行对接开展“惠农贷”金融服务，让社员农户可享受免担保、低利息的贷款服务，解决农业前期资金投入大、周转困难的问题，目前已为 338 名社员成功取得无抵押贷款 3 850 万元。

（二）创新人才培养，保障产业活力

合作联社针对葡萄产业人才需求，创新营农指导员培养模式，注重种销结合，坚持“请进来”与“走出去”的双向人才培养战略，一方面借助镇江市农业科学院的专家资源，结合葡萄生产需要，为乡土人才开展技术培训，并邀请国内及日本多地葡萄种植专家到茅山镇，为果农开展田间指导；另一方面不断强化与日本的交流合作，将乡土人才源源不断地输送至日本各地农业协会学习种植技术与营销

方法，培育出懂技术、会销售的专业人才。此外，合作联社还鼓励乡土人才开发研制葡萄的各类衍生加工品，深入总结各家各户发展经验，丁庄葡萄已有包括葡萄酵素、葡萄脆、葡萄籽油在内的 24 种葡萄衍生加工品，“葡一代”“葡二代”发家与传承的故事脍炙人口，路人皆知。

（三）注重软硬配套，促进产业融合

合作联社在葡萄产业融合发展上主要从以下两方面发力。

一是丰富活动种类。连续举办了 14 届“句容丁庄葡萄节”，7 届“丁庄杯”精品葡萄评比大赛，通过比一比、看一看、赛一赛，激发全镇果农的种植热情，进一步提升葡萄种植水平，提高葡萄市场竞争力，增加顾客与游客数量。

二是打造融合载体。集中项目资金打造了 5 000 米^{2}的丁庄葡萄合作联社综合服务中心，包括农民服务中心、葡萄文化主题馆、葡萄研究所、葡萄检测中心、分拣物流中心、农产品展示中心和农民培训中心。围绕合作联社载体大楼，着重加强葡萄小镇整体基础设施建设，包括主入口景观设计改造，道路、葡萄长廊、爱情园、农耕文化园建设，房屋翻新，绿化、景观、水利等设施打造等。通过载体、基建的打造，为丁庄葡萄产业融合发展打下坚实基础。

三、主要成效

（一）经济效益提升

丁庄葡萄年经营收入由 2021 年的 2.7 亿元增加到 2022 年的 3 亿元，增幅高达 11.1%，人均年收入达 4.15 万元。

（二）社会效益显著

合作联社辐射带动 1 927 户社员、100 户周边农户开展全产业链标准化生产，实现户均增收 1 500 元/亩，培育规模生产经营主体 7 个。

（三）生态效益凸显

丁庄葡萄采用葡萄枝条粉碎加工发酵还田、精准滴灌、水肥一体化等绿色生产方式，葡萄枝条无害化处理率 100%，减少化学肥料使用量 50% 以上，减少农药使用量 10% 以上，节水率达 33% 以上，促进了农业绿色发展和生态环境保护。

◆ 南京盐水鸭

“古书院、琉璃塔、玄色锻子、盐水鸭”，盐水鸭是江苏省南京市久负盛名的特产，已有 1 000 多年的历史。早在春秋战国时期，南京即有“筑地养鸭”的记载。六朝时期，南京有了鸭馔，盐水鸭被誉为“六朝风味，白门佳品”。到了宋代，南京城更是盛行用鸭配菜，有“金陵鸭馔甲天下”的美誉，随后不断创新制作技艺。

南京盐水鸭制作技艺是江苏省首批省级非物质文化遗产代表性保护项目。作为南京特产、地理标志产品，南京盐水鸭既吸引了众多的海内外食客，也云集了全国各地的鸭产业加工客商，为南京鸭产业的繁荣发展提供了无限商机，造就了产业发展史上诸多辉煌。

一、培育优质特色品种

南京市畜牧家禽科学研究所以优质地方鸭品种资源为育种素材，运用现代育种技术，培育具有典型外貌特征“乌嘴、白羽、乌脚”的优质型肉鸭——金陵白鸭。在江宁区淳化街道建立了优质盐水鸭的肉鸭核心养殖基地，开展金陵白鸭选育试验，并在溧水区白生农副产品专业合作社建立金陵白鸭繁育基地。

针对肉鸭的不同饲养阶段和生理需求，设计科学的营养配比，优化肉鸭饲料成分，通过成本核算，确定最佳上市日龄。在平养、笼养和网床养殖三种模式下，通过基因测序，检测鸭舍中环境微生物和肉鸭肠道微生物的主要种属和分布特点，排查微生物优势种属对应的潜在致病菌，有针对性地进行日常消毒防疫工作。

联合南京农业大学食品院国家肉品质量安全控制工程技术研究中心对不同品种盐水鸭进行肉质检测，选取樱桃谷鸭和金陵白鸭做对比实验，两种肉鸭在脂肪含量和风味物质上均有显著差异，尤其是丝氨酸和半胱氨酸。不同品种的熟盐水鸭风味相互分离，金陵白鸭在口感和风味上略胜一筹。

二、优化生产流程

为了更加有效准确地进行肉鸭品种选育，在金陵白鸭核心养殖基地研发了肉鸭饲养智能化管理系统，严格按照质量控制技术规范生产，建立电子生产日志，实现饲养管理及世代繁育数据收集与分析智能化，档案记录电子化，可随时调取品种选配系谱图。此系统提高了盐水鸭鸭源饲养智能化管理水平，可实现肉鸭系谱溯源，实现优质品系世代繁育数据收集与分析，大大减少人工，提升了工作效率和选育优配率，有利于盐水鸭标准化生产的实施和普及。

三、加强标准化建设

以金陵白鸭和樱桃谷鸭为南京盐水鸭加工原料，遴选饲养基地，通过实施养殖环境、饲料营养、饲养管理、卫生防疫等技术措施，规范优质原料鸭饲养管理操作，充分发挥优质型肉鸭生产性能。通过实验积累，经统计分析生产数据、微生物测序及肉质检测结果，制定了《盐水鸭专用优质原料鸭饲养管理操作规程》，不断提升优质肉鸭标准化饲养标准。该饲养管理操作规程已在江宁核心养殖基地和溧水品种选育基地落地实施，同时，向周边农户推广肉鸭健康养殖模式及配套技术。

以鸭肉风味物质为基准，通过规范饲料营养标准、休药期和上市日龄等技术措施，规范屠宰技术流程，提升优质原料鸭光胚质量，制定了《盐水鸭优质鸭胚质量技术标准》。

四、联合知名品牌提升市场美誉度

组织南京盐水鸭加工企业优化制作流程，推广南京盐水鸭制作工艺，制定并发布南京市地方标准《地理标志产品　南京盐水鸭》。为加大南京盐水鸭对外宣传力度，赴全国多地参加展会，开展市场推介和展销，获得“最受市民喜爱的绿色食品奖”等荣誉。

相同鸭源更能体现不同加工工艺对盐水鸭品质的影响。组织市内知名的盐水鸭加工企业对金陵白鸭进行加工，同时邀请南京农业大学对所有产品进行质构和风味检测，根据现场专家品鉴意见和大众投票结果统一得分，公布获奖名单，并在中央级和省级媒体宣传。同时，经过对盐水鸭加工技术的研究与探索，申报“一种不杀菌真空包装盐水鸭制备方法及产品”和“一种盐水鸭新加工工艺”两项国家发明专利。

五、深挖产品文化底蕴，传承农耕文化

为进一步挖掘南京历史文化，传承南京盐水鸭传统工艺，提升地理标志产品的文化内涵，在肉鸭核心养殖基地建设南京盐水鸭文化长廊，设置“人文历史”“地方品种”“制作加工”“地理标志”等多个版块，讲好南京盐水鸭文化故事，将核心养殖基地的科研氛围与传统加工产业文化相融合，相辅相成、相得益彰。同时，增设科普教育宣传工作，与南京市的中小学联合举办农业科普进校园活动，开设了“农产品地理标志保护工程——南京盐水鸭”主题科普讲座，通过生动的讲解和鲜活的短视频《一只鸭的独白》，让学生们了解南京盐水鸭的发展历史和制作方法，感悟这道中国传统名菜的独特魅力。

◆ 安吉白茶

浙江省湖州市安吉县是习近平总书记“绿水青山就是金山银山”理念诞生地，是中国美丽乡村发源地，是新时代浙江（安吉）县域践行“两山”理念综合改革创新试验区。

多年来，安吉全县上下始终牢记习近平总书记的谆谆教诲，忠实践行“绿水青山就是金山银山”理念，聚焦聚力改革创新，探索走出了一条生态美、产业兴、百姓富的绿色发展之路。被习近平总书记称为“一片叶子富了一方百姓”的安吉白茶，正是把“两山”理念落实到助力脱贫攻坚和乡村振兴的成功范例。

一、安吉白茶是绿水青山中的“生态茶”

安吉县气净、水净、土净的“三净”之地孕育出的安吉白茶具有“叶片玉白、茎脉翠绿、高鲜甘爽”的独特品质。为守护好这“一片叶子，”在1998年，安吉县确立了“生态立县”的发展思路，关闭并复绿了200余处矿山。同年，安吉县政府专门成立安吉白茶开发领导小组，鼓励农民发展安吉白茶产业。为维护茶树生长的自然环境，安吉县严格控制茶园面积，禁止毁林种茶，并在全县域实施安吉白茶绿色食品原料标准化生产基地建设，推广生态茶园。

目前，安吉县域内17万亩规模茶园已全部认定为全国绿色食品原料（安吉白茶）标准化生产基地，累计建成国家级标准化产业园1座、省级生态茶园9座，生态茶园面积9.1万亩，先后获得全国标准化示范县、全国农产品质量安全全程控制体系示范县、中国特色农产品优势区（第一批）等荣誉。

二、安吉白茶是践行“两山”理念的“致富茶”

20世纪80年代，安吉县茶叶科技工作人员在安吉县天荒坪镇大溪村发现了一株千年白茶祖树，经过扦插繁育、基地试种、推广种植以及品牌化发展，大力推广安吉白茶“公司+合作社（基地）+农户”的订单农业模式，在保障苗木供应、品种选择的前提下，统一肥药使用、统一技术指导、统一采摘标准，让茶农专心种植管理，让企业专注生产加工，通过把控茶叶质量、畅通茶叶销路，不断提高安吉白茶产销专业化、规模化、集约化水平，真正实现一条龙、全过程、一贯制的管理模式。

同时，深度开发安吉白茶特质功能，开拓茶饮料、茶食品、茶保健品、茶食品添加剂、茶日化用品等精深加工产品研发经营，助推安吉白茶产业的全价利用和三产融合发展。

目前，安吉白茶品牌价值达45.17亿元，连续12年跻身中国茶叶类区域公用品牌价值十强，2021年产量2 008吨，产值达31.13亿元，使全县农民人均增收8 600余元，占农民年收入的24%，已经成为安吉县农民增收、实现共同富裕的重要富民产业。

三、安吉白茶是开拓新局的“改革茶”

2021 年，安吉县在安吉白茶注册国家地理标志并登记为农产品地理标志的基础上，认真贯彻“整体智治、唯实唯先”理念，以打造安吉白茶全产业链大数据中心为突破口，大力推进安吉白茶产业全域、全程数字化转型升级，创新完成了安吉白茶全县域数字化测绘及确权，并正式启用安吉白茶数字化管理体系，通过安吉白茶交易平台，建立包括茶园建园、种植、加工、包装、储运、销售各环节全产业链可追溯管理闭环，实现安吉白茶总量可控、全程可溯，以数字赋能开启安吉白茶产业发展新篇章。实现浙江省首个“浙农码”赋码安吉白茶，有效保护安吉白茶原产地品牌，提高安吉白茶美誉度。2023 年，白茶均价溢价达 10% 左右，广大茶农整体增收 2 700 万元。

四、安吉白茶是脱贫攻坚战的“友谊茶”

安吉白茶在做实一产、延长二产的基础上，深入挖掘三产融合发展，2020 年安吉白茶第三产业产值达 10.53 亿元。

安吉茶农坚持“喝水不忘挖井人、致富不忘党的恩”，积极响应脱贫攻坚号召，主动捐赠 1 500 万株茶苗，帮助贫困地区群众脱贫。2018 年 4 月茶苗捐赠开始以来，安吉茶农坚持既送茶苗、又送技术、赠机器，多次赶赴实地，多轮现场指导，目前累计向湖南古丈、四川青川以及贵州普安、沿河、雷山 3 省 5 县捐赠白叶一号茶苗 2 004 万株，种植面积 6 217 亩，带动当地贫困人口 6 661 人增收脱贫，以“一片叶子”回馈祖国大地，在全国脱贫攻坚战中发挥了独特的作用。安吉白茶已经成为东西部协作、共奔小康路的“扶贫茶”“感恩茶”“友谊茶”。2021 年 2 月 25 日，全国脱贫攻坚总结表彰大会在北京隆重举行，中共安吉县溪龙乡黄杜村总支部获得“全国脱贫攻坚先进集体”荣誉称号。

五、发展目标

2020 年 3 月 30 日，习近平总书记时隔 15 年再次亲临安吉考察，充分肯定了安吉发展，并对安吉加快高质量绿色发展和推进基层治理现代化作出重要指示。安吉县将更加坚定不移沿着“绿水青山就是金山银山”理念指引的路子阔步前进，全力建设新时代浙江（安吉）县域践行“绿水青山就是金山银山”理念综合改革创新试验区，奋力夺取中国最美县域高质量发展新胜利，努力打造展示美丽中国的县域窗口，守护纯粹好茶——安吉白茶！

金华两头乌猪

一、基本情况

浙江省金华市在地理标志农产品保护工程的推动下，围绕农产品“一标一品一产业”融合发展目标，加强种质资源保护开发和利用，推动“金华两头乌猪”产业振兴，打造金华农业“金字招牌”，金华猪特色产业发展取得实效。

二、建成多层次保种体系

（一）加强活体保种

出台一系列政策支持保种场改造提升和种猪场建设。全市现有金华两头乌猪保种场 3 家、备份场 1 家，在建种猪场 1 家，计划新建种猪场 2 家。全市两头乌能繁母猪存栏 3 000 多头。

（二）利用冷冻体细胞、生殖细胞技术进行保种

金华市农业农村局制定《金华两头乌猪紧急保种方案》，金华市财政局落实 158 万元专项经费。紧急保种采用精子冷冻和体细胞保存两种方式，冻存 85 头金华两头乌猪体细胞和 38 头公猪精液。2020 年，利用东阳市良种场冷冻保存的金华猪体细胞，成功克隆 11 只金华猪，实现地方猪遗传物质的冷冻保存和种群血统的恢复。

（三）运用分子生物学技术开展保种选育

开展金华两头乌猪群体遗传学分析工作，已培育出比较稳定的“杜金”“内三元”等杂交配套系。当前，金华两头乌猪保种已从国家保种场 130 头核心群的单一保种状态，建设成为国家保种场保种、备份场保种以及冷冻体细胞、精液、体细胞克隆等多层次的保种体系，并积极运用现代生物育种技术开展配套系培育工作。

三、推动产业振兴

（一）加大财政支持力度

“十三五”以来，省、市、县三级财政投资 6 000 多万元用于金华两头乌猪产业转型升级。2021 年金华市政府出台《金华市人民政府关于印发加快市区乡村产业高质量发展　助推乡村振兴若干政策的通知》，支持金华两头乌猪种质资源保护工作，对企业根据实际投入给予不超过 50% 的补助，对农业科研和农业技术推广单位组织开展金华两头乌猪种质资源保护开发利用给予全额补助。

（二）发挥龙头企业的示范带头作用

对 3 个金华两头乌猪鲜肉及火腿加工龙头企业进行提升改造，与科研院所开展合作，建成标准化加工基地 3 家。开发以金华火腿为代表的金华两头乌猪深加工产品，提高产品附加值和经济效益，延长产业链。全市现有集生猪养殖、屠宰、科研、加工等于一体的综合体 1 家，生猪肉制品加工、销售企业 2 家。

（三）提升农业公共服务能力

建设金华两头乌猪质量控制中心，应用数字化管理方式，实现对两头乌猪生产、加工、经营主体的在线监管。建设两头乌猪质量安全检测中心，对以金华两头乌猪为原料生产的产品开展安全、肉质性能测定。

（四）实施两头乌猪倍增计划

通过“以大带小”模式，大力发展标准化、规模化、绿色化“种养循环”，带动中小规模养殖场调整养殖结构，提升金华两头乌猪养殖比例，建成年出栏 50 ～ 1 000 头金华猪的种养循环养殖场 23 个，年出栏近 5 万头。

四、创建地标品牌

（一）推行“地理标志 + 企业品牌”发展

重点打造金华两头乌猪地理标志区域公用品牌，形成了“金字火腿”“珍其源”“伟丰”等众多知名企业品牌。在杭州、上海等地开设金华两头乌猪特色菜品体验馆、产品专卖店、线上销售平台，推动金华两头乌猪产品从金华走出浙江、走向全国。

（二）讲好地理标志品牌故事

采取“养殖 + 餐饮 + 主题乐园”模式，大力发展标准化、规模化、绿色化“牧旅融合”模式，投资近 2 亿元，建成“中华熊猫猪猪乐园”。利用微博、微信、抖音、直播平台等新媒介技术平台，策划一系列金华两头乌猪的短视频制作、纪录片拍摄、美食推送、养殖过程直播等活动。以金华两头乌猪博物馆为平台，挖掘金华两头乌猪历史、经典故事和文化底蕴，讲好金华两头乌故事，宣传金华两头乌地方文化。举办“选秀”，组织征文、摄影、歌曲、影视作品等创作征集，扩大社会影响，强化文化认同。

（三）开展品牌文化建设

通过举办厨艺大赛、参加展会，多渠道展示两头乌猪品牌形象，金华两头乌猪品牌价值进一步提升。2020 年，金华两头乌猪入选中国—欧盟地理标志互认互保产品名单，是唯一入选的猪类畜种。2017 年被认定为“2017 中国百强农产品区域公用品牌”。2016 年入选为 G20 杭州峰会晚宴特供食材。

◆ 海盐葡萄

自海盐葡萄获国家农产品地理标志以来，浙江省嘉兴市海盐县聚焦做好葡萄“土特产”文章，通过做精特色、做强集群、做优品牌，纵深推进海盐葡萄农产品地理标志、绿色食品和区域特色产业融合发展，推动甜蜜产业迈向共富事业，成功创建国家葡萄产业体系建设示范县，入选实施国家地理标志农产品保护工程。目前，海盐县葡萄种植规模达 2.02 万亩，2022 年实现总产值 4.32 亿元，其中阳光玫瑰总产值 3 亿元，亩均产值 3.8 万元，农户户均增收 19 万元。

一、突出品质提升，做精海盐葡萄地理标志农产品特色

（一）推进标准化生产

创新葡萄数字化栽培等技术 37 项，编著《阳光玫瑰标准化管理》等书籍 27 册，向种植户推广应用。实施海盐葡萄品牌阳光玫瑰“518”标准，即亩产 1 800 千克、穗重 1.8 斤（1 斤 =500 克，全书同）、穗长 18 厘米、单果粒 18 克、可溶性固形物含量 18%，在 12 家地理标志授权基地全面推广 4 000 亩，实现双倍溢价。海盐葡萄历来具有使用有机肥的传统，土壤中有机质含量丰富。葡萄园内年均亩施用有机肥 1 ～ 1.5 米^{3}，饼肥 50 千克，种植的葡萄口感清香纯正。

（二）认证绿色食品

撰写《海盐葡萄绿色食品产地农业环境现状评价报告》，制定绿色食品操作和管理规程，形成统一环境检测、统一管理规范、统一农药品种、统一包装设计、统一宣传牌、统一协同管理机制“六统一”管理机制。促进地理标志农产品和绿色食品融合发展，对首次获得绿色食品的主体给予每个产品 3 万元奖励。全县葡萄绿色食品从 2020 年的 2 个猛增到目前的 29 个，占全县绿色食品的 82.9%。

（三）打造示范基地

突出数智应用，加强自动摇膜、智能控温等农业物联网技术示范点建设，改造升级冷链仓储、物流、包装等设备，配备葡萄自动化分拣机，建设葡萄储藏冷库，同步开展葡萄果园宜机化改造，实现规模果园机械应用率达 65% 以上，数字智能化覆盖面达 60% 以上，延长葡萄销售期 3 个月以上。截至目前，建成葡萄精品基地标准化生产示范场 22 家。

二、突出联结共富，做强海盐葡萄地标产业集群

（一）以项目建设促进发展

将海盐葡萄列为农业特色优势产业，集中项目资金给予重点扶持，以项目撬动海盐葡萄产业发展，

有效推进海盐葡萄产业品种提优、品质提升、品牌打造和标准化生产。先后入选实施浙江省（葡萄）“一品一策”质量安全风险管控项目、浙江省（葡萄）精品绿色基地建设项目和国家地理标志农产品保护工程项目，建成葡萄精品基地核心种植区 8 110 亩。

（二）以典型示范引领生产

实施阳光玫瑰葡萄“百万效益”工程、海盐葡萄共富工程等，每年选育 10 户阳光玫瑰种植面积约 30 亩的规模主体为样板，通过技术指导、理论培训、考察学习等方式，示范精品阳光玫瑰葡萄种植技术，带动周边农户增收致富。如佳佳乐农场成立“奢香共富工坊”，带动周边 30 余户农户提升葡萄种植技术和产品品质，户均产值超 20 万元，农场入选首批省级共富家庭农场典型名单。

（三）以抱团发展实现共赢

组织种植大户、专家能手和广大普通农户成立合作社，组建海盐葡萄产业联盟，建立“联盟 + 合作社 + 农场 + 市场”合作机制，并在嘉兴水果市场设立海盐葡萄特约销售点，完成嘉兴市“百家商会兴百村”签约，建立海盐葡萄直播间，累计带动全县一半以上葡萄种植户、90% 的水果经销商和全部农资供应商，做大海盐葡萄产业蛋糕，实现全产业链互利共赢、合作共富。

三、突出内涵提升，做大海盐葡萄地标品牌影响

（一）赋文化增内涵

海盐葡萄的历史可追溯到 1230 年南宋海盐人常棠编撰的《澉水志》，距今已有近 800 年。海盐县开展葡萄主题文化活动，对接非物质文化遗产代表性传承人、文史工作者等开展诗歌、散文、绘画、摄影等文艺创作，推出海盐葡萄系列文创产品，挖掘海盐葡萄的历史、经典故事和文化底蕴，赋能海盐葡萄文化内涵。组织编撰图书《国家地理标志农产品：海盐葡萄》，梳理海盐葡萄发展脉络，从文化传承视角推出海盐葡萄宣传片，讲好海盐葡萄地理标志农产品历史故事。

（二）树品牌提形象

全新设计地标品牌形象，注册“海盐葡萄”“奢香公主”两个商标，打造“葡甜甜”和“萄乐乐”两个 IP 形象，并推出礼盒装、手提箱、快递箱等 5 款包装，形成全新地理标志形象矩阵。同时加强品牌宣传，参加中国国际农产品交易会、中国绿色食品博览会等展示展销活动，在中央电视台、中国蓝新闻、和谐号高铁等平台投放广告，助力海盐葡萄走出去，累计获得国家级金奖 6 项、省级金奖 15 项，实现 95% 以上的产品销往省外。

（三）办培训促宣传

组织海盐葡萄精品绿色培训班，采用“课堂教学 + 线上教学 + 实习实训”等多种形式，注重培训指导实效。自 1993 年开始举办葡萄培训班，在生产管理关键月份定期举办培训班，每年举办 6 次，30 年不间断培训，先后吸引 31 个省份的 3 万余名种植户前来学习，有效提升了海盐葡萄地理标志的美誉度和知名度。

径山茶

一、基本情况

径山茶主要产地集中分布在杭州市余杭区径山镇、黄湖镇、鸬鸟镇、良渚镇、余杭街道、闲林街道、中泰街道、百丈镇、瓶窑镇等地，50亩以上茶叶生产主体110家。2022年，全区茶园面积7.15万亩，总产量8 945吨，产值9.61亿元。目前，径山茶产业已发展成为以径山毛峰绿茶为龙头，径山红茶、蒸青茶、径山抹茶等衍生产品共同发展的茶系列产品格局。现有大型茶叶交易市场2个（年交易额15亿元），国家级标准茶园2个，省级农业龙头企业2家，市级农业龙头企业6家，区级农业龙头企业7家，农民专业合作社15家，精深加工企业6家。2023年品牌价值达31.65亿元。

2019年实施径山茶省级精品绿色农产品基地、国家现代农业产业园项目。2020年实施径山茶国家地理标志农产品保护工程。2022—2023年开展径山茶国家现代农业全产业链标准化示范基地、全国绿色食品原料（茶叶）标准化生产基地、全国绿色食品（茶叶）一二三产业融合发展园区建设，总投资5 882万元，包括基础设施提升、精深加工改造、茶旅融合品牌打造提升、运营销售等6个项目。2023年开展全国绿色食品（绿色优质农产品）高质高效试点建设。

二、主要做法

（一）加强组织领导，健全管理体系

2022年成立余杭区径山茶发展领导小组，区委书记、区长任组长，区政协主席任第一副组长，从政治高度、举全区之力推动径山茶发展。充分发挥径山茶行业协会作用，构建独具特色的“六统一”管理体系，即统一基地认证、统一生产标准、统一标识包装、统一品牌宣传、统一市场营销、统一行业监管。通过严格行业管理，确保产品质量安全和品质。统一设计和推广使用径山茶产品外包装，提高绿色食品和农产品地理标志规范使用率，拍摄精品绿色食品径山茶基地宣传片，举办茶王赛、径山茶·天猫春茶节、茶圣节、茶非遗系列茶事活动等，积极组织和参与各类展销会与博览会，提升区域公共品牌形象。

（二）重视品种培优，推行标准生产

与中国农业科学院茶叶研究所合作选育径山茶专用品种，已建成2个本地茶树种质资源圃、1个新品种试种示范基地，从群体种中筛选出优异单株（系）107个，完成径山1号、径山2号两个新品种登记并进行推广扩繁。制定并发放径山茶标准化生产技术管理操作手册、生产模式图、标准化绿色防控技术挂图。截至目前，全区有61家茶叶企业、67个茶叶产品通过绿色食品认定，认定面积达1.34万

余亩，获证产量 156.13 吨。

（三）突出智慧监管，严控质量安全

依托区农产品质量安全监管平台，建立规模主体数据库，归集检测、信用、生产管理等信息。依托径山茶产业数字一张图平台，构建“一键定包装、一键找检测、保险气象理赔、径山茶文化、数字底座”等全链条应用场景服务，实现对径山茶质量的有效监管、生产主体的责任追溯和径山茶生产的全程管理。深化“合格证 + 农安码”，实现一键扫“码”即可获取生产加工、质量追溯、上市销售等全过程信息。提升改造农资经营门店，设立茶叶农资指定供销专柜 15 个，提供符合绿色食品用药要求的投入品。

三、下一步考虑

（一）项目引领，塑强品牌

加快推进 3 个国字号项目建设，通过构建径山茶全产业链标准综合体、提高基地茶叶原料使用率、培育绿色优质精品径山企业、加强扩面宣标贯标等措施，增强绿色优质农产品有效供给，促进成果应用转化，打造标准化引领农产品质量效益竞争力提升的发展典型和“一标一品”协同发展的示范样板。

（二）抓实质控，做优品质

强化证后监管，督促获证主体落实绿色食品用药等环节质量控制措施，并加强包装标识监管，规范用标行为。发放《中华人民共和国农产品质量安全法》、绿色食品用药清单、农产品质量安全管控规范等宣传材料，围绕质量安全管控、绿色食品、合格证应用、追溯管理、快速检测等主业，举办专题培训活动，提升主体内控水平。

（三）三产融合，助推共富

围绕茶文旅发展导向，通过建立“村 + 茶农 + 民宿 + 茶企”合作联盟，串联打造茶园观光旅游路线和景点，推出采茶、炒茶、品茶、斗茶等各类茶主题团建活动。同时，完善电商平台建设，推广电商专业技能示范培训，加大新媒体宣传力度，实现品牌溢价，全面推动以茶兴业、以茶富农。

湖州湖羊

一、基本情况

浙江省湖州市有近千年的湖羊饲养历史，是国家湖羊保护区、湖羊文化孕育地和中国湖羊发源地之一。依托多轮湖羊产业振兴计划的推动，湖州市已培育成集15家万头羊场、4家屠宰场、2家精深加工厂等于一体的市级全产业链。目前，湖州市湖羊年饲养量达近100万只、占全省1/3，年供种能力达10万只，占全省70%以上，已累计向30个省（区、市）供应优质种羊，湖州已成为中国重点湖羊产业集聚区和种业输出基地。

二、主要做法

（一）坚持全盘布局谋划，推进三年计划实施

在振兴湖羊行动计划的基础上，出台《湖州湖羊产业高质量发展三年提升计划（2021—2023年）》，全面推动实施湖羊“353”行动计划。从种质资源、全产业链、监管服务等方面全盘布局，锚定发展方向，细分阶段目标，稳步提升湖羊产业质量效益和核心竞争力。

（二）坚持重点项目牵引，推进产业融合发展

积极争取国家农业特色强镇、国家优势特色产业集群、省特色产业振兴等部省级项目，加强土地、人才等要素保障，整合各级资金逾4亿元，推进湖羊产业转型提质和融合发展。通过项目带动，快速建立起集种植基地、规模养殖、屠宰加工、品牌营销、文化餐饮、休闲观光于一体的全产业链条。

（三）坚持利益联结创新，推进区域协同进步

推动以大带小、利益联结、共享共赢等模式，带动经济薄弱村、低收入农户的增收。例如，湖州市长兴县吕山乡流转700亩土地，通过“三通一平”“筑巢引凤”等优惠政策，招引上市公司美欣达集团发展湖羊产业，推动9村入股建立合作关系，带动村集体经济每年增收600万元。

（四）坚持东西协作深化，推进成果共建共享

积极推动“湖羊进疆”“湖羊入川”等“湖羊富民”工程。在四川省广安区建立万头羊场基地，建成75家幸福农场，带动养殖湖羊3万余只。帮助新疆柯坪县建成三级良种繁育体系，建立湖羊繁育与培训基地。目前，对口帮扶地区已逐步形成“公司+基地+农户”等产业化推广模式，湖州湖羊已“定居”新疆柯坪、四川广安等地。

三、主要成效

（一）全产业链基础进一步夯实

全市已建成万头羊场15家，在建万头羊

场9家，湖羊存栏500只以上的规模化养殖场比例达70%以上，建有2家精深加工厂以及长江三角洲地区自动化水平最高的湖羊屠宰厂。已培育国家级湖羊产业强镇1个、浙江省省示范性农业全产业链1条，并成功开展国家现代农业全产业链标准化示范基地创建。在国家湖羊优势特色产业集群项目中，湖州市争取中央资金7 723万元，占全省的51.5%。

（二）种质资源保护进一步深入

保种层面，建立保种、育种、扩繁“金字塔”种业框架，培育了国家级保种区1个、国家级羊核心育种场2家、市级以上保种场6家以及一批种羊场，实行公益单位与私营企业联合保种。制定完善《湖州湖羊饲养技术规范》《湖州湖羊种羊等级评价》等一批地方标准。开展湖州湖羊基因“芯片”分子研究，对保种湖羊进行基因测序比对分析，建立分子遗传信息库，推动保种工作更深入、更精准。

（三）区域品牌影响进一步扩大

2021年开展区域公用品牌策划。出台《湖州湖羊农产品地理标志及其证明商标使用管理规则》，开展地理标志商标和区域公用品牌授权，已授权主体34家。每年安排专项资金用于品牌运维，在上海、杭州等一线城市进行推广，在生活场景进行品牌露出，不断扩大品牌影响力。当前，湖州已连续举办11届湖羊文化节，并承办8届浙江省湖羊文化节。

（四）共同富裕帮扶进一步提升

围绕共同富裕，通过建立利益联结方式，构建了“政府主导、村庄联建、公司运营”“低收入农户慈善帮扶”“共享牧场”等多种联农带农模式，带动本地贫困家庭800余户脱贫，村集体每年增收近1 000万元。加强东西部协作，建立结对扶贫机制，先后实施“湖羊进疆入川”富民工程，带动新疆阿克苏地区柯坪县、四川省广安市等地贫困户5 000余户。“湖州湖羊进疆入川”结对帮扶案例荣获由联合国粮食及农业组织等举办的第二届全球减贫案例征集活动最佳案例。

三门青蟹

一、基本情况

三门青蟹产自我国黄金海岸线中段——浙江省台州市三门县三门湾海域，养殖环境优越、养殖历史悠久、养殖技术成熟。截至2022年年底，三门县青蟹养殖面积8.9万亩，年产销量达1.47万吨，年产值15亿元，全县从事青蟹养殖及销售人员近5万人。

二、经验做法

（一）注重顶层设计，完善扶持引导政策

三门县委、县政府出台《三门县渔业发展“十三五”规划》《三门青蟹产业发展规划》对青蟹产业发展进行细化，优化区域布局，构建产业发展体系。制定《关于鼓励青蟹产业发展的若干意见》，在养殖基地拓展、养殖方式改进、市场推广等重点方面给予倾斜。三门县农发基金、科技三项经费每年均划出一定比例资金支持青蟹产业发展，鼓励广大养殖企业扩大养殖规模，优化养殖技术，提高养殖效益。制定《三门青蟹品牌保护整治工作方案》，加强三门青蟹品牌管理和建设，引领青蟹产业健康发展。

（二）强化科技支撑，产研合作驱动创新

与上海海洋大学、浙江海洋大学、宁波大学等科研院所签订战略合作协议，与浙江省水产技术推广总站、浙江省水产动物营养与饲料科技服务团队、浙江省渔业科技创新与推广服务团队等渔业产学研推力量密切合作，开展新技术的研究示范和科研项目的合作研发，借力攻克技术瓶颈和薄弱环节。与上海海洋大学合作，开展三门青蟹品质研究项目，提升三门青蟹品质。2023年5月，举办中国青蟹（鲜甜产业）高质量发展人才交流大会，共同交流探讨青蟹产业发展的经验和问题，促进青蟹产业健康快速发展。

（三）推进品牌管护，全面提升品质声誉

三门县统一生产标准、统一品牌设计、统一包装规范，实现了“三门青蟹”品牌的标准化、规范化。定期开展标准化健康养殖培训，推广高效、健康养殖技术，从养殖生产的各个环节，保证青蟹产品的品质以及养殖过程的清洁环保，保证青蟹产业的可持续发展。严格三门青蟹质量监管，长期坚持产地环境监测、产品质量检测，实施质量保护提升行动，抽检合格率100%。开展三门青蟹维权打假，对没有获得授权的商家全部要求下架或删除产品链接，对以外地蟹冒充三门青蟹进行销售的行为，一经发现，取消地理标志授权，情节严重的交由市场监督管理部门依法处理，有力维护了三门青蟹品牌信誉和形象。

（四）挖掘品牌文化，构建全域宣传推广

采取积极参与和主动办节、办会相结合，多层次开展品牌推介。先后举办5届“三门中国青蟹节”，通过青蟹为媒、文化搭台，推动青蟹品牌的发展。顺应网络发展，2014—2022年举办了9届“网络青蟹节”，掀起网购青蟹热潮，三门青蟹成了电商平台的“网红产品”。2023年11月，成功举办第五届浙江·三门青蟹节暨第三届三门小海鲜博览会，线上线下联动，精彩纷呈。多次到杭州、上海、北京等地举办专场推介会，组织渔业企业和合作社参加省市各级农产品展示展销活动，不断提高品牌在全国的知名度。创新宣传模式，制作推出电影《小海鲜》，出版《海风渔火——三门海洋渔俗文化品读》《敢为天下鲜》《小海鲜》等图书，并亮相中央电视台《舌尖上的中国Ⅱ》《螃蟹的征途》《生财有道》《味道》等节目，集中展示青蟹文化、渔村文化和渔食文化。同时，通过“鲜甜三门”App、影视节目、微信微博、淘宝客户端等新媒体传播平台，全方位加强品牌宣传。

三、主要成效

目前三门县已建成农业农村部健康养殖示范场7家，省、市级养殖示范园区7家，省、市级渔业龙头企业15家，省级标准化养殖基地3万亩，万亩连片养殖基地4个。青蟹养殖产业年产值近50亿元，占全县海水养殖业产值的85%以上。青蟹养殖第一村涛头村渔业产值超2亿元，集体经济收入达1 300万元，人均年收入7万元，成了三门县远近闻名的致富村。“三门青蟹”获得中国地理标志证明商标、中国驰名商标、浙江省“2016十大区域公共品牌农产品”、最受消费者喜爱的中国农产品区域公用品牌、中国著名品牌、中国名牌农产品、浙江省著名商标、浙江省名牌产品等荣誉和称号。三门县先后获评“中国青蟹之乡”、三门青蟹中国特色农产品优势区、国家级渔业健康养殖示范县。2023年公布的中国品牌价值信息显示，三门青蟹品牌价值48.02亿元。三门青蟹当之无愧地成为三门县对外交流的一张“金名片”。

淳安覆盆子

一、基本情况

淳安覆盆子为浙江省杭州市淳安县特产，主产区临岐镇被誉为“浙江省中药材之乡”“掌叶覆盆子之乡”。淳安覆盆子通过落实扶持政策，实施品牌战略，引导社会资本投入，做好市场与基地对接等手段，促进了产供销一体化发展，种植效益不断提高，淳安覆盆子影响力明显提升，有力推动了区域联动式、打捆式统筹发展，既保护了千岛湖环境，又促进了中药材产业发展。2022 年全县种植覆盆子 2.75 万亩，年产值 8 800 万元左右。

二、经验做法和成效

（一）创新体制机制

在淳安县委的统一部署下，淳北乡村振兴联合体委员会于 2022 年 6 月 21 日正式挂牌，专班进入常态化办公状态。按照复制推广“大下姜模式”的总体要求，以协调指导和综合服务为定位，全面拉动和协调淳北地区乡镇的中药材产业发展。按照规划共谋、资源共享、产业共推、政策共定、区域共富的“五共”总框架，以推动中药材产业发展为主线，着力着手做好中药材产业发展文章，努力形成合力共推的发展格局。

（二）创新政策机制

为提高财政资金使用绩效，探索推行“拨改投、补或贴”政策创新机制，形成了《关于淳北产业区块中药材产业发展“拨改投、补或贴”试点实施方案》和《关于促进淳北产业区块中药材产业高质量发展的实施方案》文件，出台中药材种植补助政策，种植覆盆子补助 600 元 / 亩，同时采取“拨改投”形式，把原先通过验收拨付补助款项的模式，改成在项目前期拨付给村经济合作社以参股形式直接参与到农业主体项目建设中，形成村集体发展可持续效应。

（三）突出规划引领

由浙江大学城乡规划设计研究院、浙江中医药大学等组成专家团队，完成《淳安县淳北乡村振兴联合共富产业发展规划（2022—2035 年）》，该规划的编制为淳北地区中药材产业的全面发展奠定了基础。

（四）强化科技支撑

为解决掌叶覆盆子生产中种植管理粗放，品种结构不合理，乱施农药、化肥、除草剂等问题，提升掌叶覆盆子中药材的品质，推广掌叶覆盆子有机栽培技术，创新种植模式，起草发布了杭州市地方标准《掌叶覆盆子有机栽培技术规程》（DB3301/T 1086—2017）、浙江省地方标准《掌叶覆盆子生产技术规程》（DB33/T 2076—2017）等系列标准，有效提升了掌叶覆盆子生产水平，促进了产业提质增效。

（五）品牌化打造

从“生产标准、品质管控、包装规范、运输模式”等方面入手，将品质把控和专业保鲜技术落实在每个细节，打造一整套解决方案，为覆盆子“走出去”提供全方位支持，助力覆盆子品牌化，覆盆子品牌“养你的覆盆子”应运而生。青果药用、鲜果采摘、红果开发，实现全产业链发展，覆盆子在全产业发展道路上全面开花。覆盆子酒、T恤、围裙、饮品杯、卡包、笔袋等一系列覆盆子主题创意产品如雨后春笋般陆续推出。2023年成功举办了浙江千岛湖首届中药材产业发展大会。淳安县临岐镇获得第一批国家级农业产业强镇认定，淳安覆盆子入选浙江省第二批名优“土特产”百品榜。

（六）基础设施完善

2017年，随着浙江省西部唯一的中药材交易市场在临岐镇开业，该镇及周边乡镇掀起了中药材产业发展热潮。目前，中药材交易市场年交易额近3.5亿元，该市场的覆盆子价格已成为全国覆盆子市场定价的风向标。在精心打造中药材市场的基础上，成功引入2个社会化冷库投资项目，总投资3 000万元，总库容近30 000米^2。浙江中医药大学中药材饮片厂、浙江维鼎生物科技有限公司等相继落户。

（七）三产融合有力

在中药材产业的带动下，利用不断优化的交通优势及千岛湖旅游市场资源，推动“产业＋文化＋旅游”三产融合的发展模式。一是丰富文化体验项目。开发中医药文化街区、龙兴超人极境本草品鉴馆、药膳餐厅、“养你的覆盆子”主题休闲采摘园，弘扬传统医药文化，增强特色文化内涵。二是强化旅游基础配套。依托中医药养生药膳食宿主题优化游客体验。“岐妙上谷”岐黄特色养生村，“淳六味”东篱菊、岐院、贝欧精品民宿项目建成运行。三是做大医药研学基地。以中药材产业为基础，以杭黄高铁5小时交通圈为纽带，中医药博物馆成为浙江、上海、南京、北京等中医药高校的教育实践基地以及中小学生的中医药研学基地。

◆ 象山白鹅

一、基本情况

近年来，浙江省宁波市象山县积极探索产业化共同富裕新模式，走出了一条“政府+联盟（公司）+基地+农户”的白鹅产业帮扶新路子，有效带动县内、对口帮扶地区以及国内10多个省份的2 000余户低收入农户增收致富。截至目前，象山白鹅养殖量达到128万羽，种鹅存笼量50万羽，年产苗鹅1 000万羽，全产业链年产值达到5.6亿元。

二、主要做法和成效

（一）保种强种不松懈

象山县陆续建立国家级和市级保种场2家，建立由140个家系组成的核心保种群。每年定期开展种群遗传资源调查和检测，建立资料库。2011年，完成象山白鹅全基因组序列图谱绘制，该图谱作为世界首个鹅全基因组序列图谱，为品种保护和选育提供分子水平的理论基础。

（二）科技创新促转型

一是大力探索并推广海水养鹅、水禽岸养等创新技术。改善了水环境，降低了饲料消耗，减少了水禽发病率和死亡率，提高了生产性能。二是强化环境建设，改造鹅场门面，建设生态鹅场。创建美丽鹅场14家。三是不断拓展养殖空间。一方面，结合优质柑橘“红美人”的发展，探索“红美人”林下养鹅模式；另一方面，探索冬闲稻田养鹅模式，提高土地利用率，同时增加土壤肥力。四是着力开展象山白鹅反季节繁殖技术研究，2017年开展相关试验并获成功，大幅延长了白鹅的生产期，攻破了鹅苗“冬多夏少”、价格“过山车”等难题，实现白鹅养殖效益成倍增加。

（三）资源投入构体系

一是坚持政策倾斜和资金投入。一方面，加大金融贷款和政策性保险的支持力度；另一方面，积极争取社会资本注入，建成一批高标准美丽鹅场和种苗孵化基地。二是不断强化与各科研院校的交流合作。自设立中国畜牧兽医学会宁波（象山）服务站后，陆续与扬州大学等签订合作协议，健全白鹅产业科技保障体系。三是加强组织化建设。建立种苗孵化农合联（农村合作经济组织联合会），进一步提升市场竞争能力和公共服务能力；联合养殖公司、家庭农场、肉制品加工公司等组建象山县农合联白鹅产业分会，加强全产业链合作，增强品牌效益。

（四）链条延长强产业

坚持一二三产融合发展。除了强化白条鹅、分割产品、熟食等传统制品，积极创新白鹅系列产品，推出盐水鹅等方便食品；实施集中定点屠宰制度，悬挂防伪标识，建立品牌信誉度。此外，还指导养殖户对接家纺和文创企业，开发鹅绒被、鹅毛笔等副产品以及鹅风筝、鹅剪纸等文创作品。

（五）品牌深耕扩影响

一是强化品牌保护。积极实施象山白鹅品牌化发展战略，获得浙江省名牌农产品、宁波市名牌农产品等多项荣誉。注册“浙东牌”白鹅、“象山白鹅”等商标。二是强化以节为媒。举办9届象山白鹅节，以及高规格论坛。2021年6月，象山白鹅被确认为“亚运助力鹅”。利用信息技术实现白鹅养殖过程的可视化、游戏化认养计划，并提出“时光鹅”概念细分菜品，“时光鹅”的数字化探索在央广网、“学习强国”、宁波农道等媒体进行宣传。三是强化品牌输出。中央电视台专题报道象山白鹅多达7次。在象山县外建立规范化种鹅场5个、肉鹅场26个，对所有外延基地加强品种纯化管理。

三、助力脱贫增收主要做法和启示

（一）统筹谋划，全面夯实帮扶基础

一是成立帮扶联盟。成立象山白鹅扶贫联盟，并建立“全面排摸—专题研讨—私人定制”帮扶机制。二是打造帮扶基地。构建以农业农村部门牵头，自然资源规划、环保等相关职能部门配合协作的帮扶格局。累计建成白鹅帮扶基地30个。三是落实帮扶资金。设置白鹅产业帮扶专项资金，用于帮助低收入养殖户建设养殖基地、改善基础设施等。协调农信联社等为帮扶基地、帮扶企业提供贷款贴息等优惠，保障白鹅产业健康发展。县内落实帮扶经费500余万元，为对口帮扶地区龙井市落实白鹅扶贫专项资金1 300万元。

（二）模式创新，稳定搭建帮扶机制

一是打造抱团模式。引导具有一定资金基础和管理能力的养殖行业领头人，就近吸纳3～10户低收入农户加盟成团，实现抱团发展、共同致富。二是实施保护托管。建立“公司＋基地＋农户”利益联结发展模式，由帮扶企业出资建设帮扶基地，为农户提供种鹅和饲料，实行全程技术指导，统一进行种蛋孵化和苗鹅销售，再从盈利中扣除建设资金及服务费，直至基地造血功能完善。三是提供全链点单式支持。全面建立起包括种鹅引进、疫病防控、种蛋孵化、苗鹅销售等环节的服务保障，并开展针对性帮扶，确保全链条帮扶畅通。

（三）强化保障，持续供给帮扶动力

一是加大政策倾斜。对列入产业帮扶计划的养殖场，优先开展新技术推广示范、科研合作项目等。优先将美丽牧场、农业“五新”等创建项目向帮扶基地倾斜。累计帮扶鹅场创建项目34个，补助经费500余万元。二是注重风险管控。设立白鹅产业帮扶风险基金。推出各类商业和政策性保险，将市场风险纳入农业保险保障范畴。三是开展技术指导。象山县畜牧兽医总站定期派人赴帮扶基地开展疫病防控等“一对一”服务指导。定期邀请专家到帮扶基地授课，累计指导4 200余人次，培训48次。

慈溪蜜梨

近年来，浙江省宁波市慈溪市大力实施品牌战略，坚持区域品牌与自主品牌双轮驱动，通过政府部门、专业协会、企业共同发挥合力，做好慈溪蜜梨地理标志农产品管理与使用工作，通过标准化生产、典型带动、品牌推广、多元营销等手段，不断提升果品品质、扩大品牌影响力。

一、规范授权使用，强化源头管控

根据地理标志农产品和证明商标使用管理规定，规范区域公用品牌授权使用程序和要求，每两年举行一次慈溪蜜梨地理标志农产品或证明商标的授权活动，从严控制授权使用，确保农产品整体品质。

严格要求各授权使用单位履行合同规定条款，重点把握使用数量、外观包装、产品质量。对授权使用单位开展标志使用和质量安全监查，对存在的问题及时指出并要求立即更正，对发现质量问题的授权使用单位取消授权使用资格并进行通报。坚持品牌创建与合法利用相结合，发挥行业协会、技术部门、执法部门合力共同约束品牌使用，对滥用、错用、冒用的行为进行打假维权。

对慈溪市甬佳蜜梨专业合作社等15家已取得农产品地理标志的授权使用资格的单位，颁发授权证，树立农产品地理标志标牌。

二、参与品牌评选，树立行业标杆

组织主体参加各级农业名牌申报，以及国家级、省级精品名果评比等活动。2020年中国果品区域公用品牌价值排行榜显示，慈溪蜜梨品牌价值2.78亿元。

慈溪蜜梨获中国国际农业博览会名牌产品、浙江省农业名牌、“中华杯”南方早熟蜜梨金奖、浙江省“十大名梨”、浙江省“十佳梨”、宁波市“十大名果”等荣誉。

自 2013 年起，连续组织 7 届慈溪市“十佳名果”评比，涌现出慈溪市维多利亚果蔬农场等一批品种优良、技术高效并拥有商标的规模性基地，具有良好的示范引领作用。

三、推动标准化建设，严格质量监管

制定蜜梨农业地方标准和标准化生产模式图，引导和帮助农业经营主体实施标准化生产，提升果品商品内外质量。根据生产季节性，通过实地指导、现场观摩会、培训班等形式开展标准化栽培技术、地理标志证明商标使用管理规则培训。

推行果品绿色生产技术。推广迷向素等绿色生态防控措施，利用喷滴灌及雾化施肥机，改变传统施肥方式，开展化肥农药减量控施，倡导生草栽培及宽行密植栽培模式，推动果园向机械化方向转变。

强化投入品控制。在全国范围内率先通过行业自律，21 种高毒高残留农药退出市场，并通过智慧农资系统实现投入品销售业务的实时监控。

强化质量检测。建立覆盖生产、加工、销售以及市、镇、企业、基地的“三点四级”农产品质量检验检测网络。2020 年，慈溪市对蜜梨等林特产品开展抽检 100 余批次，合格率 100%。

将规模主体纳入宁波市农产品质量安全追溯管理信息平台，切实保障蜜梨产业绿色健康发展和公众“舌尖上的安全”。

四、开展营销宣传，扩大品牌影响

每年组织农业市场主体参加农产品地理标志展销会、浙江省精品水果展示展销会与精品评比、环杭州湾绿色农产品博览会等农业会展，利用电视台、网络、报纸等多种媒体集中宣传农产品地理标志。实施“电商换市”总体战略，发展以慈溪蜜梨基地采摘游电子商务。开展慈溪蜜梨包装设计，统一专用包装，运用母子品牌的模式，保护与利用好慈溪蜜梨品牌。如今，慈溪蜜梨在上海、北京、杭州、宁波、广东、福建、山东、东北地区等市场受到认可。

五、传承传统文化，推动第三产业发展

2000 年以来，连续举办十八届周巷润昌蜜梨节，2019 年升格为慈溪市蜜梨节，多次承办浙江省优质蜜梨评比会，举行戏曲晚会。2003 年慈溪市周巷镇创刊了《梨风》杂志，促进蜜梨等乡土文化的发展。2009 年中央电视台制作的《中华情 · 魅力慈溪大型文艺晚会》中介绍了慈溪蜜梨。2016 年建成梨博物馆，上海等地游客自驾参观博物馆、喜游梨园成为常态，推动梨第三产业的蓬勃发展。

奉化曲毫

一、历史文化

奉化曲毫为浙江省宁波市奉化区的地理标志农产品。据《奉化县志》记载，早在唐代，奉化四明山区域就有茶树栽培。奉化博物馆展示的文物资料显示，奉化发掘出土的饮茶器具以唐宋时期越窑青釉和建窑黑釉数量最为丰富，说明奉化先民饮茶之风盛行。

二、传承与创新

20 世纪 80 年代改革开放以来，宁波名茶重燃产业发展生机。宁波坚持“以市场为导向，以效益为中心”这一茶叶生产指导思想，采取“挖掘、恢复历史名茶和创制新名茶并举”的方针，相继恢复和创制出了风格各异、特色显著的创新名茶。

1987 年，奉化曲毫的前身蟠龙茶试制成功，其色泽翠绿隐披白毫，茶形弯曲适度，形如蟠龙，故而得名，连续 3 年被评为宁波市一类名茶。1991 年，在浙江省第九次名茶品评会上，蟠龙茶名列浙江省一类名茶。

此后，奉化区又新创制了武岭茶，芽叶肥壮蟠曲，显毫绿润，花香高、长，滋味清新鲜醇，汤色嫩绿明亮，叶底绿明。1995 年，武岭茶获得第二届中国农业博览会金奖。

1996 年 3 月，在蟠龙茶和武岭茶工艺基础上，奉化茶叶技术专家方乾勇、沈祖贻等同志攻坚克难，通过改进工艺研制出奉化曲毫茶。奉化曲毫茶于 1997 年、1999 年及 2001 年连续 3 次（每两年评选一次）被评为浙江省一类名茶。

三、品牌发展

为充分利用资源优势，加快推进奉化名优茶产业的发展，2000 年，宁波市委、市政府提出了“统一品牌、集中扶持”的茶叶产业发展对策；2007 年，奉化区第十二次党代会又提出了“现代农业五个十”的建设目标，把名优茶产业列入全区十大主导农产品产业，加以强有力的扶持。

奉化区以省级示范性合作社为龙头主导，带动全区茶农施行“统一品牌、统一标准、统一包装、统一价格、统一监管、自主经营、自负盈亏”的统分结合双层管理模式，摸索出了一条以政府引导为扶持，以专业合作社牵头组织，以发展良种茶园为基础，以创品牌、抓品质为核心，以强化科技创新为突破口，以技术培训示范为手段的名优茶产业化发展之路，提高了区域公用品牌的凝聚力。奉化曲毫相继荣获浙江省著名商标、浙江省名牌产品、国家地理标志证明商标等荣誉，年产量达到155吨，年产值6 500万元。茶产业成为奉化主导产业中的绿色惠农产业。

四、农旅融合

奉化拥有独特的历史文化底蕴，旅游资源丰富，外来游客众多。据统计，2019年奉化全域范围内共接待国内外游客2 800万人次，实现旅游总收入268.1亿元。

奉化茶产业充分发挥山水茶园自然优势，发展茶庄经济，借鉴法国葡萄酒庄、德国的啤酒园的发展模式，选择一些自身基础配套设施完善和文化底蕴深厚的茶园基地，大力发展茶园观光旅游和茶庄经济，打造生态休闲茶庄，充分挖掘和延伸茶产业价值链，将茶产品、茶休闲融入奉化“全域旅游”产业链中，吸引市民和游客到茶庄休闲旅游，带动茶产业蓬勃发展。

◆ 鄞州雪菜

一、基本情况

鄞州雪菜是宁波市鄞州区的知名地方特产。鄞州区雪菜种植面积为1.8万亩，年产雪菜产品3.6万吨，年销售额达1.5亿元。雪菜已成为鄞州农业的主导产业，是当地农民增收致富的主要来源之一。2002年，鄞州被中国特产之乡专业委员会命名为“中国雪菜之乡”。

二、培育良种，提升品质

为提高雪菜产业的科技含量，2000年创立了鄞州区雪菜开发研究中心，建立了雪菜品种资源圃，选育出适宜鄞州区种植的优质抗病良种鄞雪18号，改变了长期来无人研究雪菜良种的局面。

2014年，以资源圃种质为材料开发杂交育种，着手开展雪菜病毒病发生规律与防治技术的研究，以及雪菜精加工产品的开发。对优异性状的雪菜种质资源进行保护及提纯复壮，并通过对种质资源进行杂交与回交等，选育出雪菜良种。试验表明，新品种甬雪4号比鄞雪18号产量提高了20%，亩产高达7 358.45千克，创下雪菜亩产“浙江农业之最”，这一品种不仅高产，而且抗病能力强。此外，通过加工工艺方法的改进，相关单位开展了雪菜古法腌制结合现代加工技术的研究，建立了一套与传统加工技术相结合的现代加工工艺规程。通过研究不同的盐度和发酵时间对产品的影响，使雪菜产品的含盐量降低。

三、打造品牌，宣传文化

（一）打造鄞州雪菜品牌

用品牌保证产品质量。鄞州区雪菜协会积极争取地方政府支持，实施三年品牌战略规划，由协会监制的鄞州雪菜精品统一新包装，2013年在宁波食品博览会上一亮相就大放异彩，深受各地客商和市民青睐，基本形成优质优价的市场格局，鄞州雪菜作为精品、高品、新品的定位基本准确。此外，统一设计制作了鄞州雪菜的防伪标志。

（二）挖掘鄞州雪菜内涵

2013年9月，建成鄞州雪菜博物馆，增强了对“东乡一株菜，西乡一根草”的认识和理解。在食品生产日益工业化的进程中，保存乡土美食，展现古朴劳作模式的独特魅力，保护和传承这一独特的非物质文化遗产。开馆以来，市民参观热情高涨，尤其以老人和学生居多，日均70人左右。

（三）推广鄞州雪菜文化

依托鄞州雪菜博物馆这张文化名片，在2013年举办了首个“引发杯”闹咸齑比赛。2017年12月，宁波市鄞州区雪菜博物馆举办第五届雪菜文化节暨鄞州雪菜首届网络文化节，并通过网络直接向全国观众推荐鄞州美食，经过线上线下互动，鄞州雪菜文化节成效显著。

四、宣传推广、创新销售

（一）树立品牌形象

牢牢抓住宣传和推广的各个阵地，通过策划让“鄞州雪菜”品牌显山露水。2011 年以来，鄞州区雪菜协会全方位宣传“鄞州雪菜”品牌，打造系列产品形象，参加中国绿色食品博览会、上海国际农产品博览会、浙江省农业博览会、宁波市食品博览会等大型展会。在浙江农村信息报上专版刊登，在农产品连锁店展示展销，使鄞州雪菜焕发出饱满和旺盛的生命力、进军市场的拓展力。

（二）线上开拓市场

2017 年 7 月，与宁波优客智联商贸有限公司合作，开设了鄞州雪菜网店。2018 年 11 月，第二届鄞州雪菜网络文化节借助宁波食品博览会高质量品牌的集群效应，借助当下火热的“网红”经济效应，助推雪菜文化，通过“直播＋电商”聚合模式为鄞州雪菜带来不可小觑的流量关注。鄞州雪菜网店带动了产业链延伸、价值链融合、产品升级。

（三）加强售后服务

随着鄞州雪菜销售渠道的拓展，销售范围也不断扩大，因此售后服务的工作量也越来越大，鄞州区雪菜协会为了确保自身的信誉和用户利益不受损失，加大售后服务力度，加强了售后服务队伍建设，完善了售后服务制度。

一是建立一支鄞州雪菜售后服务队伍，成员以鄞州区雪菜协会的会员为单位基础。

二是谁销售谁负责，责任到人，跟踪服务。

三是鄞州区雪菜协会的会员单位技术人员负责对菜农的一条龙服务，实行订单和“五统一”服务。

四是建立种植户和客户档案，发现问题，追溯到底。鄞州雪菜产品的顾客满意度达到 99%。

长街蛏子

一、基本情况

长街蛏子是浙江省宁波市宁海县长街镇的地理标志农产品。长街蛏子养殖面积约 2.7 万亩，年产量 6 355.5 吨，年总产值约 1.04 亿元，占长街镇渔业总产值的 26.86%。长街镇从事养殖、捕捞、贩销长街蛏子的人口约 7 000 人，每 10 个长街人中就有 1 个人的工作与蛏子有关。随着蛏子产业化进程不断推进，“品牌 + 企业 + 基地”的产业化经营格局逐步形成。

二、主要做法成效

（一）推动渔业转型

一是大力发展以缢蛏养殖为主的生态渔业、碳汇渔业，推动宁海县由养殖大县向养殖强县转变。

二是加快培育大型贝类加工龙头骨干企业，实现加工工艺从“简单粗加工”向“深度精加工”转型，打造全年不间断水产品供应的以冷藏、冷冻、物流、市场、电商和展示为一体的农产品综合交易市场。

三是开发蛏子深加工产品，例如，利用生物酶解技术，通过萃取缢蛏有效成分，制成生物多肽粉等保健产品，拉长了宁海蛏子产业链。

（二）发展科技与种业

加强与中国水产科学研究院东海水产研究所、浙江万里学院、宁波大学等科研院校的战略合作和技术合作，推动缢蛏种苗自主知识产权品种的研发与推广、种业研究团队的引进与培育、种质资源项目的创建与运行等。注重科技成果的转化应用，大力推进科技成果转化。

进一步加强渔民职业教育建设，通过连续几年的努力，全力培育一批涉渔技术人员、新型渔民和家庭农场主。

浙江万里学院计划建设宁波缢蛏种质资源场、宁波滩涂贝类种质资源保存与评价基地以及宁波市水生动物疫病专业实验室。其中，宁波缢蛏种质资源场通过采捕多个地理种群缢蛏野生亲贝，建立了

拥有一定亲本数量、可用于资源保护及人工选育的种质资源场。同时，对甬乐1号新品种、甬乐2号耐氨氮品系、甬乐3号耐高温品系、长街1号硬壳品系等多个高产、抗逆/抗病、优质的人工选育品系和家系进行保存与扩繁，提供优良性状的亲体与苗种，满足育苗场和养殖户需求。种质资源场具备保藏100份以上缢蛏原种、品系、家系等种质资源的能力，每年培育和提供优质缢蛏亲本10 000千克以上，同时，具备年产缢蛏商品苗种40亿粒的能力。

（三）搭建公共平台

加快推进三门湾现代农业开发区建设，在园区内建设综合性农产品物流区块，启动建设渔光山色田园综合体，加快推动农村一二三产业融合发展和跨乡镇联动发展，促进贝类产业从块状经济向集群经济发展。依托市场主体，挖掘产业优势，服务区域经济，突显地域特色，进一步增强长街蛏子特色农业强镇建设，重点培育沿海区域。

（四）拓展品牌效应

以品牌为支撑，创建多个水产品集散中心，引导企业、电商平台大力拓展线上线下销售渠道，发展渔业电子商务，开拓水产品个性化定制服务、会展渔业等新型业态。

综合运用各类媒体资源开展“宁海珍鲜”“长街蛏子”品牌的宣传推广，通过举办蛏子节、产品推介会等形式，全面提升知名度。自2006年开始，长街镇连续举办16届长街蛏子节。

以“宁海珍鲜蛏子优鲜”“一湾文旅同聚力全域旅游再出发”为主题，推出五大系列活动。2021年4月在中央电视台农业农村频道“致富经”栏目进行专题报道；2021年5月中央电视台农业农村频道“谁知盘中餐”栏目进行专题报道。

在做大传统销售的同时，积极鼓励发展贝类净化、洁净包装、蛏子竹筒包装等配套产业，通过“宁海蛏子网”“长街味道”蛏子销售平台、“甬农鲜”等电子商务平台，2020年长街蛏子网上销售额达700多万元。

（五）探索产业融合

发展休闲渔业，推进宁海渔业与旅游、教育、文化、康养等产业深度融合。充分挖掘宁海渔家文化底蕴、人文色彩及品质特点，因势利导，促进缢蛏产业与文化旅游等产业融合发展。建设休闲渔业特色村点、渔民民宿和渔业农家乐，开发休闲基地、采蛏体验等休闲产品。拓展休闲渔业等上下游产业链，构建渔业一二三产业融合发展新格局。

◆ 太平猴魁

一、基本情况

安徽省黄山市黄山区是太平猴魁的唯一产地，现有茶园 7.5 万亩，其中太平猴魁茶园 5.4 万亩。2021 年以来，黄山区围绕“培优区域特色品种、建设核心生产基地、提升产品特色品质、推进全产业链标准化、叫响区域特色品牌、建立质量管控机制”六个重点方面开展工程建设，取得良好成效。

二、主要做法

一是培优区域特色品种，传承一杯“地标茶”。坚持太平猴魁种质保护与品种培优相结合，加强种质资源调查、保护和利用，与安徽农业大学茶树生物学与资源利用国家重点实验室对接，开展产地判别及品质形成机理方面的研究。依托安徽农业大学皖南试验站加强特色品种调查收集、提纯复壮和繁育选育，开展太平猴魁新品系适制性研究。建成皖南茶树种质资源圃、太平猴魁母穗园等品种保存和繁育基地。同时，引导龙头企业参与太平猴魁种质资源保护工作，促进茶叶品质不断改良优化。

二是建设核心生产基地，推广一杯“生态茶”。遴选 10 家示范企业，完善茶园基础设施，修复茶园生态系统，开展生态化、标准化、宜机化茶园改造，严格按照“诱虫黄板 + 生物农药 + 生态农艺”模式推进绿色防控工作。严格遵守清洁化、标准化加工规范，确保整个生产过程清洁无污染。

三是提升产品特色品质，打造一杯“特色茶”。“猴魁两头尖，不散不翘不卷边。”为提升产品特色品质，黄山区制定了《地理标志产品　太平猴魁茶》《太平布尖茶》《太平魁红茶》等标准，出台了《黄山区“十四五”茶产业高质量发展规划》《黄山区茶产业高质量发展实施方案》等文件；与安徽农业大学合作开展溯源技术研究与应用；委托茶树生物学与资源利用国家重点实验室开展柿大茶种质资源品质检测，为太平猴魁茶的特有品质提供了技术性支撑；依托安徽农业大学皖南试验站逐年对太平猴魁开展品质评价，确保品质稳定。

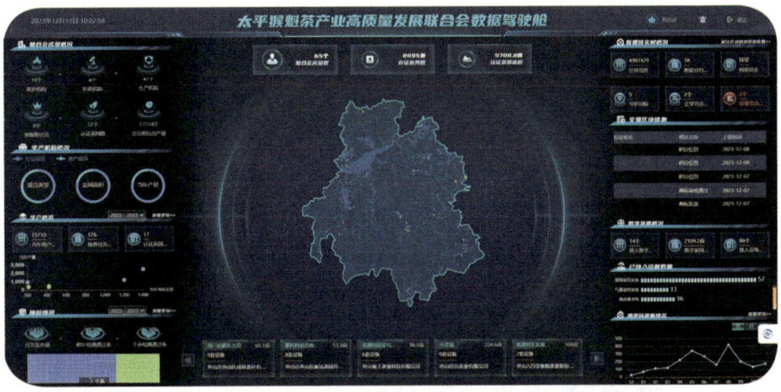

四是推进全产业链标准化，发展一杯“数字茶”。围绕科技兴茶，综合利用新兴科技赋能产业发展，完成了14家企业3 000亩茶园的数字茶园建设，开发了太平猴魁区块链技术服务平台。在数字茶园基地构建数字化环境监测体系、视频监控系统、虫害防控系统和数字茶园管理平台，推动全产业链品牌化、优质化、数字化、可追溯化，实现了全产业链溯源管理。

五是叫响区域特色品牌，发掘一杯“文化茶”。加强太平猴魁茶产业多元化融合发展，实现从传统产业向“茶文化”“茶生活”突破。深入挖掘本地茶文化元素，出版《太平猴魁》《百年猴魁》等书籍，创作太平猴魁茶歌，拍摄《天宝黄山茶事》专题宣传片，指导龙头公司组建茶艺队，提升茶文化应用价值。相继建成太平猴魁茶文化展示中心、现代农业示范区茶博园、猴坑茶文化广场、唐宋明清朝代茶馆，持续举办太平猴魁茶王庆暨开园仪式、太平猴魁茶文化旅游节、农民丰收节、太平猴魁手工制作技艺大赛等节庆活动，参与中国国际茶业及茶艺博览会、中国国际农产品交易会等展会，充分展示黄山茶文化，讲好黄山茶故事。

六是建立质量管控机制，保障一杯“安全茶”。推进品牌塑造、品牌整合、品牌营销和品牌提升，打造区域公共品牌、企业品牌、产品品牌。新建太平猴魁高质量发展联合会，开发太平猴魁茶园地理信息系统（GIS）、全产业链大数据中心、信息化公共服务平台、数字加工厂和大数据交易平台。常年委托合肥海关技术中心与农产品检测实验室开展茶叶农药残留、理化指标监测，确保质量安全。

三、主要成效

一是产业规模不断壮大。通过示范创建，太平猴魁茶产业规模逐步扩大，质量水平得到提升，创新能力优势显现，产业经济健康发展。2023年全区茶叶产量1 610.3吨，综合产值30亿元，其中一产产值增加12.7%，产品均价提高8.7%，茶园亩均效益9 317.2元，茶农人均年收入11 646.5元。

二是品牌效应不断凸显。2023年太平猴魁品牌价值达44.14亿元，较2022年增加4.14亿元。茶叶区域公用品牌的影响力指数达765.03，名列全国名茶第三位，中国地理标志农产品（茶叶）品牌声誉位列第五位，位居中国绿茶区域公用品牌价值二十强。太平猴魁先后入选安徽气候好产品，茶产业助力脱贫攻坚、乡村振兴先进典型、“乡村振兴—文旅惠农”典型案例、中国特色风味食品核心产区名录、联合国教科文组织人类非物质文化遗产代表作名录等。

三是综合效益不断增强。以5座茶机大院（茶事综合服务中心）为代表，组建社会化服务队伍，通过订单、合作等形式使茶机大院和园区深加工企业结成利益共同体，坚持传统名优茶与新式茶饮同步发展，形成产前、产中、产后无缝对接。加大茶旅路线开发与宣传，开发“茶旅＋民宿”“茶旅＋研学”“茶旅＋康养”等茶文旅融合发展新业态。探索“一亩”茶园度假模式和“一亩”茶园认领模式，鼓励具备休憩资源禀赋的茶园，通过合作社、茶企及社会资本三方合作模式推进茶旅融合发展。

霍山黄芽

一、基本情况

安徽省六安市霍山县是“中国黄茶之乡”，全县茶园面积20.64万亩，茶叶年产量11 870吨，一产年产值11.46亿元，综合年产值约40亿元。全县95%农户拥有茶园，茶农10万余人，4 000多人专业从事茶叶生产营销，茶园亩均产值5 000元以上。规模生产霍山黄芽茶加工企业（包括合作社和家庭农场）达500多家，其中全国茶产业百强企业1家、国家级示范合作社2家、省级产业化龙头企业2家、市县级产业化企业30多家。

二、主要做法

（一）以绿色发展夯实产业根基

每年按照“重点改造老茶园，适度新辟良种茶园”的思路，稳步推进茶园建设，结合县域实际，对全县稀疏茶园实施改造。全面实施绿色防控，每年推广示范面积不少于10 000亩，发放粘虫板、杀虫灯、有机肥等。以点带面，辐射带动，起到了很好的效果。

（二）以清洁加工提高产品质量

加快老茶厂改造升级，改善加工条件，完善配套设施，提高茶叶加工标准化、清洁化水平，合理分区作业，减少交叉污染。大力推广清洁能源，提倡使用电、气、颗粒燃料等，淘汰以柴、煤等为能源的老式设备。支持生产企业建立健全ISO9001、HACCP等质量管理体系和质量追溯体系。

（三）以品牌建设提升附加值

始终把茶产业品牌建设放在突出位置，积极推进绿色食品、有机产品等认证，发挥“地理标志+绿色食品”“地理标志+有机产品”的品牌叠加效应。积极参加各类茶叶展销会，持之以恒开展多方式、多媒体、全方位宣传推介，努力提升“霍山黄芽”公用品牌的知名度和影响力。积极开展茶叶电商销售，拓宽销售渠道。

（四）以融合发展推动产业转型

推进茶叶基地建设与六安茶谷建设、“全景霍山”、美好乡村环境整治相结合，将标准化加工厂建设与茶文化体验相结合。六安茶谷串联霍山县的16个乡镇，因地制宜建设40余处特色鲜明的观光点。支持龙头企业、合作社或生产大户建设集观光、采茶、制茶、品茶、购茶和观茶为一体的茶文化特色观光园或体验园，形成了移步换景、各具特色茶谷风景线。

（五）以科技创新赋能产业兴旺

加强与安徽农业大学等院校的紧密合作，积极探索茶叶的精深加工和综合开发利用，引导茶叶产品向方便化、营养化、保健化方向发展。积极推广茶叶生产实用技术、新品种，全面提高广大茶农、茶商的综合素质，重点对生产大户、龙头企业进行技术培训，示范带动全县茶产业科学发展。

（六）以体系完善提供保驾护航

多年来，霍山县委、县政府以及重点产茶乡镇、霍山县产业协会先后出台了近 40 项政策，扶持和服务茶产业。2002 年，成立霍山茶业发展办公室，现更名为霍山县农业产业发展中心，专司茶职。每年整合乡村振兴各类资金，支持茶产业持续、健康发展，同时，积极争取国家、省、市各级项目资金。

三、主要成效

（一）区域公用品牌不断做强

“霍山黄芽”品牌建设坚持走“母品牌 + 子品牌”发展之路，每年举办黄芽茶文化节、开茶节，组织茶叶企业参加展会，持续宣传推介“霍山黄芽”区域公用品牌。霍山黄芽被列入中国—欧盟首批地理标志互认互保产品名单。2022 年“霍山黄芽”品牌价值 83.62 亿元。多年来，政府持续加强对“霍山黄芽”品牌的保护和监管，建立健全霍山黄芽质量管理体系。霍山县茶叶协会利用互联网平台，定制了霍山黄芽二维码身份证，地理标志农产品标识以“二维码”作为授权使用依据，实行“一品一码”。

（二）产品质量安全不断完善

霍山县政府多年来始终重视茶产品质量安全，从源头抓起，开展环节控制，茶园基地全面实施绿色防控，推广“双替代”示范行动，用有机肥与农家肥替代化学肥料，用生物防治与物理防治替代化学防治。实施茶叶标准化加工厂改造项目，开展茶叶加工“禁晒、禁糖、禁落地”专项整治行动，对全县茶叶加工厂进行现场督查。

（三）销售与业态不断创新

霍山县的大别山绿色商城作为农业农村部定点的产区专业批发市场，是霍山黄芽重要的交易市场。此外，每个产茶乡镇均有初级毛茶和鲜叶交易市场。霍山县积极推进大别山绿色商城现有市场资源整合，同时推介茶企入驻霍山县智慧物流产业园，打造集茶品牌展示、茶产品交易、茶旅游购物、茶文化休闲、茶电商文创、茶技艺培训、茶冷链配送等功能于一体的大型专业市场。近年来，电商平台成了霍山黄芽销售的又一重要渠道，网上销售日益火爆。

（四）茶农收入不断增加

霍山茶园遍布霍山县 16 个乡镇，130 个自然村。据统计，茶叶产值 2003 年以前每亩不足千元，2023 年平均亩产值超 5 000 元，霍山黄芽核心产区金鸡山、金竹坪、乌米尖等地亩产值达 8 000～10 000 元，茶农人均茶叶纯收入 5 000 元以上。霍山黄芽是霍山县助农增收的主导产业，在乡村振兴中发挥着不可替代作用，是产业兴旺的主力军。

◆ 亳丹皮

亳丹皮为毛茛科牡丹的干燥根皮，主产于安徽省亳州市谯城区。其种植历史悠久，明朝万历年间（1573—1620 年），亳州种植牡丹繁盛。明朝薛凤翔著《亳州牡丹史》记载：“吾亳以牡丹相尚，实恒百情。其春时剪芽，沃以清泉，驱苦气，曝干瀹茗，清远特甚。根皮购作药物，亦为花户余润。”

近年来，亳州市紧抓融入长江三角洲一体化发展机遇，以打造世界中医药之都和推进谯城区“一县一业（中药材）”全产业链发展为契机，深入实施亳丹皮地理标志保护工程，积极推进“一标一品一产业”发展，有效促进了亳丹皮品种优化、品质提升、品牌增强、农民增收，强力带动乡村旅游、中药生产、市场贸易等相关产业的协调发展。

一、基本情况

亳丹皮 2020 年纳入地理标志农产品保护工程。改革开放以来，亳州牡丹种植面积逐渐发展到 10 万余亩，年收益达 10 亿～ 12 亿元，惠及农户 5 万余户，成为农民脱贫致富、农业增收、农村生态美的支柱产业。

二、做法成效

（一）整合生产资源

一是加强亳丹皮良种繁育，与安徽省农业科学院国家中药材产业技术体系科学家团队合作开展了亳丹皮良种繁育基础性工作。

二是推进亳丹皮标准化种植示范，建设了 1 000 余亩的亳丹皮标准化种植核心区，配套建设了围墙网、排涝沟、供电设施、机井、灌溉设施，配备了农机农具，同时，还建设了物联网、农情测报的基础设施设备。

三是建设亳丹皮种植联合体，鼓励中药材种植合作社、种植大户通过农业产业化联合体的方式，互联互通、利益共享。

四是制定全产业技术规范和标准，完成亳丹皮良种繁育技术规程、亳丹皮种植管理技术规程、亳丹皮收获与加工标准、亳丹皮商品等级分级标准、亳丹皮仓储技术标准等标准与技术规程的编制。

目前，全市亳丹皮种植面积 10 万余亩，规模标准化种植面积达到 8 万余亩，种植农户 1.2 万余户，年产量达到 5 万余吨，年农业产值 5 亿多元。

（二）整合信息资源

一是建成全程追溯系统。严格亳丹皮产品质量追溯，在种植环节特别注意农业投入品的控制，使用有机肥、生物农药，进行土壤环境检测，从源头上控制产品质量安全。

二是建设智慧农业监测物联网系统。在标准化种植示范基地配备了无线监控网络、温湿度探测仪、农情墒情监测仪器等物联网设施。在生产加工、仓储环节建设了有线监控网络、数据读取等软硬件系统。通过信息资源整合建设，实现了亳丹皮种植、生产加工、仓储流程各环节全程追溯，并实现了与安徽省农产品质量安全追溯平台对接。

（三）整合加工资源

一是完成加工基础设施升级改造。升级改造亳丹皮中药饮片全自动定量包装机 2 台、中药提取喷雾干燥设备一套、中药配方颗粒生产设备 2 台。

二是强化成品质量检测能力。亳州有近 200 家中药制药企业，可生产中药饮片、中药提取物、中药配方颗粒、中成药、中药保健产品等系列产品。项目实施单位配备了液相色谱仪、理化指标检测仪器和亳丹皮对照品，并开展了相关技术人员检测能力培训，保证了亳丹皮加工产品品质。

（四）整合市场资源

亳州中药材商品交易中心将“互联网 + 中药材”商业模式与农产品地理标志“六统一”运营模式有机结合，实现电子交易平台、电商平台、实体药材市场高速协同。亳州市每年举办国际（亳州）中医药博览会暨全国（亳州）中药材交易会，吸引了全国各地的专家学者、药商药农参加。亳州市药材市场发育成熟、流通渠道广泛，促进了亳丹皮产品的市场开发。

◆ 天柱山瓜蒌籽

安徽省潜山市作为天柱山瓜蒌籽原产地，境内瓜蒌种植面积6.2万亩，约有3 300户种植户、1.1万名农民从事瓜蒌种植。登记注册的生产经营主体450余家，其中国家级示范合作社（家庭农场）4家、省级4家，省级龙头企业3家、市级8家，年加工1 000吨以上规模企业4家。

2022年，潜山市组织实施天柱山瓜蒌籽地理标志农产品保护工程项目，为加快乡村振兴、促进农民增收作出了积极贡献。

一、成立组织，落实目标

为保障天柱山瓜蒌籽地理标志农产品保护工程项目顺利实施，潜山市成立了天柱山瓜蒌籽地理标志农产品保护工程项目建设领导小组，负责项目的组织、协调和实施。

根据地理标志农产品保护工程有关文件要求，结合潜山市瓜蒌产业发展现状，制定了《天柱山瓜蒌籽地理标志农产品保护工程实施方案》《天柱山瓜蒌籽地理标志农产品保护工程实施细则》等。建立了奖惩、责任追究制度，将天柱山瓜蒌籽地理标志农产品保护工程项目的目标任务作为约束性指标，形成“硬约束、严考核、重奖惩”的激励约束机制。

二、品种培优，提升品质

潜山市按照农业生产“三品一标”技术要求，严格落实生产技术规范，推广瓜蒌标准化生产技术，开展质量安全技术和标志规范使用培训。

一是围绕品种培优、品质提升、品牌打造和标准化生产，建成瓜蒌育种基地6家，对现有瓜蒌种

质资源开展鉴定评价，开发一批优质种质资源示范推广。

二是通过集中培训、现场指导、发放资料等方式，推进标准化生产，引导瓜蒌生产经营主体申请绿色优质农产品认证，提升了瓜蒌品质。

三是为从源头上提升天柱山瓜蒌籽品质，潜山市农业农村局总结瓜蒌种植特点和加工经验，以及瓜蒌籽的质量安全和品质检测结果，制定了一套瓜蒌全产业链标准。

四是为保障天柱山瓜蒌籽安全上市，潜山大型瓜蒌加工企业均建有产品自检室，对上市前瓜蒌籽开展快速检测。市检测中心不定期对上市瓜蒌籽进行抽样检测，检测参数涉及农药残留、重金属、品质等，目前全市瓜蒌籽检测合格率达 100%。

三、做靓品牌，宣贯标准

“天柱山瓜蒌籽”作为安徽省优质农产品公共品牌，多次在中央电视台投放宣传广告，在中国国际农产品交易会上特设天柱山瓜蒌籽展厅，在安徽名优农产品与农业产业化交易会上举办天柱山瓜蒌籽品牌推介会。在人民网、中国青年报、安徽日报等媒体以及电商平台对天柱山瓜蒌籽进行宣传报道，形成多维宣传格局，有效提高社会认知度。

天柱山瓜蒌籽作为农产品地理标志产品，先后荣获中国国际农产品交易博览会金奖、最受欢迎农产品奖、中国绿色食品博览会金奖，入选农业农村部名特优新农产品名录。围绕农产品“三品一标”技术要求，大力推广标准化生产技术，突出地理标志农产品与绿色食品、有机产品融合发展，培育规模生产主体开展绿色食品、有机产品认证，提升地理标志农产品的标准化、品牌化水平。

四、示范引领，务求实效

以天柱山瓜蒌籽地理标志农产品保护工程项目建设为契机，统筹整合涉农资金 2 000 余万元用于培优瓜蒌新品种、建设瓜蒌基地、扶持瓜蒌加工企业、宣传“天柱山瓜蒌籽”公共品牌、开展瓜蒌的质量安全监管等。潜山瓜蒌一产产值 5.2 亿元，瓜蒌产业链综合产值达 12.5 亿元。

注重发挥地理标志农产品龙头企业示范引领作用，构建“地理标志农产品 + 龙头企业 + 合作社 + 基地或农户”的发展机制，实现小农户与地理标志产业有效衔接，带动小农户增收致富。

全市现有标准化生产基地 5.8 万亩，其中核心种植基地 12 个，年产瓜蒌籽 6 000 余吨，年供瓜蒌优质种苗 1 000 万株以上，带动农户 1 200 余户、人口 3 000 余人，户均增收 4 000 余元。

旌德黄牛

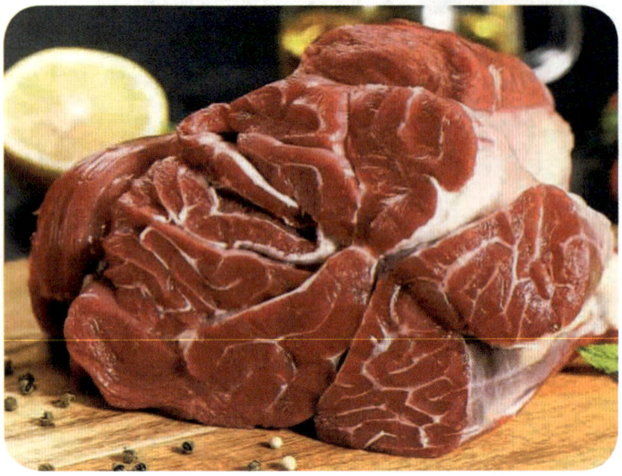

近年来，安徽省宣城市旌德县依托得天独厚的资源优势，以旌德黄牛产业提升行动为抓手，创新体制机制，改进思路打法，坚持四化同步，逐步探索出一条“畜头肉尾”的地理标志农产品发展新路子。截至目前，全县黄牛存栏 2.1 万头，产业年产值突破 7 亿元。

一、坚持“集成化”，产业发展更有“支撑力”

过去的旌德黄牛产业发展政策零零散散、标准不一，经常让市场主体“分不清南北”。旌德县借助旌德黄牛成功登记农产品地理标志的契机，把原来散落的各项政策“系统集成”。

一是一份文件管统筹。对原有的 14 份产业发展文件进行梳理，精心研究出台《黄牛产业发展实施方案（2022—2025 年）》，进一步明确了发展目标、方法路径，并聚焦培育地理标志品牌、构建产销体系、健全配套措施等方面细化了 28 项具体政策、任务，挂图作战、销号推进。旌德县财政配套设立了每年 300 万元的黄牛产业发展基金，专门扶持品种改良、增量扩繁、科技研发。

二是一个组织优服务。基于 65 个养牛企业、合作社、家庭农场、养殖大户，组建旌德县黄牛产业协会，全面推广高新养殖技术和精细化饲养管理，定期研究解决产业发展难点堵点，推动守望相助、抱团发展。该协会成立以来，累计协调解决各类问题 73 个、开展专业培训 11 次。旌德县黄牛产业协会获评安徽省科普示范单位称号。

三是一套标准强品质。推动黄牛产业标准化建设，积极与安徽省畜禽遗传资源保护中心、安徽农业大学等合作，制定了《旌德黄牛省级地方标准》《皖南黄牛种牛饲养管理技术规程》《旌德黄牛屠宰标准》，让品种更有辨识度、保种更有话语权。先后创立红金山、虎威黄牛 2 家省级标准化养殖示范场。经安徽农业大学检测，旌德黄牛品质优良主要表现在“两高一低”：蛋白质含量高、氨基酸含量高和脂肪含量低。

二、坚持“科技化”，产业发展更有“创新力”

良种繁育、管理一直是黄牛产业发展中的难点，对此，旌德县坚持科技强农，深化科研攻关，强化成果运用，不断为产业发展增活力、添动力。

一是研究一项成果。聚焦“种、料、管、防”四个环节，与安徽农业大学、安徽牛羊产业协会合作，建成省牛羊产业技术体系良种繁育专业组试验示范基地、安徽农业大学动物科技学院旌德黄牛特色试验站，其中，科研成果“旌德黄牛高效生态养殖技术研发与应用”获安徽省科技成果登记，为良种繁育、精准饲养、牧草栽培等提供了精准指导。

二是组建一个团队。坚持“双向选择、好中选优”原则，针对农业科技型企业，选派 172 名科技特派员及技术指导员，深入乡村振兴一线、产业发展前线，一对一开展技术培训、跟踪指导 2 500 余人次，培育新型养殖职业农民 500 余人，带动 3 600 余户农民致富增收。

三是推广一份产品。与企业合作，率先在全省实施“智慧黄牛”项目，通过数智化设备穿戴和平台建设，借助北斗定位技术，实现黄牛数量在线统计、位置在线定位、体态在线监测、地理标志产品在线溯源。目前，旌德黄牛肉在沪苏浙等地，每千克售价高达 240 元左右。

三、坚持“规模化”，产业发展更有“凝聚力”

旌德地处皖南山区，地貌多以山地丘陵为主，该县立足实际、创新模式，不断提升黄牛的数量和产量。

一是推广“三级联带”模式。实行“龙头企业 + 合作社 + 农户”三联经营模式，建立健全养殖利益联结机制，逐步推动分散养殖向规模养殖转变。目前，累计培育养殖大户 485 户，规模化养殖比例达 52%。

二是推广“小区联营”模式。适应“山多地少”特点，将自然放牧和短期育肥相结合，实施“小群体、大规模”养殖，将养殖散户划分为 11 个养殖小区，通过旌德县黄牛产业协会定期指导，推动小区内良种共育、资源共享、粪污共治、产品共销，大幅提升了农户养殖的积极性和专业性。

三是推广“金融联动”模式。创新推出“旌牛贷”专属信贷产品，商业银行向旌德县黄牛产业协会授信 1 亿元，由旌德县黄牛产业协会甄别市场主体、开展信用评价，“赋予最专业的人最高效的审批权”，目前，累计为市场主体提供信贷近 2 000 万元。

四、坚持“品牌化”，产业发展更有“竞争力”

旌德紧紧抓住“地理标志农产品”这个关键，从养殖、加工、销售三个维度发力，不断擦亮旌德黄牛产业品牌。

一是抓品牌保护。争取中央财政资金 400 万元，实施旌德黄牛地理标志农产品保护工程项目，通过开展区域特色品种培优、核心生产基地建设、产品特色品质提升、全产业链标准化推进等工作，健全完善地理标志农产品保护与产业发展协同机制，虎威黄山黄牛养殖合作社创成国家级示范农民专业合作社，成为全国唯一的皖南牛省级畜禽保种场。

二是抓品牌提升。依托优质资源，大力开展招商引资，推动传统养殖业向精深加工业发展，其中，企业培育的“虎威”“旌牛”“秘牛道”3 个黄牛肉品牌获国家有机食品认证。

三是抓品牌营销。坚持“线下 + 线上”，一方面，新建旌德黄牛产品展销中心，集中展示特色产品，另一方面，利用抖音直播、京东电商等新媒体平台，推动黄牛肉上线直销。

◆ 芜湖大米

安徽省芜湖市盛产优质大米。2019 年，芜湖大米获得农业农村部农产品地理标志登记，成为一个响亮的区域公用品牌。芜湖市地理标志农产品保护与培育主要工作措施与成效如下。

一、基本情况

芜湖大米种植面积从 2018 年的 0.2 万亩发展到 2023 年的 28 万多亩，生产经营主体包括 111 家“百亩方”，36 家“千亩片”和 11 家“万亩园”。2022 年，芜湖大米原粮产量 9 万余吨，大米销售量 5.4 万余吨，产值达 6.48 亿元，正在着力打造智慧芜湖大米。

二、主要做法及成效

（一）强化组织领导

2018 年，芜湖市委、市政府高度重视，将芜湖大米品牌创建纳入《中共芜湖市委芜湖市人民政府关于推进乡村振兴战略的实施意见》。2021 年，芜湖市农业农村局成立了 5 个智慧芜湖大米工作推进组，开展智慧芜湖大米品牌打造工作。

（二）强化政策保障

2018 年，制定了《芜湖大米品牌创建五年发展规划（2018—2022）》，推进各项工作开展。2023 年，芜湖市委农村工作领导小组办公室印发了《芜湖市 2023 年智慧芜湖大米示范推广工作方案的通知》，芜湖市农业农村局与芜湖市财政局联合印发《2023 年支持智慧芜湖大米发展的激励政策细则（试行）的通知》。芜湖市委、市政府加大财政支持力度，连续 3 年安排 1 400 万元资金用于支持芜湖大米地理标志农产品产业发展。

（三）强化技术保障

成立智慧芜湖大米专家工作室。成员包括高校教授、研究所研究员、农业推广技术专家，专业涵盖育种、栽培、肥料、植保、加工、数字智慧等。设首席专家 1 名、岗位专家 9 名、团队成员 22 名。制定专家工作室实施细则，从基地及加工企业的选择开始，贯穿播种、田管、收获、储藏、加工等各个环节。

（四）强化宣传推介

2018—2019 年，在全国范围内开展芜湖大米品牌标识、包装设计和广告语征集。“芜湖大米、优香优籼”深入人心。

2018—2023 年，共投入宣传资金 400 万元，在中央电视台、高铁、出租车、轻轨投放广告对“智慧芜湖大米”品牌进行宣传，并组织宣传推介会，极大地提升了芜湖大米的知名度。与阿里巴巴、京东等知名公司合作，拓宽芜湖大米线上、线下的营销渠道。

（五）选育订单品种

只有严格把关源头，才能选育出优良的品种。芜湖市农业农村局安排品种选育专用资金，连续5年选用富有香味，口感好、米质达行业标准2级以上的优质水稻品种4个，为芜湖大米品种后备种源提供了保障。

（六）确定栽培模式

通过多年试验，把“紫云英—稻”“油菜—稻”轮作模式作为芜湖大米的主要栽培模式，大米品质得到了保证。

（七）制定技术标准

制定并发布芜湖市地方标准《芜湖大米绿色栽培技术规程》，规范芜湖大米种植，为芜湖大米生产加工提供标准化技术保障。

（八）加强品质监管

对芜湖大米全部种植主体、整个生产过程实行多渠道、全方位监管。每年播种之前，芜湖大米地理标志农产品核心生产基地对土壤和水源抽样开展检测；产品收获后，将成熟稻米送至中国水稻研究所等机构进行检测，根据检测结果来确定和修改翌年种植方案。

（九）建立粮源基地

芜湖大米地理标志农产品核心生产基地从2020年的2万亩发展到2023年的28万亩。采取“新型主体申报、县（市、区）初审—市级专家复核—农业农村局党组会确定”的流程，确保基地符合条件，粮源稳定。

（十）开发智慧平台

2020年，芜湖市联合中联农机公司开展芜湖大米升级版——智慧芜湖大米试点项目，利用天（遥感）地（传感器）空（无人机）以及智能测报灯、智慧节水器、气象站管理生产，把水稻生长过程分为13个时期49个节点，收集相关因子，通过后台大数据分析，形成生产指导模块，达到产品安全、优质、口感好、质量可控的目标。2023年，开发了稻米全产业链平台，主要包括水稻概况、工厂化育秧网、农事管理网、农机作业网、加工监测网、综合管理网等模块，为“智慧芜湖大米”品牌生成二维码，达到产品可追溯的目标。

（十一）实现效益提升

经济效益方面，智慧芜湖大米2021年产值3.4亿元，2022年产值达5.4亿元，基地农民人均增收300元以上。社会效益方面，为广大消费者提供了优质、安全、口感好的产品，为新型经营主体提供了智能化管理模块。生态效益方面，减少了化肥、农药的使用量，减少了碳排放。

◆ 安溪铁观音

一、基本情况

福建省泉州市安溪县茶园面积 60 万亩，年产茶叶 6.2 万吨，涉茶总产值 250 亿元。2019 年，安溪县围绕“标准化生产加工、品牌化宣传推介、特色化禀赋挖掘、融合化三产发展、组织化管理运作、信息化全面展示”实施安溪铁观音地理标志农产品保护工程项目，进一步提升了综合生产能力，推进了地理标志品牌建设，促进了安溪县茶产业高质量发展。

二、主要经验做法

一是政策资金扶持。安溪县委、县政府高度重视，每年安排县级财政资金 4 000 万元，从绿色发展、产业升级、三产融合、品牌强茶等 10 个方面，为安溪铁观音的发展注入新动能；首创茶叶种植保险。县政府每年投入 200 万元保费资金，对茶园进行统一投保，增强茶农抵御自然灾害的能力和信心。

二是绿色生态种植。首创“山长制”，实施茶园土壤改良 4.8 万亩，推广有机肥替代化肥 25 万亩，建成高标准生态茶园 45 万亩，推动茶园生态循环发展；首推智能虫害绿色防控集成技术，创立全国首个生物信息对抗与智能虫害防治系统，茶园病虫害绿色防控面积 45 万亩；创建全国绿色食品原料（茶叶）标准化生产基地和 34 个茶叶类省级优质农产品标准化示范基地，深化化肥农药“双减”行动。

三是数字智慧发展。首创“县域农资监管与物流追踪平台”，实现农资全程可追踪。构建茶园环境智能监测系统，建成省级现代农业智慧园；依托农产品质量安全追溯监管信息平台，建立起“从茶园到茶杯”的全程质量安全管控体系；运行安溪铁观音地理标志农产品数字化一张图服务平台。

四是身份标识管理。出台《安溪铁观音地理标志保护产品专用标志使用管理规定》，分级考核管理 141 家地理标志使用企业，运用“三标一体”维权打假；实行源头赋码、一品一码、标识销售，通过“认标、认牌、认码”，辨析安溪铁观音原产地产品；首创茶叶（安溪铁观音）气候品质认证，建设“茶园小气候站”，为好茶贴上身份标志，提升茶叶品牌竞争力。

五是品牌集群打造。经过多年发展，安溪县拥有“三品一标”认证企业 99 家，产品 111 个，农业产业化龙头企业 36 家，国家级示范合作社 4 家、省级 41 家、市级 67 家、县级 64 家；先后打造了一批龙头企业，铸造了“赛珍珠”“金凤凰”“凤山”等一批有影响力的茶叶品牌；随着“一带一路”建设不断推进，安溪以茶为媒，持续打造“中国海上丝绸之路茶品牌”。

三、取得成效

一是产业多元发展。安溪县茶叶包装产业现有 80 多家企业，产品辐射全国；茶叶机械产业现有 300 多家企业，发明制造茶叶自动化、清洁化、高效化数控机械加工设备，占据全国 80% 以上的市场份额；成功推广袋泡茶、速溶茶等茶品；利用现代生物、医药、食品加工技术，成功开发茶多酚、茶氨酸等科技产品；致力打造“龙头企业 + 合作社 + 基地 + 茶农”的产地利益共同体，推动小农户经营向组织化、规模化、集约化经营转变。

二是三产融合发展。参考国外葡萄酒庄园的经营模式，建成云岭、八马、华祥苑、高建发、裕园等22家茶庄园，庄园化管控面积28万亩，占全县茶园的47%；通过联农惠农新型利益联结机制，辐射带动附近乡村茶叶产业发展，让茶农分享二三产业发展增值红利；2020年，安溪“海丝茶源·中国茶都”茶文化旅游路线入选中国美丽乡村休闲旅游精品景点线路。

三是种质保护利用。建立铁观音、本山、黄棪、毛蟹等茶树母本园保护区5个，茶树种质资源圃9个，保存优良茶树栽培品种107个，全县茶树良种推广率达100%。2021年5月，安溪发布黄棪茶树品种基因组研究成果，取得突破性进展。福建农林大学和中国农业科学院深圳农业基因组研究所研究团队获得了黄棪的基因组精细图谱与等位基因变异，揭示了黄棪品种高香品质特性的基因组基础。

四是农耕文化传承。传承推广茶技艺和茶文化，创作出版了《中国铁观音》《安溪铁观音制作技艺》《飘香》等各类茶文化作品150多个；建设非物质文化遗产展示传习所52个，闽南文化示范点68家；举办安溪铁观音大师赛，累计评选大师、名匠40人，国家级制茶工艺大师8名，国家级非物质文化遗产代表性传承人2名、省级9名，带动领军人才培育超1 000人。

五是品牌宣传推广。通过故宫“香茗共享　匠心传承”中国茶文化传承传播、安溪铁观音神州行、美丽中国行、安溪铁观音冠名福建女子排球队、新华社“云游”好茶生长的地方、树立地理标志石雕标牌、航空飞机座椅头片广告投放等多种宣传形式，不断提升“安溪铁观音”的品牌知名度和影响力；“莫逆之交”“丝路知音”成为法国、意大利政府的国礼茶；2021年4月，新华社中国经济信息社、中华全国供销合作总社杭州茶叶研究院、安溪县人民政府共同发布《安溪铁观音质量安全白皮书（2020）》，传递了安溪质量兴茶、绿色发展、品牌强茶的新成果、正能量。

六是创新市场营销。首先，打通品牌营销通道。依托新华社民族品牌工程等平台，整合发挥安溪铁观音“十万营销大军”优势，形成品牌营销的强大声势，并带动二三线品牌发展。其次，打通线上营销通道。在天猫、京东等平台建设官方店、举办电商节，县、乡两级主官带头直播带货，全县网络零售额超200亿元，位列淘宝村全国百强县第三十三位。最后，打通出口通道。抢抓“一带一路”建设机遇，安溪铁观音在欧盟、俄罗斯、日本等46个国家和地区完成国际商标注册，成功入选中国—欧盟地理标志互认互保产品名单。

德化梨

一、基本情况

福建省泉州市德化县围绕德化梨地理标志农产品种质特点、地域特性、文化特质、生产特性、品质特色“五特”属性，开展标准化生产、品牌化管理、特色化保护、融合化发展、体系化推进、数字化赋能“六化”建设，全面深化“德化梨”品牌建设，为振兴乡村特色产业、推动农业高质量发展注入了新活力。

二、创新做法

（一）政策扶持，巩固保护成果

为进一步做好地理标志保护项目实施工作，德化县成立德化梨保护工程项目工作领导小组，印发《2022 年德化县德化梨地理标志农产品保护工程项目实施方案》。在保护工程项目资金的基础上，县政府每年安排财政资金开展保种选育、品种引进、提纯复壮、原种繁育研究。对获得绿色食品标志使用权的企业奖励 3 万元，对绿色食品续展主体奖励 1 万元。

（二）加强监管，维护地理标志产品形象

在德化梨产品上市主要时间节点，组织监管检查人员在主产区和主销区开展巡查检查，重点检查投入品使用和企业规范用标情况，并进行产品质量抽检，切实保护农产品地理标志的品牌形象，维护经营者、消费者的合法权益。加强地标产品质量安全可追溯体系建设，将全县授权用标主体全部纳入福建省及国家农产品质量安全追溯信息系统，实现地理标志授权企业可追溯全覆盖。

（三）标准创建，提升产业发展水平

制定《德化梨地理标志质量控制技术规范》《德化梨地理标志质量控制技术标准》《德化梨农产品地理标志使用管理制度》，推广应用德化梨生产过程管理、农产品收获等技术规程及用标管理制度。提升改造标准化加工车间，支持用标主体建立标准化生产基地，示范推广高产优质栽培技术。加强生产技术标准宣贯，年发放宣传材料 1 万多份，组织人员培训 500 多人次，建立生产日志，主动纳入“一品一码”全程追溯，进一步提高生产主体标准化生产水平，拉伸产业链条。

（四）广泛宣传，发挥品牌引领作用

加大对德化梨“生态、绿色”品牌理念的宣传，设计“梨好”吉祥物，编写德化梨区域公用品牌发展规划大纲，制订农产品地理标志品牌发展规划。组织参加中国国际农产品交易会、中国绿色食品博览会等大型展销活动，开展“梨花节”“德化梨品鉴会”等宣传推介活动，带动龙头企业打造企业品

牌和产品品牌，助力打造“福农优品”品牌。

三、工作成效

德化全县共有早熟优质德化梨面积 2 466 公顷，年产量 2.96 万吨，年产值 1.7 亿元，在福建省梨产品市场占有率约 75%。直接解决就业 1.8 万人，带动区域内相关产业解决就业 2.7 万人。德化梨生产主体 85 家，其中绿色食品生产主体 4 家，授权用标生产主体 9 家，其中，国家级示范社 3 家，省级示范社 3 家，市级示范社 1 家。德化县被授予“中国美丽田园”“中国早熟梨之乡”称号，2013 年获农业部丰收计划三等奖，福建省神龙福建农业科技三等奖；德化梨 2002 年获农业部全国优质早熟梨鉴评会第一名，第十九届中国绿色食品博览会金奖，并取得“福建名牌农产品”“2022 年度获泉州市知名农产品区域公用品牌”等称号；“丰裕硕”德化梨被评为“2021 年度泉州市知名农产品品牌”。

四、总结启示

（一）品质保障，品种先行

支持建立梨产业研究院，建设种质资源圃，开展种质资源保护，加快优良新品种推广。按照品牌发展规划，完善种质资源圃建设，开展提纯、保种、推广等技术应用攻关，研究市场营销等产业综合化服务工作。加强培育乡土人才，成立专业技术服务队，开展培训及专班对接。共同打造地理标志品牌，鼓励企业、社会组织承担地理标志农产品种质资源保护任务。

（二）品质提升，按标生产

加大地理标志农产品标准化种植技术研发和示范，支持核心生产基地建设，改善生产及配套仓储保鲜设施条件，推行绿色化、清洁化生产模式，推动全产业链标准化生产。

（三）品牌创建，融合发展

制定品牌推广方案，成功举办 2022 年德化梨地理标志农产品保护工程项目启动暨德化梨开摘仪式活动，完善地理标志产品包装设计，印制文化衫，积极组织用标企业参加重要展会和宣传推介活动，全面提升品牌竞争实力。同时，积极推进农旅融合，建设德化梨品牌文化宣传栏、梨品种主题公园、梨园自由采摘观光亭，打造德化梨农产品地理标志三产融合精品品牌。

（四）体系建设，监管有力

加强地理标志农产品规范化生产技术研究，建设标准化生产示范基地。引导用标企业申请绿色食品标志许可，实现“地理标志 + 绿色”品牌叠加效应。完善地理标志原产地可追溯制度和质量标识制度，确保用标企业与持标人全部纳入省级以上农产品质量安全追溯管理信息平台。

建宁通心白莲

一、基本情况

建宁通心白莲年种植面积5万亩，年产量3 500吨，全产业链年产值达20亿元以上。2019年纳入首批地理标志农产品保护工程。福建省三明市建宁县围绕标准化生产加工、品牌化宣传推介、特色化禀赋挖掘、融合化三产发展、组织化管理运作、信息化全面展示等实施地理标志农产品保护工程。2023年，“福九味”建莲子列入全国农业优势特色产业集群。

二、主要经验做法

（一）构建工作机制，推动工作落实

建宁县为公用品牌宣传设置“规定动作”，要求各实施主体必须完成产品认证、参加展会、主动宣传、建立品牌展示窗口、规范用标。一是加强组织领导，推动工作落实。建宁县委、县政府高度重视，成立以分管副县长任组长的保护工程建设领导小组。制定并下发《建宁通心白莲农产品地理标志保护工程实施方案》。二是构建工作机制，明确责任分工。制定建宁通心白莲保护工程绩效目标表、项目责任清单、项目申报指南等，为项目实施做好顶层设计，规范工作机制，保障运行实施。三是统筹配套资金。建宁县配套整合200万元资金用于保护工程项目。

（二）聚焦特性保护，建立保护体系

一是突出保护制度建设。明确特色产品的核心地理区域，制定保护制度。二是突出核心基地建设。推动了一批建莲品种繁育基地、原生境保护基地、种藕基地、品牌示范片、“三品一标”原料基地等建设，改善生产设施条件，提升供给能力。三是突出特色品质保持。加强原生态品种资源的提纯复壮，制定生产技术规范标准，推进质量安全监管可追溯，确保产品品质与质量。四是突出特色文化传承。以地理标志农产品建宁通心白莲为承载，坚持保护发展利用并重，促进农耕文化、乡土文化、美食文化的融合发展。

（三）深挖文化内涵，讲好品牌故事

一是讲好红色建莲故事。在“学习强国”发布《红色故事：一张珍贵的收条》，同时制作短视频《红色建莲》，从中央革命根据地反“围剿”纪念馆珍藏的一张收条，讲述1931年毛泽东主席帮助农民修建100口莲塘的故事。二是讲好千年贡莲故事。精心制作建宁通心白莲《千年贡莲》专题宣传片，从“建莲寻根”“朝廷贡莲”“国宴佳肴”到“金砖产品”，讲述了以建宁通心白莲为引领的建宁农业品牌故事。三是讲好农民创业故事。讲述以帅金高为代表的农民创业创新故事。从靠着一杆秤、一辆旧

自行车起家，从种莲人、采莲客、“小商贩”到莲子加工、研发的领军企业家，宣传莲乡改革开放的建设者、受益者、见证者。

（四）矩阵宣传造势，扩大品牌推广

一是组织拍摄专题宣传片、制作宣传画册。《千年贡莲》专题片于第十七届中国国际农产品交易会地理标志馆（福建）首播；编印了《建宁通心白莲品牌及文化》宣传画册。二是组织宣传推介活动。通过中国绿色食品博览会参展、中央电视台直播、高铁视频广告、中国铁路 12306 平台行程信息推送开展宣传；通过“学习强国”、农民丰收节、抖音官方美篇、“熊猫指南”中国优质农产品榜单、展会等推介乡村特色活动。三是构建莲乡品牌体系。构建以企业品牌和产品品牌为支撑的建莲品牌体系，引领区域特色产业转型升级发展。“建宁通心白莲”获评“2019 中国农业品牌”（全国农产品区域公用品牌）。

三、取得的成效

（一）全面提升地理标志农产品综合生产能力

全县建立 5 个标准化生产基地，4 个清洁化加工储运示范点，2 个三产融合和农旅结合示范点，集成推广地理标志农产品生产技术规范，涵盖面积 35 560 亩，推动了绿色化、优质化生产，授权用标主体 10 个，用标率 100%，产品销售价格提升了 20% 以上。一是强基地。围绕产地保护，以建设高标准地理标志农产品生产基地为核心，推动建设特色产业优势区。二是优品种。建设原生态品种繁育基地，组织技术力量开展建莲品种繁育和提纯复壮联合攻关。三是严标准。以特色品质保持提升为目标，优化地理标志农产品生产技术规程，严格标准实施，推动标准化绿色优质化生产。

（二）持续推进地理标志农产品品牌建设

2020 年，农业农村部发布中国农业品牌价值评估和影响力指数结果，建宁通心白莲评估品牌价值达 11.18 亿元，影响力指数为 65.380。建宁充分利用已建立的宣传平台，持续提升品牌知名度、影响力，提高品牌价值。一是传文化。运用传统工艺，创意设计、农事体验等多种方式，讲好品牌故事，提升文化价值。二是广推介。以“舌尖建莲”“莲生活”为主题，持续组织建莲专题宣传和推介活动。荣获第二十届中国绿色食品博览会与第十三届中国国际有机食品博览会金奖 6 个。三是强保护。健全产品产地可追溯制度和质量标识制度，严格规范用标行为，做好质量控制、证后监管等。

（三）进一步推动地理标志农产品特色产业发展

建宁通心白莲为首批中国—欧盟地理标志互认互保产品、全国乡村特色产品、省市工会扶贫消费推荐产品。一是育主体。构建“品牌 + 基地 + 农户”模式，带动小农户按标生产。二是延链条。补齐加工短板，推动产后分级、包装、仓储、物流、营销等乡村新业态创新发展。三是提效益。创新营销方式，构建利益共享联结机制，增加农民收入，地理标志保护工程成为特色农业、现代农业和乡村振兴的示范样板。

诏安红星青梅

一、基本情况

福建省漳州市诏安县是全国闻名的“中国青梅之乡”。目前全县青梅种植面积 13.3 万亩，年平均总产量 10.5 万吨。青梅经营主体 138 家，其中规模以上加工企业 21 家，初加工能力达 20 万吨 / 年，深加工能力达 12 万吨 / 年。2021 年，青梅全产业链产值达 60 亿元，年出口产值达 1.04 亿美元。

二、经验做法和主要成效

（一）创建青梅现代农业产业园

诏安县以创建青梅现代农业产业园为契机，统筹推进现代农业产业园建设工作，围绕“实施乡村振兴战略，促进产业兴旺，建设现代产业园”主题，积极推进青梅产业融合发展。

2021 年诏安县青梅现代农业产业园项目计划总投资 1.171 亿元，其中中央财政资金 2 500 万元，辐射带动产业园脱贫户 800 户以上，重点建设产业基础提升、产业融合发展、产业支撑服务、品牌宣传推广、联农带农巩固脱贫攻坚成果五大工程 21 个子项目。

（二）持续落实青梅产业的扶持和稳产保价工作

诏安县政府先后制定了《关于扶持青梅产业发展的实施意见》和《诏安县人民政府关于“硒望田园”——青梅产业发展扶持的实施意见》等政策，实施以来，收到了很好的效果，提高果农和企业的生产积极性，青梅产业得到了快速发展，青梅全产业链产值增加。

自 2021 年 12 月开始，每年投入 1 500 万财政资金用于扶持青梅一二三产业发展，促进一产往后延、二产两头联、三产连前端，推进青梅产业融合、产城融合、城乡融合，实现梅农增收、企业增效、梅产业增值。

为了保证梅果的采收、销售、运输，解决果农、企业的后顾之忧，推行稳产保价政策，诏安县拿出590万元奖金对在“稳产保价”活动中贡献突出的经营主体、单位及收购大户进行奖励。青梅鲜果收购价格保持在高位，极大地刺激了梅农的生产积极性，对未来青梅产业的发展将起到积极的推动作用。

（三）大力推动青梅品牌创建

通过保护和利用农业资源，突出青梅特色，引进先进技术和科研人才，研制各种绿色、卫生的加工食品，加强品质提升，瞄准市场实施品牌战略，打造在全国有影响力的青梅品牌。诏安县被誉为“中国青梅之乡”“中国海峡硒都”，5 000亩青梅取得绿色食品认证，诏安红星青梅被评选为“漳州市十大名优花果”之一，入选“中国十佳果品地标品牌”。诏安县太平镇被农业农村部认定为全国“一村一品”示范乡镇、全国乡村特色产业十亿元镇。一系列的品牌创建活动，提高了诏安红星青梅的知名度，为今后诏安红星青梅产业的发展奠定了良好的基础。

（四）持续推动青梅产品市场推介

诏安县成立青梅相关社团组织，对强化青梅品牌优势和协调青梅企业合作起到重要作用。先后举办了“中国海峡硒都（诏安）青梅节暨书画艺术节”和“中国海峡硒都（诏安）青梅产业推介会”等推广活动10余场，有效扩展品牌影响力和公众认知度。积极组织诏安县青梅企业参加国内外食品会展，包括春季全国糖酒商品交易会、秋季全国糖酒商品交易会、华糖万商大会暨中国糖酒食品精品博览会、中国国际食品和饮料展览会、中国绿色食品展览会、中国花卉博览会、硒产品博览交易会、中国国际投资贸易洽谈会等会展60多场次，进一步提高了诏安青梅的知名度。

福安巨峰葡萄

一、产业现状

福安巨峰葡萄已成为福建省宁德市福安市乡村振兴战略的“2（茶叶、葡萄）+N”特色主导产业之一。全市有3.3万户葡萄种植户，种植面积8万亩，年产量10.6万吨，全产业链年产值36亿元，近13万人的经济收入与葡萄产业息息相关。福安巨峰葡萄种植规模在1万亩以上的乡镇有4个，5 000亩以上的有5个。福安县有8个乡镇将葡萄列为“一乡一业”核心产业培育，有1个农业（葡萄）“产业强镇”、5个“一村一品”葡萄专业村，有国家级农民专业合作社2家、省级农民专业合作社2家、省级龙头企业2家、省级家庭示范农场3家。

二、主要做法

（一）做好葡萄产业升级，增强高质量发展后劲

一是着力推动种植模式转型。大力推行葡萄树型标准化修剪改造，推广葡萄园土壤管理、植保、肥水管理、果园运输的设施设备，补齐农业现代化的短板弱项，促进果农节本增效。

二是着力推动数字化智慧化转型。将物联网技术与标准化生产相结合，建成了光华智慧葡萄园，实现了施肥灌溉、棚内温度调节的远程自动化控制以及果园内的温度、湿度、光照等数据信息的自动采集，推动葡萄产业智慧化转型。建立福安市农业农村大数据中心，推进农业数字化转型。

三是着力推动特色农产品出村进城。培育了30家葡萄专业供应链企业，扶持葡萄物流中心建设，推广“互联网+乡村驿站+乡村配送车队”模式，设立乡镇物流驿站8个，建立村级物流揽收点25个，初步构建乡村智慧物流网。建成福安葡萄直播电商基地、福安葡萄营销大数据库平台。

四是着力推动产业高效高质发展。编制《福安葡萄产业高质量发展专项规划（2023—2025）》，明确了未来3年福安市葡萄产业高质量发展目标；梳理现有葡萄标准体系，创建葡萄生产标准化综合体。

（二）做优葡萄产业体系，提升高质量发展动力

一是着力强化绿色标准化生产。全面推行“控产”“套袋”“绿色防控”“有机肥替代化肥”等绿色优质栽培模式，控制巨峰葡萄亩产量在1 000～1 250千克。示范推广葡萄园套种绿肥、增施有机肥等地力提升技术和病虫害绿色防控技术。

二是着力强化品控体系建设。推进“一品一码”全过程信息化追溯体系建设，实现葡萄从生产、流通到消费的全程可追溯。开展葡萄的地理标志授权与“一品一码”追溯管理，将原产地优质果赋码溯源并接入福建省地理标志管理系统，实现了“果品来源可查、去向可追、责任可究”的动态管理。开展五星葡萄园评选，对荣获五星葡萄园的经营主体授权使用溯源码。

三是着力加强龙头企业品牌培育。培育了“藤语”“新未”“农垦”“果之道”等企业品牌，引导龙头企业增强品牌意识，不断开发新产品，创建自主品牌，申报驰名商标。

四是着力打造葡萄全产业链体系。抓好产前、产中、产后环节，以“农头工尾”为抓手，大力扶持南国葡萄醋、葡萄枝蔓水、水果蜜饯等加工企业，培育葡萄初加工中心 4 个。设计福安葡萄整套视觉识别系统（VI），包括葡萄鲜果礼盒、鲜果运输包装、商超包装等不同规格的标准包装，供果农参考使用。

（三）做实葡萄产业服务，拓宽高质量发展路径

组织龙头企业负责人、技术人员前往南京、上海等葡萄产业发达地区参观考察。邀请国内知名葡萄专家学者进行技术交流。抓好专业大户、家庭农场主、青年农场主和农民合作社负责人培训。聘请葡萄专家为工作站专家，提供生产技术咨询。组织印发葡萄标准化种植要点、葡萄病虫害防治明纸以及葡萄绿色防控倡议书。开发“葡萄管家”App 平台，开展个性化科技科普服务。

（四）做优葡萄品牌管理，为产业发展提供不竭动力

一是加强福安葡萄品牌宣传。完成福安葡萄品牌发展规划，明确“福安巨峰葡萄”品牌市场形象定位。举办葡萄采摘节、文化节、优质果评比活动，举办 2022 年中国（福安）葡萄产业高质量发展高峰论坛暨第八届福安葡萄文化节、2023 年福安市农产品（福安葡萄）电商直播技能竞赛、国家葡萄产业技术体系服务县域经济推进会暨 2023 年全国早熟优质鲜食葡萄评比大赛等活动，通过中央电视台、福建电视台、福建日报等新闻媒体进行全方位的宣传报道，制作“福安葡萄”宣传短视频及品牌 IP 形象，进行品牌形象宣传。建立福安葡萄产业博物馆。建立葡萄产业研究院，推动葡萄产业高质量发展战略实施。

二是着力加强福安葡萄品牌保护。制定《福安巨峰葡萄区域公用品牌战略规划》《福安巨峰葡萄农产品地理标志使用管理办法》。印制地理标志区域公用品牌宣传资料，组织拍摄区域品牌宣传片，制作大型广告，利用报刊、电视、网络、广播等多种平台，推广普及地理标志知识。

三、取得成效

福安市已成为福建省栽培面积最大、产量最高、经济效益最好的设施葡萄生产基地和我国东南沿海最大的葡萄主产区。福安葡萄被农业农村部纳入全国名特优新农产品名录。福安市是国家现代农业（葡萄）全产业链标准化试点基地，列入国家葡萄产业技术体系“一县一业”示范县，2015 年，福安巨峰葡萄地理标志产品成功登上中国品牌价值评价榜，品牌价值达 70.82 亿元；2016 年，品牌价值评价达 71.39 亿元，名列全省初级农产品品牌价值评价第一名；2018 年入选地理标志农产品区域公用品牌价值榜单百强。

◆ 赣南脐橙

江西省赣州市被誉为“世界橙乡”。自 20 世纪 80 年代以来，历届赣州市委、市政府先后实施一系列战略举措，形成了脐橙优势产区，赣南脐橙从单纯的种植业发展成为集种植生产、仓储物流、精深加工于一体的产业集群。

一、基本情况

目前，赣南脐橙产业面积 194 万亩，产量 165 万吨。培育了纽荷尔、卡拉卡拉、龙回红、龙回甜、赣南早、安远早 6 个赣南适生优良脐橙品种，建成了 13 个赣南脐橙良种苗木繁育基地，年生产能力 1 500 万株。授权 384 家企业使用赣南脐橙地理标志，带动 7.8 万户果农年销售赣南脐橙 72 万吨，年增收 40.32 亿元。

二、经验做法

（一）强化良繁体系建设

规范苗木繁育场基础设施建设，对苗木繁育场老化破旧设施、排灌系统等进行了升级改造，规范建设了“四圃三园”，即原种圃、采穗圃、育苗圃、砧木圃，以及砧木种子园、品种展示园、新品种观察园。清理整顿全市柑橘露天育苗和不健康苗木交易市场，狠抓苗木繁育场种源检疫检测，对全市定点苗木繁育场母本树、新培育采穗树、原采穗树采取“逐圃逐株”的方式筛查危险性病害，对待出圃柑橘苗木按 0.6‰ 比例抽样检测，确保了柑橘种苗源头安全。提升柑橘种质资源品质，储备赣南早、安远早、伦晚等早晚熟脐橙以及会昌橘柚、鸡尾葡萄柚、白金柚等柑橘优新品种采穗树，筛选柑橘优良单株，对初选的柑橘优良单株进行取样检测和观察，并进行子一代苗木嫁接，以备再次检测和观察稳定性。

（二）强化标准化生产体系建设

一是完善赣南脐橙技术标准体系。制定了《赣南脐橙》《脐橙》国家标准、《赣南—湘南—桂北脐橙生产技术规程》行业标准、《赣南脐橙》《赣南脐橙生产技术规程》等 17 项地方标准。二是丰富科技创新成果。截至 2022 年，全市果业企业有效期内知识产权登记数量 1 222 个。“柑橘优异种质资源发掘、创新与新品种选育和推广”项目荣获国家科技进步奖二等奖，“赣南脐橙新品种选育与高效安全生产关键技术研究与应用”项目获得江西科技进步奖一等奖。三是建立了一批标准化生产示范园。建有 1 089 个赣南脐橙标准果园，面积 30 万亩。通过绿色食品认证的基地有 78 个，面积 10.67 万亩。有 4 个全国绿色食品原料（脐橙）标准化生产基地县，面积 74.1 万亩。

（三）强化技术推广与服务

一是全面推广了四疏技术、水肥融合技术、配方施肥技术、病虫害绿色防治技术，通过示范带动，

指导果农搞好生产。二是建立了赣南脐橙病虫害监测与防控机制，加强对危险性病虫害的监控防控。三是加强对农资等投入品的监管。四是推广数字化柑橘内部品质在线无损检测分选设备，实现赣南脐橙分等分级销售，提高赣南脐橙附加值。五是举办各级各类技术培训班 2 000 多期，每户果农至少接受 1 次技术服务。

（四）持续推进品牌建设

一是加强“赣南脐橙”品牌宣传。制作了赣南脐橙中英文宣传片。在北京、上海等 26 个主销城市举办了赣南脐橙推介会，举办了 2023 赣南脐橙国际博览会，在新华网等国内主流权威网站广泛宣传。建立了 4A 级赣南脐橙产业园及赣南脐橙博览馆。二是培育壮大经营主体。目前全市共有国家级龙头企业 4 个、省级龙头企业 36 个、市级果业龙头企业 71 个，果业专业合作社 900 多个，果业家庭农场 200 多个，90% 以上的果农加入了合作社。支持企业设立赣南脐橙专卖店及绿色有机专营店。三是创新实施母子品牌战略，规范赣南脐橙品牌授权，支持企业创品牌。

（五）强化数字化监管

依托农产品质量安全大数据智慧监管平台，建立健全赣南脐橙生产经营主体名录，要求赣南脐橙授权企业全部纳入江西省农产品质量安全大数据智慧监管平台，落实“区块链溯源 + 承诺达标合格证”制度，实现主体登记信息准确、更新及时、责任划分明确、监管全面的全程数字化监管模式。

（六）强化保护赣南脐橙品牌

一是打好黄龙病防控攻坚战。严格落实属地管理责任制，规范建设疫情预测预报观察监测体系，提升病虫害监控和预警水平。二是实施赣南脐橙品质提升工程。制定了标准化的脐橙园认定办法，加强对土壤有机质含量、酸碱度和投入品的规范管理。三是强化赣南脐橙品牌维权打假。建立赣南脐橙维权打假联席会议制度，打击产地、销地及网络假冒赣南脐橙行为。四是出台了《赣南脐橙保护条例》以特色法规保护赣南脐橙产业。

三、主要成效

（一）“赣南脐橙”品牌得到政府有关部门的肯定

经过多年的打造，“赣南脐橙”品牌已成为一个比较成熟的农产品区域公用品牌，得到政府有关部门的大力支持和充分肯定，并荣获中国驰名商标、最具影响力中国农产品百强区域公用品牌、最受消费者喜爱的中国农产品区域公用品牌、中国农产品地域品牌价值标杆品牌等荣誉。

（二）“赣南脐橙”品牌得到市场的认可

赣南脐橙由于品质出众，国内销售市场不断扩大，对我国港澳地区、东南亚、俄罗斯、中东地区、北美洲、欧盟等 24 个国家和地区的出口贸易一路向好。

（三）“赣南脐橙”品牌价值不断提升

2023 年“赣南脐橙”品牌价值 691.27 亿元，位居地理标志产品区域品牌第五位、水果类第一位，连续 9 年荣居全国农产品类地理标志水果类产品品牌价值榜首。

南丰蜜橘

一、基本情况

江西省抚州市南丰县出产的南丰蜜橘栽培历史悠久，品质特色突出，文化底蕴深厚。2010 年获得农产品地理标志登记，2018 年入选中国—欧盟地理标志互认互保产品，在品牌价值评价中名列柑橘类前列，是南丰县地方特色产业，更是富民强县的支柱产业。近年来，围绕蜜橘产业提质增效，南丰县委、县政府从建立示范基地、开展标志授权管理入手，通过提升特色品质、落实标准化生产，推进南丰蜜橘产业转型升级。

二、经验做法

（一）建设核心种质（原种）保存繁育区，保持南丰蜜橘的独特品质

南丰蜜橘果小皮薄、形端色美、甜酸适口、清香馥郁，具有显著的地方特色。南丰县通过建设核心种质（原种）保存繁育区，开发种群性状保持和提纯优化的技术措施，以保持现有无病毒苗木基地为前提，扩建无病毒苗木保存繁育基地，使南丰蜜橘抗溃疡病、抗逆性强、遗传性状稳定等优势特征得以保持。同时，积极建立技术规范，支持新特性品种繁育选育和提纯复壮，为南丰蜜橘种质资源的保护、开发利用和产业化发展奠定了坚实的基础。

（二）创建一套品质评价指标，提升产品特色品质

与江西省农业科学院农产品质量安全与标准研究所合作，对南丰蜜橘营养指标分析，并与其他蜜橘的品质指标做对比，找出南丰蜜橘特征性指标。同时结合其外观（色泽、大小和重量等）、风味、可食率等指标，制定南丰蜜橘品质评价鉴定规范。

（三）应用质量控制标准，落实南丰蜜橘标准化生产

与省级科研院所合作，遴选贯穿产前、产中、产后全过程的南丰蜜橘全产业链标准综合体。按生产实际编制生产过程关键环节管理制度，建立健全质量手册、程序文件、作业手册和记录表格等质量管理体系文件。要求南丰蜜橘授权主体严格按照南丰蜜橘生产技术规程生产，建立生产档案，切实做到标准化生产，全面落实“三上墙、三到户”（操作规程上墙、投入品科学使用上墙、风险等级上墙，农业技术推广服务到户、农业标准化生产手册发放到户、投入品科学使用宣传到户）。组织授权主体和核心生产基地技术人员进行培训，指导种植户安全用药、做好农资仓库管理，保障南丰蜜橘全产业链标准化生产。

（四）加强品牌保护，提升品牌形象

一是落实公共品牌授权管理。授权符合条件的企业或合作社规范使用南丰蜜橘地理标志标识，并通过南丰蜜橘大数据平台，实现蜜橘生产全过程追溯管理。

二是推进南丰蜜橘生产经营主体开展认证。培育以地理标志农产品区域公用品牌为核心的企业品牌和产品品牌。

三是加强“南丰蜜橘”区域公用品牌打造力度，讲好南丰蜜橘故事。创建“南丰蜜橘”品牌公众号，制作南丰蜜橘宣传片，召开南丰蜜橘推介会等，宣传展示南丰蜜橘品牌，提高“南丰蜜橘”的公众认知度。

四是建设绿色有机地理标志专营店，改造提升南丰蜜橘保护馆。

三、主要成效

（一）综合生产能力稳步提高

培育了南丰蜜橘桂花蒂、杨小-26等地方特色优势种群，并开发出种群性状保持和提纯优化技术措施。新建无病毒苗木基地100亩，达到年育苗能力100万～150万株，具备统一供应生产用苗能力，能够满足全县推广生产用苗需求，保障纯正良种苗木供应，产品质量和特色品质持续提升。截至目前，南丰蜜橘种植面积达43万亩，已成为南丰县富民强县的主导产业。

（二）产品特色品质持续提升

开展南丰蜜橘品质评价，强化南丰蜜橘品质保持，构建特色品质指标。根据南丰蜜橘品质评价鉴定规范推动产品分等分级，并按照果形、色泽、内质、光洁度等建立了南丰蜜橘分等分级表，分为优级果、一级果和二级果。

（三）全产业链生产实现标准化

强化南丰蜜橘标准化管理，优化并严格落实全产业链技术规程，建立健全了南丰蜜橘全产业链标准体系，建设全产业链标准化示范基地5个，示范面积3 000余亩。

（四）区域品牌影响力显著增强

推动品质认证，认证有机食品蜜橘产品1个、绿色食品蜜橘产品30多个，注册蜜橘商标200多个。2023年10月，建成中国南丰蜜橘产业科创园，应用现代科技打造南丰蜜橘数字化全产业链基地运营中心。积极开拓市场，南丰蜜橘销售公司达50多家，其中20家有自营出口权。在宽皮类柑橘单一品种中，南丰蜜橘出口量和出口国家（地区）数量皆为全国第一，出口至东南亚、俄罗斯、中东地区、欧盟和北美洲等海外市场。2023年，经中国品牌促进会评估，“南丰蜜橘”品牌价值达197.23亿元。

（五）身份标识化管理全面推进

南丰县规范标志授权使用，建立健全质量标识和可追溯管理制度，建立生产经营主体名录和生产档案，完善地理标志农产品登记、监管、维权、服务等支持体系，推动南丰蜜橘身份标识化。将县域内56家南丰蜜橘生产经营主体全部纳入江西省农产品质量安全大数据智慧监管平台。建立南丰蜜橘质量安全监管名录，实行网格化监管，加大巡查巡检，规范开具“区块链溯源＋合格证”。2023年，南丰蜜橘授权主体对上市南丰蜜橘共开具承诺达标合格证36万余张，基本实现对每批次上市的南丰蜜橘都开具合格证。

瑞昌山药

江西省九江市瑞昌市出产的瑞昌山药是国家地理标志农产品、全国名特优新农产品，至今有500余年栽培历史。瑞昌山药既是食用佳蔬，又是滋补药材，素有“江南人参”之美誉。瑞昌人民在世代耕作中积累了丰富的实践经验，目前瑞昌山药亩纯收益超过1万元。“一支山药富了一方百姓”，瑞昌山药产业已成为瑞昌市农民增收致富、乡村振兴的支柱产业。

一、基本情况

为更好地保护和发展瑞昌山药产业，2022年，瑞昌市启动瑞昌山药地理标志农产品保护工程，围绕瑞昌山药种质特点、地域特性、文化特质、生产特性、品质特色，采取多项有力措施，建立健全瑞昌山药保护与产业发展的长效机制，为振兴乡村特色产业、推动农业高质量发展注入了勃勃生机。

二、经验做法

（一）健全标准化生产体系

制定并发布团体标准1个，企业标准3个，申报地方标准3个。通过瑞昌山药产业协会实行“六统一”管理：种植品种统一，所有农户只种植“瑞山药”品种；生产标准统一，按照地理标志农产品技术规范生产，禁止违规使用农药；市场价格统一，产品价格维持在20元/千克以上，不随意降价出售；产品包装统一，由协会统一定制包装盒；宣传口径统一，宣传视频及资料上统一用“瑞昌山药，江南人参”宣传标语；品牌商标统一，包装盒上统一使用“瑞昌山药”商标及地理标志标识。

（二）强化农产品质量监管

每年，瑞昌市农业农村局、市场监督管理局联合对农资销售网点进行逐个排查，严禁销售国家明令禁止的农药及其他农资产品。在山药生产过程中，瑞昌市农业农村局和瑞昌山药产业协会要求种植户建立农资使用档案，避免使用违禁农资。在产品市场流通领域，坚持送检和抽检结合，扎实开展例行监测、监督抽检和质量监控等工作，确保上市山药产品质量安全。

（三）完善科技服务推广体系

成立了山药专家服务小组，为山药种植户提供生产技术指导，开展山药种植技术培训。与江西农业大学、江西省农业科学院、九江学院、九江市农业科学院等科研院所联合开展山药良种培育、轮作、病害防治、标准化高产栽培等技术攻关，大力开展科研示范工作，瑞昌山药产量逐年上升，种植效益同步增长。

（四）大力推介区域公用品牌

积极参加各地各类展示展销活动，加大产品宣传力度。在中央电视台、江西电视台、江西日报、九江新闻媒体等大力宣传，提升了“瑞昌山药”品牌的影响力。

（五）全力弘扬瑞昌山药文化

一是充分挖掘瑞昌山药文化资源，建成地理标志农产品瑞昌山药文化馆、瑞昌山药文化展示馆。二是打造瑞昌山药销售一条街、地理标志农产品瑞昌山药交易中心，积极开拓销售市场，提升瑞昌山药的产销水平和品牌形象。三是举办丰收节、山药文化节，开展“瑞昌山药十大金牌菜”评选、山药争霸赛等活动，丰富了瑞昌山药的文化底蕴。

（六）助推瑞昌山药全产业链融合发展

一是从山药种植到山药深加工生产，再到山药酒厂的建设，形成了以省级龙头企业为主导，带动农工融合的发展路径；二是建立山药文化博物馆和山药主题农家乐，开展山药系列产品展示展销活动，切实推进农旅融合；三是与淘宝等电商平台合作，开设线上专卖店；四是与科研院所建立紧密的交流合作关系，开展关键核心技术联合攻关，推进成果转化，实现了农科教融合。

三、主要成效

（一）产业规模趋向稳定

近几年，瑞昌山药的种植面积持续稳定在 1.5 万亩，商品山药年总产量约 1.65 万吨，全产业链年产值近 5 亿元。全市种植山药的农户 1 000 余户，拥有山药专业合作社 15 家、家庭农场 15 家。瑞昌山药加工企业逐步实现由手工作坊向现代化企业的转变，全市具有一定规模的加工企业共 7 家，加工产品有 7 种。

（二）种植效益日渐显著

瑞昌山药市场价格稳定在 24 ～ 40 元 / 千克，商品山药平均亩产 1 100 千克，亩纯收入 1 万元以上。瑞昌山药的种植每年能带动 6 000 余人就业，人均年收入增加 1 万元以上。

（三）品牌打造初显成效

从 2006 年起，瑞昌山药先后获“江西名牌”“著名商标”等荣誉称号。在历届江西“生态鄱阳湖绿色农产品”展销会、中华商标节展销会、中国绿色食品博览博会上，瑞昌山药多次获奖。2021 年，经国家品牌建设促进会确认，“瑞昌山药”区域品牌强度为 820，品牌价值为 12.4 亿元。2022 年，“瑞昌山药”被评为“江西十大地域消费品牌”。

（四）标准化程度稳步提升

在实现“六统一”管理的基础上，制定发布了《江西绿色生态　瑞昌山药》团体标准、《瑞昌山药零余子快繁优质种苗技术》《瑞昌山药高效规范化栽培技术规程》《A 级绿色食品瑞昌山药种植技术操作规程》等企业标准，申报了省级地方标准《瑞昌山药高产优质栽培技术规程》《瑞昌山药零余子种薯轻简高效繁育技术规程》和《山药贮藏技术规范》。

◆ 铜鼓黄精

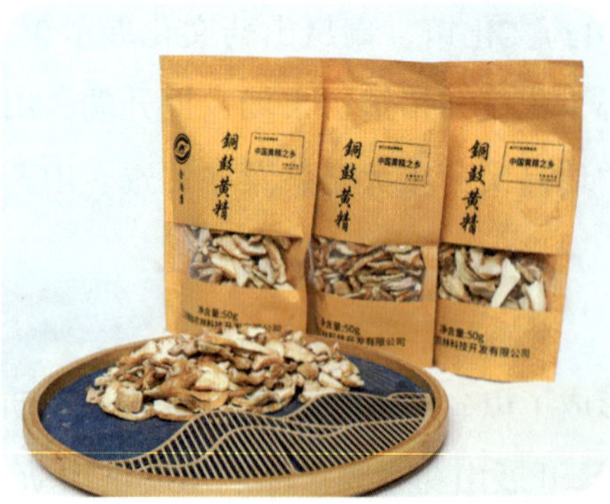

江西省宜春市铜鼓县按照“培优品种、应用标准、带动企业、做强产业、振兴品牌、形成模式、造福百姓”的要求，重点围绕“五个一”，即“培优一批地标品种、应用一套质量控制标准、创建一套品质评价指标、打造一个区域公用品牌、实施一套数字化监管措施”，推动铜鼓黄精特色产业地理标志农产品保护工程实施并取得实效。

一、基本情况

一是培优一个地方品种。加强与江西省农业科学院农产品质量与标准研究所的合作，建立了铜鼓黄精核心种质（原种）保存繁育区。通过对铜鼓黄精多花性能、多芽性状、适应性、抗病抗逆性、产品大小、形状、色泽、风味等指标进行分析研究，筛选优良品种，培优铜鼓黄精地理标志品种，为生产高质量黄精提供保障。

二是应用一套质量控制标准。以龙头企业为主体建设铜鼓黄精全产业链标准化示范基地（核心生产基地），建立铜鼓黄精全产业链标准体系，制定《铜鼓黄精　种苗繁育技术规程》《铜鼓黄精　采收及初加工技术规程》《铜鼓黄精　九制产品加工技术规程》。建立铜鼓黄精质量管理体系文件（质量手册、程序文件、生产技术规程和记录表格等），组织开展按标生产培训，并同步进行铜鼓黄精地方标准的制定和申报工作。

三是创建一套品质评价指标。请江西省农业科学院从铜鼓黄精口感、外形、颜色、营养成分等方面筛选出产品特征的品质指标和特色指标，从产地环境、营养价值、质量安全等方面进行评价，对每个产品特征性指标进行分析，构建了一套铜鼓黄精特征品质指标体系。制定《铜鼓黄精（多花黄精）品质评价》，制作铜鼓黄精产品营养标签，制定分等分级表 2 套。

四是打造一个区域公用品牌。统一进行铜鼓黄精专营店形象设计，建设绿色有机地理标志农产品铜鼓黄精专营店 5 家。开通铜鼓黄精品牌微信公众号。推选铜鼓黄精地理标志农产品参加 2022—2023 年江西农产品广告宣传。在铜鼓东高速路口设立铜鼓黄精地理标志保护工程大型宣传牌，组织种植企业进行富硒绿色有机产品认证，参加展销会、博览会等展示展销活动。通过加强铜鼓黄精品牌宣传，提升铜鼓黄精的知名度，打造“铜鼓黄精”区域公用品牌。

五是实施一套数字化监管措施。将 10 家企业、12 家合作社、1 个家庭农场共 23 家铜鼓黄精生产经营主体，纳入农产品质量安全大数据智慧监管平台，落实网格化监管措施。建立“五员”网格化监管工作体系，对标对表、公平公正、依法依规开展巡查巡检。落实企业主体责任，推行“区块链溯源 + 合格证”合二为一开证模式，落实“区块链 + 合格证”企业信息、农事记录、检测结果、巡检报告“四必链”，建立健全产地凭合格证准出和市场查证准入制度，实行带证附码上市销售，实现农产品生产与销售全程可追溯。依托铜鼓县农产品质量安全检验检测站对铜鼓黄精开展定量检测，整合乡镇快速检测机构设施、设备、人员，建立铜鼓黄精区域性检验检测中心 10 个，对铜鼓黄精农产品开展质量监督监测工作。

二、经验做法

一是高位推动实施地标保护工程。制定铜鼓黄精地理标志农产品保护工程项目实施方案，成立了由县长任组长，县政府分管领导任副组长，各乡镇（场）政府和县直相关部门主要负责人为成员的铜鼓黄精地理标志农产品保护工程工作领导小组，建立相关部门参加的会商联动机制。实行专账管理，确保建设资金专款专用。

二是政策扶持产业大发展。制定出台铜鼓县黄精产业发展实施方案、黄精产业高质量发展三年行动方案、黄精产业链链长制工作方案等，把黄精产业发展纳入全县“十四五”发展规划实施内容，重点推进。县财政整合专项资金对黄精种植主体奖补。

三是金融支持产业做大做强。铜鼓农商银行推出特色金融产品“黄精贷”，对符合条件的种植户按 1 200 元/亩的标准发放贷款，全额贴息 5 年。针对黄精生长周期性特点，推出期限 3～5 年的种植贷款，以保证或信用结合方式发放，最高额度 200 万元。发放“黄精贷”90 笔共 3 650 万元。

四是部门联动提供科技支撑。县政府从林业、工信、农业等部门抽调人员，专门组建黄精产业办公室，牵头负责组织、协调、督导全县黄精产业发展工作。同时，加强与科研单位和院校合作交流。由江西省林业科技推广和宣传教育中心牵头，联合江西省林业科学院、南昌大学组建铜鼓中药材科技特派团，对铜鼓黄精产业开展科技帮扶。特派团向黄精产业链的 12 家企业提供服务，解决技术问题 53 项，开展技术指导 10 批次，培训 2 000 余人次，指导投资建设江西省首条黄精加工生产线。

三、主要成效

一是推动产业迅猛发展。为了提高黄精单产和林地效益，2020 年开始在全县范围内以“公司 + 合作社 + 农户”的模式运营，建设高标准黄精种植基地 2 万多亩，全力打造集黄精种植、加工、销售、旅游观光于一体的三产融合产业。目前，全县共有黄精生产企业 11 家、合作社 69 家。全县种植黄精 6 万多亩，黄精产业从业人员达 1.13 万人。各级财政及社会资金不断注入，龙头企业带动作用不断增强，优势农产品及其加工业初具规模化、产业化、品牌化，农业产值、农产品加工业产值年增长率达 30% 以上。

二是促进农民收入增长。目前，黄精种植已覆盖全县各个乡镇。部分农户通过多年种植实践，已成为黄精种植大户、示范户、“土专家”，实现了黄精产业做大做强，农户增收致富。建立和完善铜鼓黄精产业与农户的产业帮扶利益联结机制，带动农户 1 万余人实现稳定增收，人均收入年增幅达 10% 以上。新品种、新技术、新设备、新方法得到大力推广，黄精产业链进一步延伸，附加值不断增加，形成稳定的现代农业经营管理体系，让农民全程参与农业产业经营，分享产业发展带来的红利。

三是全面推进乡村振兴。铜鼓黄精产业的发展有效促进一二三产业融合发展，显著提升了现代农业水平和竞争力。通过提高适度规模经营水平和经营主体素质，加强农民与产业的利益联结，农民收入显著增长，巩固了脱贫攻坚成果。同时，农业基础设施和社会化服务体系的改善，增强了综合生产能力和可持续发展能力，推动形成了功能多样、环境友好、特色鲜明的现代农业产业体系，为推动乡村振兴作出了积极贡献。

修水宁红茶

一、基本情况

修水宁红茶地理标志保护工程按照“培优品种、应用标准、带动企业、做强产业、振兴品牌、形成模式、造福百姓”的实施要求，筛选优异宁红茶品种，推进品质评价标准化，赋予修水宁红茶特有的身份标签，促进产品特色化和优质化发展；完善质量安全追溯系统，提升数字化监管力度；建设优质产品供应链，打造世界级优质宁红茶产业基地；聚焦品牌打造，提高修水宁红茶知名度、市场占有率和品牌影响力，带动茶农增产增收，乡村特色产业发展取得显著成效。

二、经验做法

江西省九江市修水县人民政府高度重视修水宁红茶的产业发展，制定出台了一系列产业扶持政策，结合修水县建设“五园绿色”（生态茶园、高效桑园、健康油园、放心菜园、精品果园）国家农业现代化示范区任务，积极开展两个“三品一标”提升行动，重点围绕“四打造、两培育”的思路，开展生态茶园创建工作。

一是打造“五化”示范基地。按照“茶树良种化、茶区园林化、茶园设施化、茶旅融合化、管理标准化”的建设要求，重点打造大椿茶业、大椿新华茶厂、上杭十二坊等 20 个千亩示范基地。

二是打造魅力茶乡茶村。重点打造 3 个 10 000 亩（大椿乡、漫江乡、黄坳乡）、5 个 5 000 亩（上杭乡、黄港镇、何市镇、宁州镇、黄沙镇）、15 个 3 000 亩（庙岭乡、四都镇、西港镇、路口乡、东港乡、黄龙乡等）魅力茶乡。因地制宜推进林茶套种综合发展、茶园与绿色融合发展，重点培植白岭温泉村、黄龙村、路口仙桥村、大椿新庄村等 100 个 500 亩以上茶业特色村。

三是打造茶旅融合示范带。推进茶文旅融合发展，在复原乡、漫江乡等地以宁红茶原产地为主题，打造万里茶道示范带；在杭口镇、西港镇等地以双井绿原产地为主题，打造千年茶乡示范带；打造以黄龙禅茶为主题的黄龙、白岭、全丰、路口、古市、石坳、渣津、东港、马坳禅茶之旅示范带；打造以宁州古城、陈门五杰文化茶为主题的宁州、义宁、庙岭、黄坳茶香古城示范带。

四是打造茶业三大中心。加强茶叶市场建设，完善江南茶城的硬件和软件，打造茶业科研培训中心、赣湘鄂三省茶叶的交易中心、全国红茶的集散中心，加快地方优良品种选育、茶叶加工工艺和加工设备研究，提升科技应用水平。

五是培育主体带动能力。加强对企业规范管理、科技应用、产品宣传等方面的指导，扶大扶强重点企业，提升龙头的支撑和带动作用。加强对合作社指导和政策资金支持，每年在茶园管理服务、茶叶初制加工、茶叶精制加工等方面各扶持 1 ～ 2 个专业合作社。加强茶业招商引资力度，重点围绕生物发酵、茶叶深加工等方向进行招商引资。

六是培育品牌影响力。强化修水宁红茶品牌宣传，统一品牌形象，举办全国红茶大会、全国手工红茶制作大赛。鼓励龙头企业利用高铁、机场、地铁、专业市场的户外广告平台以及大型活动冠名宣传企业品牌，提升品牌影响力。通过生态茶园创建工作，每年低改茶园 0.3 万亩，保护开发古野生茶园 0.2 万亩，年新增标准生态茶园 1.5 万亩。

三、主要成效

一是优化品种结构，提升良种供应和开发能力。加强修水宁红茶地方优良品种和核心种质（原种）保存繁育基地建设，支持特性品种繁育选育和提纯复壮，提升生产能力，保护地方优势特色品种（宁州 2 号、大叶龙）。完善品种和苗木保障体系，夯实高品质栽培的种苗基础，加强区域苗木定点繁育管理，收集完善修水宁红茶树种植资源，以修水县茶叶科学研究所茶树品种种质资源库为基础，重点打造修水宁红茶核心种质（原种）保存繁育区，开展茶树品种适制性研究，推动适制宁红茶的品种选育。

二是促进生产标准化，保障农产品高质高效。制定符合修水宁红茶实际生产需求的全产业链标准化生产、加工体系 1 套，建立健全包括质量手册、记录表格、作业指导书在内的修水宁红茶质量管理体系文件。全面推动全产业链标准体系和质量管理体系落地实施，严格落实“三上墙、三到户”制度，完成修水宁红茶从业企业的良好农业规范（GAP）认证工作，建设 6 个全产业链标准化示范基地，标准示范面积达 5 000 亩以上。

三是实现产品优质优价。通过对修水宁红茶中钾、磷、铜等微量元素以及多酚类化合物、咖啡碱、氨基酸、茶黄素、茶红素、水溶性多糖类等营养指标进行分析，按照统计学方法，建立了 1 套适用于修水宁红茶的分级标准；结合产品特色品质、生产地域、等级分类等信息，制定相关营养标签 7 个。

四是加强区域公用品牌建设。加强“修水宁红茶”区域公用品牌打造力度，引导修水宁红茶从业企业进行 GAP 认证，积极创建全国绿色原料标准化生产基地，提升绿色食品原料生产能力，促进品牌溢价。建设修水宁红茶地理标志保护工程宣传展示馆 1 个、绿色有机地理标志专营店 3 个，加大“修水宁红茶”品牌宣传力度，策划大型推介活动 1 次。制作 1 部地理标志农产品公益宣传片，深入挖掘历史人文、生产工艺、产品品质等特质，讲好地理标志故事，扩大区域品牌社会影响力。

五是推动身份标识化。规范标志授权使用，强化产品带标上市，建立健全质量标识和可追溯管理制度，建立生产经营主体目录和生产档案，完善地理标志农产品登记、监管、维权、服务等支持体系，推动修水宁红茶身份标识化。强化区域内农产品质量安全监管各部门职责，建立一套质量安全管控机制，将区域内修水宁红茶地理标志生产经营主体，全部纳入江西省农产品质量安全大数据智慧监管平台；建立修水宁红茶质量安全监管名录，实行网格化监管，加大巡查巡检，规范开具“区块链溯源 + 合格证”。

◆ 黄河口大闸蟹

山东省东营市突出黄河口大闸蟹产业特色，坚定不移走高质量发展之路，出台产业专项扶持政策，实施地理标志保护工程项目，聚焦养殖、营销、经营、管理等关键环节，深入推动养殖技术攻关、品牌形象打造、一二三产融合发展和精细化管理，促进黄河口大闸蟹产业持续健康发展。

一、推动养殖模式向标准化、规模化转变

黄河口大闸蟹原来以一家一户的粗放式养殖为主，养殖的成蟹规格小、经济效益低。东营市多措并举推动养殖模式向标准化、规模化转变。

（一）加强政策扶持

出台《关于加快黄河口大闸蟹产业发展的实施意见》，制定《关于支持现代农业与旅游业融合发展的意见》和《关于支持黄河口大闸蟹产业发展的意见》，引导支持大闸蟹产业规模化、标准化发展。

（二）强化科技支撑

聘请国内权威专家作为黄河口大闸蟹产业发展高级顾问，在苗种选育、技术研究、产品研发等方面给予指导服务。列支专项资金 110 万元，组建黄河口大闸蟹创新技术团队，引进一线技术管理专家 11 名，对全区大闸蟹生产龙头企业和养殖户进行技术服务。与上海海洋大学、山东省淡水渔业研究院签订《黄河口大闸蟹产业发展战略协议》，围绕良种选育、精深加工等方面推动政产学研深度融合。

（三）推广标准化养殖

制定了黄河口大闸蟹养殖技术规程和质量标准，推广“种草、投螺、稀放、混养”的生态健康养殖模式，辅以专用复合饲料，使得成蟹体肥膏黄、肉质鲜美，其平均规格从不到 2 两（1 两 = 50 克）提高到现在的 3.5 两，实现标准化养殖基地大闸蟹亩产量超过 100 千克，亩均产值超过 1 万元。

（四）突出示范带动

引进龙头企业推广标准化养殖，建立“龙头企业 + 示范基地 + 家庭农场 + 农户”发展模式，带动中小规模养殖户纳入产业化发展链条中。加强品质源头把控，将区块链溯源技术应用于大闸蟹生产全过程。引进的龙头企业取得了新加坡、马来西亚、中国香港、中国澳门 4 个国家和地区的出口资质。

二、推动营销方式向品牌打造转变

（一）加大品牌打造工作力度

东营市在全国多地举办大闸蟹美食节、推介会、品鉴会。与腾讯、亦禾传媒等合作进行品牌塑造和电商营销，与山东电视台综艺频道合作举办了黄河口大闸蟹开捕节，与人民网合作制作了互联网大型公益节目《为爱下厨》，在乌镇世界互联网大会上布展宣传，提升黄河口大闸蟹品牌影响力。

（二）建立线上线下相结合的销售模式

一方面，建设电商直播中心，定期开展电商直播培训，与京东、淘宝合作开展网上销售；另一方面，开拓线下市场，面向大润发超市、中心城市经销商开展批发业务。目前，黄河口大闸蟹远销北京、上海、天津、江苏、浙江和新疆等地。

三、推动经营模式向一二三产业融合发展转变

针对黄河口大闸蟹产业链条中二三产业薄弱的问题，东营市投资2亿元建设黄河口大闸蟹产业技术研究院，实施养殖技术研发攻关，并举办黄河口农产品展示、大闸蟹主题研学活动，推动建设集加工、冷藏、物流中转功能于一体的农产品预处理中心，集中打造集科研生产、旅游观光、休闲度假、种植养殖、科普教育、精深加工、物流配送为一体的产业综合体，推动大闸蟹产业高质高效发展。

四、推动管理模式向“部门＋协会”精细管理转变

积极创新管理机制，推动管理模式从部门单一管理向“部门＋协会”精细管理转变。

一是改选黄河口大闸蟹协会，由大闸蟹龙头企业负责人担任会长、副会长，形成“协会＋国资公司＋龙头企业＋合作社、养殖大户”的产业发展和行业管理模式。

二是明确政府职能与行业协会的职责。由政府部门负责制定规划、出台政策；协会负责行业自律、品牌统领、会员监管，严格地理标志授权使用管理，并对产品实行“一物一码”，带标上市。

三是推动形成了“部门＋协会”的管理体制，实现了生产资料统一供应、养殖技术统一指导、地理标志统一颁发、品牌影响统一打造。

莱芜猪

一、基本情况

莱芜猪，又名莱芜黑猪，是我国优良的地方品种猪，主产区为山东省济南市莱芜区、钢城区，具有 5 000 多年的饲养史，是山东境内最具有代表性的华北型猪种，具有肉质优良、繁殖力高和抗逆性强的特点。

莱芜猪的肉质特性在世界猪种中表现突出。影响猪肉品质的主要指标肌内脂肪含量达 11.6%，远高于国内外其他猪种，是国内其他地方猪种的 2～3 倍，是国外猪种的 5～6 倍。

莱芜猪的主要销售市场除山东省外，还销往广东、江西、江苏、河南、云南、西藏、上海、北京等省（区、市）。目前，莱芜黑猪已成为全国许多地区、单位生产与育种的首选种质材料，是生产极品特色品牌猪肉的优良种质资源，是培育优质肉猪配套系、专门化品系以及生产优质猪肉的首选种质材料，是全国生猪生产上推广利用最多的地方优良品种之一。

二、品种品牌特色

（一）肉质品质优良

莱芜猪肉具有独有的雪花肉特征。经测定，肌内脂肪含量为 11.6%，是国外瘦肉型猪的 8 倍；亚麻酸含量为 1.3 毫克 / 克，比国外猪高 32%；总胶原蛋白含量为 4.1 毫克 / 克，比国外猪高 65.2%；肌苷酸含量为 1.4 毫克 / 克，比国外猪高 10.8%。

（二）抗逆性强，易饲养

纯自然环境、简陋的饲养条件、圈饲与放牧结合的饲养方式，驯化出莱芜猪顽强的抗逆性能；中等的体型、结实的体质、长直坚硬的嘴筒、强健的骨骼系统与心肺功能，形成了莱芜猪耐久的奔走能力和极强的觅食能力；硕大的腹部、充分的胃容积、粗长的肠道练就了莱芜猪强大的消化功能；皱褶的厚皮，发达的鬃毛、冬季密生的绒毛，成就了莱芜猪抗病御寒的能力。

（三）繁殖力高，母性强

经过专家鉴定，莱芜猪的繁殖性能达到国际先进水平，经产母猪平均产仔 15.1 头，最高产仔数量可达 32 头。

三、经验做法

莱芜猪地理标志农产品保护利用开发工作取得了丰硕成果，地理标志品牌价值不断提升，保护力度不断加强。1984 年，被收录入《中国猪品种志》；2004 年取得国家原产地标志注册证书；2006 年，被农业部列为国家级畜禽遗传资源保护品种；2008 年，莱芜猪原种场被列为国家级畜禽遗传资源保种场；2012 年，获农业部农产品地理标志登记证书；2018 年，莱芜猪品牌价值评价 46.33 亿元。

多年来，坚持以市场为导向，依托“莱芜黑猪”区域公用品牌，大力实施莱芜猪地理标志农产品保护提升工程。坚持以品牌塑造、加工引领、标准支撑、产业延伸、营销推广为途径，着力提升莱芜黑猪产业综合生产能力，实现莱芜猪生产的标准化、产品特色化、身份标识化、生产全程数字化，显著提高了莱芜猪及其相关产品的知名度、美誉度和市场占有率，带动了农民增收。力争 5 ～ 10 年将莱芜黑猪产业建设成为我国现代农业的特色产业、品牌产业，将“莱芜黑猪”品牌打造成我国高端猪肉知名品牌。

四、主要成效

（一）品种培育

利用莱芜猪成功培育了鲁莱黑猪和鲁农Ⅰ号猪配套系两个国家级新品种，其中鲁莱黑猪 2005 年通过国家畜禽品种审定，鲁农Ⅰ号猪配套系 2007 年通过国家品种审定，2010 年获得国家科技进步奖二等奖。

（二）加工销售

进行特色畜产品加工、销售等。注册莱芜黑猪地理标志证明商标以及“三黑”“金三黑”猪肉产品商标。研发出冷鲜肉、熟食制品、调理食品、预制菜四大系列 30 多个品种，累计加工各类肉食品 5 000 多吨。

（三）品牌打造

十几年来不间断地通过会议、展览、纸媒、电视、杂志等进行品牌宣传和推广，树立了品牌形象，提高了知名度。建立了莱芜猪官网和网上销售商城，进行线上推广。

◆ 泰山红茶

一、基本情况

泰山红茶是山东省泰安市的地理标志农产品，种植面积5 000余公顷。泰山红茶茶黄素、茶红素和茶褐素含量适中，形成了汤色深红透亮、香气浓郁持久、滋味浓厚甘甜的特点。2017年12月，泰山红茶获得农产品地理标志登记，是山东省唯一一个红茶地理标志品牌。近年来，泰安市委、市政府按照“突出特色、适度规模、品牌引领、培优扶强”的工作思路，在泰山红茶标准化基地建设、加工能力提升、品牌创建、科技创新、宣传推介等方面取得了突出成效。

二、主要做法及成效

聚焦泰山红茶产业，大力实施高标准园（场）建设工程，引导国有资本、工商资本介入，打造集种苗培育、标准化种养、农产品加工、品牌营销于一体的特色农业产业规模化种养聚集区和标准化生产示范区。

（一）强化标准化建设，打造过硬品质

将茶叶生产基地作为泰山红茶产业化经营的第一车间，培育一批高标准生产基地以及精品生态茶园。

一方面，推动标准化生产。大力推广应用设施栽培、平衡施肥、生态防控等现代农业新技术，健全完善农业质量标准体系，达到茶树良种化、布局园林化、耕采机械化、防控绿色化。在管理运营方面，突出品种布局、技术措施、采收标准、产地检测“四统一”，做到质量有标准、生产有规程、产品有标志、市场有监测。目前，全市茶园总面积达5万亩，占地200亩以上高标准生态茶园共计20个。

另一方面，增强科技支撑。依托科研院校，制定《泰山茶地理标志证明商标使用管理规则》《泰山茶区域公用品牌标识使用许可合同》等文件，以及《泰山茶标准体系建设指南》《泰山茶标准茶园建设技术规程》等标准，规范、指导泰山茶种植生产加工和质量评定。同时，加强对茶园和茶企业的技术培训与服务，推广泰山茶优质高产高效集成技术，大力开展培肥地力、平衡施肥、增强树势、提高茶叶质量等工作。加快提升生产加工自动化水平，达到提高茶叶香味和色泽的效果，进一步提升泰山红茶品质。

（二）做优链条化布局，培强辐射带动能力

以茶加工企业为抓手和载体，着力提高商品茶加工规模，提升茶加工档次。

一方面，发展壮大龙头企业。通过招商引资、社会融资、对上争取政策扶持、资源整合挖潜等措施，建设一批诸如泰山茶溪谷的茶产业精深加工型、流通型、旅游观光型、生产服务型的茶产业项目，

推进上下游产品加工的联系与合作，培优培强龙头企业。截至目前，泰山红茶加工企业 100 余家，年销售干红茶 800 吨左右，年产值超 3 亿元。

另一方面，完善利益联结机制。大力推广“龙头企业 + 合作组织 + 标准化基地”“龙头企业 + 农户 + 标准化基地”等利益联结模式，构建稳定的购销关系，实现企业与合作社及茶农深度融合。鼓励龙头企业采取股份分红、利润返还等形式，将加工、销售环节的部分收益让利给农户，共享农业产业化发展成果，带动农户 1 000 余户，年均增收 18 000 元。

（三）突出品牌化培育，助力提质增效

一是打造特色品牌。按照“政府主导、企业主体、协会运作、双牌经营”的思路，大力推进“泰山茶”区域公用品牌建设，实施母子品牌战略，推进“区域公用品牌 + 企业品牌”双轮驱动，形成了以“泰山茶”区域公用品牌为“母品牌”，以企业的“泰山女儿茶”“泰古岩茶”“泰山茶溪谷茶”“泰山君子茶”等为“子品牌”的“1+N”品牌体系。

二是延伸产业链条。坚持“以茶为媒、茶旅联姻”发展模式，做好泰山茶与泰山旅游、泰山文化相结合的文章，形成了以旅促茶、以茶带旅、三产联动的发展格局。推动以茶园休闲观光、茶叶采摘体验、茶园民宿、茶文化展示为代表的乡村旅游快速发展，让产业发展与旅游紧密结合，共同打造当地经济发展的绿色品牌。

三是扩大品牌影响。加大“泰山红”茶品牌宣传力度，组织企业参加中国国际农产品交易会、中国绿色食品博览会、中国国际进口博览会、中国国际茶叶博览会等展会，积极开展品牌营销，全力提升“泰山红茶”品牌的知名度、美誉度、市场占有率。

（四）提升组织化水平，完善保障体系

泰安市泰山茶业协会围绕泰山红茶地理标志农产品保护工程实施项目，以提升泰山红茶质量效益竞争力为目标，以品种培优、品质提升、品牌打造和标准化生产为主线，着力提升泰山红茶的综合生产能力，强化泰山红茶质量控制和特色品质保持，推动全产业链标准化生产，带动农户收入持续增长，助力乡村全面振兴和农业农村现代化。

汶上芦花鸡

一、基本情况

汶上芦花鸡是山东省济宁市汶上县的地理标志农产品。汶上芦花鸡在2007年全国第二次畜禽种质资源普查中，被列为畜禽地方良种；2011年被评为“山东省十大地方畜禽品种名牌”；2014年被农业部列入“国家级畜禽遗传资源保护名录”。2015年登记为农产品地理标志。

二、经验做法

（一）加强品质提升

为提高汶上芦花鸡品质，汶上县芦花鸡协会与基地农户签订汶上芦花鸡产销合同，严格要求基地农户按照操作规程生态散养汶上芦花鸡，大力发展农户林下生态养殖，按保护价和质量标准组织生产，确保产品达到优质、安全、营养。

邀请省、市、县专家进行汶上芦花鸡生产技术培训，组织畜牧技术人员到养殖场、基地等进行现场技术指导，并督促基地按照《国家地理标志农产品　汶上芦花鸡质量控制技术规范》进行标准化生产、产业化经营和品牌化销售。

汶上县芦花鸡协会定期检查监督用标企业的生产、加工、销售等情况。用标企业和农户根据农产品质量安全追溯体系的要求，统一档案编号，规范记录，确保生产记录完整准确。

依托汶上县畜牧兽医事业发展中心，针对基地环境、产品兽药残留等情况，定期进行采样检测，发现检测超标的样品立即追究其原因，并坚决按照产地环境质量要求整改。对于无法整改的，其产品不得进入市场销售或作为原料加工，以确保产品质量安全。

（二）着力品牌打造

一是强化授权用标。严格执行农产品地理标志授权用标制度，规范标志使用。汶上县芦花鸡协会按照《农产品地理标志管理办法》，建立标志使用备案制度和标志使用数据库，对标志使用者实行统一编号管理，用标企业在产品差异化的基础上，统一设置汶上芦花鸡地理标志农产品标识，授权企业用标率达到 100%。

二是加大品牌宣传推介。汶上县积极引导各类主体转变观念，强化品牌意识，组织开展地理标志区域公用品牌宣传和汶上芦花鸡文化节活动。组织拍摄汶上芦花鸡地理标志农产品区域品牌宣传片，利用新闻媒体、广告牌等，开展系列宣传和产品营销。以节、庆、展、演、赛等活动方式，唱响汶上芦花鸡特色品牌，进一步提升品牌知名度和影响力。

三是加强农产品地理标志监督管理。对地理标志农产品汶上芦花鸡的地域范围、标志使用、质量安全等进行督促检查。将区域保护范围内的“地理标志 + 绿色”质量双提升用标企业列为山东省农产品质量安全身份证管理单位，并纳入国家农产品质量安全追溯平台。

（三）加强特色保护

一是加强对汶上芦花鸡种质资源的保护利用。通过品种资源库建设、品种保护、提纯复壮、配套系研发等措施，延续地理标志农产品的地域禀赋和特色优势。

二是建立和完善汶上芦花鸡标准化生产基地生产经营管理制度，主要包括汶上芦花鸡标准化生产基地农产品质量安全承诺书、标准化生产基地环境保护制度、标准化生产基地管理制度、标准化生产基地培训制度、标准化生产档案管理制度、农产品质量追溯及标识标签管理制度、农产品检验检测制度等。

三是支持用标企业建立汶上芦花鸡精深加工厂，提高产品附加值。

三、主要成效

通过汶上芦花鸡地理标志农产品保护，引导农民从低端肉鸡养殖向高效养殖转变，实现畜禽养殖产业化运作，提高畜牧生产的市场化、组织化、品牌化、标准化水平，推动农业和农村经济的发展，大幅度增加农民收入，加快农民的致富奔小康步伐，助力乡村振兴。

目前，汶上县汶上芦花鸡原种核心群存笼量 2 万只，扩繁群存笼量 18 万只，年出笼优质商品汶上芦花鸡苗 3 000 万只；全县发展养殖户 200 余户，人均年收入达 3 万元以上；改良土地 5 万亩，实现增加养殖收益 1 亿元；为本地广大农民群众提供就业岗位 600 个，带动周边农户参与养殖 3 000 余户，社会效益显著。

汶上县通过生态养殖产业延链补链、接二连三，推动了种养加、产供销、农工贸有机结合，持续擦亮以汶上芦花鸡为代表的“汶水”农特产品品牌。

烟台大花生

烟台大花生是山东省烟台市的地理标志农产品，其常年种植面积保持在 150 万亩、年产量 40 万吨。2020 年以来，烟台市通过实施地理标志农产品保护工程，提升烟台大花生的生产能力、品牌效应和标准化程度，推动烟台花生产业跑出高质量发展“加速度”。

一、打造高水平基地

针对烟台花生产业面临的问题，烟台市在地理标志农产品保护工程的支持下，着力建设高水平示范基地，提升生产能力。建设核心生产基地，打造包括新品种引进、标准化种植、加工、销售全产业链环节的烟台大花生现代化示范基地，带动种植户增收 3 000 余万元。目前，全市已建设烟台大花生标准化试验示范基地 7 处。依托山东鲁花建设 2 000 亩特色品种繁育基地，培育高油酸花生良种，进行高油酸花生系列新品推广种植。建立品种示范、筛选和配套技术研究试验示范基地 9 处。

二、提升生产能力

以高油酸花生为重点，筛选出花育 951、鲁花 19、花育 910 等高油酸，潍花 16、花育 9306、花育 50 等油用 / 出口型适宜品种；集成了以深耕翻结合增施商品有机肥、施用钙肥配合微量元素、使用标准地膜、膜下滴灌、适期晚播、规范化播种、病虫草绿色防控和生产全程机械化等技术为核心的技术规程。通过项目带动和技术推广应用，全市花生亩产达到 308.45 千克。

三、发挥品牌效应提升竞争力

尽管烟台大花生深受国内、国际市场的认可，且“公司 + 农户 + 基地”的产业化经营模式比较成熟，但“烟台大花生”区域品牌知名度较低，严重制约了烟台花生产业的提速发展。为此，依托烟台大花生地理标志农产品保护工程，设计制作了烟台大花生专题宣传片和“烟台大花生　健康中国人”宣传标语；以“海岸山丘，花生日出”形象设计了烟台大花生品牌形象；制定了“烟台大花生”区域公用品牌管理办法和标识管理规范，在 2020 年第十八届中国国际农产品交易会上举行专场推介会正式

对外发布。建设家优选烟台大花生馆电商平台，启用首日实现销售额近 10 万元。同时，借助中国绿色食品博览会等各类展会营销平台开展宣传推介，提升烟台大花生的知名度，打造“烟台大花生”区域特色品牌。2021 年中国品牌价值评价，“烟台大花生”品牌价值达到 31.91 亿元。

四、标准引领增加优质产品供给

标准引领质量，质量引领发展。在实施烟台大花生地理标志农产品保护工程过程中，将标准引领作为一项重要建设内容。

在标准培训方面，为专业技术人员、花生种植生产相关企业、花生种植户等举办了培训班，培训内容涵盖品牌培育、新品种对比展示、标准化种植、标志使用等内容。

在绿色引领方面，建立奖补政策，鼓励相关主体开展烟台大花生“三品”认证，新发展烟台大花生“三品”认证 9 项。

在产品质量控制方面，开展烟台大花生产地环境检测和产品品质分析，建设烟台大花生地理标志农产品管理系统，严格落实烟台大花生生产技术规程和质量控制技术规范，建立产地环境质量、生产资料供应、关键技术指导、监测方法、产品标识“五统一”。建立完善烟台大花生原产地可追溯制度和质量标识制度，授权用标单位全部完成国家农产品质量安全追溯管理信息平台注册，统一采购烟台大花生防伪标识，实现产地、产品可追溯。

◆ 正阳花生

河南省驻马店市正阳县花生常年种植面积170万亩，年产量50多万吨，1997年以来一直稳居全国花生生产第一大县。2018年2月，“正阳花生”登记为农产品地理标志。2018年12月，正阳国家现代农业产业园被农业农村部、财政部正式命名为首批国家现代农业产业园。

一、主要做法

（一）加强政策引导，构建保障机制

建立政策保障机制，为花生产业发展壮大提供政策支撑和基础保障。一是出台产业扶持政策。出台了《加快花生食品加工企业发展的意见》等扶持政策，鼓励社会资本和龙头企业投资花生精深加工业，延长花生产业链条，增加附加值。二是强化用地保障。通过调整存量土地资源，优先解决科技含量高、对花生产业和农户带动能力强的龙头企业和农民合作社的建设用地需求，提供建设用地3 800多亩。三是创新金融服务模式。通过“银行＋信贷风险基金＋新型农业经营主体”和“保险＋信贷风险基金＋新型农业经营主体”的形式，7家商业银行为产业集聚区内131家企业累计贷款11.6亿元。四是完善基础设施。整合各类涉农项目建成高标准农田111.2万亩，实现了“田成方、路成网、渠相通、旱能灌、涝能排”。县财政投资近3亿元，修建产业集聚区道路12条，建设花生公园和花生机械产业园，水、电、路、气、网络等基础设施齐全，产业集聚区内入驻花生机械制造及花生加工企业50余家。

（二）实施科技引领，强化人才支撑

一是发展智慧农业。与中国农业科学院等科研单位合作，建设智慧农业“五大工程”，即花生安全追溯监管信息化工程、花生产业投入品减量化示范工程、花生产业物联网集群示范工程、可溯源电子商务示范及品牌文化工程、智慧农业虚拟展示中心示范工程，实现生产、加工、销售可追溯。二是引进科技人才。出台《高层次人才引进与管理办法》，成立国家花生产业技术体系成果转移转化中心，建立1个院士工作站、5个博士工作站，聘请张新友院士等专家担任花生种植、机械和加工顾问。三是加强技能培训。依托中央农业广播电视学校等平台，开展新型职业农业培训。通过组织现场会、开展科技“直通车”活动拉网式培训农民，发放“技术明白纸”，提高农户农业生产技术水平。

（三）做大二三产业，推动融合发展

围绕拉长花生产业链条，大力开展招商引资，吸引“国家品牌计划”龙头企业落户正阳县，实现以农业带产业、产业带就业。积极培育本土企业，截至目前，以花生为原料的深加工企业达到30家，形成龙头带动、品牌集中、品类齐全的加工体系；花生机械生产企业38家，实现从播种到管理、从收获到初加工的全程机械化。

（四）实现绿色发展，优化品牌创建

通过循环化、标准化和品牌化战略，实现花生产业绿色发展，创建特色农产品品牌。一是循环化。围绕“吃干榨净”，建立“花生秸秆秧行”和中国花生秸秆电商交易平台，用花生秸秆养牛羊，用花生壳种植食用菌，开发花生叶茶、花生壳枕头等，花生秸秆综合利用率达100%。二是标准化。采取统一供种、统一栽培、统一技术、统一供肥、统一管理、统一回收的“六统一”模式，提高花生种植水平。三是品牌化。积极申报农产品“三品一标”。2018年10月17日扶贫日，正阳花生作为全国32个“一县一品”品牌扶贫农产品在北京会议中心等地展出。

三、主要成效

（一）基础设施明显改善，规模经营引领标准种植

全县建成高标准农田111.2万亩，为全县170万亩花生实现丰产丰收奠定了基础。农机总动力达到215.16万千瓦，花生耕种收全程机械化率达到100%。积极引导优质花生由小农户分散经营向新型经营主体主导的规模化经营发展。

（二）科技支撑作用明显，花生品质不断提高

一是实现良种全覆盖。加大品种结构调整力度，产品品质明显改善，花生良种推广率达到100%，被农业农村部认定为国家区域性良种繁育基地。二是大面积推广花生种植正阳模式。选择农田基础设施好、花生种植整体集中、示范带动能力强的行政村和新型经营主体，围绕小麦—花生两熟种植制度，开展绿色高质高效标准化生产示范，落实规范化、轻简化、绿色化技术模式，花生品质不断提高，创建了全国绿色食品原料标准化生产基地。

（三）三产融合发展，助推县域经济提升

全县种植花生的农民58万人，占农村总人口的88.6%，人均种植花生收入3 550元，占全年可支配收入的34.5%；花生加工类企业总产值48.5亿元，占工业总产值的24.2%；三产有关花生流通销售的总产出55亿元，占全县三产总产出的34.5%。正阳县花生全产业链条扶贫成为巩固脱贫攻坚成果的重要抓手，助推县域经济提升。

（四）品牌价值提升，花生产业质量效益凸显

积极推进花生产业融合发展，使花生种植面积由小到大、品种由劣到优、产业由弱到强、品牌由无到有。2021年，“正阳花生”品牌价值为124.35亿元。正阳县被命名为“中国花生之都”“中国富硒花生产业化基地县”“中国（国际）花生产品交易中心”，被评为“一县一业”全国农产品加工发展典型、全国农村创业创新典型县范例、“一县一品”全国农产品扶贫品牌示范县。

◆ 小相菊花

一、基本情况

（一）历史文化

小相菊花产自河南省巩义市鲁庄镇，因地得名。相传，西汉初年汉丞相萧何领兵途经小相村时，因长途奔袭，兵士十分疲惫，纷纷喉痛头昏，浑身乏力。村民以当地天然野菊花入茶，供大军解乏，兵士喝完顿觉眼清目明，清凉润肺，疲惫之感顿消，后大军旗开得胜，击破敌军，此茶也随之闻名。

（二）品质的地域性

小相菊花具有独特的生长区域性，休水河流经的 3 千米^2 的河谷两岸，生长的菊花味道甘甜，此区域之外，虽一篱之隔，所生之菊花则苦涩难咽，产地的独有性更彰显了小相菊花的弥足珍贵。

（三）药用价值

小相菊花药用价值高。检测显示，小相菊花蒙花苷含量达到 1.24%，远高于一般菊花蒙花苷的含量。小相菊花味甜可食用，入药、制茶均可，体积小，容重大，味清香，色金黄，颗粒紧实，冲泡后，汤色清澈，滋味鲜醇回甘，沁人心脾，是我国北方重要的食用、药用、茶用三者皆可的甜菊花，得到社会的广泛认可和赞誉。

二、主要经验做法

（一）天然种植，古法加工

2010 年巩义市稽含园菊花种植专业合作社成立，并注册“小相”商标，小相菊花的天然种植模式和古法加工技艺堪称一绝，在生长过程中，小相菊花生命力十分顽强，抗病虫害，不打农药，不施化肥。小相菊花于每年中秋时节盛开，人工选摘花蕾，在传承千年的古法加工技艺基础上制作而成。该工艺需经采摘、清洗、杀青、蒸馏、烘干、风干、多层筛选、去杂分拣、九蒸九晾等十八道工序，十分烦琐而严格。九蒸九晾古法技艺，也是小相菊花品质独特的秘诀所在。只有按照此方法制作出来的小相菊花，才能达到外形紧凑、储存方便、不易变质、耐冲泡的要求，才能最大限度地保留小相菊花的独特风味和营养价值。该加工技艺已列入河南省非物质文化遗产名录。

（二）品种培优，按标生产

近年来合作社与大专院校、科研院所合作，开展品种培优，建立了品种保存和繁育基地，对原始野菊花种株进行选育驯化、培植复壮，有效提高了小相菊花的亩产量和抗病能力。合作社建立质量安全管控措施，成立质量控制小组，严格按照操作规程进行生产，严控农业投入品使用及原辅材料进货渠道，保证产品质量。合作社成立了标准化领导小组，邀请有关专家，针对周边种植户及村民开展小相菊花栽培管理、加工生产等技术推广服务和标准化生产宣传培训，共举办培训班20余批次，培训人次达2 000余人，建立了从种植、加工到销售的全产业链标准化生产体系，确保种植、采摘、筛选、制作、包装、销售的全过程按标生产。

（三）技术研发，品牌打造

合作社始终坚持绿色发展理念，不断探索新产品研发，注重从种植、加工、新品种研发创新到销售的全产业链打造，开发了菊花酒、菊花卫生香等精深加工产品，新建了标准化、清洁化加工生产双层车间厂房。与河南省农业科学院合作开展菊花新技术研发创新，建立了产学研一体化基地，建设了菊花酒、菊花卫生香自动化流水生产线。2012年小相菊花登记为农产品地理标志，2019年获得绿色食品认证，并入选全国名特优新农产品名录。2022年河南省农业农村厅实施小相菊花地理标志农产品保护工作。合作社积极参加各类博览会、展销会、年货节、农民丰收节等宣传推介活动，有力提升了“小相菊花”品牌的知名度、美誉度和市场知晓度。

（四）联农带农，增收致富

合作社成立以来，积极实施农业品牌带贫模式，采用“基地＋专业合作社＋农户”模式，流转周边520余户农户土地，建立了结对帮扶机制，常年为周边贫困户提供稳定的就业岗位，每年雇佣周边农民100余人参与菊花采摘、加工，可实现人均年增收3 000元左右，有效吸纳了当地的剩余劳动力，辐射带动周边实施规模化种植，为当地群众脱贫致富带好头。

三、主要成效

近年来，小相菊花利用其独特的地理优势，茶文化优势和茶品牌优势，围绕合作社可持续发展的战略目标，依托生态、文化、旅游三大优势，全面提升小相菊花整体形象，不断推动小相菊花向规模化、产业化、品牌化发展，不断助力农业振兴、农村发展、农民致富。小相菊花茶以其优良的品质，频频亮相全国名优茶评选舞台，也赢得了专家和广大消费者的肯定和赞赏，先后荣获中国著名品牌、中国名优茶特优金奖、中国中部最具影响力品牌等荣誉。小相菊花现在已成为巩义市重要特色农产品，成为一个响当当的国字号地理名片、一个响当当的文化品牌、一个响当当的乡村企业。

善堂花生

善堂花生作为河南省鹤壁市浚县的特色产业，以果粒饱满、靓丽白净、口感香甜等特点享誉国内外。善堂花生先后获得绿色食品认证和农产品地理标志登记，实施了地理标志农产品保护工程项目，并被纳入全国名特优新农产品名录。

近年来，浚县大力推进花生品种培优、品质提升、品牌打造和标准化生产，善堂花生的生产规模不断扩大，优势产区逐步形成，标准化种植水平逐年提高。善堂花生产业化发展促进了压榨油、附属品综合利用等产业的壮大发展，使浚县成为华北重要的花生集散地，有力推动了农民增收和乡村振兴。

一、科技赋能，提升一产

浚县举办了多场关于高油酸花生种植和产销的现场观摩及经验交流会，高油酸花生豫花 37 号新型种植模式现场观摩暨全国优质花生产销联盟筹备会、河南省花生绿色高质高效生产技术培训观摩暨全省经济作物技术推广经验交流会先后在浚县召开。国家花生良种重大科研联合攻关、河南省“四优四化”科技支撑行动计划高油酸花生绿色高质高效生产技术示范、花生绿色高质高效生产技术示范、高油酸花生豫花 37 新型种植模式示范等重大科技项目，为善堂花生产业发展提供了坚实的科技支撑。加强农业机械化推广应用，鼓励辖区企业积极引进先进农机产品，由河南丰盛农业开发有限公司引进的花生捡拾机一天能收割 700 亩花生，比普通花生收割机效率提高了 5 倍。通过科技赋能，极大地提升了一产种植效益。

二、龙头带动，深度发力

围绕拉长、拉粗、拉宽花生产业链条，实现一二三产业融合发展，浚县在扩大种植规模、提升花生品质的基础上，积极发展二三产业，大力开展招商引资，谷夫食品、李子园食品、富达食品、淇花食用油等龙头企业落户浚县。河南丰盛农业开发有限公司投资建设 50 万吨花生仓储物流，打造集优质花生仓储、初加工、贸易等多种功能于一体的集散中心，公司被郑州商品交易所指定为全省 3 家花生期货交割库之一，开展花生“保险 + 期货”项目，帮助农户、合作社等花生种植主体规避价格波动风险、稳定种植收入。谷夫食品年生产花生奶、花生露等饮品 7 万吨，销售额近 5 亿元。富达食品正式生产后，年可生产花生制品 1.5 万吨，可消耗 5 万亩花生，占全县花生种植面积的 25%。全县花生加工企业达到 30 家，形成了龙头带动、品牌集中、品类齐全的加工体系。浚县有花生机械生产企业 18 家，使善堂花生从播种到管理，从收获到初加工，全程实现机械化。

三、叫响品牌，厚积薄发

善堂花生是地理标志农产品和全国名特优新农产品，其区域公用品牌入选河南省知名农业品牌，被评为“2019 年河南省我最喜爱的名特优新农产品”，浚县产区被认定为河南省现代农业产业园、河南省特色农产品优势区。河南丰盛农业开发有限公司的花生产品荣获第二十届中国绿色食品博览会金奖，被认定为河南省绿色食品示范基地。中央电视台、新华网、河南电视台、河南日报等新闻媒体多次给予宣传报道，“善堂花生”品牌越叫越响，边际效益也越来越突出。

首先，善堂花生产地交易价格普遍比周边高 0.2 ～ 0.3 元 / 千克；其次，形成了包括种植、分拣、销售、加工等环节的完整产业体系，并带动了当地运输、物流、商贸、服务等相关产业发展；最后，传承和研发了以“吴二锅”花生为代表的 20 多种花生食材宴席佳品，形成具有浚县地方特色的“花生宴”。

四、利益联结，助推乡村振兴

浚县把花生产业发展与乡村振兴结合起来，探索出了利益联结机制，让广大脱贫户在花生产业发展中增收致富。

一是创新政策引导机制。每年投入政策资金，鼓励引导脱贫户种植优质花生，每种植 1 亩高油酸花生，给予 200 元补贴，带动全县 85% 的脱贫户种植花生，户均年增收 3 350 元。花生加工企业吸纳了 1 260 名脱贫劳动力就业，实现“一人就业，全家致富”。

二是创新订单协作机制。引导龙头企业在平等互利基础上，与农户和新型经营主体等签订农产品购销合同，年均签订高油酸花生种植订单 1.5 万亩。

三是创新新型农业经营主体带动机制。以花生为主导产业，充分发挥新型农业经营主体在产业发展中的带动作用，将全县 50 余家规模家庭农场、合作社凝聚在一起，成立浚县花生产业助推精准扶贫协会，在 10 个乡镇（街道）设立分会，目前已有 57 家单位会员、105 家个人会员入会，整体资产 2 亿余元，产值近 1 亿元。

◆ 杞县大蒜

一、基本情况

河南省开封市杞县被誉为“中国大蒜之乡”，拥有超过 2 000 年的大蒜种植历史。2009 年，杞县大蒜登记为农业部地理标志保护产品。多年来，杞县不断推动大蒜产业的升级与创新，使得大蒜种植面积和总产量持续增长。目前，种植面积稳定在 70 万亩，年产量高达 90 万吨，覆盖全县 21 个乡镇，种植规模和产量在全国县域中名列前茅。随着种植布局的科学优化、绿色标准化生产水平的提升，杞县大蒜的品牌建设取得显著成效。

二、经验做法

（一）强化组织领导，稳定一产发展

杞县县委、县政府带领全县相关部门上下联动，紧紧围绕“种植规模化、品种优良化、生产产业化、营销市场化”的总体思路，大力实施大蒜富县战略，出台了一系列大蒜产业发展相关文件，为杞县大蒜的发展指明了方向。成立了以县主要领导为组长的杞县大蒜发展建设领导小组，编制了《杞县大蒜产业“十四五”规划》《杞县大蒜品牌发展规划》等，全面推动大蒜产业的高质量发展和品牌建设。紧紧围绕搞好服务，做好培训与宣传工作，加强大蒜标准化基地建设，扶持龙头企业和专业合作社开展标准化、绿色化种植，提升其辐射带动作用。目前杞县从事大蒜种植的合作社已有 2 700 余家。

（二）创新科技研发，转型二产建设

加强与科研院校合作，成立了大蒜研发成果转化基地、教授工作站、大蒜研发中心等，开展大蒜资源保护与开发利用研究。在现有的 40 万吨的大蒜加工能力基础上，不断提升大蒜的初加工转化率和深加工能力，持续推进大蒜深加工产品开发，推动大蒜产业向“食字号”“健字号”“妆字号”产品进军的产业发展道路。

（三）建设大蒜现货交易，打造三产亮点

坚持上下联动，打造大蒜交易集散地。

一是完善仓储基础设施。建立形成了县级冷库集群＋乡级集配中心＋村级冷藏基地的三级冷藏保鲜网络体系，由金杞大蒜交易市场、河南大蒜产业集团等组成的大型现代冷库集聚群储藏能力达 110 余万吨。借助全国产地冷藏保鲜设施整县推进项目，鼓励农户、合作社自建家庭型冷库，给予不超过 30% 的建设补贴。运用“政府＋企业”模式，引进现代冷库先进技术，建成“云

仓一号”数字化标准冷库，储藏能力达 10 万吨。

二是健全物流运输体系。增设大蒜运输绿色通道，组建大蒜冷链运输队，日运输能力达 500 余吨。在 30 多个大中城市设立大蒜物流中转点，在郑州站点设置转运基地，开通全集装箱出口冷链班列，形成国内 3 天送达、全球 2 周送达的高效运输网络。

三是延展销售服务平台。建成全国最大的线下大蒜国际交易市场，配套建设 6 家大蒜期货交割仓，推进大蒜“期货 + 现货”交易。打造大蒜产业链交易服务平台，实现网络直接出口的大蒜达到 30 万吨，中长期间接出口的大蒜达 90 万吨，占全国网络总出口量的 50% 以上。

三、工作成效

（一）坚持绿色发展，提升产品质量

近年来，杞县县委、县政府坚持把大蒜产业高质量发展、绿色发展作为关键举措，持续推动杞县大蒜质量品质提升，市场竞争力不断增强。杞县整合培训资金，大力开展大蒜标准化、绿色化技术培训，邀请大蒜种植、加工和产业领域的专家学者作为主讲人，年培训场次超过 300 场。严格按照绿色化、有机化、标准化、产业化的要求，在管理上实行“六统一”，实施“从土地到餐桌”的全程质量控制，以保证杞县大蒜的产品质量。先后建成了 15 个大蒜生产专业乡镇，300 多个生产专业村，并成功建成了 40 万亩大蒜的全国绿色食品原料标准化生产基地。

（二）坚持质量追溯，保障优质生产

2019 年以来，杞县筹集资金建设了 34 家大蒜质量追溯示范点。针对中小生产户面临的追溯难题，推出食用农产品合格追溯证，农户通过电脑或者手机小程序就能轻松打印出大蒜追溯合格证码，有效解决了分散经营造成追溯覆盖不全的问题。

（三）坚持品牌认证，推动品牌效应

杞县大蒜品牌化发展取得了突出成绩。2014 年，杞县被授予“中国大蒜之乡”称号，2017 年又被评为国家级出口大蒜质量安全示范区。2018 年年底，杞县大蒜优势区被认定为第二批中国特色农产品优势区。2019 年杞县大蒜、杞县蒜薹入选全国名特优新农产品。2019 以来，杞县大蒜连续 5 年入选了中国农业区域品牌目录百强，品牌价值达 56.12 亿元。围绕大蒜、蒜薹等产品开展绿色食品认证，目前杞县有大蒜类绿色食品生产基地 16 家，认证绿色食品产品 22 个。

（四）坚持地理标志保护，强化地方特色

2020 年以来，杞县深入实施杞县大蒜地理标志保护工程，投资 1.1 亿元建成大蒜及大蒜制品质量监督检测中心，检测结果与欧盟产品质量体系等多领域互通互认。设计了统一的杞县大蒜品牌标识，通过印制统一的包装袋、包装箱等，推动区域品牌的宣传。2020 年 12 月，《地理标志产品　杞县大蒜》省级地方标准发布，更加有力地推动了杞县大蒜的发展。

◆ 上戈苹果

河南省洛阳市洛宁县委、县政府高度重视上戈苹果地理标志农产品保护及发展，始终把苹果产业确定为县农业农村工作的第一大产业和农民增收的主要抓手，通过落实“五个强化”举措，即强化组织领导、科技支撑、可持续发展、标准生产和品牌培育，持续提高苹果产业效益，苹果产业在农民增收和乡村振兴中的积极作用日益凸显。

一、强化组织领导

洛宁县坚持高位推动，精准发力，成立上戈苹果地理标志农产品保护工作领导小组。将“建立上戈苹果地理标志农产品品牌培育和保护机制工作”纳入年度重要工作事项，在《洛宁县“十四五”农业农村发展规划》《洛宁县“十四五”发展规划》中，将“加快发展上戈苹果地理标志农产品”列入重点工作内容。认真按照“县级实施、部门指导、乡镇负责”的工作机制，扎实做好推进项目实施的工作。

二、强化科技支撑

洛宁县严格按照地理标志农产品登记要求，全面保护上戈苹果独特的生态环境、独特的品质特征、特定的生产方式和深厚的历史人文，严格按照农产品地理标志登记保护的要求，建立地域特色农产品资源目录。高度重视科技创新，为了实现洛宁县苹果产业高质量发展以及上戈苹果农产品地理标志保护，引进西北农林科技大学、河北农业大学、山东农业大学等科研院校在洛宁县成立洛宁县苹果研究院，成立上戈苹果地理标志农产品培育和保护行动专家服务团队，为上戈苹果地理标志农产品的培育和保护提供决策咨询和技术支撑。

三、强化可持续发展

洛宁县扎实推进区域特色品种繁育基地建设，加强区域特色品种的调查收集、提纯复壮和繁育选育，保护核心种质资源，加大健康种苗推广力度，全面提升地理标志农产品特色品种供种能力。全县建立了特色品种保存和繁育基地 2 个，年繁育 MT377 矮化自根沾苹果苗木 2 000 万株。

2020 年，实施地理标志农产品保护工程项目，进一步提升了上戈苹果地理标志农产品保护区的基础设施建设。积极引进陕西木美土里有限公司，投资 3.2 亿元，在洛宁县东宋镇高标准建设现代化苹果生产基地 8 000 亩，基地规模及标准居河南省第一。为了进一步拉长苹果产业链条，洛宁县永丰农业投资有限公司投资 3 亿元的预计年产 2 000 吨高品质天然果胶及膳食纤维的生产线正在建设。

四、强化标准化生产品牌培育

洛宁县制定了农产品地理标志登记保护产品（上戈苹果）技术规程。紧紧围绕“生态、安全、特色、高效”的要求，加大标准化指导、宣贯和培训，加强标准简明化应用，编制模式图、明白纸和风险防控手册等标准宣贯材料，推动地理标志农产品生产企业、农民专业合作社和农户按标生产。坚持把地理标志农产品标准化生产与推进绿色食品、有机产品认证相结合，出台奖补政策，凡认证一个绿色食品产品奖补 2 万元，认证一个有机产品奖补 5 万元，全县现认证绿色食品苹果 3.2 万亩，取得“三品一标”及名特优新农产品证书 92 张，位居洛阳市第一，河南省领先，实现了上戈苹果地理标志农产品生产基地绿色化。

五、强化品牌培育

洛宁县根据《河南省地理标志农产品培育和保护行动方案》，以“培育一个地标、形成一个品牌、带动一个产业”为目标，开展地理标志农产品品牌培育和保护。在洛宁县交通要道、苹果园区建设宣传牌、苹果元素雕塑，营造保护地理标志农产品的氛围。积极引导全县苹果生产企业、合作社参加中国国际农产品交易会、中国地理标志产品展览会、农业农村部农业品牌精品展会等展会，在国家级展会中产品被评为金奖产品的，县财政每个产品奖补 5 万元，助力“上戈”地理标志区域公共品牌走向全国，洛宁上戈苹果在省部级苹果产品评选中获得 50 多项奖项。上戈苹果品牌价值为 18.06 亿元。目前，洛宁县苹果种植面积 31.6 万亩，年产值 17.38 亿元，产业从业人数达 10 余万人。小苹果已经成为带动洛宁县农民增收致富的“金疙瘩”“钱袋子”。

◆ 汝阳红薯

河南省洛阳市汝阳县位于豫西丘陵山区，气候适宜，土质优良，具有种植甘薯（红薯）的传统优势。2017年，汝阳红薯登记为国家农产品地理标志，汝阳县委、县政府因势利导，以地理标志保护工作为抓手，立足资源优势，落实规划引导、政策支持、示范带动等举措，积极推动汝阳红薯产业提质增效，着力打造优势产业，带动群众增收。目前，汝阳红薯种植面积达16万亩，鲜薯年产量3.2亿千克，带动3万余农户生产及销售汝阳红薯，年综合产值达到10亿元。

一、强化基础优势，扩大生产规模

一是强化基础设施建设。谋划建设全域物流、冷链等配套设施，在汝阳县柏树乡、上店镇、三屯镇等区域规划建设大型气调库、大型贮藏窖和新型冷库，提高贮藏水平。在柏树乡枣林村建设甘薯交易中心，拓宽销售渠道。利用专项债和贷款资金，依托高标准农田项目，对中部甘薯种植区域农田全部进行提标升级。

二是强化新型经营主体带动。培育甘薯种植专业组织43个，加工企业和基地46个，推广“公司+合作社+农户”“公司+基地+农户”协作模式，扶持建设大型育苗基地20个、贮藏窖5 000余座。汝阳红薯育苗、种植、储销、加工的产业体系逐步完善，规模化、专业化、组织化生产水平得到提升。

三是强化金融服务。按照“保基础、保产业”的要求，加大对现有相关专项资金的统筹、整合力度，鼓励金融机构创新产品和服务，出台金融、保险、奖励等引导政策，对经营主体给予支持，扶持甘薯特色产业发展，实现传统农业脱胎换骨、转型升级。

四是强化技术培训。以汝阳县乡村振兴学堂为平台，围绕甘薯种植实用技术，依托河南科技大学、洛阳市农林科学院等技术服务团队，借助“信息消费助力乡村振兴”区县行活动机遇，采取外出参观、理论学习、实践跟班3种方式定期开展技术培训、电商培训。

二、补齐技术短板，提升红薯品质

一是强化脱毒技术。以“三基地一园区一中心”建设为重点，着力补齐脱毒育苗基地、标准化基地、储藏基地、加工产业园、交易中心等环节的短板，建设汝阳红薯现代农业产业园、汝阳红薯种薯种苗脱毒繁育中心，加强“软硬件”投入，推进脱毒薯苗研发、种薯繁育、技术推广一体化管理，整体提升汝阳红薯脱毒育苗技术水平。

二是实施标准化种植。建设汝阳红薯农产品地理标志标准化生产基地10个，创建全国绿色食品原料（红薯）标准化生产基地5.02万亩，全力推行绿色生产方式，进一步提升了“汝阳红薯”品牌的影响力和含金量。制定了《农产品地理标志汝阳红薯生产技术规程》，推广标准化种植。与河南科技大学等单位合作申报“河南甘薯全产业链融合发展模式构建与推广”“丘陵旱地优良甘薯谷子品种筛选及高效技术集成与应用”等项目，获得河南省政府农牧渔业丰收奖，有力推进科技成果转化，助力乡村振兴。

三是加强技术合作。积极对接国家甘薯产业体系，推广汝阳红薯新型实用技术。深化同河南省农业科学院、河南农业大学、河南科技大学等科研院所合作，建设汝阳红薯脱毒种薯繁育中心、试验示范基地。与河南省农业科学院、洛阳市农林科学院合作，开展甘薯新品种试验、技术培训等，与河南农业大学食品学院合作研发甘薯加工产品，制定加工品标准。

三、树立品牌意识，提升产品价值

一是打造区域公用品牌。充分依托汝阳县独特的文化资源和特色农产品产业优势，与第三方品牌战略咨询机构合作，顺应市场形势，明确品牌定位，为汝阳红薯“战略寻根、品牌找魂”，高标准打造“汝阳红薯”区域公用品牌。

二是强化展会交流树形象。积极参加中国国际农产品交易会、中国绿色食品博览会、中国国际薯业博览会等展会，组织推介汝阳红薯产品。对汝阳红薯等特色农产品进行统一形象、整体包装，提升品牌形象。成功举办洛阳市第十四届红薯擂台暨首届汝阳农业嘉年华活动，实现汝阳红薯从比重量到比品质的成功转型。依托汝阳县电子商务产业园开设汝阳红薯产品展示厅；依托汝阳红薯淘宝村电商孵化基地打造“汝阳红薯小镇”；依托产业园建设“红薯展馆”，建设品牌展示窗口，集中展示汝阳红薯文化。

三是引进培育龙头企业。强化政策扶持、精准服务，通过贴息补助和税收优惠等政策，加大招商引资力度，与国内甘薯销售知名品牌“地瓜皇后”确立战略合作关系，共建北方区域加工营销中心；引进一批甘薯深加工龙头企业，打造和提升汝阳红薯产业链条，推进农产品加工业向高端化、绿色化、品牌化方向转型升级，促进农产品向工业品转化，提升甘薯产业的价值转化能力。

汝阳县以打造“中国红薯第一县”为目标，持续做优创新链、做强价值链，实现汝阳红薯从“论斤卖”逐渐走向“论个卖”的华丽转变，推动汝阳红薯产业高质量发展，为乡村振兴注入动力。

汝阳角里艾

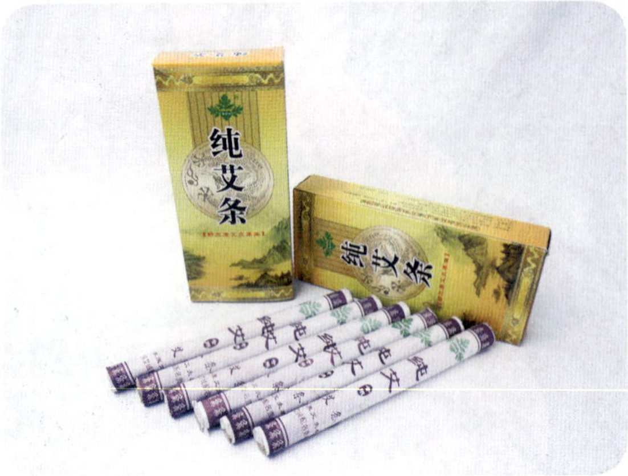

河南省洛阳市汝阳县出产角里艾已有约 2 000 年的历史。相传西汉初年，商山四皓之一的角里先生周术隐居汝阳，采商山、大虎岭一带的艾草为民疗疾，汉惠帝刘盈感念角里先生之德，奉此艾草为“角里艾”。汝阳角里艾主要分布在商山和大虎岭，独特的自然环境和地质构造条件，使角里艾的微量元素含量高于其他艾草，艾灸治疗效果更好，气味更芬芳、甜润，因此被誉为国内四大知名艾草之一。汝阳角里艾于 2017 年被认定为农产品地理标志。

一、主要做法

（一）健全组织机构

成立了以汝阳县县长为组长的汝阳县农产品质量安全工作领导小组，将地理标志保护与管理工作列入重要内容，统筹协调地理标志管理、产品质量建设、产品品牌开发和推介等工作，县财政局、发展改革委、市场监管局、商务局及相关乡镇各司其职、密切配合，形成齐抓共管的合力推进机制。

（二）坚持规划引领

编制了《汝阳农业产业发展规划（2019—2025）》，将角里艾产业发展纳入其中，重点突出基地建设、质量保持、品牌建设、产业发展、产权保护等多个方面，为汝阳角里艾产业的发展绘制了路线图。在汝阳县万亩生态农业观光示范园高标准建设集角里艾标准化示范基地、品牌展示、休闲体验、精深加工为一体的角里艾中医康养基地，推进角里艾一二三产业融合发展。

（三）加大政策扶持

汝阳县政府每年安排专项预算，用于支持角里艾标准化基地建设、精深加工、品牌保护开发和质量安全体系建设等重点工作。县财政将农产品地理标志保护工作经费纳入预算，为角里艾地理标志保护工作有效开展提供了保障。

（四）开展技术研发

一是深化校地合作。与河南科技大学合作，开展汝阳角里艾环境与独特质量关系研究、国内艾品种对比试验、艾制品研发、艾渣等下脚料综合利用等科研课题。

二是开展党盟合作。民盟河南省委协调河南中医药大学与汝阳县合作研发角里艾康养系列产品配方，由汝县农业投资公司出资，汝阳县卫生健康委员、农业农村局、商务局等部门密切配合，推广汝阳角里艾系列产品，为汝阳角里艾产业发展提供了支持。

（五）强化品牌宣传

积极参加中国国际农产品交易会、河南省绿色食品宣传月、中国农民丰收节、郑州现代农业博览会等节庆展会，宣传汝阳角里艾系列产品。通过制作宣传片、小视频、开展电商直播等传播角里艾地理标志文化。2021年成功举办了首届汝阳角里艾文化节，集中展示角里艾产业发展成果，弘扬了品牌文化。

二、主要成效

（一）持续推进三产融合

汝阳角里艾种植面积已达3万亩，从业农户5 000余户，年产量3万吨，年产值达4.5亿元。目前有从事角里艾产业深加工的企业3家，其中市级龙头企业2家；专业协会1个；种植业合作社25家。注册使用了“豫舒”“角里艾”“华夏角里艾”“玉玄道太极三才”“小鹿晚安”“象艾益家”等多个商标，开发有艾绒、艾条、艾塔、艾枕、布艺艾制品及艾灸器具等300余种产品。带动了种植、生产、加工、研发、艾灸养生以及一大批相关健康产业。

（二）不断凸显品牌效益

汝阳角里艾相关产品，得到有关部门的肯定。2015年，汝阳角里艾制品被国家中医药管理局确定为国内优质艾产品。2017年，汝阳角里艾登记为农产品地理标志。2021年，汝阳角里艾被评为省级农产品区域公用品牌。2021年12月，汝阳角里艾入选全国名特优新农产品目录。

汝阳角里艾产品辐射到19个省（区、市），得到国内知名中医专家和广大消费者的好评，在国内艾灸界具有很高的知名度和美誉度，产品还远销新加坡、马来西亚等国家，创造了良好的社会效益和经济效益。

（三）全面加强电商赋能

依托“互联网+”，积极推进艾草营销创业、创新行动，向国内一线电商和社区平台推介汝阳角里艾相关产品，与中国网开展品牌宣传合作，在京东上线运营“汝阳农产品扶贫馆”，同洛阳市轨道交通“洛易行”、河南豫援乡村振兴平台等多方达成战略合作，联合汝阳网红达人组织“汝此幸福杯”抖音短视频创作活动，让汝阳角里艾品牌走进千家万户，为提升汝阳农产品的发展打下了良好基础。

◆ 西邵红杏

一、基本情况

西邵红杏，主要分布在河南省濮阳市南乐县西邵乡的李崇疃、乔崇疃、王崇町等村，产区自然条件优越独特。西邵红杏种植面积1.2万亩，建立了统一的生产、管理和采摘标准，并吸引了众多群众入股参加农业合作社。西邵乡红杏园地处黄河故道，产区土壤为砂壤土，气候为温暖带大陆性季风气候，四季分明，阳光辐射强，为杏树的生长提供了良好的条件。西邵红杏果实酸甜可口、营养丰富，具有较高的营养价值。西邵乡注重防风固沙、改善生态环境，推广标准化生产，使西邵红杏成为南乐县第一个地理标志农产品。

二、主要做法

（一）加强政府政策支持

政府积极倡导产业发展理念。2019—2022年，连续4年免费为杏农发放早熟优质杏苗，新发展种植面积2 500余亩。李崇町村利用上级"一村一品"资金联合乔崇町村建设了红杏加工厂，累计投资400余万元，用于探索杏干、杏脯等产品的研发。2020年6月，成功生产杏干、杏脯等产品超过5 000千克，增加收入20余万元，为延长红杏产业链条奠定了基础。通过这些措施，带领李崇町、乔崇町、王崇町等村杏树种植户700余户、6 000余人通过红杏产业致富。

（二）加强生产过程管理

在土壤管理方面，每年秋季果实采收后结合秋施基肥深翻改土，扩穴深翻，全园施入有机肥，然后充分灌水。生长季节及时中耕松土，杏园覆草，提倡林下生草，间作其他作物。鼓励使用有机肥、有机复混肥、腐植酸类肥料、化肥和微生物肥料。施肥方法和数量根据品种、树龄、栽培管理方式等有所不同。

在水分管理方面，要求灌溉水无污染，及时灌水，设置排水系统。

在整形修剪方面，采用多主枝开心形，控制树高，重视夏季修剪，培养结果枝组。通过整形修剪、疏果等措施调节产量，每亩产量达 2 000 ～ 3 000 千克。

三、取得成效

（一）经济效益

在经济效益方面，通过品质提升、品牌提升、影响力提升，实现西邵红杏优质优价，亩均增收 6 000 元以上。

（二）社会效益

在社会效益方面，提升了西邵红杏地理标志农产品的知名度，促进农业结构战略调整，对壮大区域经济、繁荣周边果蔬市场和发展现代化农业具有广泛的示范辐射作用。通过一二三产业融合推进，吸纳当地剩余劳动力就业，特别是安排贫困人员就近就业，助推脱贫致富。

（三）生态效益

在生态效益方面，应用标准化生产技术，建立和完善地理标志农产品西邵红杏质量管理体系，实现优质、高产、高效、生态、安全的生产模式；减少病虫防治次数，降低农药用量；推广科学施肥，减少化学肥料使用量；改善农业生态环境，保证农产品质量安全，促进农业的可持续性发展。

（四）文化效益

在文化效益方面，西邵红杏产业不断扩大，产业链条不断延长，逐步完善杏花节、红杏采摘节、杏坛读书节等文化节庆活动，丰富西邵乡的农耕文化，将传统耕读文化、民风民俗、优秀传统等融入文化发展之中。通过市场化运作产生经济效益，宣传中国优秀传统价值产生社会效益，生态种植示范体验产生生态效益，实现用产业支撑文化，用文化力量推动产业发展，促进乡村振兴。

◆ 宜昌蜜桔

一、基本情况

宜昌蜜桔（橘）以其果香闻名。湖北省宜昌市位于全国优势柑橘产业带，是全国最大的宽皮柑橘生产基地。2017 年，宜昌蜜桔取得农产品地理标志登记，保护范围覆盖宜昌市 13 个县（市、区），种植面积达 116.25 万亩，年产量 184.83 万吨。2019 年，实施国家第一批地理标志农产品保护工程。

二、经验做法

（一）持续强化产业基础优势

宜昌市立足良好资源禀赋，不断推动柑橘产业高质量发展。一是高位谋划推动。制定出台《百亿柑橘产业发展规划》《关于加快推进柑橘产业高质量发展的意见》等文件，市县两级每年投入资金 5 000 万元以上。围绕做强龙头企业、做精产业园区、做好基础设施、做实科技支撑、做优标准化基地、做活现代销售、做长产业链条、做响公用品牌等重点，推动产业规模壮大。二是强化基地建设。统筹农业、水利、国土等开发项目，突出基础设施改造，持续推进标准果园建设，建成了 100 万亩设施一流、技术先进、管理良好、效益显著、具有国际竞争力的标准果园。实施品种改良，压减中熟，扩大早晚熟，品种结构不断优化，柑橘品质进一步提升。三是创新技术引领。全国首创柑橘交替结果技术，率先示范水肥一体化、绿色防控等标准化生产技术，制定《绿色食品　宜昌蜜桔生产技术规程》地方标准。2021 年，宜昌市政府与华中农业大学签订共同加快宜昌市柑橘产业发展科技战略合作框架协议，有效促进全市柑橘产业持续健康高效发展。四是做强产业链条。建成全国最大橘瓣罐头加工基地，全市年罐头加工能力超 20 万吨。全市现有 330 家销售企业，精选分级生产线近 450 条，柑橘产后处理率达到 80% 以上。培育了 15 家精深加工企业，开发柑橘精油等产品，不断延伸产业链条。

（二）战略引领擦亮城市名片

宜昌市制订品牌发展战略，重点培育“宜昌蜜桔”区域公共品牌，品牌价值日益彰显。一是匠心绘制蓝图。先后出台《关于进一步加快发展品牌经济的意见》《宜昌市名牌创建和标准创新奖励办法》等，对获证农产品地理标志给予 10 万元奖励，连续 11 年实施柑橘销售奖励。二是品牌战略引领。实施区域公用品牌战略，推动柑橘品牌整合，构建“区域公用品牌＋企业自主品牌”体系，统一设计制作宜昌蜜桔公用品牌形象及标识，企业自觉规范用标，市场形象有效提升。三是挖掘品牌内涵。讲好“宜昌蜜桔”品牌故事，充分展示以屈原为代表的柑橘人文历史，将品牌内涵与“爱国、忠诚、坚贞、求索”的宜昌精神融合起来，打造了“咏千年橘颂，品宜昌蜜桔”宣传语。四是强化品牌宣传。市级财政每年投入专项资金，在主流媒体以及北京、上海、武汉等城市高密度投放广告。宜昌蜜桔入选“中国荆楚味、湖北农产品”，纳入“品牌强国工程”，2020 年，品牌价值评估达 159.62 亿元。2021 年，在“万里挑宜”宜昌农业公用品牌新媒体营销平台上，开展常态化直播，吸引全国消费者关注。

（三）强力推动品牌效益转化

宜昌市坚持市场导向，推动“宜昌蜜桔”品牌无形资产转化为强农惠农实效。一是抢占国内市场

高地。在北京、沈阳等主销城市举办推介会，组织参加全国优质农产品展销会、中国国际农产品交易会等有影响力的展会。与阿里巴巴合作开展宜昌蜜桔云上采摘节活动，借助新媒体平台开展电商直播、品牌传播等活动，拓展网络销售渠道。二是拓宽国际大市场。充分发挥湖北自贸区宜昌片区建设优势，积极融入“一带一路”，全市柑橘鲜果及罐头年出口量达30万吨，产品远销俄罗斯、加拿大、欧洲、东盟等国家和地区。三是农旅融合引流量。建设了以柑橘和橘文化为主题的国家柑橘农业公园、三峡柑橘博物馆、宜昌蜜桔生态公园，培育了以橘园采摘、观光为主题的土老憨橘园休闲生态农场等省市级休闲农业示范点。评选推介“宜昌十大最美橘园”，举办宜昌·荆门荆州农旅融合交流暨宜昌橘园精品旅游线路推介会、采摘节、柑橘文化节等活动，宜昌橘园已成为吸引周边地区游客的“强磁场”。

（四）建立品牌培育长效机制

宜昌市通过健全品牌服务体系，持续加大品牌保护力度。一是筑牢质量安全防线。建立宜昌蜜桔绿色生产标准化体系，在柑橘主产区实施有机肥替代化肥项目，推行病虫害绿色防控，实现了生产、加工、销售全过程监管，建立了农产品质量追溯体系。二是着力培育经营主体。各级政府在金融信贷、用地用电、基地建设、加工销售等方面制定优惠政策，鼓励扶持宜昌蜜桔授权企业做大做强，培育了夷陵红、枝江桔缘、土老憨集团等一大批年加工、鲜销量5万吨以上的企业。三是强化品牌监管保护。按照“政府引导、企业主体、协会运作、一主多副”的原则，积极发挥柑橘产业协会行业监督和行业自律作用，严格授权使用，建立市场准入和退出机制，并实行动态监管，统筹农业、商务、市场监管等部门力量，加大电商领域的打假力度。

三、主要成效

近年来，宜昌蜜桔多次入选农业农村部发布的百强农产品区域公用品牌，频频亮相中央电视台；成为中欧班列的常客和“一带一路”合作伙伴热捧的“明星”，产品远销20多个国家和地区；综合产值突破200亿元，带动近60万人创业就业，1.2万户贫困户实现了脱贫致富。一是通过标准化示范基地创建，带动产业大发展。以提品质、降成本、增效益为目的，集成、借鉴、创新先进适用栽培技术，持续推广实施柑橘“七园三改六推”高品质省力化栽培技术，完成了62万亩的柑橘改造。通过推广水肥一体化技术、膜下滴灌技术、绿色防控技术、土壤改良等，带动了全市柑橘绿色标准化设施农业走上科学种植之路。二是通过宣传培训，有效促进先进技术推广。在标准化建设过程中，严格要求种植户按照绿色食品种植标准种植。市、区农业农村部门以及柑橘产业协会组建了农业专家团队，针对宜昌蜜桔不同生长时期、不同地势等因素，每年在宜昌蜜桔种植区开展技术培训，让种植户逐渐步入标准化、科学化生产种植道路。三是实施产业扶贫，助力脱贫攻坚成效显著。采取合作经营、政府资金入股、托管服务等多种形式，与贫困户建立了利益共享、风险合作社承担的发展模式，为贫困户提供稳定的收入来源。同时，倡导授权用标企业积极参加精准扶贫。近年来，通过宜昌蜜桔产业发展，已成功带动1.2万户贫困户实现脱贫致富。

◆ 恩施土豆

一、基本情况

湖北省恩施土家族苗族自治州是国家西南马铃薯生产优势区和国家农产品质量安全州，地处武陵山腹地，生态环境优良，资源禀赋独特，绿色底蕴深厚，享有“世界硒都”“鄂西林海”“南方薯都”等美誉。

恩施土豆（马铃薯）已成为恩施践行“绿水青山就是金山银山”、促进粮食增产、助力乡村振兴的支柱产业，常年种植规模168万亩，年产量170万吨。2019年恩施土豆登记为农业农村部农产品地理标志，2020年获国家地理标志证明商标。经过8年品牌建设，恩施土豆已成为当地一张靓丽名片。

二、主要做法

（一）政府重视，做“引导”文章

2015年以来，州委、州政府相继出台《关于加快推进马铃薯主粮化的实施意见》《恩施州推进马铃薯产业高质量发展行动方案（2021—2025年）》，州、县、市财政每年安排专项资金不低于5 000万元，重点支持马铃薯产业发展和“恩施土豆”区域公用品牌建设，形成“政府引导、上下齐动、部门联动、市场舞动”的产业格局，为马铃薯产业高质量发展奠定政策基础。

（二）调优结构，做“基地”文章

按照专业化、标准化、规模化的要求，以恩施土豆专业乡镇、专业村建设为抓手，支持“企业（专业合作社、家庭农场）+基地+农户”种植模式，新建核心生产基地120余万亩，其中，海拔800米以下区域优质早熟马铃薯占16.7%，海拔800～1 200米区域中早熟马铃薯占37.5%，海拔1 200米以上区域脱毒种薯及中晚熟马铃薯占45.8%。建成种植面积在2万亩以上的马铃薯专业乡镇19个，种植面积在1 000亩以上的马铃薯专业村189个。

（三）培育主体，做“龙头”文章

通过专项扶持和招商引资相结合的方式，加大马铃薯市场主体培育。目前，全州从事马铃薯生产、加工、营销的企业及社会化服务组织372家，是2015年的41.3倍，其中，国家高新技术企业6家，国家马铃薯主食加工试点企业1家，国家级示范社1家，省级龙头企业1家，州级龙头企业32家。

（四）科技赋能，做“标准”文章

湖北恩施中国南方马铃薯研究中心先后选育了鄂马铃薯10号、鄂马铃薯13、鄂马铃薯16、南中

110 等中晚熟品种，提纯当地老品种“米拉”，与华东农业大学合作育成早熟品种华薯 16，并相继制定发布《绿色食品恩施土豆生产技术规程》《恩施土豆团体质量标准》，着力推广绿色高效和“马铃薯—玉米—豆类”复合种植模式，提高了产品品质；建成湖北省马铃薯晚疫病监测预警指挥中心，有效降低了马铃薯种植的风险。

（五）创新推广，做“宣传”文章

利用新闻主流媒体宣传、网络新媒体宣传、直播带货、展会展示等方式，全方位、多角度加强品牌宣传推广。2018 年以来，“恩施炕小土豆”荣登武汉东湖宾馆国事活动食谱，恩施土豆的宣传广告、相关节目相继在中央电视台、省州电视台以及铁路 12306 平台持续播放，品牌影响力逐年提升。

（六）融合发展，做“带动”文章

近年来，各地在马铃薯花开时节，结合乡村休闲旅游，着力打造马铃薯农旅融合乡村休闲旅游线路，为当地薯农创造更多就近创业就业的机遇。恩施市三岔镇 2017 年以来连续举办 7 届“恩施土豆花儿开”文化旅游推介活动，把直播带货、农事体验、美食品鉴等融为一体，年带动休闲旅游人数达 20 万人次以上，当地农民年经济收益超过 2 000 万元，其中马铃薯产品、马铃薯餐饮收入占 60% 以上。

三、主要成效

（一）土豆变“金豆”

近年来，恩施马铃薯田间收购均价为 2.2 元 / 千克，是 2015 年的 2.2 倍；市场销售均价为 8.2 元 / 千克，是 2015 的 3.5 倍。恩施土豆已走进全国 30 多个大中城市，并通过“良品铺子”销往日本、新加坡等国际市场，年综合产值达到 90 亿元，带动全州 130 余万农村人口创业就业。全州人均恩施土豆收入约 2 500 元，占全州常住居民人均可支配收入的 17.8%。2023 年，“恩施土豆”农业品牌价值评估为 18.06 亿元。

（二）品牌变名牌

“恩施土豆”（“恩施硒土豆”）先后入选最受消费者喜爱的中国农产品区域公用品牌、全国绿色农业十大最具影响力地标品牌、中国马铃薯十大品牌，获得湖北省地理标志大赛金奖、“我最喜爱的湖北品牌”电视大赛金奖。恩施土豆作为恩施十大富硒土特产之一，2022 年进入国家农业精品品牌培育计划，2023 年入选全国农业绿色发展典型案例。目前，恩施土豆已成为湖北省的地理标志名片。

（三）绿色成底色

2023 年全州化肥、农药使用总量较 2015 年分别减少 20.84%、30.40%，连续 8 年实现负增长。马铃薯测土配方施肥率稳定在 90% 以上，绿色防控覆盖率达 55%，马铃薯晚疫病统防统治覆盖率达 45%。在近 10 年的农产品质量安全检测中，全州未发现不合格马铃薯产品。全州有 27 家“恩施土豆”品牌授权使用主体获得绿色食品认证，绿色已成为马铃薯产业发展的底色。

洪山菜薹

洪山菜薹是农业农村部农产品地理标志，在湖北省武汉市已有1 700余年种植历史，是湖北久负盛名的地方瑰宝，有“金殿御菜”之美誉。2006年，为做大做强“洪山菜薹”品牌，武汉市洪山区成立了洪山菜薹产业协会，协会由种子繁育企业、菜薹种植企业、菜薹加工企业和配送企业组成，建有洪山菜薹电子销售平台。近年来，洪山菜薹获得“湖北名牌”“荆楚优品”“武汉名品”等多项殊荣，品牌价值评价超2亿元。

一、狠抓良种培育，促进品种提纯复壮

（一）政策扶持

为保证洪山菜薹种性稳定、品质优良，洪山区政府给予洪山菜薹统育统培和提纯复壮良种繁育一定资金补助，每年根据育种需求量，每千克种子按照1 000元标准给予育种补贴。市、区两级主管部门对企业参加展会，开展宣传营销展示品牌形象，每次给予3万～5万元资金补贴。

（二）科技赋能

为保持洪山菜薹品种优良性状，协会联合华中农业大学、武汉市农业科学院、湖北省农业科学院等院校，积极开展种子提纯复壮和菜薹生产试验等项目，将科研成果转化为品牌成果，促进了洪山菜薹产品升级。

（三）统一供种

协会建立了洪山菜薹良种繁育基地，选留单株套袋，小孢子培养，保证了洪山菜薹品种的纯正。在省、市、区各级主管部门的大力支持下，协会给农民提供原种，采取“公司＋基地＋农户”的运作机制，实行生产、销售、加工一条龙，推进了洪山菜薹产业化发展。

二、落实按标生产，提高产品品质水平

（一）制标贯标

协会修订、完善农业生产技术规范和操作规程，形成了洪山菜薹全程质量控制标准体系。制定了《洪山菜薹湖北省地方标准》《洪山菜薹种苗繁育技术规程》《洪山菜薹品种标准》《洪山菜薹产地标准》《洪山菜薹栽培技术规范》《绿色食品红菜薹栽培技术规程》等标准规范，并督促授权企业和农户严格按标生产，带动整个行业的提质增效、高质量发展。

（二）原法生产

洪山菜薹采用传统农法种植，坚持“原种、原土、原产地”的初心，按照人工选育、手工采收的方式进行作业，在保留传统农耕技艺的基础上，最大限度地保留了洪山菜薹的原始品质特性口感好，营养价值高，富含花青素、维生素 A、维生素 C 及碳水化合物等营养成分。

（三）全程追溯

随着洪山菜薹产业的发展壮大，其生产管理体系和质量控制体系建设正在逐步完善，加大菜薹原产地基地建设和科技投入，建立了自检室，规范开具合格证，上市产品均带有追溯二维码。

三、讲好品牌故事，实现综合效益提升

（一）文化搭台

洪山菜薹品牌文化内涵深厚，古有“孙权孝子菜”“慈禧太后与洪山菜薹”“苏轼兄妹为吃洪山菜薹三顾武昌”等诸多典故，今有熊召政、池莉等著名作家为洪山菜薹点赞的墨宝。近年来，通过打造洪山菜薹文化公园、建设洪山菜薹科教研学基地、出版《洪山菜薹传说》、发布洪山菜薹主题歌曲《紫菘情》、拍摄洪山菜薹宣传片及历史短片、举办洪山菜薹文化节等，开展农业品牌塑造培育，将文化、科技与农业要素相融合，提档升级，开创洪山菜薹文创农业的发展。

（二）三产融合

洪山菜薹产业协会积极开发干制、腌制等系列菜薹加工产品，延长了产业链。协会建设了洪山菜薹科普示范园，发掘菜薹文化，打造了一处特色鲜明的田园风光旅游休闲胜地，让游客有“薹花金灿灿，梯田复层层”的感受，也为市民提供了研学、科教、观赏平台，实现集文化展示、产品销售、特色餐饮、农业观光为一体的综合服务，促进了洪山菜薹一二三产业融合。

（三）助农增收

洪山菜薹产业协会注重发挥地理标志农产品龙头企业的示范引领作用，通过“龙头企业＋基地＋农户”模式，辐射带动农户 5 000 余户。目前，洪山菜薹在武汉市种植面积近 1 万亩，年产量可达 2 万吨，销售额约 4 亿元，产品远销到北京、上海、广东、深圳、长沙等地，实现生态效益、经济效益、社会效益共赢，成为当地促进乡村振兴、农业增效的重要产业之一。

◆ 潜江龙虾

潜江市地处湖北省中南部，江汉平原腹地，历史文化底蕴深厚，资源优势得天独厚，其优越的环境条件造就了潜江龙虾“尾肥体壮、爪粗壳薄、色泽明亮、肉质鲜美”的特点。作为稻田养虾的发源地，全国闻名的龙虾养殖、加工、出口基地，潜江市持续培育潜江龙虾品牌，形成“培育一个品牌，带动一个产业，富裕一方百姓”局面，走出了一条具有潜江特色的产业发展之路。2023 年，潜江龙虾综合产值突破 750 亿元，“潜江龙虾”区域公用品牌价值达 350.8 亿元。

一、搭建品牌架构，塑造品牌形象

一是赋予品牌内涵定义。梳理“潜江龙虾”地理标志区域公用品牌发展主轴、命名模式，理顺品牌具体推进方式，对品牌进行精准定位，提炼品牌核心主张，推出“潜江龙虾”品牌特色的标识语“潜江龙虾，世界共享”。

二是建立双品牌运行制度。强化“潜江龙虾”区域公用品牌可识别性，规范使用授权标识。市域内潜江龙虾加工、运销和餐饮企业统一区域公用品牌标识，实行“区域公用品牌 + 企业品牌”双品牌运行模式。

三是加强品牌规范管理。严格执行授权管理制度，确保授权单位严格按照标准开展生产经营活动。依托“潜江虾—稻品牌信息服务平台”，推广应用“放心消费虾乡行”公众号，创建放心消费城市。在授权的市场主体设置“一店一码”商家二维码，提供信息发布、公示查询、在线维权、商家信用承诺等服务功能，方便社会监督。

四是构建品牌保护体系。制定潜江龙虾区域公用品牌管理办法，实行“先期免费、后期收费”的运营模式。完善品牌授权奖惩及危机管理办法，严厉打击破坏“潜江龙虾”品牌形象的违法行为，维护品牌形象。

二、夯实发展基础，强化品牌动能

一是坚持科技创新，引领产业发展。首创“虾稻共作”高效生态种养模式，实现保障粮食安全和推动农民增收的“双赢”。湖北省小龙虾产业技术研究院、湖北省小龙虾良种选育繁育中心、桂建芳院士专家工作站等一批国家级、省级科研平台相继落户潜江，进一步完善了产学研于一体的潜江龙虾创新平台。

二是坚持标准如一，提升龙虾品质。坚持好水才能养好虾，牵头制定产业技术标准 36 项，其中省级标准 12 项、团体标准 17 项。建立潜江龙虾质量追溯体系，潜江龙虾抽检产品合格率 100%。出口产品获得 BRC 认证、HACCP 认证，出口欧盟 135 项检测指标无一项超标，入选中国—欧盟地理标志互认互保产品名单。

三是坚持精深加工，延伸产业链条。培育龙虾规上加工企业 48 家，其中国家级龙头企业 2 家，省级龙头企业 11 家，年加工能力达 50 万吨。开发整肢虾、虾仁、甲壳素及衍生品等系列产品 60 多种，拥有全国唯一的淡水甲壳素精深加工基地，加工出口连续 17 年领跑全国。

四是坚持全网物流，打造交易中心。大力推进“互联网 + 龙虾”行动，构建区域一体化、内外一体化、线上线下融合发展的龙虾产业发展新格局。建成虾谷 360 网上交易平台，建成全国最大的小龙虾交易中心，形成了覆盖全国 500 多个大中城市的冷链物流网，高峰期日均交易量达 1 500 吨。

三、拓展营销渠道，培育品牌优势

一是坚持品牌推介不放松。发挥模式、技术、人才、物流等方面优势，组织潜江龙虾加工、餐饮、电商企业借助各种平台展示宣传。开展了潜江龙虾走进联合国、泰国等专场推介活动，先后参加了中国国际渔业博览会、中国国际农产品交易会、中国国际进口博览会、中国—东盟博览会，不断提高品牌影响力。

二是依托节庆活动造影响。成功举办十四届湖北（潜江）龙虾节，创新举办七届虾—稻产业博览会。其中，第二届中国（潜江）国际龙虾 · 虾稻产业博览会荣膺“改革开放 40 年，40 个优秀特色展会”。

三是借力电商翅膀促飞跃。利用潜江龙虾抖音号及本土网红自媒体平台，提炼品牌故事，传播品牌文化。举办“龙虾行丝路”“抖龙虾　树品牌”等直播带货活动，“潜江龙虾　世界共享”“潜江龙虾节”等话题累计播放量超 5.5 亿次。

四是精耕品牌文化强融合。建成全国最大的以龙虾文化为主题，集生态度假旅游、龙虾美食、文化展示、娱乐购物为一体的生态龙虾城。创新推出油焖大虾、蒜蓉虾、卤虾等多个系列 128 道龙虾菜品，其中包括 2 道中国名菜、10 道湖北名菜。推出 4 条“魅力虾乡一日游”线路，每年吸引游客 300 多万人到潜江品虾观光。

潜江市围绕潜江龙虾繁育、养殖、加工、餐饮、节会、品牌、营销、设施 8 个方面，推进产业升级，全力打造千亿虾稻特色产业集群，巩固潜江龙虾引领地位、标杆地位、龙头地位，力争为湖北建设全国构建新发展格局先行区作出更大贡献。

郧西马头山羊

一、基本情况

湖北省十堰市出产的郧西马头山羊因其头顶无角、外形似马头而得名，以肉质细嫩、膻味小、营养丰富等特点闻名遐迩，富含11.1%的优质蛋白、28.8%的脂肪，以及锌、磷、铁、维生素A、维生素B等营养物质。2021年，中国品牌建设促进会评价郧西马头山羊品牌价值15.93亿元。

二、经验做法

近年来，郧西县持续依托马头山羊资源优势，抢抓脱贫攻坚和乡村振兴政策机遇，加强组织领导、强化顶层设计、优惠扶持政策，不断在保种、扩群、服务市场主体上下功夫，持续深入开展养殖标准化、规模化，加工精细化、市场化，餐饮品牌化、多元化培育。

（一）高度重视，全面强化顶层设计

一是组织领导有力。郧西县委、县政府接续强化马头山羊产业发展领导小组，逐步建立了以县人大常委会主要领导主抓，县人大常委会、县政府分管领导具体抓，发展改革、财政、科技、商务等部门协同落实的领导机制，进一步集中力量、集中要素强力推动马头山羊产业高质量发展。

二是政策扶持全面。深入结合实际，抢抓精准扶贫、乡村振兴等国家战略机遇，不断优化完善马头山羊产业发展扶持政策，从种源保护、基地扩群、饲草配套、技术支撑、市场带动、品牌引领等方面给予政策引导和支持，形成了全链条政策扶持体系。出台了《郧西县马头山羊产业建设奖扶政策》《郧西县产业扶贫奖扶办法》《郧西县农业特色产业建设实施方案》《郧西县支持重点农业产业链持续发展的补充意见（试行）》等政策性文件，对马头山羊产业发展起到显著的推动作用。

三是资金投入给力。2015年以来，郧西县政府累计统筹和分配用于马头山羊产业建设方面的资金超过1亿元。脱贫攻坚期间，郧西县有近2万户贫困群众通过马头山羊产业实现增收，成为名副其实的富民产业。

（二）科学规划，全力建设重点项目

一是科学开展种源保护。2008年，郧西县与湖北省畜牧兽医研究所合作编制了《郧西县马头山羊保种规划》，科学划定保种区，扶持示范场采取“原种场＋扩繁场＋保护区”相结合的方式，不断更新血统，实施规范性保种，培植了10余家核心育种场。建设马头山羊高效繁育技术推广中心，推广同期发情、人工授精等新技术。加强与湖北省农业科学院、武汉市农业科学院合作，启动了郧西马头山羊品种鉴定及纯度分析技术的研发与应用科技攻关，研究高精度、低成本的基因型检测手段和设备，以加快保种育种步伐。

二是有序开展示范创建。多年来，郧西县在饲养方式、标准化规模化建设、联农带农机制探索等方面不断尝试和摸索，形成了农户以小单元养殖为主、市场主体以规模场和多联体小单元为主的养殖体系。

三是逐步完善饲草配套。每年人工种草近万亩，年生产青贮饲料 1 万吨左右，培育饲草颗粒饲料加工企业 1 家，年加工颗粒饲料 6 000 余吨。

四是加工转化提升附加值。培育一批加工企业，生产的羊肉汤、羊肉面、红烧羊排、蒸羊肉、烤全羊、凉拌羊肉等系列产品，销往北京、武汉、西安等地。培育一批马头山羊特色餐饮店，主打郧西马头山羊品牌，逐步开发了以御品羊汤、烤羊排为主的特色菜品。

（三）持续推进，稳步提升品牌效应

一是主打文化牌。举办“马头山羊种羊评比大赛”“马头山羊美食旅游节”“马头山羊伏羊节”等文化活动，持续深化马头山羊文化赋能。

二是主打外宣牌。积极赴北京与中国羊产业协会对接，组织产业链专班参加中国羊产业发展大会，与知名羊业企业对接产业合作项目。不断加强与中央电视台等权威媒体合作，在中央电视台《正大综艺》《谁不说俺家乡好》《第一印象》《新闻 30 分》《谁知盘中餐》等栏目开展专题报道。

三是主打商标牌。引导县内市场主体申请使用农产品地理标志集体商标，已注册了“源元”“马司令”“大唐香口”“屠羊说”“秦楚塞”等一批马头山羊产品商标。

三、主要成效

截至目前，郧西县已建设年出栏 500 只以上的省级规模羊场 68 个、年出栏 300 只以上规模羊场 125 个；培育“小单元”养殖户 550 户，培植马头山羊繁育场 15 家，选育纯种马头山羊 2 万余只；年种植菌（牧）草 1 万亩以上、年加工菌（牧）草 2 万吨；培育市级规模以上农产品加工企业 2 家，马头山羊特色餐饮店 5 家。逐步打造了香口乡保种繁育示范区、夹河镇牧旅融合体验示范区、湖北口回族乡小单元养殖示范区、店子镇合作社养殖示范区、六郎乡规模养殖示范区 5 个示范区。2023 年，全县马头山羊饲养量达 50 万只，出栏 25 万只，年综合产值达 10 亿元以上。

◆ 秭归脐橙

一、基本情况

湖北省宜昌市秭归县地处长江西陵峡畔、三峡工程坝上库首，是著名的“中国脐橙之乡”。全县柑橘种植面积 40 万亩，年产量突破 100 万吨，年综合产值近 200 亿元。秭归县 90% 的乡镇、80% 以上的行政村、70% 以上的人口从事脐橙相关产业。2017 年，秭归脐橙登记为农产品地理标志。近年来，秭归县突出抓好“秭归脐橙”品牌创建和保护，实现了秭归脐橙产业绿色、高质、高效发展，保护了“绿水青山”，造就了“金山银山”。

二、经验做法

（一）一以贯之抓蓝图绘就，保护与发展并进

成立秭归脐橙区域公用品牌、国家地理标志、农产品地理标志保护领导小组，县市场监管局、农业农村局、柑橘协会共同负责秭归脐橙品牌管理工作。全县有柑橘类区域公用品牌 3 个，企业品牌 697 个，产品品牌 12 个，基本形成了秭归脐橙的品牌矩阵。2023 年高质量完成秭归脐橙地理标志农产品保护工程项目。县政府颁布每年 4 月 7 日为秭归脐橙品牌日，秭归脐橙种植系统已成功入选国家第七批重要农业文化遗产。

（二）开拓创新抓资源保护，传承地理标志文化

在华中农业大学、湖北省农业科学院等高等院校的科技支撑下，在中国工程院院士邓秀新等专家的指导下，铸就了“高院 + 地方合作”的典范。一是引进、示范、储备品种资源。储备柑橘种质资源 126 个，年产优质柑橘苗木 100 万株，年产优质柑橘接穗 30 多万枝。保护 481 年树龄的香橙古树以及 300 年以上树龄的宜昌橙 112 株，着力从源头破解种子“芯片”难题。二是培育科技人才。开展秭归脐橙地理标志培训 500 人次，培育具有农民职称的“土专家”105 人，其中高级农民职称 2 人。2023 年，命名了 28 名秭归脐橙地标产品种植系统传承人，通过“头雁”的带领，引导更多年轻力量投入脐橙种植农艺与文化传承中。三是“脐橙 + 文化”不断融合。编印《秭归脐橙品牌故事集》，把秭归脐橙产业发展作为全县大思政课内容，与屈原文化、峡江文化、移民文化有机融合，着力将秭归脐橙打造成世界级的地理标志品牌。

（三）坚定不移抓品质提升，筑牢安全防线

2021 年，全县实施秭归脐橙品质提升三年行动，实施绿色健康栽培、减肥减药增产提质增效行动；应用农产品质量追溯二维码，探索构建监管新模式。搭建农产品质量安全信息平台，企业覆盖率 100%，行政村覆盖率 100%，并与市场监管部门食品安全信息平台实现了信息共享。

（四）锲而不舍抓科技创新，打造示范样板

打造脐橙数字化种植示范园，建立“四情”自动监测点 10 处，水肥一体化智能系统 25 处，共计 20 000 亩；安装果园轨道运输机 1 700 余条，覆盖果园 10 万亩；添置无人植保机 63 台；安装全性能光电分选系统 18 条，柑橘产后处理能力达到 120 万吨；建立秭归脐橙大数据，实现决策一张网、参谋一张图、展示一块屏、应用一手机。

（五）持之以恒抓品牌赋能，缔造理想之橙

一是发布“秭归脐橙，世界理想之橙”品牌新标识，深度挖掘“理想生态、品质、文化、情怀”的品牌价值。二是进行宣传推介。中央电视台“典籍里的中国”“开讲啦”“碧水长歌颂端阳”等栏目先后推介秭归脐橙，人民日报刊发了《让农产品“种得好”也“卖得好”》《穿越北纬 30° 助农大直播首站走进秭归》等文章。2023 年，“秭归脐橙”被评为国家知识产权局区域建设类 30 个商标品牌建设优秀案例之一。三是主体积极参与。屈姑食品有限公司代表秭归脐橙参加中部四省（鄂豫皖赣）地理标志大赛获得金奖；3 家经营主体开展绿色食品认证和深加工产品研发。

三、主要成效

（一）产品质量不断提升

近年来，市场主体选送的样品在省、市柑橘品鉴中多次获得金奖。经农业农村部食品质量监督检验测试中心（武汉）检测，秭归脐橙硝酸盐、重金属、农药残留含量等各项指标均符合绿色食品标准。

（二）品种结构不断优化

在统筹发展与保护中，不断把资源优势转化为产业优势和经济优势，在海拔 350 米以下发展晚熟品种，在海拔 350 ～ 500 米发展中熟品种，在海拔 500 ～ 600 米发展早熟品种，实现了海拔、品种、熟期的合理配置，形成了“春有伦晚、夏有夏橙、秋有九月红、冬有纽荷尔”的生产格局，促进了脐橙产业发展与生态环境保护的有机统一。

（三）品牌效益不断凸显

秭归脐橙先后荣获“中国驰名商标”“中华名果”等 10 余项国字号荣誉，区域公用品牌价值达到 60.18 亿元，荣膺 2020 年度最受欢迎的果品区域公用品牌 100 强。在《中国品牌》杂志社等单位主办的“2021 中国品牌 · 区域农业产品品牌影响力指数”评估中，秭归脐橙位列第八十强。

（四）联农带农不断加强

2022 年，秭归县鲜果销售收入过亿元的村有 12 个，超过 5 000 万元的村有 28 个，超过 1 000 万元的村有 18 个，脐橙产业成为秭归县带动农民增收致富的第一大支柱产业。

◆ 樟树港辣椒

2019年，湖南省岳阳市湘阴县樟树镇依托农产品地理标志保护工程项目，着力挖掘和发挥地域农业资源禀赋和优势，紧紧抓住“樟树港辣椒”这一特色品牌，按照规模化、标准化、产业化、市场化、品牌化融合发展思路，全面推进辣椒产业建设，取得了阶段性成效。

一、产业发展现状与成效

（一）产业布局初步形成

按照“市场＋龙头企业＋专业合作社＋基地＋农户”发展模式，辣椒产业的迅速发展，基本形成了“一区、一带、多点”的产业布局。目前，全镇樟树港辣椒种植面积约1.5万亩，年产量约1.5万吨，2020年产值约4.15亿元。

（二）产业链条已具雏形

建立1 000亩无公害樟树港辣椒标准化生产示范基地，完善辣椒大棚、硬化园区道路和排灌渠系等基础设施建设，实现集约化、产业化、品牌化生产经营。目前，全镇有以辣椒为原料的加工和销售单位27家，其中年销售产值100万元以上的2户，辣椒加工系列产品10多个，有一定规模的辣椒交易市场2个，辣椒经纪人1 000余人，年加工和销售辣椒3 000多吨。发挥区域特色农产品的资源、技术优势，促进了区域农业结构战略调整，对发展现代农业起到了重要的示范引领作用。

（三）品牌效应日益增强

樟树港辣椒有400多年历史，特殊的地理环境孕育了特殊风味的樟树港辣椒。樟树港辣椒获得农产品地理标志登记证书、地理标志证明商标，入选国家名特优新农产品目录，被评为湖南省区域农业品牌，获国家绿色食品认证。

（四）产值收益不断提升

近年来，随着良种良法应用实施，高质高效、优质优价逐步显现。鲜食辣椒产量由500～800千克/亩提高到800～1 000千克/亩，每亩平均效益超过3万元，有效吸纳约1.2万人就业。2020年，樟树镇人均收入2.68万元，高出樟树市平均水平20%。

二、主要做法与启示

（一）突出产业壮大固本，把特色做强

一是做强主导产业。巩固基地，通过加快土地流转、实施土地整理等措施，在全镇建设高品质樟树港辣椒基地，镇财政配套给予每亩大棚500～1 000元奖补。提升品质，与科研院所合作，建立健全产前、产中、产后全过程相配套的

农业科技服务体系。建立辣椒品种繁育基地、辣椒产业院士工作站，确保辣椒品质逐年提升。二是做强龙头企业。近3年来，县镇两级每年投入200余万元支持基础设施建设，重点引进高新技术建成智能联动大棚2个，水肥一体化设施配套到位，确保基地产能提升。樟树镇现有省级龙头企业1家，市级龙头企业2家，国家级高新技术企业1家，省级农业特色（蔬菜）产业示范园2个，省级绿色食品示范基地1个，国家级专业合作社1家，省级专业合作社1家，市级以上特色经营主体4个。三是做强区域品牌。坚持政府主导，探索建立品牌资金扶植机制，支持企业申请辣椒深加工产品食品生产许可证以及绿色食品、有机产品认证；组建了樟树港辣椒产业协会，每年举办樟树港辣椒暨乡村文化旅游节，在机场公路沿线设置集种植、加工、销售、餐饮、观光、休闲、研学等为一体的产业体验轴，打造多功能生态农业田园综合体。

（二）突出三产融合增效，把农旅做亮

一是大力实施农旅结合。依照县政府“辣椒小镇”建设规划，挖掘镇域现有“一园、一湖、一寺庙、一故居、一古镇、一美丽乡村”特色生态旅游资源，倾力打造“辣椒小镇”传统农业种植区、集镇提质建设区、乡村治理示范区。二是着力延伸产业链条。制定辣椒生产标准技术体系，引导生产技术规范研制应用，加快辣椒新领域产品研发，引进加工设备，提高产品附加值。鼓励社会资本投入，建成辣椒产品深加工厂1家，以点带面推动樟树镇辣椒产业发展。三是加力打造营销平台。积极推动新建1个储量在300吨以上樟树港辣椒冷链物流集散中心，建立和完善30个以上樟树港辣椒销售企业加盟或固定实体店。依托“互联网＋农业”，打造10个左右电子商务平台，实现线上、线下融合，畅通产品销售渠道。

（三）突出主体带动富民，把经济搞活

一是健全利益联结机制。大力发展“市场＋龙头企业＋专业合作社＋基地＋农户”模式，努力探索创建多层次产销主体分工合作的产业联盟、企业集团和产销联合体。镇内两家龙头企业共联系带动农户1 160户，有效实现增收。二是提供种植技术支持。成立樟树镇辣椒种植技术管理服务站，拨付专项经费，设立办公场所，积极邀请辣椒种植专家到镇讲课，同时，下发相关辣椒种植技术资料，提升椒农的种植水平。三是吸纳群众就地就业。全镇从事辣椒种植产业人口达1万余人，农户参与率达81.5%，在种植、运输、加工、销售过程中提供就业岗位约6 000个。

“左公故里尝古色，辣椒之乡裕人家。”在这片富饶丰裕的沃土之上，聚力壮大辣椒产业，做强做优特色小镇，共促“辣椒小镇”美名远扬。

安化黄精

一、基本情况

湖南省益阳市安化县地处资水中游，中药材资源丰富，全县有中药材 263 科 1 277 种，其中，248 种列入《中华人民共和国药典》，27 种属于国家和省级重点保护药材品种，安化县享有“湘中药库”的美誉，更是著名的“多花黄精之乡”。安化黄精种植面积达 10.55 万亩，年产黄精 1.3 万吨，实现综合年产值 11.1 亿元。

独特的生长环境造就了安化黄精优良的道地品质，经检测对比，安化黄精的黄精多糖含量普遍达 10% ～ 15%，最高达 22%，明显高于药典标准（≥ 7.0%）；浸出物含量达 65% ～ 90%，明显高于药典标准（≥ 45%）。全球 85% 的冰碛岩分布在安化，冰碛岩风化形成的土壤，十分肥沃且富含硒，适宜黄精生长。安化黄精硒含量普遍在 50 微克 / 千克左右，锌含量普遍在 10 毫克 / 千克左右，安化黄精被誉为“冰碛岩上的仙草”。

二、经验做法

（一）突出政府引导

一是召开安化县黄精产业发展大会和黄精产业发展大会精神落实会，营造中药材产业发展氛围，提振发展信心。二是出台《安化县促进黄精产业发展扶持办法（2023—2025）》及其实施细则。设立中医药产业发展专项资金，2023—2025 年统筹安排不少于 1 亿元资金，用于支持全县中医药健康产业发展。三是出台《安化县金融支持中药材产业“白名单”制度》，组织银行与企业对接会 2 次，创新金融产品 5 款，发放产业贷款 234 笔，金额 2.07 亿元。

（二）打造品牌名片

一是加强广告宣传。在北京、长沙、益阳等地投放电子显示屏、灯箱等宣传广告。二是加强农产品地理标志管理。制定《安化黄精农产品地理标志使用管理规则（暂行）》，编制完成《安化黄精农产品地理标志使用手册》，安化黄精农产品地理标志授权企业 29 家，在授权使用人基地设置标识标牌。三是积极举办（参加）节会。组织企业累计举办（参加）各类论坛、博览会、推介会 30 余场。四是重视精深加工。已开发即食黄精、黄精茶、黄精酒、黄精压片糖果、黄精果、黄精护肤品等产品 40 余款。

（三）加强技术服务

一是依托益阳医学高等专科学校，着手建立全县 23 个乡镇黄精种植基地的土壤理化性质、黄精品质数据库。二是鼓励企业与科研院所合作，以科技创新带动产品开发，延伸产业链条。银鸿农业、成大生物联合科研院所成功申报市级专家工作站。三是举办安化黄精培训班，重点培训产品包装设计、广告宣传、市场营销、种植技术等，每年组织专题培训班 4 次，培训人员 350 人。四是编制“安五味”中药材栽培技术手册，制定团体标准 2 个，制定企业标准 10 个。发布地理标志农产品安化黄精标准，制定《安化黄精种苗基地建设指导标准》《安化黄精种植基地建设指导标准》《安化黄精加工厂基本标准》。组建中药材科技服务团，开展技术培训与指导，指导 19 个乡镇，年均培训药农 3 600 人次。

（四）量质齐升，规范行业标准

一是突出种苗基地建设，建设黄精种植示范基地 2 万亩，黄精初精深加工厂 5 家，重点打造中国多花黄精种苗繁育中心。二是制定黄精果脯加工操作规程，提升产品市场竞争力。三是加大行业管控力度。将协会“黑名单”、保险“白名单”与品牌授权挂钩，保持安化多花黄精品种的纯正性。

三、主要成效

（一）培育产业龙头

坚持外引、内育两手抓，引进新合新、上药集团、重药・博瑞、酶时代生物等企业，推进产业结构优化升级。目前，全县有黄精中药材企业（合作社）400 家，规模以上工业企业 7 家、国家级农民合作社示范社 2 家、省级示范家庭农场 2 家、省级高新技术企业 7 家、省级道地药材生态种植示范基地 1 家、省级“定制药园”1 家、市级农业产业化龙头企业 3 家，初步形成小企业“铺天盖地”、大企业“顶天立地”的格局。

（二）提高农民收入

安化黄精因品质优良，近年来受到市场追捧，鲜货价格为 5～7 元/千克，明显高于其他产地价格。种植 4 年后亩产可达 2 吨以上，初步估算每亩年利润 1 万元左右。同时，黄精产业的壮大也带动了其他相关产业的发展，如旅游、餐饮等，进一步提高了农民的收入。

（三）增加就业机会

引导企业依托安化的地域优势和政治优势，与当地农户合作，通过提供中药材种苗、技术支持和包回收服务等措施，大力发展黄精种植，帮助农户提高收益，增加就业机会。全县黄精产业直接帮带 18 423 名贫困人口脱贫，辐射带动 12.8 万户农户致富，拉动社会资本近 20 亿元。

（四）促进乡村振兴

黄精产业作为中药材产业的重要组成部分，对于促进乡村产业振兴具有积极作用。通过发展黄精产业，可以带动其他特色农业产业的发展，形成多元化的产业结构，促进农村经济可持续发展。

◆ 大围山梨

一、基本情况

大围山镇地处湖南省长沙市浏阳市最东端。在这片红色的热土上，勤劳智慧的山区人民种植梨、桃、李等特色水果 2.5 万亩，其中大围山梨 1.5 万亩，发展水果种植户 2 000 多户、水果专业合作社 34 家，成立了大围山水果专业合作社联合社，6 个产品获得绿色食品认证。大围山梨 2014 年 5 月获得农产品地理标志登记保护，2019 年实施地理标志农产品保护工程。

二、主要成效

（一）产品品质进一步提升

实施统一套袋、统一疏果标准、统一修剪方法、统一绿色防控技术、生草栽培、提高土壤有机质水平等标准化生产措施，大围山梨的色泽更加统一（绿黄透亮），果形更加标准（单果 300 克左右），口感更加细腻、脆嫩无渣、风味多汁，可溶性固形物含量不低于 12.5%，农药残留速测合格率 100%，深受消费者喜爱。大围山镇对授权用标企业的产品实施全过程“电子化”管理，为大围山梨建立“身份档案”，实现“知根溯源”，并纳入国家农产品质量安全追溯平台。

（二）品牌影响力进一步扩大

统一品牌形象，设计发布“大围山梨”品牌标识，规范产品包装，制作宣传手册、卡通雕塑及电子采摘地图，推出“浏阳河源　大围山梨”广告语。规范品牌管理，对用标企业进行评估授权、动态管理，建立标志使用档案，授权企业用标率达到 100%。加强品牌推介，连续 14 年举办水果文化旅游节，多次参加会展，邀请媒体进行宣传，使大围山梨从地域品牌向全国知名品牌迈进。

（三）特色保护进一步加强

组织专家制定大围山梨品种提纯复壮方案，开展大围山梨原种母树的遴选工作和挂牌管理，建立长青大围山梨品种提纯复壮示范区。组织人员分别在开花期、生长期、成熟期、落叶期对长青、杨梅岭等老基地的果树逐一进行品种特性记录打分，遴选为大围山梨原种母树和并挂牌管理，所有繁育大围山梨的苗木接穗必须取自原种母树，大围山梨的品种特色得到有效传承和保护。

（四）产业效益和融合水平进一步提高

通过实施地理标志保护，大围山梨年产量从 4 000 吨增加到 5 000 吨，产品价格从 16～20 元 / 千克提高到 20～30 元 / 千克，年产值从 7 000 万元增长到 1.3 亿元，带动全镇人均增收超过 4 500 元。同时，大围山镇投入 2 000 余万元，全力打造大围山水果公园、锦绶堂文化公园等乡村振兴产业融合发展示范区，年接待赏花、采果游客 40 万人以上，带动休闲农庄、家庭旅馆、乡村民宿 100 家以上。

三、经验做法

（一）突出保障，汇聚合力

浏阳市成立了大围山梨地理标志农产品保护建设领导小组，以大围山镇政府为实施主体，合作社和果农共同参与。明确任务书、时间表和路线图，实行清单制管理，在产业规划、人才支撑、资金支持、项目扶持、金融支持等方面出台系列政策，做到了组织保障有力、政策保障助力、经费保障给力，确保地理标志农产品保护工程按方案落实到位。

（二）突出重点，统筹推进

坚持突出品质提升、品牌打造、特色保护、产业融合 4 项重点，统筹推进制度建设、标准化生产、产品质量监管、示范基地打造、种资源保护、提纯复壮、品牌创建、品牌维护、品牌推介、节会举办等工作，提升产业整体发展水平。

（三）突出融合，提升效益

坚持将大围山梨的发展与大围山的特色旅游有机融合，通过弘扬红色文化、整合生态资源、发展特色项目，完善现场观摩、产品展示、人文历史展览、饮食文化、休闲体验等基础设施、设备和场所，建立健全现代农旅经济产业链，实现经济效益、社会效益、生态效益同步发展、同步提升。

四、工作启示

（一）不忘初心，方能走对方向

始终立足于在“特”字上做文章。大围山梨生长在浏阳河源头，大围山脚下，生长环境独特、口感独特、价值独特。坚持走“高端·小众”发展之路，坚持在做精、做优、做强，不盲目扩大规模、不随意新增品种，始终坚守为地方人民谋福利的初心。

（二）上下联动，方能汇聚合力

大围山梨地标保护工程的实施，是政府行为和民间力量的有机结合。没有各级政府的倡导和支持，农民很难自发地保护地理标志、打造特色品牌；没有民间的参与，政府也唱不好独角戏。

（三）耐心坚守，方能持续长久

从 1989 年种下第一棵梨树苗至今，走过了 30 多年的历程。坚持绿色发展理念，不忘初心，大围山梨产业得以从小到大、从弱到强。

桃江竹笋

湖南省益阳市桃江县现有竹林115万亩，全县以桃江竹笋为主导产业，坚持树标准、提质量、强品牌，深入实施地理标志农产品保护，预计2025年，桃江竹笋综合产值将达到180亿元，产品出口额将突破1亿美元，竹笋产业成为产业兴旺的重要抓手。

一、工作成效

（一）主导产业蒸蒸日上

桃江笋竹产业于2019年达成“百亿竹产业”培育目标，成为县域经济支柱产业，2023年实现综合总产值150亿元。目前，全县笋竹产业带动群众就业约20万人，户均实现增收3 800元以上。

（二）发展引擎后劲倍增

一是做大做强优势龙头企业。目前，全县笋竹企业达300余家，其中国家级农业产业化龙头企业1家，省级龙头企业3家，市级龙头企业3家，中国竹藤品牌集群企业1家、中国竹业龙头企业2家、国家林业重点龙头企业2家、规模以上企业39家，初步形成了龙头引领、集群发展的产业格局。二是农民合作社和家庭农场遍地开花。全县有竹笋生产专业合作社76家，竹笋种植类家庭农场138家，10亩以上农户经营基地上千个，“冬春挖笋、夏秋收稻”成为新常态。三是利益联结机制建立健全。建立了“龙头企业＋合作社＋农户”产业化联合体，打造出产业发展的强劲引擎。

（三）产业融合协同增效

一是融合基础稳固。现代农业特色产业园为产业融合发展提供了广阔舞台，目前全县共有农业特色产业园（基地）25家，其中省级11家，市级2家，县级12家。全县已建成4个县级笋竹资源示范基地，15个乡镇创办300亩以上的高产竹林示范基地。二是示范引领带动。坚持“一特（竹笋）两辅（茶叶、蔬菜）多元”发展思路，打造了一批具有代表性的现代农业园区。三是“农业＋”模式助力。有力推进农旅融合，桃江“竹旅”主题休闲农业与乡村旅游标志性品牌初具规模，2021年消费突破50亿元，成功创建湖南省全域旅游示范区。“互联网＋农业”融合深入推进，依托成熟的农村电商和农村物流体系，供销e家、益农信息社全覆盖优势，以及农产品仓储保鲜冷链物流设施，畅通特色农产品上行渠道。

（四）品牌打造提速升级

一是品牌建设卓有成效。经过多年接续发展，桃江竹笋成为“一县一特”主导特色产品，并注册了国家地理标志证明商标，获农产品地理标志登记保护。竹笋产品拥有注册商标30个，竹笋标准化生产基地获 FSC 国际森林认证。二是着力产销对接。坚持以企业为主体，依托电商，全力打造“竹乡臻品”公共区域品牌。强化政府引导，积极组织、推荐龙头企业参加展会、博览会等，同时高标准承办了第十届中国竹文化节，在第二十二届中国中部农业博览会上举办了“桃江竹笋”公用品牌推介会。三是深化品牌内涵。讲好桃江故事，说好桃江人文，县政府及县农业农村局等牵头组织编纂了《美人·竹·茶历代诗联集萃》《桃江竹笋》等书籍，有效扩大了桃江农特产品的知名度。

二、主要措施

（一）坚持示范引领

建设 3 个 5 000 亩高标准核心示范基地，投资 300 万元，建成林道 0.5 万米、作业道 1.5 万米。核心示范区标准化生产技术推广比例在 95% 以上，项目区亩均产值增幅在 15% 以上，农户人均收入年增幅在 10% 以上。高度重视笋竹资源培育，采取“县乡村三级书记齐抓，县镇村户四类基地共建”模式，建成笋用林 7.5 万亩，进一步夯实产业发展基础。

（二）坚持品牌引领

坚持政府创公共品牌，企业用品牌的总体思路。大力支持桃江竹笋生产、经营主体参加各类展会。出台奖补政策支持生产经营主体开展绿色食品或有机产品认证，认证桃江竹笋绿色食品企业 9 家，27 个竹笋主要产品通过绿色食品认证。开展多种形式宣传，在县内主要高速公路周边及出口、农业园区入口等位置竖立宣传牌。全县主要竹笋生产企业、基地均悬挂桃江竹笋地理标志宣传牌。在电视台专题宣传、投放广告，桃江竹笋市场认可度进一步提升。

（三）坚持标准引领

保持桃江竹笋特色品质优势，强化全程质量控制，推动竹笋全产业链标准化、规范化，颁布《桃江竹笋生产技术规程》《复水毛竹笋加工技术规程》等地方标准，同时，支持企业制定生产标准。加强标准的实施应用，县内 11 家生产企业、20 家合作社全面应用行业标准。质量安全监测与评价实现全覆盖，产品质量检测合格率 100%。

（四）坚持品质引领

全面提升桃江竹笋生产、监管、服务信息化水平，强化全过程透明化、公开化。规范农产品地理标志管理，从企业用标资质、产品带标上市、产品质量标识、质量追溯等环节入手，确保桃江竹笋地理标志合法合规使用。对完善标志、通过核验的企业提供适当补贴，提高主体积极性，县内竹笋加工企业均建立了“两证一追溯”体系，产品可追溯率 100%，全面推进桃江竹笋身份标识化和全程数字化。

◆ 徐闻菠萝

菠萝产业是广东省湛江市徐闻县的支柱产业，菠萝种植面积35万亩，年产量70万吨，约占全国菠萝总产量的1/3。徐闻菠萝果实饱满，单果重650～1 500克，肉脆多汁，甜带微酸，香味浓郁持久。菠萝产业带动农户6.8万户，劳动就业14.6万人。徐闻建成1 000亩以上的绿色食品标准化示范基地2个；13个菠萝标准化种植示范基地，面积达3万亩。

近年来，徐闻县抓好菠萝产业高质量发展，制定菠萝产业三年行动计划。通过建立“1”个菠萝大数据，组建销区采购商和培养产区经纪人“2”支队伍，拓展销区和产区“2”大市场，策划采购商走进徐闻和徐闻菠萝走进大市场“2”场活动，实现品牌打造、销量提升、市场引导、品种改良、农民致富等“1”揽子目标，简称“12221”方案，着力将徐闻菠萝产业发展模式及机制打造成为广东省特色优势农业产业发展样板。

一、开发全国首个菠萝大数据系统

徐闻菠萝用大数据指导生产、引导销售。2019年，徐闻县开发菠萝流通大数据系统，在全国设立数千个签约档口，定期发布菠萝市场价格指数和采购商指数。在菠萝采收季将菠萝大数据从每周一报提升为每日一报，让农民看得见销售端的价格走势，也让采购商对市场有更好的判断。

二、组建采购商联盟，培育采购商助理队伍

2021—2023年，徐闻县积极开展菠萝采购商招募行动，吸纳13个省（市）的大型采购商400余人。与全国重要批发市场、大型商超、电商平台等开展长期合作，形成稳定的采购链；开展广东菠萝大篷车活动；开展“优秀采购商＋示范基地＋优质菠萝”遴选活动。推动国际合作，实施广东菠萝“走出去”工程。积极培训优秀产地采购商助理，促进生产商与采购商有效衔接。

三、推进徐闻菠萝全国重点城市品鉴活动直通消费者

徐闻县积极推进全球菠萝城市品鉴中国行，西安、兰州、乌鲁木齐、哈尔滨、武汉，一城一站，次第铺开。在京津冀、长江三角洲地区、西北地区等设置网红打卡点“菠萝广场”，实现了产区和销区无缝对接。举办菠萝产销对接大会，使徐闻菠萝从“菠萝的海”飘香到粤港澳大湾区、上海、杭州。2019年共举办12场产销专题活动，签约购销量达9.2万吨。实现了徐闻菠萝产销两旺，全年菠萝总产量约70万吨，鲜果销售总产值约15亿元。

四、开创数字营销，创新推进菠萝网络采购直通车

积极探路菠萝网络营销行动，创新启动“徐闻菠萝网络采购直通车”，组织短视频营销，举办网络

会客室、直播带货、网络签约等活动。中央电视台直播间吸引 7 000 多万人次观看，与千鲜汇电商成功签订 50 吨 / 天徐闻菠萝购销合同，“采购商会客室”2 小时超 4.5 万名供货商围观。创新徐闻菠萝“网络节 + 云展会”营销模式，创建线上农产品交易会，开展云发布、云论坛、云展示、云直播、云采购等多种形式的线上活动，通过数字化实现销售主动化、自动化、精准化。

五、实施十项工程，狠抓菠萝品质提升

成立菠萝品控领导小组，指导菠萝品质标准制定、生产加工指导及全产业链经营等。先后发布了徐闻菠萝质量标准工程、品种优化工程、防伪溯源工程、菠萝交易中心工程、历史文化挖掘工程、农旅融合工程、品牌整合传播工程等十大工程。出台《徐闻菠萝产业高质量发展工作方案》，压实任务，全面推进菠萝全产业链建设。组织开展徐闻县菠萝品控承诺行动会，组织生产主体共签订菠萝品控承诺书 14 256 份。为菠萝采购商提供优质暖心的服务和权益保障，营造和维护良好的营商环境。

六、标准化品牌化齐发力，促进产业高质量发展

积极落实标准化生产。徐闻县与广东省农业科学院深度战略合作，成立专家团队，开展优良菠萝新品种选育及优质高效种植技术研究与应用推广。专家团队集成了有效防控“黑心病”“水菠萝”的“三减”种植技术，受到菠萝种植户的好评。

着力推进品牌化发展。徐闻县以菠萝为载体，连续 6 年成功举办徐闻菠萝文化节，深层次、多维度推广徐闻菠萝。依托徐闻菠萝的品牌效应，实现了产业高质量发展。

七、推动徐闻菠萝开拓国际化市场渠道

不断开拓国际市场，力争将“菠萝的海”打造成享誉全球的亮丽名片。引导生产主体、出口公司与科研院所多方合作，推出供应链技术标准，指导徐闻菠萝出口。通过拍摄菠萝出口流程短视频、举办广东菠萝出口发车仪式、创建并扩大广东菠萝出口示范基地、培树菠萝出口企业，积极鼓励徐闻菠萝“走出去”。加快数字技术、现代科技与农业发展和国际贸易深度融合，构建“线上 + 线下”“国内 + 国际”市场新格局。

龙门三黄胡须鸡

一、基本情况

“无鸡不成宴”，是广东人在饭桌上的口头禅，无论是家宴、祭祖或还是宴客均以鸡为主菜。据《龙门县志》记载，广东省惠州市龙门县已有 1 700 多年养殖鸡的历史。三黄胡须鸡被列为龙门县名优农产品之首，已成为惠州市乃至广东省的“明星”农产品。龙门三黄胡须鸡因具有黄毛、黄脚、黄嘴和一撮胡须而得名。是我国现存古老且比较有特点的珍稀地方特优肉用鸡种。龙门三黄胡须鸡肉厚雪白、胸尾油多、嫩滑不腻、皮脆适口、味道鲜美，2019 年获农业农村部地理标志登记保护。

二、完善龙门三黄胡须鸡养殖产业链条

（一）健全种鸡繁育体系

龙门三黄胡须鸡产业按照全产业链一体化封闭运行模式的要求，建设了种鸡繁育体系，引进自动化先进设备，加强原种三黄胡须鸡繁育。

（二）养殖标准化规模化

全力推进“选址适宜、布局合理、规模适度、饲养科学、防疫严格、治污达标、管理规范、示范有力”的肉鸡标准化养殖示范场建设，推广无抗生态养殖技术。大力推广应用计算机控制的饲料投喂技术，加强养殖信息化动态管理，建立健康养殖档案，实行投入品质量常态化监测制度，不断完善精细化管理水平。

（三）加工流通产业聚集发展

加快龙门三黄胡须鸡产品精深加工开发，产业链条逐步延伸拓展，实行“公司＋基地＋农户”的发展模式，通过企业带动和品牌效应，实现优质优价，形成“市场引导企业，企业带动农户”的新格局。

三、推进“龙门三黄胡须鸡”地理标志品牌建设

（一）“龙门三黄胡须鸡”地理标志品牌建设

针对“龙门三黄胡须鸡”品牌设计，统一使用带有地理标志的包装。强化“龙门三黄胡须鸡”品牌推介与营销渠道建设，组织、开展品牌注册与创建宣传，积极参加农产品展示会、展销会，参与优质农产品评选，积极协助地理标志农产品宣传、展示与市场营销，促进“龙门三黄胡

须鸡”品牌推广。

（二）地理标志农产品电商平台渠道建设

专注于食品安全领域，追求原种名禽四大回归（回归自然、回归野性、回归安全、回归原味），利用龙门三黄胡须鸡及其“龙须皇”品牌网络口碑的优势，积极发展电商，提高产品效益，产业辐射带动 5 000 户农户致富。围绕“原鸡原味原生态”主题，举办三黄胡须鸡美食节，充分展示以三黄胡须鸡为代表系列特色农产品，打造“三黄胡须鸡 + 生态旅游产业发展”的名片，帮助养殖户提质增效。

四、加大龙门三黄胡须鸡产业政策支持

（一）深入贯彻土地流转政策

龙门县落实“依法、自愿、有偿”的农村土地流转原则，积极探索农村土地“三权”分置，在依法、自愿、有偿、有序的基础上，鼓励农民通过“转包、转让、互换、租赁、入股”等多种形式，有偿流转土地承包经营权，依托“龙门三黄胡须鸡”产业，由家庭农场、合作社等各类新型经营主体流转农业土地 3 000 多亩。

（二）加大各类政策扶持力度

惠州市委、市政府以及龙门县委、县政府通过统筹整合财政专项资金、社会融资等方式加大资金投入，在用地保障、财政扶持、金融服务、科技创新应用、人才支持等方面出台了明确的政策措施，构建了龙门三黄胡须鸡地理标志农产品保护工程项目政策协同支持体系。推动三黄胡须鸡现代产业化发展，为发展现代家禽业保驾护航。

◆ 饶平狮头鹅

一、基本情况

饶平狮头鹅产自广东省潮州市饶平县，是我国著名的地方品种及珍贵的优良肉用鹅种，已有近600年的养殖历史。饶平狮头鹅以独特的外貌特征和体型巨大等优良种质特性闻名。饶平狮头鹅具有生长快、适应广、抗病强、耐粗饲、易管理、产肉多、肉质佳等优点，在国内外享有较高的知名度和美誉度，有“世界鹅王”之美称，2012年，饶平狮头鹅获得农产品地理标志登记保护。

在各级政府的大力扶持和各企业的努力下，由饶平县浮滨狮头鹅协会牵头带动，积极开发饶平狮头鹅网络销售平台建设，实现品牌营销方式的多样化，拓宽了营销渠道，在粤东、粤港澳大湾区、闽西南、赣东南以及国内主要城市，多形式、多渠道搭建各类直营、配送和加盟餐馆，创建了“卤功盖世”“潮卤传奇”“卤味研究所”“物点卤味”等一系列狮头鹅连锁餐饮品牌。

二、产业发展经验

（一）加强品种资源保护，积极开展狮头鹅品种选育

近年来，由于历史及地缘因素，饶平狮头鹅原种得不到切实有效的品种保护及提纯复壮，品种杂乱现象十分严重，其外貌特征、体型、生长速度等性状，差异较大。肉鹅生长速度变慢，整齐度差，种鹅存笼量急剧减少。

在省、市、县相关主管部门的关心支持下，广东立兴农业开发有限公司于2011年专门成立了饶平浮滨原种狮头鹅研究室，并自2011年年初开始在饶平县浮滨镇及周边区域实地考察种养户、养殖场等，精心挑选了具有代表性、原始特征明显的狮头鹅种母鹅450只、种公鹅100只，饲养在公司保种鹅场作为原始保种群，通过筛选，最终选择360只狮头鹅（种母鹅300只，种公鹅60只），作为保种核心群，进行保种。2014年4月，建设饶平狮头鹅原种保护繁育基地，同年7月，饶平狮头鹅原种保护繁育基地被省农业厅评为“广东省畜禽遗传资源保种场”及“原种鹅场合格单位”，同年12月，被列为“国家级狮头鹅保种场”“国家水禽产业技术体系示范基地”。

（二）开展饶平狮头鹅标准化饲养技术研究与示范推广，带动农户增产致富

通过开展基层农技推广体系改革与建设，联合华南农业大学、广东海洋大学、广东省农业科学院、韩山师范学院食品工程和生物科技学院等高校与科研院所，积极开展“产学研推”技术合作，联合进行科研攻关，加强对狮头鹅标准化饲养技术的研究，制定了潮州市农业地方标准《饶平狮头鹅》（DB 445100），开展狮头鹅品种保护、选育改良、提纯复壮等专业技术的研究，示范推广肉用狮头鹅标准养殖技术、原种狮头鹅反季节繁育技术、冬闲田种草养鹅技术等，切实解决狮头鹅生产关键技术难题。

此外，饶平县开展了畜牧科技进场入户、新型农民培训等系列活动，促进狮头鹅产业健康发展，带动约 2 281 户农户从事狮头鹅饲养生产，实现农户、企业共赢。

三、地标保护工程亮点

在巩固一产、强化二产、提升三产 3 个方面下功夫，构建“生产 + 加工 + 科技 + 营销 + 品牌”多位一体、上下游产业衔接的格局，做大做强、做优做实“饶平狮头鹅”地理标志农产品品牌，持续打响“狮头鹅发源地”这一金字招牌，推进“饶平狮头鹅”品牌冲出国门，走向世界。

（一）建设现代化育种养殖核心示范基地

以广东立兴农业开发有限公司为主导，加强狮头鹅品种繁育、规模养殖、科研技术、辐射带动等，推进国家级狮头鹅保种场生产设施升级改造。全面改善提升饶平狮头鹅原种保护繁育基地现代化养殖设施条件，加快建成集狮头鹅繁育选育、标准养殖、品牌销售于一体的现代化核心示范基地，推动饶平狮头鹅现代化、产业化、融合化发展。

（二）建设现代化屠宰加工示范基地

依托饶平益康家禽屠宰有限公司狮头鹅屠宰加工（深加工）基地，传承传统饶平狮头鹅加工工艺技术，加快推进肉鹅屠宰加工车间现代化改造，改善升级肉鹅屠宰加工生产线，全面提高狮头鹅屠宰加工（深加工）能力，打造形成集狮头鹅屠宰、鹅卤制品加工、冷链流通、品牌销售于一体的现代化屠宰加工示范基地，为全县狮头鹅产业融合、提档升级发展提供重要支撑。

（三）健全联农带农

建立健全以饶平狮头鹅地理标志农产品为主导的联农带农、助农增收机制，发挥龙头企业辐射引领作用，通过“公司 + 基地 + 农户”的经营模式，采用“统一鹅苗、统一饲料、统一疫药、统一管理、统一技术、统一收购”的帮扶方式，帮助农户解决狮头鹅品种选育、养殖管理、市场销售等难题，以“农业技术中心 + 企业 + 基地 + 农户”模式，政企携手从生产、加工环节加强对养殖户（含从业农民）的指导与帮扶，为农户提供多环节的社会化服务，力争按标准养殖。

四、主要成效

通过项目实施，用标企业全部纳入国家农产品质量安全追溯平台，狮头鹅产品从养殖到餐桌全链条可追溯、可监管，产品质量抽检合格率达 100%。“饶平狮头鹅”农产品地理标志品牌美誉度得到进一步增强。

客都稻米

一、基本情况

梅州市是广东省重要的粮食生产基地、岭南优质稻米传统产区、广东产粮大市，对于梅州市而言，千年传承的客都稻米产业无疑是其优势产业。2017 年，客都稻米获得农产品地理标志登记保护，正逐步走出“围龙屋”，成长为全国知名品牌。

地理标志农产品客都稻米的主要生产企业梅州市稻丰实业有限公司紧盯现代化农业发展目标，立足客都稻米特色与优势，以一二三产业融合发展为重点，充分挖掘客都稻米产业优势，塑造核心竞争力，延伸产业链和价值链，创新“种植 + 加工 + 科技 + 品牌”的全产业链发展模式，全力推动农业生产由传统模式向现代化方向发展，实现规模化种植、智能化加工、产业化营销，同时，组织化带动农户，有机农业、绿色食品产业和品牌农业发展成效显著。

二、壮大特色优势产业，推动农业产业化发展

致力于把规模做“强”，把技术做“精”，把品牌做“优”，全面提升稻米产业质量效益和竞争力，构建了从农田到餐桌的全产业链发展格局，使稻米产业进一步壮大。

（一）深化院企合作，推广品种培优

与广东省农业科学院、华南农业大学、暨南大学、仲恺农业工程学院、华南理工大学、广东科技大学、嘉应学院等院校建立长期合作关系，为促进科技成果的转化提供了有力支撑，形成了强大的持续研发能力。

（二）推进种养结合，实现提质增效

通过打造稻鱼共生基地，实现稻鱼综合种养，在保障水稻稳产的前提下，利用稻田湿地资源适当开展水产养殖，形成季节性农渔种养结合的栽培模式，实现“一水两用、一田双收”，既有效促进粮食生产、农民增收，又可发挥巨大的生态效益，实现养鱼不用抗生素、生长激素，种水稻不施用农药，保障稻谷、水产品的质量安全。此外，还通过引进自动化、智能化检测和溯源系统，提升田间地头的气象、土壤监测水平，为稻米的标准化生产提供科学依据，同时，解决了农产品溯源难的问题，提高了稻米的质量。

（三）强化标准化生产，加强质量监控

种植过程中严格按照“良种、良品、良法”标准化生产，建立和完善产品质量管理体系，从产地、选种、种植、施肥、收割、贮藏、运输、生产加工等环节进行全程规范化管理，确保产品质量管理实

现可追溯。稻谷收储前采用自动化、智能化机械循环烘干，同时，引进现代化谷物冷却机、空调粮仓等设备设施储粮保鲜；采用先进的PLC 控制系统大米加工生产线，实现了大米加工自动化、智能化和信息化。客都稻米实现了从农田到餐桌全产业链综合发展，确保产品品质优良、质量稳定。

（四）深挖品牌文化，树立品牌形象

梅州市被誉为世界长寿乡，客都稻米已成为梅州市特色农产品之一。自 2017 年客都稻米被认定为国家地理标志产品以来，梅州市开展品牌策划，深入挖掘客都稻米文化，构建客都稻米地理标志农产品文化体系，并以客都稻米为依托，融入客家山水农耕文化，打造出“金良稻丰”系列大米品牌。

三、传承农耕文化，助推乡村振兴

（一）挖掘传统农耕文化

深入发掘梅州农耕文化的内在潜力，不仅注重散落于民间的农耕文化的挖掘与整理，还与时俱进，注重赋予传承农耕文化新的形式。建设了以“梅州本土农耕文化”为主题的梅州市客都稻米农耕文化展示中心，运用声、光、电等先进技术，以图片和实物等多种形式，展现远古农耕稻作到现代高效农业的发展历程，使参观者了解客都稻米源远流长的农耕文化。

（二）推动农旅融合发展

2019 年，按照 3A 旅游景区的标准进行规划设计，利用乡村自然环境、农渔业生产等资源条件，通过合理改造、适度开发，打造了梅州首个“稻鱼共生”基地，集“乡村旅游、农耕体验、农业科普、品牌展示”多重特色于一体，为本地游客乃至外省游客提供观光休闲、农耕体验等服务，成为传播爱粮节粮社会风尚和培育当代新农人的文化教育阵地。

（三）激发产业发展潜力

建设稻米全产业链，促使稻谷种植业向二三产业融合，正是积极推进农业供给侧结构性改革的一个大力举措。未来，计划打造“稻米 + 电商 + 慈善 + 旅游 + 直播带货 +N”客都稻米推广模式，盘活稻米产业，激发稻米产业发展潜力，成为撬动农民增收致富，实现乡村振兴的有力支点，让“产品变商品、基地变景区、田园变公园”，形成新的效益增长点，提高品牌竞争力，进一步带动稻米产业发展。

百色芒果

百色芒果（杧果）栽培历史悠久，清代《四库全书》中就有记载。广西壮族自治区百色市是芒果起源地之一，地处广西西部，属南亚热带季风气候区，气候独特，冬暖无霜，利于芒果越冬营养积累；百色右江河谷是全国四大干热谷之一，5—8月阳光充足、高温酷热，有利于芒果糖分积累和成熟；加上百色富含铁锰的酸性赤红壤种植环境，造就了百色芒果肉质细滑、纤维少、汁多、味香甜等独特品质。百色芒果于2015年2月取得农产品地理标志登记，经过百色市人民政府重点打造，创建了国家级农产品地理标志示范样板，入选中国—欧盟地理标志互认互保产品名单，品牌价值迅速提升，带动了产业发展，品牌扶农效应显著，是全国首批特色产业扶贫典范。

一、“百色芒果”区域公用品牌发展历程

2015年之前，百色芒果在市场销售中遇到很多问题。由于品牌不响，知名度低，外地客商根本不知道百色盛产芒果，产品经常滞销。各县（市、区）政府为了帮助本地果农抢占有限的当地市场，各自为战，“芒果正宗，来自田东”“芒果香香，产自田阳”等县域品牌宣传铺天盖地，但始终没有形成有效的区域公用品牌，严重干扰了百色芒果在消费者心中的形象。

针对百色芒果市场混乱问题，2014年百色市委、市政府决定，整合各种资源，走品牌化道路，统一打造“百色芒果”农产品地理标志区域公共品牌。2015年，百色芒果获得农业部农产品地理标志登记保护；2019年，百色芒果获得地理标志农产品保护工程支持，通过严格执行产品标准，授权40多家百色芒果生产企业用标，50%的百色芒果在市场推广中使用农产品地理标志，逐步完善了市场体系，促进了品牌提升，产品迅速推向全国和海外市场，产销两旺，实现了百色芒果产业做大做强做优的目标。

二、主要做法

（一）统一品牌名称

将百色市辖区内12个县（市、区）所产的芒果产品品牌统一为“百色芒果”，制定了《百色芒果农产品地理标志公共标识使用管理制度》以及5项配套制度，大力推广和规范使用农产品地理标志。

（二）统一生产标准

一是统一产前栽培标准，严格推行《农产品地理标志质量控制规范（百色芒果）》《无公害食品芒果栽培技术规程》和《无公害食品台农1号芒生产技术规程》等生产标准，规范育种、种植、管理、采收等生产环节。二是统一产中管护标准，组织专家团队和技术人员，开展芒果生产技术标准培

训，推广应用测土配方施肥、水肥一体化、果实套袋、科学修剪、病虫害综合防治、采后商品化处理等先进技术。三是统一产后分选标准，按照《农产品地理标志质量控制规范（百色芒果）》逐步规范百色芒果产品的产后冷藏贮运、分选分级、市场投放等。

（三）统一采摘上市时间

每年根据不同品种，结合气候情况，确定统一的采摘上市时间，召开百色芒果上市新闻发布会，借助各级新闻媒体宣传推介百色芒果，提升品牌知名度。经过不断宣传，生产者的品牌意识不断提高，目前 90% 以上的百色芒果生产主体能够遵守开采上市制度，并相互监督，自觉维护百色芒果品质。

（四）统一产品包装

2015 年开始，百色市出台了统一百色芒果产品包装的指导意见，要求凡是在百色辖区内生产的芒果，产品外包装必须统一使用“百色芒果”字样作为区域品牌标识。

（五）统一市场营销

政府每年投入专项资金，统一策划开展品牌宣传活动。一是针对大城市市场开展线下推介活动，由市委、市政府领导带领百色芒果产销企业到北京、香港、重庆、西安、杭州等大城市进行产品推介，扩大百色芒果销售渠道，在省会城市基本建立了百色芒果销售网络。二是举办“互联网 +”百色芒果线上促销活动，利用百色市电商运营服务中心以及淘宝、京东、1 号店、微商百色馆、今日头条、抖音、快手、微博等平台，开展“青春飞扬——百色芒果‘抖’起来”活动，全面开展“互联网 +”百色芒果节活动，销售网络从线下延伸到线上，推行统一管理、统一供货、统一包装、统一仓储、统一物流联营模式。2019 年，举办了“壮美百色”芒果产销对接暨乡村旅游喜乐汇活动，将百色芒果产业同文化和旅游有机融合。2021 年首届中国芒果产业发展大会、2017 年第十二届世界芒果大会在百色召开，百色芒果在全国乃至全世界得到了宣传推广，知名度和品牌价值进一步提升。

（六）统一质量监管

全面落实农产品质量安全监管属地责任、做好例行质量安全检测，落实生产主体责任，完善农产品质量监管体系。2015 年以来，百色市各级农业执法部门每年针对百色芒果生产开展专项检查，包括对农资市场开展植物生长调节剂、禁限用农药、违规药肥等专项检查，芒果种植基地投入品使用专项检查，开采上市专项整治等。对不按要求进行生产的生产主体采取劝阻、通报和列入黑名单等措施，保证了百色芒果的成熟度和品质。通过开展绿色食品认证，对百色芒果进行提档升级，打造高端品牌。2021 年，百色市共有 45 家生产经营主体的 22.52 万亩百色芒果获得绿色食品认证，超过百色芒果投产面积的 1/4。

恭城月柿

广西壮族自治区桂林市恭城瑶族自治县的柿子（月柿）产业已经初步形成集生产种植、加工仓储、流通销售、科技服务等一二三产业有机融合发展的格局。2023 年，恭城月柿种植面积 22.95 万亩，产量 89.11 万吨，产值超 88.98 亿元，产量占广西柿子产量一半以上。全县柿农人均可支配收入由 2018 年的 19 245 元增加到 2022 年的 25 780 元，增长 33.96%，恭城月柿产业带动就业 3.5 万人，辐射带动相关产业从业人员 6 万人，成为乡村振兴的重要支柱。

一、高度重视，发挥政府的主导作用

将地理标志农产品保护工作纳入政府工作大局，县政府行文出台相关实施工作方案。明确各级各部门的职责与分工，在全县营造推进地理标志工作的良好氛围。确定每年 9 月 15 日为恭城月柿上市首日，并以恭城县人民政府的名义下发通告，加强检查和宣传，杜绝使用催熟剂提前采收上市的行为，确保果品成熟度和品质，维护“恭城月柿”品牌形象。

二、把控果品质量，推行规范化种植

一是推广规模化和规范化种植优势品种。通过大力推广恭城月柿，形成了“一村一品”“一镇一品”的优势品种种植村、镇和连片带。二是积极开展“三品一标”认证。恭城月柿绿色食品认证面积达 12.32 万亩，绿色食品生产企业 13 家、产品 15 个，授权使用“恭城月柿”地理标志用标单位 24 家。三是积极普及推广柿子标准化生产示范点。拥有 10 万亩月柿绿色食品原料基地，建立柿子标准化生产示范点 24 个，面积 1.35 万亩。推行规范化栽培技术，亩节约生产投资 150 元以上，亩增加收入 1 200 元以上，优质果率提高了 5%。

三、破解加工短板，提升市场竞争力

一是加强品牌加工企业培育。积极扶持培育龙头企业，促进恭城月柿加工仓储设施建设，全县有大中型柿子加工企业 56 家，开展柿子鲜果脱涩初加工微型企业及作坊 725 个，形成了“丰华园”“森璐”“普兰德”等 22 个品牌企业。二是加大招商引资，培育优势特色柿子加工产业集群。通过引导柿子加工企业向精深加工发展，建成自治区级现代特色农业示范区 2 个。三是加大柿子产品研发，不断延伸产业链条。加工园区内加工企业在原有的脆柿、冻柿、柿饼等传统产品的基础上，开发了柿酒、柿醋、柿子茶叶、柿单宁含片等新型产品，此外，冷皂、面膜、精华液等多个新产品也将投入生产。加工产品品种日渐丰富，扩大了恭城月柿的产业竞争力和影响力。

四、加强服务，有效解决柿子销售问题

充分发挥农产品加工龙头企业的作用，扶持冷链物流等现代农产品流通业，推动“农批”“农超”

对接。充分利用广西名特优农产品交易会、全国农产品电子商务信息公共服务平台等媒介，拓展销售渠道。产业集聚区现有农产品加工企业 51 家，入驻物流企业 20 多家，参与收购加工的家庭作坊式流通点达到 70 多家。实施全域电商工程，建成特色产品展示中心、电商农资配送中心、电子商务公共服务中心。

五、突出品牌效应，提升品牌价值

积极推广合理修剪、矮化密植、绿色防控、高效节水等技术，建设种苗培育基地和标准化生产基地，促进恭城月柿生产提质升级，提升种植效益和绿色发展水平。通过大力实施全国绿色食品原料（月柿）标准化生产基地县等创建工作，“恭城月柿”品牌建设工作快速发展，品牌效应日益凸显。全县形成了“丰华园”“森璐富贵柿”“红岩故柿”等 22 个品牌企业。培育“广西好嘢”农业品牌 11 个，全县统一了恭城月柿宣传标语，统一标识和包装设计，全力打造“恭城月柿”品牌。

六、注重科技支撑，提升科研成果转化率

成立广西恭城柿子试验站，加强与科研院校合作。如桂林恭城丰华园食品有限公司与中国科学院广西植物研究所、广西壮族自治区农业科学院农产品加工所等科研院所构建了产学研联盟，在柿干、柿饼等产品研发方面取得了突破性进展。柿宝公司发展柿子精深加工，开发了 20 多款柿子相关食品和 12 款柿子相关日化产品，申请专利 20 多项。智慧农业物联网系统等数字化体系在示范园内得到广泛应用。

七、强化利益联结，带动果农增收

通过“公司 + 合作社 + 基地 + 农户”“土地入股分红”等运作模式，把基地农户、农民合作社、企业等多方利益联结，有效带动 2 万户以上柿农增收。2023 年，“森璐”“丰华园”等 9 家订单生产大户月柿订单面积达 16 万亩，收购柿子 20 万吨以上。

八、挖掘柿子文化，深度融合农旅产业

把恭城月柿生态果园风光与文化、民族风情结合起来，在恭城甜蜜柿业（核心）示范区内打造了一条农业旅游观光带。在集中种植月柿的莲花镇打造了“两园一镇一道一水系”中国月柿特色小镇，建成中国月柿会客厅、月柿景观大道等，形成了以月柿文化为主题的旅游精品线路。自 2003 年以来，每年均举办恭城月柿文化节，2023 年接待游客 420 万人次。“恭城月柿”品牌在各类媒体得到宣传、推广，极大地提升了品牌的影响力。

澄迈福橙

一、基本情况

海南省澄迈县出产的澄迈福橙，品质上乘，富含硒元素，深受消费者喜爱。2016 年 3 月 31 日，澄迈福橙获得农产品地理标志登记保护。澄迈县将福橙产业化发展作为富民强县的重点工作来抓，采取政策扶持、科技推广、品牌打造等一系列有力措施，推进福橙标准化、规模化、产业化发展，使福橙成为当地农民致富的"摇钱树"。全县澄迈福橙种植面积约 15 000 亩，挂果面积 6 000 亩，年产量逾 6 500 吨、精品果 4 000 吨，年产值 6 500 万元。

二、全方位政策扶持，标准化生产全面铺开

澄迈县积极推动集约化种植，重点打造精品果园，鼓励有实力的企业或农民合作社发展标准化果园，实现高投入、高品质和高产出，打造优质福橙基地。

（一）建立标准化生产体系

2007 年成立澄迈县福橙产销协会，2008 年成立澄迈福橙科学研究所。制定并实施《福橙栽培技术规程》等 3 项地方标准，推动实施《澄迈福橙　农产品地理标志质量控制技术规范》，通过农业合作组织将果农联合起来，全县设立 10 个澄迈福橙种植示范点，打好标准化基础。

（二）通过认证与技术服务提高生产水平

鼓励支持生产基地进行绿色基地认证，引导农民高标准种植澄迈福橙。为全县福橙种植户进行培训和现场技术咨询、指导，培养了专业技术干部队伍和农民技术员队伍。

（三）加强追溯管理与品牌保护

统筹协调包装管理，建立了福橙鲜果溯源系统。严格执行“澄迈福橙”证明商标、农产品地理标志的授权使用制度，严厉打击劣质柑橘假冒澄迈福橙的不法行为，加强对“澄迈福橙”品牌的保护。统一选果、统一打包、统一商标，实施果品分级、优质优价，切实增加农民收入。

三、全流程科技支撑，提升福橙鲜果品质

建立了澄迈福橙研究所，推广优良品种和先进技术，提升福橙鲜果品质。

完善福橙种苗繁育配套体系，建立了福橙无病母本园、无病采穗圃、无病育苗圃等“三级”无病苗繁育体系，实施全过程网棚隔离育苗，创新澄迈福橙种苗培育方式。

推进福橙育苗“三改”。一改出圃时间，避开高温烈日天气出圃；二改裸根苗为营养袋育苗，提高大田种植成活率；三改嫁接部位，提高嫁接位置避免绑果成本增加。

创新优化福橙栽培生产方式，引导绿色发展。建立树体管理、肥水调控、病虫害综合防治、化学物理控梢促花和设施栽培等技术体系，长期开展专业化研究，不断推出优新技术，提升生产水平。

开展新品种引进筛选，争取引进一批、观察一批、储备一批，加快品种更新换代步伐，不断推陈出新，保障产业可持续发展。

不断升级福橙产业技术体系，提升鲜果品质。在优良单株选育、标准化生产、病虫害绿色防控、果实采后商品化处理、贮藏保鲜、物流营销等方面进行技术攻关，提升福橙品质。

设立澄迈福橙产学研交流平台，通过微信等媒介，生产者能实时学习专业技术、探讨解决疑难问题的方案。

四、全范围品牌宣传，品牌创建成效显著

澄迈县充分利用报纸、电视、“互联网 +”等多种媒体，积极推广澄迈福橙，培养和壮大品牌效应，成效显著。

（一）政府推介

充分利用报纸、电视、网络等多种形式，积极推广澄迈福橙，提高品牌效应。县委书记、县长每年带队到北京、上海等一线城市举办推介会，积极宣传推广福橙。

（二）市场推介

先后在上海江桥市场、北京新发地市场建立福橙直销点。充分利用中国（海南）冬季农产品交易会、中国国际农产品交易会、中国绿色食品博览会等大型活动，以及澄迈福橙采摘节、澄迈乐购嘉年华活动等，进行大力推介，收到良好效果。

（三）建立网络销售渠道

成立澄迈网店协会，通过淘宝、微信、京东、百果园、拼多多等多个平台销售澄迈福橙。充分挖掘福橙产品特色，差异化发展，品牌宣传突出“富硒”“春节礼品”“低酸”等特色，按照“示范果园推动、协会主导、企业参与、品牌共享”的原则，进一步打造“澄迈福橙”农产品地理标志区域品牌。

◆ 兴隆咖啡

1960 年，周恩来总理视察海南万宁兴隆，品尝了兴隆咖啡后说道：“兴隆咖啡是世界一流的，我喝过许多国外的咖啡，还是自己种的好。”这成为兴隆咖啡最好的宣传广告语，也为兴隆咖啡烙上了深深的民族印记。兴隆咖啡 2017 年登记为农产品地理标志，2020 年纳入地理标志农产品保护工程，2021 年列入中国—欧盟地理标志互认互保产品名单。

一、基本情况

海南省万宁市地处北纬 18°，是海南省四大咖啡优势种植、加工、商贸流通区域之一。咖啡种植面积占全省的 1/3，主要集中在兴隆华侨农场及周边的南桥镇、长丰镇、三更罗镇、礼纪镇等地区，种植品种为中粒种罗布斯塔咖啡。全市具有一定规模的咖啡加工企业有 10 家（含省级龙头企业 2 家），年加工能力超过 9 000 吨，年产值 1.5 亿元以上。产品有兴隆华侨传统风味咖啡、焙炒咖啡豆、咖啡粉、挂耳咖啡、袋泡咖啡、三合一速溶咖啡、冻干即溶咖啡、即饮咖啡等。

二、经验做法

（一）培育优质特色品种

兴隆咖啡依托国家重要热带作物工程技术研究中心、中国热带农业科学院科技成果转化基地、中国热带农业科学院香料饮料研究所加工与工程技术研究室、全国协作生产服务联盟四大平台，聚焦咖啡产业配套、行业共性以及市场需求等关键问题，针对咖啡风味、同期成熟、绿原酸保留、机械采摘等课题进行研究，通过科技赋能、科技创新，为咖啡产业的发展提供了科技支撑。中国热带农业科学院香料饮料研究所经过近 60 年研究，选育出产量高、品质优良的热研系列咖啡新品种，其中热研 1 号和热研 3 号咖啡被列入农业农村部“十三五”主导品种。

（二）重视产业培育发展

万宁市以供给侧结构性改革为主线，立足本地咖啡产业的优势和潜力，主动把握国内外咖啡生产与消费趋势，转变咖啡产业发展方式，走特色化、规模化、集约化、标准化、产业化、国际化的发展道路。咖啡产业已被列为海南省重点培育和发展的 15 个农业产业链之一，万宁市也将咖啡作为全市八大产业链之一进行重点打造，在海南全省率先成立推进咖啡产业发展工作专班。自 2014 年以来，万宁市政府和相关部门出台文件 20 多个，推动咖啡产业发展。

（三）完善标准体系建设

万宁市针对咖啡的种子、种苗、培育、种植、仓储、加工、烘焙、冲调等制定了兴隆咖啡地方标准，完成了兴隆咖啡农产品地理保护标志标准体系的修订，成功发布了一系列团体标准，使兴隆咖啡“从种子到杯子”全过程都有标准可依。基于兴隆咖啡地理标志证明商标的《兴隆咖啡区域品牌管理规程》团体标准已经完成编写，正等待发布。2024 年，万宁市安排资金结合海南自贸港建设的需求，与国际和国内机构共同编制团体标准，形成标准的完整闭环，抢占标准的制高点。

（四）打造咖啡品牌文化

举办职业技能竞赛，打造“兴隆咖啡师”劳务品牌，通过劳务品牌促就业。坚持长远谋划，持续深耕，着力打造并持续提升品牌知名度、竞争力。整合各类文旅资源，以品牌建设拉动咖啡人才培养并增进就业，以咖啡人才培养助力经济产业建设，推动咖啡经济有效助力乡村振兴，让兴隆咖啡走向世界。印发了《万宁市建设兴隆咖啡品牌门店奖励方案》，鼓励引导更多咖啡企业或个人开设兴隆咖啡线下门店，最高可享受 30 万元奖励，进一步提高兴隆咖啡的市场占有率和影响力。

三、主要成效

万宁市将兴隆重点打造成为集种苗繁育、标准化种植、特色产业小镇和产业融合于一体的咖啡产业示范基地，现有大小咖啡店超 200 家、咖啡庄园 5 家、咖啡主体共享农庄 4 家，已建成的咖啡主题景区 2 个、椰级乡村旅游点 5 个。万宁市从事咖啡行业人数在 5 000 人以上，人均月收入约 4 500 元。2022 年，兴隆咖啡全产业链产值达 2.36 亿元。

◆ 江津花椒

重庆市江津区种植花椒历史悠久，至今已有700年历史，明清时期，江津花椒作为朝廷贡品而闻名。民国时期，时局动荡，江津人用青花椒支援革命斗争，利用花椒煎汁治腹泻、眼疾，充当麻醉剂替伤员动手术。江津花椒品种为“九叶青”，其果实饱满呈鲜绿色或青绿色，麻味适中，香气纯正。目前，江津花椒种植面积达 53 万亩，鲜花椒年产量 30 万吨，年产值达 37.39 亿元，惠及椒农 28 万户 62 万人，带动当地 70% 的贫困户脱贫增收，户均增收 4 000 元。经过 40 多年高质量发展，江津区已建成集种植、加工、科技、销售、服务于一体的全产业体系，花椒精深加工业全国领先。

一、打造优良种质“芯片”

建成国家级花椒种质资源库，入库保存花椒属花椒亚属、崖椒亚属的43种（变种）花椒野生资源、近缘野生种、栽培种 350 个组份 6 500 株花椒，占国内花椒资源总量的 80%。打造标准化花椒良种繁育基地 500 亩，全区种苗年销量近 1 亿株，带动全国发展花椒 1 100 万亩。选育“早熟九叶青”花椒品种通过行业审定，全国推广近 100 万亩。

二、构建绿色产业标准体系

构建花椒地理标志保护标准综合体，着力制定花椒产业链技术标准体系、社会化服务标准体系、地理标志产品质量检测标准体系、地理标志保护服务工作标准体系、地理标志保护绩效评价标准体系。以创建国家绿色食品原料标准化生产基地和全国名特优新农产品全程质量控制高质高效试点为契机，全面推广科学施肥、用药、修剪、采收、加工、贮藏等先进技术，现已制定产业标准 11 项，打造绿色生产技术示范基地 1.3 万亩、出口花椒溯源基地 500 亩，绿色生产技术推广率达 90% 以上，培育全程质量控制技术应用主体 20 家、良好农业规范认证主体 2 家、农产品全程质量控制技术体系实施主体 6 家。

三、壮大加工生产体系

培育花椒产业骨干加工企业 30 家，其中区级龙头企业 21 家、市级龙头企业 4 家、规模以上企业 3 家、国家级龙头企业 1 家；建设花椒加工业生产线 41 条，村级集中烘烤点 5 个，此外，有小作坊烘烤主体近万家，花椒初加工转化率达到 99%。以江津花椒为原料，开发食品、保健、医药、化工 4 个系列七大类花椒制品 46 个。建设以花椒调味品、食品制造为主的中国（重庆）国际农产品加工产业园，打造花椒调味品优势特色产业集群。

四、做强产业科技创新

组建全国一流的花椒工程技术创新中心，与中国农业大学、西南大学等10余个高校院所合作共建专家团队12个，构建起花椒产业全过程气象与农业科研试验体系、花椒产品开发体系、花椒气候品质认证体系。在全国率先开展花椒芽变育种和太空育种研究、花椒枝干活性炭研发、出口花椒产品咸味香料研制，以及高香型青花椒酱、花椒芽菜等特色产品的研发。建成全国首个花椒大数据信息管理中心。江津花椒先后被列入全国农业标准化、全国林业标准化栽培示范项目，获得发明专利16项、省部级科技进步奖二等奖1项，花椒冷榨、鲜榨技术全国领先。

五、健全产业服务队伍

组建花椒产业协会、花椒加工业协会，利用社会力量积极探索农资供应、植保防治、剪枝采收、加工仓储、包装销售“五统一”全程托管服务。现已培育花椒生产社会化服务组织5家，村集体经济组织、花椒股份专业合作社77个，生产技术服务类龙头企业3家，花椒首席专家团队1个。不断创新业主带动机制、群众参与机制、技术指导机制，推行“企业＋合作社＋基地＋农户”模式，通过技术帮扶、订单收购、务工就业等建立利益联结关系，加强产业链建设和供应链管理，逐步实现花椒全产业链社会化服务格局。

六、擦亮地理标志品牌

建成全国首个花椒博物馆，撰写《江津花椒大事记》《麻遍全国　香飘世界》等产业书籍，发布专属歌曲《花椒香》，开发花椒全宴。江津花椒被纳入农业农村部中国农业品牌目录和农业品牌精品培育计划，被选入中国共产党历史展览馆，作为“不忘初心、牢记使命”党史展实物向社会长期展示。中央电视台《源味中国》《品牌强国工程—乡村振兴行动》《今日中国》等节目相继展播江津花椒。江津花椒产品荣获中国绿色食品博览会金奖、中国国际农产品交易会金奖、中国川菜调味品金奖，并入选“中国川菜调味品十大知名品牌”“中国国际农产品畅销产品”。2023年，“江津花椒”品牌价值达到64.04亿元。

江津区坚持生产轻简化、全程绿色化、产品健康化，通过广泛应用农机降低农民劳动强度，以绿色生产方式发挥良好生态效益，以有效管控措施保障产品健康安全，走深走实花椒产业高质量发展之路，坚持不懈把“小小花椒树”做成“致富大产业”。

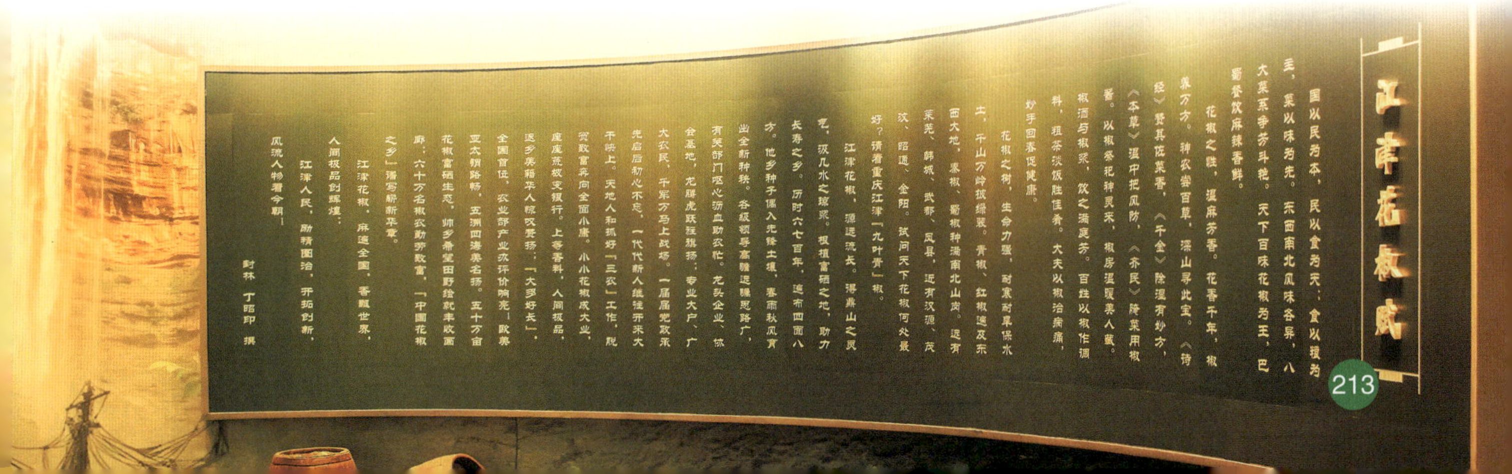

开县锦橙

重庆市开州区地处三峡库区腹心，是全国柑橘原产地之一，素有“帅乡”“橘乡”“金开县”之美称。开州柑橘种植历史长达2 000多年，春秋战国时期，开州便是良种柑橘的主要产地；自汉代以来，开州就是蜚声华夏的橘乡，所产柑橘品质优良，当地传统祭祀舞蹈中便有“橘歌”流传。

一、基本情况

开州区通过锦橙完熟技术的开发运用实现了锦橙1—5月上市销售，拉长了成熟期，培育了“开县春橙”品牌，2023年开州区获评“中国春橙之都”。开县锦橙为开县春橙的主要品种之一，“开县锦橙”品牌评估价值达到7.68亿元。2023年，开县锦橙面积约15万亩，年产量约12万吨，综合年产值近8亿元，果农年均增收6 500元，小果树成了农业的“当家树”、农村的“常青树”、农民的“致富树”、企业的“摇钱树”。

二、“三化”齐推树品牌

（一）坚持“绿色化”发展理念

构建了开县锦橙品种特色化体系，生产技术实现绿色化。开县锦橙主要包括开陈72-1、开盛76-8、开陈73-10等品种，是开州区原园艺场在20世纪70年代优选的品种，抗逆性强，丰产优质；生产过程中推广果园行间生草、减肥减药、“4111”等新技术。

（二）做大“规模化”基地建设

采取流转、托管、入股等方式盘活土地，摒弃品种多而杂、基地小而散的局面，打破区域界限，整合区域优势资源，连片规划、连片建设、统一打造，基本形成“一基地、两中心、三园区”的开县锦橙建设布局，培育开县锦橙市级、区级龙头企业、农民合作社共计43家，成立了开州区柑橘协会。

（三）加强“特色化”品牌打造

将开县传财柑桔种植股份合作社生产的开县锦橙打造为全国特质农品；10家农产品生产经营主体开展了绿色食品认证；建设开县锦橙文化展示中心，展示开县锦橙大事记、作品赏析、锦橙风采等，强化品牌保护与传承。

三、“三轮”驱动提产能

（一）做优平台

开州区坚持高位用力，成立开县锦橙产业发展建设领导小组，区委、区政府主要领导任组长，全面指导开县锦橙产业发展，由开州区农业发展服务中心具体负责项目实施、新品种与新技术推广、农产品质量安全监管等。建立“政府引导、企业主体、农民主力、市场主导”的开县锦橙发展运行机制、激励机制和考核机制，已成功创建开县春橙市级柑橘产业园，入选国家三峡柑橘产业集群、国家农业产业强镇。

（二）做优科技

与西南大学、中国农业科学院柑桔研究所建立科技合作关系，定期开展现场培训和定点技术指导，全面推广叶片营养诊断配方施肥、有机肥替代化肥、绿色防控等集成配套技术，提升开县锦橙产业发展“含新量”，制定锦橙种苗繁育、锦橙全程质量控制等技术规范。

（三）争取项目

打捆使用三峡柑橘产业集群、开县锦橙地理标志农产品保护工程、产品产地冷藏保鲜设施、开县春橙市级现代产业园、农田宜机化改造、高标准农田建设、农业生产发展等项目资金 2 亿余元，优先投向开县锦橙生产基地、经营主体，擦亮品牌底色。

四、“五措”并举提价值

（一）在调优结构上下工夫

针对开州传统品种落后的现状，立足冬无严寒的自然禀赋，坚持走差异化发展、错季上市的路子，发展早、中、晚熟品种结构，并提纯复壮、扩繁试种引进锦橙新品种长叶香橙试种 100 亩，种质资源保护区建设任务已全面完成。

（二）在锻牢链条上添措施

建设宜机化标准化基地 3 万亩，形成 6 万亩开县锦橙、春橙产业带，以及 3 万亩高标准示范片，并实现了“零废弃”综合利用。

（三）在品牌培育上借势蓄力

修订出台了《开州区农产品品牌建设奖补实施细则》，全面完善标志授权及生产追溯制度，全面推进使用国家农产品安全追溯管理信息平台；推动带标上市，开展开县锦橙品牌包装设计，提升产品形象。

（四）在拓宽市场上多条腿走路

举办“三峡柑橘 · 森美 NFC 系列产品”川渝市场全渠道启航会、开县锦橙推介会、开园节等活动，持续提升开县锦橙的影响力和知名度。组织参加第二十届中国国际农产品交易会、第二十二届中国绿色食品博览会、积极拓展开县锦橙线上线下销售体系，设立“开州农品　绿优纯甄”农产品综合展销馆 3 个、“开味开州”品牌专卖店 11 家，持续培育本土电商平台，支持与京东、阿里、抖音等平台的合作。开县春橙远销国内 26 个省（区、市），出口东南亚市场 3 000 余吨。

（五）在利益联结上创新模式

创新推出“4 种模式”，深化利益联结机制。一是集体带动型，即采取“集体经济组织 + 合作社 + 农户”模式；二是合股经营型，即农户以土地、劳动力等资源入股，采取“龙头企业 + 基地 + 农户”“股份合作社 + 基地 + 农户”等模式带动农户增收；三是产业托管型，即农户柑橘果园由家庭农场、种植大户、股份合作社等托管，农户既能获土地租金又能获增值收益；四是就业帮扶型，即区内柑橘股份合作社、农业企业带动 7 000 余人就业，人均年增收 3 000 元以上。

南川大树茶

一、基本情况

南川大树茶是一种独特的乔木型茶树品种，主要生长在重庆市南川区的德隆镇、合溪镇、古花镇、大有镇和三泉镇。以其大叶片、质地柔软、叶色黄绿色和抗寒性强而著称。南川大树茶的耐泡性和理化指标均优于普通绿茶和红茶。南川大树茶不仅是茶树资源的宝贵原始材料，还对研究世界茶树的起源和育种具有重要的科学价值。

二、经验做法

（一）强化历史人文传承

南川区独特的气候和环境条件适宜茶树生长。据史料记载，南川已有 1 700 多年的产茶历史。五代十国毛文锡撰写的《茶谱》记载，“涪州出三般茶，宾化最上（今南川）……”

南川大树茶 2012 年获得了农产品地理标志登记和国家地理标志证明商标。在 2019 年首批农产品地理标志保护工程项目中，在核心产区德隆镇原茶树村建设了世界人工种植茶叶起源地展示中心，厘清了南川大树茶的发展历史，收集整理了一批南川大树茶相关文物。展示中心的建成，寻到了南川大树茶的文化之根，筑牢了南川大树茶的发展之基，培育了南川大树茶的品牌之魂。

（二）强化种质资源保护

南川大树茶来源于野生植物群落，现有古茶树近 2 000 余株，是南川大树茶宝贵的种质资源，对研究世界茶树起源和育种具有重要作用。南川大树茶获得农产品地理标志保护以来，对古茶树实行了编号挂牌建档保护，并联合西南大学启动了南川大树茶品种选育工作，划定了古茶树群核心区域，对核心区域进行了严格保护，确保了原始风貌的保持。

（三）强化品质保持

制定了地方标准《地理标志产品　南川大茶树》（DB50/T 1091—2021），并在基地竖立了标识牌。以浅显易懂的方式向生产者推广南川大树茶标准化生产技术，以提升南川大树茶的品质。配合茶叶产业“化学肥料农药减施增效”工作，购买并免费向生产者提供菜籽饼等有机肥，促进生产方式转变，逐渐降低化肥使用量，使南川大树茶品质回归到仿野生状态，确保了南川大树茶产业的可持续发展。

（四）强化文旅融合

坚持以旅兴茶、以茶促旅，在充分挖掘南川大树茶茶文化的基础上，依托“金佛山 178 环山趣驾”旅游路线，规划布局并建设了一批与茶旅游相融合的景观，建设了一批以南川大树茶为载体的农家乐，推广了以“茶家乐”带动茶园发展的模式，拉动了旅游消费，推动了茶文化、茶产业与旅游产业的融合发展，推动了茶产品和旅游商品的衔接转化。

三、主要成效

截至 2023 年 12 月，南川大树茶产业规模从 2012 年农产品地理标志保护登记时的 1.05 万亩发展到了 2 万余亩；茶青售价从登记初的 40 元 / 千克提升到了 440 元 / 千克；成茶价格从登记初的 0.1 万元 / 千克提升到了 1.4 万元 / 千克。

南川大树茶的发展助推了脱贫攻坚、乡村振兴，成为当地百姓名副其实的摇钱树。根据浙江大学 CARD 中国农业品牌研究中心发布的《2023 中国茶叶区域公用品牌价值评估报告》，南川大树茶品牌价值达 2.07 亿元。

◆ 黔江猕猴桃

重庆市黔江区地处武陵山区腹地，属中亚热带湿润性季风气候，气候温和，四季分明，热量丰富，雨量充沛，适合猕猴桃生长。黔江猕猴桃于2019年获得农产品地理标志登记保护。2021年实施了黔江猕猴桃地理标志农产品保护工程。全区猕猴桃种植面积10万亩，年产猕猴桃15万吨，年产值20亿元以上，是黔江区助农增收的特色支柱产业之一。

通过实施地理标志农产品保护工程，黔江猕猴桃产业发展得到较大提升，独特的优良品质特性得到有效保持，品种资源、优质种苗供给得到有效保障，产品品牌建设进一步加强，农产品地理标志追溯体系建设得到全面完善，生产数字化水平得到有效提升。黔江猕猴桃品牌知名度、美誉度和产业发展整体质量显著提升，促进农民增收的作用持续增强。

一、经验做法

（一）技术支撑

黔江区联合中国科学院武汉植物园、四川大学、四川省农业科学院、重庆市农业科学院、重庆文理学院等组建了猕猴桃工程技术研究中心、种苗生产中心和西南地区首条花粉生产线，同时，成立了由国内外猕猴桃专家组成的重庆市猕猴桃科技专家大院，为黔江猕猴桃的发展提供产业规划布局、新品种引进、选育培育等方面的技术支撑。

（二）硬件强化

黔江区建成了重庆市最大的猕猴桃生产基地、种苗繁育基地、冷链贮藏物流基地。实现了黔江猕猴桃采后运输—储藏—加工—交易—配送及时高效。

建立“互联网＋农业”智慧化管理系统，实现了覆盖黔江猕猴桃种植全过程的农产品质量安全追溯，以及环境监测、视频监控和决策预警。

（三）品种培优

黔江区把猕猴桃产业发展种植品种和技术创新作为首要解决的课题，依托龙头企业的进驻，利用本地丰富的野生猕猴桃资源，进行黔江猕猴桃品种的更新换代试验示范。先后培育适合本地生长的红阳、金果、翠香、洪昇、东红等 30 余个猕猴桃优良品种，同时，引进花粉生产工厂化技术、栽培标准化技术、果实自然膨大技术、溃疡病综合防控技术、种苗快繁技术等高产优质猕猴桃生产技术，从根本上解决了猕猴桃种植过程中的技术难题，为黔江猕猴桃产业的发展奠定了坚实的基础。

（四）品牌打造

黔江区委、区政府对黔江猕猴桃产业进行全面高端的产业链布局，结合黔江猕猴桃历史人文与产品特色，打造具有当地地域特色和文化底蕴的农产品品牌。

二、主要成效

通过实施地理标志农产品保护工程项目，黔江猕猴桃区域品牌和企业品牌知名度不断扩大，黔江猕猴桃产品质量安全体系逐步建成。通过种植黔江猕猴桃直接帮扶建卡贫困户 450 余户共计 2 500 余人脱贫致富，户均年收入达到 3 万～4 万元。

2017 年中国果品协会授予黔江区“中国猕猴桃之乡”称号；重庆市规划局、重庆市地理信息中心联合推出《重庆特色植物地图》，黔江猕猴桃入选为黔江“代言”。2019 年，黔江猕猴桃入选中国农业品牌目录、全国名特优新农产品名录，获得中国绿色食品博览会金奖，被重庆市农业农村委员会、重庆市海关联合评选为出口示范基地。黔江猕猴桃产品已远销北京、上海、广东、浙江、山东、湖南、重庆、四川、陕西等全国各地市场，并出口马来西亚等国家。

◆ 梁平柚

重庆市梁平区盛产梁平柚。梁平柚果形美观，色泽金黄，蜜甜滋润，脆嫩化渣，营养丰富，有“天然罐头”之美称，是中国三大名柚之一。全区梁平柚生产面积 14.8 万亩，有柚树 800 余万株，年产柚果 20 万～30 万吨，研发柚子深加工产品 200 余种，全产业链综合年产值逾 50 亿元，成为乡村振兴的特色产业之一。

一、主要做法

（一）突出目标任务

在区委、区政府的领导下，形成了“质量提升、市场导向、营销核心、三产融合、机制创新、科技赋能”总体发展思路，确定了“体系全面健全、效益大幅提升、品质不断提高、三产融合发展”总体目标。与中国农业科学院柑桔研究所合作，编制了《重庆梁平柚产业发展规划（2016—2025）》。

（二）突出特色保持

围绕地理标志农产品的独特地域、独特生产方式、独特品质和独特历史文化，强化产品特色挖掘，提高市场辨识度和认可度。

一是强化产品特色挖掘。一方面，与西南大学、重庆市农业科学院等机构开展技术合作，筛选出 2～3 份果实优良的新品系。通过选优提纯、培育出了龙滩 405、园艺场 77-1 等一大批优选单株。另一方面，在重庆市梁平区合兴镇银恒村选取了 50 亩地进行梁平柚标准化封闭育苗基地建设。

二是提高市场辨识度和认可度。首先，确定了梁平柚区域公共品牌策划、形象视频拍摄、产品质量追溯、宣传推广等工作方案。其次，在重庆高铁站等地竖立宣传展板，对梁平柚进行宣传。最后，加强农旅结合，组织旅游团到龙滩等生产基地现场采摘，年销售额突破 5 000 万元。

（三）突出系统提升

一是全面推进“六个一”建设标准。培优一个区域特色品种、建设一个以上核心生产基地、建立一套特征品质指标、集成应用一套全产业链标准、叫响一个区域特色品牌、健全一套质量管控机制。

二是完善标准化体系。制定了梁平柚优质高产种植规程、保鲜贮藏技术规程、果实分级标准、柚树分级标准、柚园分级标准，为梁平柚品牌化营销和社会化服务提供了可执行的依据。

三是加快标准园建设。制定了梁平柚标准园建设标准，并督促建设主体严格按照标准进行建设。目前，全区建设梁平柚标准园 70 余个，面积突破 2 万亩。

四是提升生产能力。在梁平区合兴镇建设了 350 亩智慧柚园，主要建设内容为物联网智能监控系统、标准化管理系统、水肥一体化系统、溯源系统、虫情监测系统，提升了梁平柚生产智能化水平。

（四）突出全链推进

以产品为主线、全程质量控制为核心，推进现代农业全产业链标准化，强化全链条质量安全监管，加强分等分级、包装标识、仓储保鲜，延伸产业链，提升价值链。

一是强化管理。成立重庆市梁平柚产业协会，吸纳梁平柚全产业的55个经营主体为会员，统一形象、统一设计，印制了梁平柚包装。支持梁平柚产业协会的生产企业使用地理标志标识码（品牌果贴）和农产品质量安全追溯码，已使用9万余枚。加强监管，开展打假维权，巡查农产品生产基地、销售企业、超市、农贸市场450家，出动执法人员800余人次。

二是延伸产业链。通过技术创新和产品研发，将梁平柚加工成各种高附加值的产品，培育奇爽、良治天奇等加工企业，成功研发柚子茶等10余种柚子精加工产品，做到了资源合理利用，不仅可以拓宽梁平柚的市场，还可以提高产品附加值，增加农民的收入。

三是提升价值链。组织梁平柚生产企业参加中国国际农产品交易会、农产品地理标志展等展会。同时，举办长江三峡国际柚博会，采取“云柚博会＋线下柚博会”的形式，提高梁平柚的美誉度。

（五）突出富民增收

加强产品推介和专业市场建设，创新产销对接模式，让好产品产得出，更要卖得好。建立产业发展与农户利益联结机制，让中小农户切实分享发展成果。

二、主要成效

一是产业发展走向智能化。与区农业农村大数据中心合作，在种植、加工作业环节，摆脱对人力的依赖，构建集环境生理监控、作物模型分析和精准调节为一体的农业生产自动化系统。

二是安全监管实现数据化。建成以梁平柚为基础的农业大数据中心，实现了农产品质量安全监管与追溯、气象、物联网、农业投入品销售、农产品网络销售、工商等系统互联互通。例如，使用水肥药一体化物联网设备时，自动生成生产企业农药、肥料使用记录，并通过人工智能（AI）技术自动生成农事记录。

三是产品认证推进品牌化。获得绿色认证2 500亩，有机认证500亩。

四是生产管护实现标准化。目前，梁平柚标准化生产管护面积达5万亩，累计推广“三肥三药一修剪”全程社会化服务15余万亩。

◆ 宜宾早茶

四川省宜宾市翠屏区立足以早茶为主导的“5+2”特色现代农业产业发展布局，统筹推进农业生产和农产品两个“三品一标”的要求，以生产标准化、产品特色化、身份标识化和全程数字化为重点，着力“六精六聚”，大力推进地理标志农产品宜宾早茶的保护和发展，助力早茶产业高质量发展成效凸显。

一、基本情况

“长江首城·首善翠屏”，翠屏区作为宜宾市经济、政治、文化中心，有2 200多年建城史、3 000多年种茶史、4 000多年酿酒史，是古代南方丝绸之路、茶马古道的重要驿站，世界茶叶的发源地之一，也是中国早茶之乡、川红工夫茶故里、四川省四大产茶区之一、川茶整体布局“三山一早”的特色早茶核心区。茶鲜叶年总产量3.6万吨，加工干茶年总产量9 006吨，鲜叶年总产值6亿元，茶产业年综合产值达60亿元。宜宾早茶实现了“一片叶子富了一方百姓”，助推乡村振兴、巩固脱贫攻坚战略成果和农民增收。

二、主要做法

（一）着力精选育种，科技支撑聚“智”

一是校（院）地合作育种。与四川农业大学、四川省茶叶研究所、川茶产业技术研究院等院校合作，完善品比园、母本园建设，协同开展茶树品种比较和选育。建成茶树品比园40亩、工厂化育苗中心1个。

二是因地制宜引种。以陈宗懋院士的省级院士（专家）工作站为依托，引进“早优双特”茶树新品种30余个，筛选出适宜川南区域种植、适制“天府龙芽”红茶、绿茶的优良品种4个，为打造“品质川茶、品牌川茶”提供了优良的种质资源支撑。

（二）着力精耕细作，规范管理聚“神”

一是茶园建设标准化。以北域金秋湖镇、金坪镇为核心，按照“一心（精制川茶科技园）、一点（金秋湖中国早茶第一镇）、一环（北域生态早茶产业环线）”集中连片标准化、规模化推进绿色生态早茶基地建设。

二是肥培管理科学化。大力实施“茶—林—绿肥”“猪—沼—茶”等循环立体复合栽培，合理配置高山云雾灌溉系统等水利设施。

三是绿色防控常态化。广泛推行绿色防控，实行常态化监管，实现茶叶种植与生态保护的良性互动。累计整合资金20亿余元，已建成优质生态早茶基地15.84万亩，其中投产9万亩。

（三）着力精致加工，提升质量聚“力”

一是加工能力大提升。鼓励和支持龙头企业及专合社引进先进的加工设备和技术，建设标准化初制加工车间 12 个，名优绿茶初加工生产线 15 条、大宗红绿茶初加工生产线 10 条，冷藏库、通风库等设施 22 座；引进大型清洁化、自动化、智能化高科技红绿茶加工生产线，实现茶叶生产加工标准化。

二是质量安全可追溯。开展宜宾早茶身份标识化，探索全程数字化，建立“从茶苗到茶杯”26 个关键环节全程质量可追溯体系，实现“生产有记录、信息可查询、管理有规范、销售有保障”。

三是附加价值再挖掘。创新研发花茶、调味茶、纯茶饮料，以超微茶粉为原料的茶糕点、茶面条等茶饮（食）品，以茶多酚、茶氨酸等为原料的药（保健）品，以茶为原料生产的茶毛巾、茶枕等功能性衍生品，不断延伸产业链条，提高加工综合附加值。

三、主要成效

（一）着力精品打造，擦亮品牌聚“势”

以宜宾早茶为主题制作了《早茶之恋》《农产品质量安全掠影》《农产品质量安全宣传册》等专题片、宣传资料。依托“宜宾早茶”地理标志品牌，推动翠屏茶产业“品质革命”和品牌创建，成功培育了“叙府金芽”“优黑优红”等名优茶叶品牌，其中“叙府金芽”被评为中国驰名商标。打造有机认证产品 4 个、绿色食品认证产品 6 个、茶叶驰名商标 1 个、茶叶著名商标 2 个、四川省名牌产品 1 个。

（二）着力精彩融合，三产联动聚“能”

大力发展“茶叶 + 产业”，全面推行“建一个园区、造一个景区”，建成茶香康养小镇 3 个、茶旅休闲观光示范园 15 个，打造“生态早茶骑行游”等精品旅游线路 3 条，成功创建全国农业旅游示范点 1 个、3A 级景区 3 个、省级生态旅游示范区 1 个、省级示范农业主题公园 1 个，成功承办“全省精制川茶现场会”“2020 年第十三届中国 · 宜宾早茶节开园采摘活动”“首届国际茶日暨川茶文旅活动周启动仪式”等茶事活动，2020 年实现旅游收入 2.4 亿元。

（三）着力精准联结，助农增收聚“效”

坚持以“合作共享”为核心，整合零散资源，创新“合股经营”模式，实现资源变资产、资金变股金；创新“代管分成”模式，实现无形变有形；创新“订单生产”模式，实现产品变商品。通过模式和资源的整合，大幅提升产业规模、技术服务能力和应对市场风险的能力，实现小农户也可融入现代农业的大目标。全区建成茶产业股份经济合作社和合作联合社 43 个，实现集体经济年均增收 6 万元；带动种茶农户 13 150 户 49 442 人，人均种茶收入达 12 135 元，实现人均增收 1 860 元。

◆ 大罗黄花

一、基本情况

四川省巴中市巴州区大罗镇种植黄花可追溯到 1938 年，历史悠久。花农在 80 余年的黄花种植过程中通过对 20 多个黄花品种的比较、培育、筛选，最终确定的当家品种七根须黄花，具有色泽金黄鲜艳、味道香脆可口、花蕾条长肉厚、营养丰富等品种优势，2014 年 5 月，大罗黄花获得农产品地理标志登记保护。

二、经验做法

（一）保品牌，推优品

坚决保护“大罗黄花”品牌，全力推进黄花良种种植，健全黄花良种繁育体系，按照“种苗圃 + 比较园”模式，在核心示范区建设黄花良繁基地 50 亩。建好以七根须黄花为主导品种的种苗圃，通过“科研机构 + 土专家 + 农技员”的技术支撑模式，对七根须黄花进行更新复壮，改良品种特性，深入挖掘种质潜力，提高品种知名度。

（二）固根本，上规模

一是夯实产业基础，做好现有的 2 300 亩园区的经营管理，完善道路、田埂、灌溉等基础设施，在霜降后对园区进行全面除草、培土护篼、翻耕施基肥作业，确保宿根顺利越冬为翌年丰产做准备。

二是持续扩大栽植面积，利用丰富的山地资源，在田埂、地角、庭院、坡台地拓面发展，因地制宜，统一规划，持续扩大种植规模。在二郎村、白果坝村、董家梁村原有的基础上提升打造核心示范基地 1 000 亩。

三是以“三园三线”建设为主导，以核心示范基地为中心，辐射带动凤溪、鼎山等周边乡镇发展黄花 5 000 亩以上，形成规模效益。

（三）建机制，严管理

一是建立园区管护机制。大罗镇成立扶贫产业园管护工作领导小组，加强对产业园管护工作的组织领导，明确管护责任主体，落实管护责任，加强产业园管护指导监督。

二是建立利益联结机制。采取“村集体经济组织 + 国有企业 + 农户”的发展模式，明确国有企业、乡镇人民政府、村集体经济组织、农户和新型农业经营主体的职责任务，发挥政府引导、企业经营、各方面互通共融的作用，牢固利益链接，为产业持续健康发展提供核心保障。

（四）解忧困，强质量

一是着力解决“遇雨天就绝收”的困扰。针对鲜花烘干能力不足的问题，一方面，根据基地建设进度，按照 5 亩 / 个的标准，新建小型烘房；另一方面，引进资金实力雄厚企业投资建设大罗黄花加工厂 500 米^2，购置现代化烘干机械设备 1 套，新建冷藏库房 900 米^3，引进国内先进的加工烘干生产线 1 条，实现日处理鲜黄花 20 吨以上，显著提高黄花加工能力。

二是着力解决产品单一的问题。持续推进加工规范标准化、加工产品多元化、加工链条延伸化，注重黄花精深加工，发展黄花食品型、休闲型和功能型产品，推动加工产品由价值链低端转向价值链中高端提升，着力增加产品附加值。

（五）多渠道，添活力

通过政策、项目、技术支持等方式激发农户参与产业发展的积极性，为黄花产业注入新的活力。

一是争创特色产业示范强镇，由大罗镇高标准制定《巴州区大罗镇特色黄花产业示范强镇规划》，建设以黄花产业为主导的农旅融合示范强镇，巴州区招商局把大罗黄花包装成区级重点招商项目，巴州区乡村振兴局将特色黄花产业发展纳入东西部协作扶持项目，巴州区财政局、巴州区农业农村局配套财政涉农建设资金进行基础设施建设，大力推广先进、适用的农业机械。

二是提高群众参与度，充分发挥群众主体作用、村民委员会自治作用和村党支部战斗堡垒作用，把项目的参与权、决策权、监督权和管理权交给群众，激发群众的建设热情和创业激情。

三是提供技术支持，通过农村创新创业者培养和农村实用人才带头人示范培训等，培养 20 个以上有文化、懂技术、善经营、会管理的高素质农民或者新型职业农民，培育更多发展产业的明白人，评选黄花产业发展模范带头人并给予适当奖励。

四是开展特色黄花乡村旅游，在核心区打造观光基地 500 亩，在黄花采摘时节，举办黄花采摘节，采摘期可持续近 2 个月，游客采摘后可进行加工体验，保证游客留得下来，并有带得走的产品。

三、主要成效

近年来，大罗镇始终把黄花产业作为主导产业，采取“村（社区）党（总）支部 + 合作社（公司）+ 园区（基地）+ 农户”的发展模式，引进业主创办众乐黄花专业合作社和巴中市金山珍科技有限公司，初步形成了“一园两带”的种植规模，引领带动全镇黄花种植面积近 3 000 亩，年产干花 150 余吨，年收入 500 余万元。围绕黄花观光基地培育农家乐 / 民宿、乡村旅游接待户等，满足游客餐饮、住宿、休闲等需求，拓展园区内农户效益，为黄花产业发展拓展新业态、增添新活力。

◆ 恩阳芦笋

四川省巴中市恩阳区物产丰富，恩阳芦笋（石刁柏）以其悠久的文化历史，独特的自然生态环境，特定的生产方式，产品的典型品质特性和特征，于2017年9月登记为农产品地理标志。

一、发展现状

恩阳芦笋种植面积约5万亩，年产量5万吨，年综合产值15亿元，芦笋产业已成为恩阳富民强区的骨干产业、致富奔小康的特色产业。恩阳芦笋先后成功申报绿色食品、有机食品、农产品地理标志，被命名为“中国芦笋之乡”“省级特色农产品优势区”。建成核心示范片1万亩、示范园80个，建立试验示范基地4处、高产示范基地7处，形成4条环线产业带和2个万亩芦笋示范园，培育各类新型经营主体400余家。

二、主要做法

（一）建立机构

恩阳区高度重视芦笋产业发展，成立了以区委书记为组长的芦笋产业推进工作小组，设立芦笋产业发展办公室，各乡镇（街道）建立芦笋产业发展服务中心，村村派驻技术员，全区上下形成“四级”联动。同时，编制了《恩阳区芦笋产业发展规划（2018—2030年）》，明晰了芦笋产业发展的“路线图”。

（二）资金支持

恩阳区出台明确的芦笋产业扶持政策，财政出资1 000万元建立芦笋产业发展“分险池”，对芦笋新型经营主体和社会化服务组织予以信贷资金支持。恩阳区财政安排专项资金，实施芦笋产业奖补，对高产试验基地给予补助。

（三）技术支撑

实施芦笋生产技术研究与应用推广计划，与北京市农林科学院、四川省农业科学院、潍坊市农业科学院签订合作协议，组建科研所。与中国农业大学、四川龙蟒集团建设“芦笋科技小院”，在全区推广试验成果15项、破解技术难题10个、推广芦笋种植新技术4项。

（四）品牌营销

参加全国性、地区性农博会或展销会15次，展示展销产品50余种；参加首届芦笋大健康亚洲论坛并荣获“中国芦笋之乡”称号，召开芦笋产业投资招商推介会。惠丰公司旗下“芦町纪”品牌多款明星产品入选京东“中国特产·恩阳馆”。2023年6月，“芦町纪牌恩阳芦笋”被四川省农业农村厅评为“天府粮仓”精品（培育）品牌；2023年7月，“巴山芦丁技”被四川省农民工工作领导小组评为第二批“川字号”特色劳务品牌。

三、主要成效

（一）突破“同质化”，走出一条适合自己的路

产业发展是乡村振兴的关键，是促进经济发展、实现农民增收致富的重要渠道。恩阳区把发展芦笋作为恩阳现代农业的主导产业，按照“人无我有、人有我特、人少我多”的特色产业发展思路，把被誉为“蔬菜之王”的芦笋摆上了“桌面”。

（二）突破“传统模式”，走一条共同致富之路

模式一：“党支部＋合作社＋农户”。为了让百姓享受产业发展红利，恩阳区柳林镇海山坝村肖淑容与村“两委”及70余户农户签订合同，建立利益分配机制，村党支部负责土地流转协调，专业合作社负责芦笋的田间管理、产品收集、资金投入等，芦笋利润由党支部、合作社、农户按照1∶8∶1进行分配。

模式二：“农户＋基地＋集体＋龙头企业”。巴中市誉丰农业科技有限公司因地制宜推出“1613”利益联结机制：“1”份300～700元不等的保底收入，确保合作社股东村民优先进园务工，优先享受入股土地产出收益分配收入；“6”份农户收入，农户以田地入股，按企业要求统一技术指导，统一田间管理，统一销售，收获后60%的收益归农户所有；“1”份集体收入，村集体资金投入园区基础设施建设，收获后10%的收入归集体所有；“3”份企业收入，企业“五统五管”（“五统”即统一技术指导、统一种苗提供、统一规划布局、统一农资购置、统一销售产品；“五管”即管技术、管物资、管安全、管质量、管销售），销售获益30%归企业。

模式三：“合作社＋农户”。专业合作社负责统一供种、育苗、移栽等田间管理，“做给农户看，带着农户赚”。

模式四：“政府引导＋产业发展服务中心＋农户”。成立巴中市恩阳区芦笋产业发展办公室，各乡镇（街道）建立芦笋产业发展服务中心，向各村派驻技术员，为有意愿种植芦笋的农户提供技术支撑。芦笋收获季节，区芦笋产业发展办公室协助农户销售，实现农户自产政府销，为农户解决无销路的困境。

（三）严把恩阳芦笋技术标准关

恩阳区农业农村局大力倡导种植户按照恩阳芦笋地理标志产品标准和技术规程科学生产，加强对恩阳芦笋产前、产中及产后的全链条标准化管理，提升种植户的安全意识和标准化水平。同时，大力做好监管工作，确保产品质量。

（四）加强地理标志保护，维护恩阳芦笋品质声誉

恩阳区农业农村局大力开展地理标志保护专项行动，打击假冒地理标志产品。同时，为加强地理标志的使用监管，区农业农村局对地理标志使用行为进行“双随机”检查，督促企业规范用标，对相关企业的地理标志产品进行检测，维护“恩阳芦笋”地理标志的质量信誉。

富顺再生稻

四川省自贡市富顺县作为全国首个再生稻总产量超 1 亿斤的县，被誉为“再生稻之乡”，坚持以粮为主、粮经饲统筹，一二三产业融合，地理标志品牌已经成为乡村产业振兴的重要抓手之一，促进现代农业产业园区提质增效，加快推进农业现代化建设。

一、基本情况

富顺是四川省粮食生产大县、再生稻生产核心县。富顺再生稻享誉省内外，蓄留面积达 46 万亩，年产量 7.2 万吨，核心区域集中在代寺镇、童寺镇、古佛镇、龙万乡等乡镇组成的龙贯山稻粱现代农业园区。2022 年，富顺再生稻产值 2.31 亿元，带动其他产业总产值 0.75 亿元，带动农户 8.62 万户，增加农民收入 610 万元，保持稳定发展的良好态势。

二、主要做法

（一）强化“三大保障”夯实根基

强化组织保障。建立县委书记、县长“双组长制”再生稻生产发展工作领导小组，各乡镇级片区设立晚秋生产督查组，负责巡回检查督导。制定《再生稻高产创建目标管理考核办法》等指导性文件，层层分解下达生产目标任务，压紧压实镇乡（街道）工作责任。

强化人才保障。开展“高校行”人才引智行动，深化与科研院校（企业）产学研合作，设立博士工作站、组建再生稻生产专家大院，推动成立富顺县再生稻产研中心，“杂交中稻培育再生稻的研究和应用”项目被四川省政府授予科技进步奖一等奖。

强化资金保障。整合各类国家级、省级、市级项目资金，足额兑现各类惠农补贴，对示范区种子、化肥、农药等农资予以实物补贴，每年统一采购补助再生稻粒芽肥、发苗肥尿素 1 500 吨以上。

（二）建立“一套标准”技术规范

经多年实践探索，“中稻＋再生稻”已成为富顺县稳定的耕作制度。富顺县制定发布了《富顺县再生稻种植技术规范》和《富顺县再生稻米（团体标准）》。

（三）优化新质栽培技术

把好品种筛选关。筛选丰产性好、抗性强、再生能力强的优良品种，主要品种有川优6203、晶两优534、宜香优2115等。

把好丰产栽培关。利用独特的自然条件，适时早播头季稻，大力推广旱育秧、宽窄行和三角形强化等高产栽培技术。

把好田间管理关。全周期抓好植保监测预报，做好病虫害绿色防控，重点防治稻纵卷叶螟、纹枯病等病虫害。

把好施粒芽肥关。在头季稻齐穗后3～5天内施撒再生稻粒芽肥，一般每亩施用尿素15千克左右。

把好完熟收获关。头季稻十成黄收割，收割时高留稻桩30～40厘米，收割后及时复水，确保再生芽萌发生长。

（四）落实“三项措施”稳面增产

开展田间试验。开展优质稻新品种对比试验、大田不同播栽期及规格对比试验，根据试验结果，逐步开展生产示范，确定推广品种，指导大面积生产。

推进高产示范。推进“百、千、万”绿色高产示范行动，即每个乡镇（街道）建立再生稻百亩攻关田、千亩展示片，县级集中建立3个万亩示范区，立体展示新品种、新技术、新模式、新机械。

狠抓推广应用。在每个乡镇（街道）集中示范推广“三集中、五统一”再生稻生产关键施肥技术，即集中工作精力、时间节点、技术力量，统一筹款购肥、统一保管肥料、统一施肥时间、统一施肥数量、统一专业队施肥，提高抽穗率和结实率。

三、主要成效

（一）再生稻综合配套技术创佳绩

富顺县大力推进富顺再生稻产业发展，“再生稻高产高效综合配套技术”项目被农业农村部授予全国农牧渔业丰收奖二等奖。

（二）高质量发展日益凸显

抓实农业园区引领。高标准打造富顺水稻高粱现代农业园区，整合资金4.5亿元提升园区基础配套设施，建成川南首个水稻高粱大数据中心，打造全国绿色食品原料（水稻）标准化生产基地14.8万亩，2022年创建四川省三星级现代农业园区。

抓实市场主体带动。引培雒源俊峰、富凯等一批粮油精深加工企业，建设订单生产基地10万亩，建成烘干库16个，日烘干承载量700吨，年加工优质稻谷10万吨以上。

抓实优质品牌效应。开发“雒源香”“富又顺”“龙贯山”等系列优质再生稻米品牌。

攀枝花芒果

四川省攀枝花市建立了我国纬度最高、海拔最高的芒果（杧果）产区，实现了晚熟芒果产业的从无到有、从小到大，晚熟芒果因品质优越而畅销国内外，成功入选全国首批特色农产品优势区。

一、基本情况

攀枝花市从 20 世纪 30 年代开始种植芒果，多以实生种植，零星分布。20 世纪 70 年代末，从东南亚地区以及我国广东、广西引进芒果品种种植，并开始品种筛选工作。随后，攀枝花先后从海南引进了凯特、肯特、吉禄、爱文等 8 个芒果新品种进行试验、示范，并开展专项芒果栽培管理技术培训。在试验成功的基础上，大面积推广以凯特、吉禄为主的中晚熟芒果。2010 年，农业部批准对攀枝花芒果实施农产品地理标志登记保护。

二、经验做法

（一）重视品种培育

攀枝花芒果主要以晚熟品种凯特为主，种植面积 78 万亩，占当地芒果种植总面积的 76% 以上。为优化芒果品种结构，攀枝花市创设了优质种业创新基金，以晚熟、优质、丰产、高抗为育种目标，开展杂交育种、实生品种筛选，选育储备了一批芒果新品种，其中具有自主知识产权的优质芒果新品种 50 余个。建成国家级品种资源保护基地 2 个，收集芒果种质资源 250 余份，储备芒果新品种 25 个。

（二）加强科技支撑

攀枝花芒果一直坚持科技引领，不断创新的思路。经过多年发展，攀枝花市建有四川省唯一的芒果种质资源圃，现有芒果种质资源 200 余份，企业自建芒果品种园 1 个。创新集成控时成熟、轮换枝结果、果实套袋、病虫害综合防治等一套适合金沙江干热河谷区的芒果高效丰产栽培技术。

（三）延长产业链条

攀枝花市具有一定规模的芒果初加工和精深加工能力。围绕基地，就地就近开展清洗、分选、保

鲜、包装和贮藏等产地初加工和商品化处理，已建成初加工设施 1 746 个，初加工能力 43.4 万吨，初加工率达到 80%。正加快建设区域性农产品加工园区，培育引进芒果精深加工企业 4 家，其中 2 家已建成投产，年加工能力在 6 万吨以上，开发出以芒果干、冻干芒果为主的健康休闲食品。

（四）强化冷链物流

攀枝花市芒果产区加快建设冷链设施的步伐，建有冷链设施的农产品流通企业、合作社、家庭农场共计 219 余户，冷藏保鲜总静态库容量由 2021 年的 50 218 吨增加至 2022 年的 73 800 吨，增长 47%。攀枝花市仁和区金沙智慧冷链物流园项目和川西南农产品冷链物流园项目正在加快推进。

（五）促进产业融合

攀枝花市结合打造康养度假区的发展规划，引入共享农庄新理念，推动农文旅融合发展。围绕芒果产业开展了芒果采摘节、芒果音乐节等农业特色节庆活动，建成现代农业集成创新示范农庄 5 个、休闲农业景区 17 个。发展体验农业，探索“休闲观光 + 采摘体验 + 农耕展示”“旅游休闲 + 民俗体验”等农康融合模式，推进金河—纳尔河 5 万亩芒果主题公园、26 度果园等项目建设。攀枝花市仁和区大龙潭乡混撒拉村是四川省乡村振兴示范村，打造了集观光、采摘、旅游、研学为一体的“南亚优稀百果园”。

三、主要成效

（一）产业规模稳居前列

目前，攀枝花市已成为全国最大的特晚熟芒果生产基地，区域内现有芒果种植面积 103 万亩，年产量 54 万吨，分别占全国的 19.7% 和 20.4%，产业规模全国第三；晚熟芒果种植面积、产量均占全国 70% 以上，产业规模全国第一，是国内“纬度最北、海拔最高、成熟最晚、品质优越”的晚熟芒果基地。成功创建国家级农产品出口质量安全示范区和 2 个四川省星级现代农业园区。

（二）品牌创建提质增效

“攀枝花芒果”品牌获得国际商标注册，先后取得良好农业规范（GAP）认证、绿色食品认证，被评为 2011 年消费者最喜爱的中国农产品区域公用品牌、2016 年全国名优果品区域公用品牌、2017 年全国百强区域公用品牌，入选第一批中国特色农产品优势区、第二批中国—欧盟地理标志互认互保产品名单、2021 年四川十大美食地理标志等。目前，攀枝花芒果种植面积达 103 万亩，占全市特色水果种植面积的 85%，带动 5 万户农户增收致富，仅芒果种植一项，果农人均年收入就有 1 万元以上。

◆ 黔北麻羊

贵州省遵义市习水县大力推动黔北麻羊全产业链及其一二三产业融合发展，把黔北麻羊产业作为乡村振兴、“一县一业”的主导产业。通过产业政策、项目、金融等叠加扶持，加大“黔北麻羊”地方品牌保护发展，产业基础初步形成。

一、基本情况

2021 年，习水县黔北麻羊存栏量为 20 万只；建有 30 万吨牛羊反刍饲料厂 1 个；建成黔北麻羊原种繁育场 1 家、扩繁场 4 家；建成省级黔北麻羊生态养殖示范园区 1 个、国家级标准示范场 1 个；有龙头企业 2 家、农民专业合作社 18 个；建有羊屠宰分割厂 1 家。2009 年，黔北麻羊被农业部列为新的畜禽遗传资源。2013 年，黔北麻羊获得农产品地理标志登记保护。

二、经验做法

（一）抓种源建设

一是立足资源禀赋，发挥比较优势，选准黔北麻羊作为建设全省山地生态畜牧业第一大县的优势单品，构建“生态畜牧业 +”的产业体系。二是坚持通过本品种选育、品系繁育和更新血缘等繁育措施，保持黔北麻羊性成熟早、产羔率高、适应性强、耐粗饲、肉质鲜美等品质特征。三是高度重视种母羊群的保护利用，以“见母即留”为原则甄选新生羔羊，扶持了以富兴牧业为重点的黔北麻羊种羊繁殖基地，提档升级了良村镇、温水镇、习酒镇、永安镇 4 家种羊扩繁示范场，年供种羊 2.5 万只以上，为麻羊产业发展提供了种源保障。四是改扩建适度规模的“小规模，大群体”养羊农户 1 200 组，大大提升了习水县适度规模养殖农户占比，促进黔北麻羊提质增量增效，实现良种化、规模化、专业化发展。

（二）抓产品建设

一是产品标准化。实施“三品一标”认证奖励政策，对新获得有机产品、绿色食品认证的企业给予奖励，促进麻羊养殖标准化发展。二是通过中央厨房将黔北麻羊加工为成品或半成品，配送至500余家餐饮门店，并成功入驻阿里巴巴盒马鲜生。三是不断提高企业创新能力，以市场终端倒逼生产前端。采取“养殖基地—中央厨房—直营店—加盟店”“生态养殖—熟食加工—网上直销或线下直营”等产供销一体化模式，延长产业链条。积极做好上海对口帮扶、中石油定点帮扶对接，产品进驻上海超市，进驻加油站点，在上海等大城市开设门面店和连锁店。

（三）抓政策扶持

习水县编制《习水县黔北麻羊产业发展规划》，持续投入资金2.2亿元发展麻羊产业，在建圈、种草、上栏等方面给予补助。出台了《习水县2019年黔北麻羊产业发展实施方案》《习水县加快黔北麻羊产业发展的实施意见》等政策支持发展羊产业。2021年，争取国家现代农业产业园区麻羊产业相关项目资金7 000万元。

（四）抓模式转变

一是推广“龙头企业＋合作社＋农户”组织方式，围绕黔北麻羊中央厨房每年10万只的订单需求，建立企业、合作社、家庭农场、养殖户之间的利益联结机制，实行“订单养殖、保底收购”，由龙头企业按照每千克不低于50元的保护价与村级合作社签订购销合同，再由合作社与农户按约定价格签订养殖订单，增强麻羊养殖户市场抗风险能力。二是注重养殖观念的革新与技术水平的提升，实现集中、稳定的“小规模•大群体”以及适度规模养殖转变，全面执行高度统一的科学化饲养技术标准，双羔率达85%以上，产羔成活率达95%以上，育肥周期缩短30天以上，胴体率提升5个百分点，通过牧草区域性合理布局使饲草料自给率提升至80%。

（五）抓技术服务

一是组建麻羊产业工作专班，选派100人的科技特派员队伍，通过理论培训、现场观摩、入户指导等方式，开展实用技术培训40期，并编印简明易懂、便于操作的育肥技术手册5 000余份。二是建立标准化示范养殖小区12个，全县范围内建成标准化羊舍近20万米^2，创建国家现代农业产业园。三是加强与贵州大学、遵义职业技术学院等院校合作，开展麻羊基因学研究，实施麻羊品种改良和提纯复壮，提高黔北麻羊的产羔率及个体生产水平。四是引导养殖户将耳标佩戴、标识编码、身份识别等信息录入溯源管理App，实现从养殖、加工、销售到餐桌的全过程溯源管理。

（六）抓品牌打造

利用黔北麻羊“贵州三大名羊”的品种知名度，坚持品牌化策略，凸显地理标志保护产品优势，统一公共标识品牌，多元化经营。培育出“鳛滋味”“习羊鲜”“黔汤羊肉”等成熟品牌，积极通过东西部扶贫协作、商超对接、展销推介会等提升品牌市场知名度。

凤冈锌硒茶

一、基本情况

贵州省遵义市凤冈县深入实施全域有机、全产业链有机的“双有机”战略，立足土壤“锌硒同具”的独特优势，大力发展凤冈锌硒茶产业。现有生态茶园 50 万亩，茶叶加工企业 287 家，总产值 58 亿元，涉茶群众 6 万户，茶农年人均增收 2 200 元左右。2021 年，凤冈锌硒茶列入国家地理标志保护工程。

二、主要做法

（一）强化绿色防控

制定了凤冈县茶园管护标准和生产技术规程，建立了茶用肥料和农药负面清单，深入开展“两减两替代　两利用一回收”行动（农药减量施用、化肥减量施用，生物农药替代化学农药、有机肥替代化肥，畜禽粪污综合利用、秸秆综合利用，农膜及包装废弃物回收），大力推广运用病虫害绿色防控、茶园生态控草、智慧茶园、茶园机械化等技术，持续推进茶园绿色食品、有机产品、雨林联盟等认证。2023 年以来，已完成茶园绿色防控面积 32 万亩，完成有机肥替代化肥 26 万亩，培育转换有机茶园 2 250 亩。

（二）强化监管执法

制定茶园禁用投入品清单，禁止在茶园施用草甘膦、催芽素、化肥等产品，设立违规使用、销售农业投入品有奖举报制度。对全县 500 多家农资和农产品生产经营主体建立信用档案信息库，形成农业投入品“销售有记录、责任可追溯”的防控体系。大力实施农业投入品销售端“打假行动”和使用端“巡查行动”，全力做好农业投入品监督管理，确保茶叶质量安全。2023 年，在投入品市场销售端开展农资打假市场检查 20 次，处理违规销售农产品案件 6 起，开展茶企、茶农走访 70 余次、茶园基地走访 630 次，发现问题 60 余起、完成整改 58 起、立案 16 起、结案 13 起。

（三）强化科技赋能

建立“质量追溯、动态监督、线上交易、农产品监管”于一体的大数据管理平台，实现茶叶种植管理、质量检测、加工包装等全程在线数字化管理和可追溯信息查询。在茶园基地安装高清视频摄像头 239 个，建成茶叶追溯系统软件 11 套，入驻国家农产品质量安全追溯管理信息平台的茶叶企业有 103 家，使用“贵州农安监管”App 开展茶叶基地巡查检查 295 家次，打印国家追溯码 917 次。

（四）建立网格化监管机制

建立生态茶园镇、村、组三级“网格化管理”监管机制，在镇、村两级充实172名茶叶质量安全监管员和协管员，从源头上对茶叶质量安全进行管控。把茶叶质量安全写入《村规民约》，引导茶农规范自身管护行为。

（五）建立标准化生产机制

制定《地理标志产品凤冈锌硒茶产品标准》《凤冈锌硒茶加工技术规程》，督促企业严格按标准实行绿色化、标准化、清洁化生产。定期对茶青、成品茶开展监督抽检，确保茶叶质量安全。2023年，开展茶叶产品定量抽检169批次，合格率98.8%，茶青定性检测13 231批次，合格率100%。

（六）建立一体化保护机制

建立“一体化”保护机制。设立凤冈锌硒茶生态环境司法保护法庭，对凤冈锌硒茶产业生态环境实行全要素一体化的司法保护，严厉打击破坏茶产业生态环境、损害凤冈锌硒茶品牌的知识产权违法犯罪行为。同时，对使用违禁农业投入品的企业和基地纳入黑名单管理并向社会公开。

三、主要成效

（一）推动品牌规范化

出台凤冈锌硒茶管理办法，严格品牌使用规范和进退管理。从品牌战略、市场定位、包装标识、产品形象等方面制定品牌发展规划，支持企业使用“凤冈锌硒茶”区域公用品牌，创建一批叫得响、卖得好、有底蕴的子品牌。2023年，培育注册了“凤头羽”品牌商标，凤冈锌硒茶生产企业参与大小赛事评比5次，在省级以上平台获得特等奖2个、一等奖（金奖）6个。新增凤冈锌硒茶绿色食品10个，授权使用凤冈县国家农产品质量安全县称号企业20家，“凤冈锌硒茶”区域公用品牌价值高达33.01亿元。

（二）推动品牌市场化

全力搭建“县内＋县外”“线上＋线下”的立体化、全方位茶销售网络，着力提升省内市场份额、抢占省外市场、拓展国际市场、开发线上市场、规范县内市场。2023年以来，新开设专卖店10家，企业自主在抖音、拼多多等线上平台的销售额达3 000余万元，对接省级现代物流实现销售5 000余万元。开展卖茶队伍培训和电商直播创业培训10期，在省内外举办凤冈锌硒茶展销活动10余次，招引接待20余家企业来凤冈考察调研，促成贵州贤酒股份有限公司与贵州黔知交茶业有限公司达成“贤酒＋贤茶”订单1 500万元，促成四川华义茶业有限公司同北京永安茶叶有限公司建立产销合作关系。

（三）推动品牌国际化

加大凤冈锌硒茶出口力度，摸清海外市场规律，加强与遵义海关、税务等部门的协调配合，全力支持县内茶叶企业开展自营出口、外贸合作，打通茶叶出口通道。打造以田坝茶区为中心的名优茶生产基地以及以进化镇为中心的中低端茶生产基地，满足多样化的海外市场需求。采取主动招商、以商招商等方式，精准引进4家茶叶对外贸易企业入驻凤冈。2023年出口茶叶79.4吨。

◆ 石屏杨梅

一、基本情况

“五月杨梅红满天，酸甜可口味道鲜。八方宾客小城聚，石屏五月胜过年。”这是描写石屏杨梅成熟时的热闹场景。石屏县素有“杨梅之乡”的美称。石屏县位于云南省东南部、红河哈尼族彝族自治州西部，是一个典型的山多耕地少的农业县。杨梅是石屏县的特色产品，石屏杨梅品质佳、结果好、耐贮运、效益高，比国内其他种植区提前 40 ～ 60 天上市。

2010 年，石屏杨梅获得农产品地理标志登记保护。2021 年 5 月，石屏县被授予“中国优质早熟杨梅基地县”荣誉称号。多年来，石屏县委、县政府以创新、协调、绿色、开放、共享的新发展理念为引领，切实推进石屏杨梅产业绿色发展，助力乡村振兴建设。

二、主要做法

（一）强化政府支持，发挥导向作用

石屏县委、县政府始终把石屏杨梅作为“一县一业”主导产业抓紧抓实。念好“山字经”，打好“生态牌”，走好“特色路”，通过提规模、强监管、抓培训、重引导，走出了一条生态、优质、高效的杨梅发展之路，昔日万亩荒山披上绿装。石屏杨梅知名度进一步提升，产业链延长，有效巩固了全县脱贫攻坚成果，促进了一二三产业的融合发展。

（二）建立标准体系，强化技术支撑

石屏县制定发布了地方标准《石屏杨梅生产技术规程》，指导标准化生产；建成地理标志农产品绿色标准化生产基地 1 万亩、杨梅绿色化发展示范园 8 个、节水灌溉智慧农业示范园 1 个，带动全县杨梅产业绿色化发展。

（三）加大品牌培育，深挖产品潜力

一是扩大绿色食品和有机产品认证。石屏杨梅现有绿色食品、有机产品认证主体 13 家，认证产品

21个，其中绿色食品产品16个、有机农产品5个。

二是持续推进"云南省十大名品"评选认定和宣传推广。2021年，石屏县湖东杨梅专业合作社的"鑫湖东"牌杨梅被成功认定为"云南省十大名品"。

（四）加大宣传力度，提升品牌效应

制作石屏杨梅地标形象宣传片1个、科普片1个，并进行广泛宣传推广。在昆明长水机场及石屏进昆明的高速公路上设置"石屏杨梅"地理标志品牌广告牌。组织参加中国国际农产品交易会地理标志展、中国绿色食品博览会和中国国际有机食品博览会，扩大石屏杨梅知名度。充分利用每年的杨梅节开展"石屏杨梅"品牌宣传推广暨网红直播活动，推进杨梅产品电子商务发展。

（五）制定管理办法，保护知识产权

依据相关法规制定了一套石屏杨梅农产品地理标志使用管理办法，确保地理标志农产品信誉度提升和品牌打造，进一步维护生产经营者和消费者的合法权益，切实保护地理标志农产品知识产权。

（六）讲好杨梅故事，提升产品形象

石屏杨梅多次被中央电视台宣传报道，中央电视台财经频道"生财有道"栏目对石屏杨梅进行了专题宣传。石屏杨梅伴随着每年杨梅文化旅游节活动的推广，凭着个大味美而美名远扬。每年5月，异龙湖畔杨梅硕果累累，吸引着一批又一批游客慕名走进石屏县。品石屏杨梅，游石屏山水，享人文石屏，带动了生态旅游业的发展。

三、主要成效

（一）产业发展优势突出，产业基础不断壮大

目前，石屏杨梅种植面积达13.05万亩，年总产量达11.56万吨，年总产值逾7.7亿元。杨梅鲜果及其深加工产品畅销我国浙江、北京、上海、福建、香港、澳门等地，并远销法国、意大利等国家。此外，石屏杨梅已成为生态观光农业的一张靓丽"名片"。

（二）绿色有机产品占比大，绿色发展势头稳健

积极推进绿色食品与有机产业持续健康发展是践行绿色发展理念的有效途径，是打造绿色食品牌的重要抓手，是创建"一县一业"的工作支撑。目前，石屏县有以杨梅为主的"二品一标"认证企业37家，有效认证产品数量达70个，其中，绿色食品企业26家，认证产品54个，有机农产品认证企业9家，认证产品14个。

蒙自石榴

一、基本情况

云南省红河哈尼族彝族自治州蒙自市属亚热带高原季风气候，充足的日照和丰富的水资源有利于石榴果实发育、糖分积累、着色，孕育了蒙自石榴特有的品质。蒙自石榴已有近800年的种植历史，2010年实施农产品地理标志登记保护。目前，种植面积达14万亩，年产量34.23万吨，年产值12.5亿元，10万人直接受益。连片的石榴园与城市融合发展，形成了全球独有的“果园在城中，城在果园中”绝美景观。

二、主要做法

一是搭建金融支撑新平台。坚持把石榴地理标志农产品培育保护发展与蒙自市“5+5+2”金融改革、“一部手机云企贷”“银企桥”融资服务有机融合、互促共进，创建期协调各金融机构放贷，结合实际情况给予10%～30%的贴息。加大优惠政策落实，对千亩以上产业基地流转土地给予50万元的一次性补助；利用荒山荒地发展水果产业，给予退耕还林政策补贴；为水果产业发展用水、用电及运输提供便利条件，享受农业用水、用电价格优惠。

二是搭建技术支撑新平台。蒙自市建成一支国内外水果专家队伍。与意大利等国专家合作，指导石榴产业发展；与中国农业科学院郑州果树研究所合作，成立石榴专家工作站，开展石榴品种选育、改良研究工作；与中国农业科学院果树研究所签订“石榴采后关键技术应用提升”项目协议；与红河学院合作，成立石榴研究院，开展校地合作。

三是搭建绿色认证新平台。通过招投标方式引进第三方认证服务公司，对专业合作社、种植大户和龙头企业等石榴地理标志农产品用标主体，加强绿色食品、有机产品、良好农业规范（GAP）认证服务工作。按照“先认后补、先审后补“的原则，对在2021—2023年符合奖补条件的主体给予一次性奖补，目前，已累计奖补908万元。

四是搭建产业增收新平台。搭建了“政府+合作社+农业龙头企业+农户+基地”的产业模式，推动“资金变资本、资本变资产、资产变收益”，不断增强对农户的带动作用，提高增收成效，带动农业产业规模化、标准化发展。

五是搭建产品销售新平台。政府支持、市场主导，逐步完善电商销售服务体系。建成1个电商产业园、1个电商服务中心、1个物流仓储中心、1个公共冷链仓储中心，11个乡镇电商服务站、82个村级电商服务点。涌现了“马帮到家”“水果派”等本土水果电商企业，形成了智慧社区新零售平台、线上线下多区域销售平台等新的销售模式。

六是搭建农产品加工服务平台。蒙自是全国水果全产业链典型县（市）和云南省首批“一县一业”

示范创建县（市），形成水果品种研发、选育扩繁、种植、分拣、加工、冷链物流、销售全产业链集群生产格局。建有年加工石榴 800 吨的石榴酒厂，2023 年投入 1 100 万元“一县一业”资金，支持实施了 7 个水果加工能力提升项目，延伸水果加工产业链。2022 年，全市实现水果加工产值 84.02 亿元，加工产值与农业产值比达 2.3∶1，加工转化率为 95.5%，实现了农产品加工业的集聚规模发展，提高了附加值。

三、主要成效

一是实现了规模化扩张。2022 年，蒙自石榴销售额 123 651 万元，出口额 34 000 万元，全产业链产值 368 454 万元，石榴面积和产量分别位居全国第四和第二，并且均居全省第一。石榴种植面积占全市水果种植面积的 31.04%，石榴产量占全市水果总产量的 63.05%，石榴产值占全市水果总产值的 34.22%。蒙自已成为全国主要、云南最大的石榴产区。

二是实现了组织化拓展。全市从事石榴产业的专业合作社 62 家，其中，国家级专业合作社 2 家；龙头企业 15 家，其中，省级龙头企业 3 家，州级龙头企业 6 家，市级龙头企业 6 家；石榴家庭农场 31 家。

三是实现了专业化创新。建成占地 50 亩的石榴品种资源圃。建成采用 SGS 标准管理的 200 亩石榴古树园，“蒙生牌”百年老树石榴果品连续 3 年按 SGS 标准检测合格。引进世界领先的单主干“Y”形搁架种植模式，建成 4 000 亩软籽石榴新模式种植基地。

四是实现了绿色化增量。蒙自石榴“三品一标”认证主体 13 家，认证产品数 13 个，认证面积 49 328.55 亩，其中，绿色食品认证面积 9 600 亩，有机食品认证面积 2 033.55 亩，良好农业规范（GAP）认证面积 37 695 亩。建成石榴绿色食品牌产业基地 5 个，面积 23 870 万亩，年产量 47 740 吨。

五是实现了市场化突破。蒙自石榴产品通过线上线下多渠道、多区域、多平台等的销售模式，销往国内 28 个省（区、市）；出口越南、泰国、缅甸、新加坡、马来西亚、韩国、阿联酋、俄罗斯等多个国家，年出口量为 8 万吨左右，年出口额为 3.4 亿元。

六是实现了品牌价值提升。蒙自石榴已成为知名品牌且获得诸多荣誉，蒙自市被评为“水果（石榴）商品基地县”“ 全国第四批农业标准化示范区”“南亚热作名优基地”“中国石榴之乡”，蒙自石榴入选“中国果品区域公用品牌 50 强”“全国优质果品区域公用品牌”，并获得奥运推荐果品一等奖、中国园艺协会金奖、著名商标等荣誉。“蒙自石榴”品牌价值从 2016 年的 14.94 亿元增加到 2022 年的 31.93 亿元。2021 年，“蒙自石榴”在中国地理标志农产品果品品牌声誉百强榜排名第九，连续 5 年入选年度受市场欢迎果品区域公用品牌 100 强，并连续多年评为云南省十大名品。

普洱咖啡

近年来，云南省普洱市紧扣把普洱咖啡打造为“中国品牌、世界名牌”的发展目标，组建咖啡产业发展工作专班，建立产业链长制，在基地建设、精深加工、品牌培育、市场拓展、融合发展方面精准发力，扎实推动咖啡产业高质量发展。目前，普洱市已成为中国种植面积最大、产量最高、品质最优的咖啡主产区和咖啡贸易的主要集散地。

一、基本情况

2022 年，普洱市咖啡种植面积 67.9 万亩，采摘面积 64.6 万亩，年产量 5.57 万吨，年综合产值 50.45 亿元，其中一产产值 17.82 亿元，二产产值 21.35 亿元，三产产值 11.28亿元。现有规模以上企业 11 家，咖农人数 25.67 万人。

资源禀赋：普洱市热区资源丰富，面积超过 2.3 万千米^2，占总面积的 51.2%。年日照时间长，无霜期为 315 天，北回归线横穿中部，与世界著名的咖啡种植地哥伦比亚处于同一纬度区，是世界上最适合咖啡生长的地方之一，被誉为“阿拉比卡的天堂”。

科技支撑：国家咖啡重点实验室、农业农村部云南小粒种咖啡良种繁育基地、中国热带科学院云南研究院、滇西南咖啡气象服务中心、云南农业大学热作学院相继落户普洱，云南国际咖啡交易中心、普洱咖啡产品质量监督检验中心、咖啡研究所相继成立并投入运营。普洱是全国咖啡产业科研、教学、服务保障机构最集中的地方。

产品品质：经国际咖啡组织（ICO）、雀巢、麦氏和国内品评，普洱咖啡以“浓而不苦、香而不烈、略带果酸”的独特风味被赞誉为质量最好的咖啡之一，被国际咖啡组织（ICO）认定为一类产品。2013 年，普洱咖啡获得了国家工商总局地理标志证明商标和农业部农产品地理标志登记。

二、主要做法

普洱市发展咖啡产业的目标，是围绕咖啡生豆精品率、精深加工率双提升，将普洱建设成为“世界优质咖啡种植基地和全国重要的咖啡精深加工中心、咖啡技术创新中心、国际咖啡交易中心、咖啡研学培训和文化交流中心”。

一是建设良种繁育基地。建成 1 个占地 300 亩的咖啡种质资源圃（保种园），保存咖啡种质资源 300 份以上，建设 50 亩以上良种推广示范基地 3 个。

二是开展咖啡标准化种植示范园和中低产咖啡园改造。大力开展技术培训，提升基地管理水平，规范鲜果采摘标准。完成咖啡标准化种植示范园 1 万亩，完成中低产咖啡园改造 12 万亩。

三是建设咖啡鲜果集中加工厂。普洱市新改扩建咖啡鲜果集中加工厂 20 个，实现所有鲜果集中加工，稳定生豆品质，实现达标排放。

四是推进基地建设与产品认定。加大绿色食品、有机产品实用技术培训，推广绿色生产方式，鼓励企业申请使用地理标志，开展绿色食品、有机产品、良好农业规范等认证。

五是建设精品咖啡庄园。鼓励支持精品咖啡庄园建设，新建了 3 个体量较大、基础较好、业态较丰富的咖啡园并将其提升改造成具有普洱特色的精品咖啡庄园，将产业发展延伸到高附加值领域。

六是建设精深加工厂。通过支持技术改造、支持咖啡精深加工产业链延伸和销售奖补等，在融资和引进深加工技术、设备等方面给予政策支持，实现现有精深加工企业生产能力达 1 万吨以上。

七是优化产业园区布局。优化木乃河工业园区咖啡精深加工和云南精品咖啡园区功能布局，建立健全咖啡出口监管仓、进口保税仓、同仓共配基地、直播基地、物流等配套功能，为仓单质押、收储等金融服务提供基础，实现咖啡产业集聚。

八是加强品牌宣传推广。做好普洱咖啡地理标志等公共区域品牌宣传，鼓励支持部门、协会、企业形成合力，整合有关咖啡赛事和产销对接活动，不断扩大普洱咖啡影响力和知名度。

三、主要成效

一是基地建设实现新提升。普洱市有 40 余万亩咖啡园获得雀巢 4C 认证，10 万余亩咖啡园获得星巴克 CP 认证，2.8 万亩咖啡园获得有机认证，2 万余亩咖啡园获得了雨林联盟认证。

二是平台建设激发新活力。云南国际咖啡交易中心建立起以交易为核心、以金融服务为支撑、以产业上下游为重点、以实现咖啡产业融合发展为目标的服务模式，交易量、交易额及收储量持续稳步增长，全产业链服务平台的作用逐级凸显，咖啡价格话语权和影响力不断提升。

三是产业保险积累新经验。实行“政府 + 平台 + 保险机构”的平台投保模式，在全国率先启动咖啡生豆目标价格保险，实现对政策性咖啡价格保险的升级换挡。

四是品牌培育展示新形象。举办普洱国际精品咖啡博览会、中国普洱咖啡杯世界虹吸壶大赛、普洱咖啡生豆大赛、普洱咖啡手冲大赛等影响力较大的活动，不断提升普洱区域品牌价值及国内外影响力。中国第一本咖啡杂志《普洱咖啡》已成为国内有影响力的咖啡专业杂志。培育了爱伲、北归、漫崖等一批本土优势企业，推进“共享价值 · 美丽星村”咖啡村建设，创新精品庄园建设运营模式，助力普洱咖啡产品走出普洱、走向大市场。2017 年 3 月，普洱咖啡以 111.36 亿元的品牌价值位列中国农业区域品牌价值十强。2020 年，普洱咖啡入选首批中国—欧盟地理标志互认互保产品名录。

石林人参果

人参果又名香瓜茄，原产于南美洲，是一种水果、蔬菜兼用型植物。2018 年，石林人参果获得农业农村部农产品地理标志。目前，云南省昆明市石林彝族自治县（以下简称石林县）是全国种植海拔最高、面积最大、产品品质最好的人参果规模化种植核心区。石林人参果营养丰富、外观漂亮、肉质细腻、清香多汁、甘甜爽口、风味独特，深受广大消费者喜爱。

一、基本情况

近年来，石林县人参果产业快速发展。2023 年，全县人参果种植面积 17 万亩，产量 30.09 万吨，产值 16.67 亿元。全县 2.2 万户农户涉及人参果产业，专业从事人参果种植、收购、销售的企业（合作社）有 68 家，有“齿艿”“路花”“天地”“宜奈果”“彝伙人”“石果记”“火山岩”等多个注册商标。有市级龙头企业 1 个，省级示范社 4 个；建成人参果产业园区 1 个，集果品分选、包装、贮藏、物流一体；有人参果大型交易集散地 4 个，果品分选线 12 条，分选包装车间 40 余个。

二、主要做法

（一）强化规划引领，构建产业发展蓝图

石林县编制了《石林彝族自治县高原特色农业示范县发展规划》，首次将人参果产业列为重点扶持发展对象。2013 年，石林县提出“实施蔬菜、花卉、苗木、枇杷、人参果‘五个一万亩’种植示范基地建设工程”。2019 年，制定了《石林彝族自治县人参果国际产业基地发展规划（2019—2024 年）》。2023 年制定了《石林彝族自治县人参果产业发展三年行动方案（2023—2025 年）》。通过制定发展规划，将人参果产业列为精准扶贫和乡村振兴的支柱产业，进一步明确了产业发展目标和措施。

（二）注重示范带动，严把产品质量关

一是推动标准化示范带动，石林县目前共有 8 家人参果绿色食品企业，绿色食品生产面积 4 万亩，

产量 6 万吨，占全县种植面积的 24%。2023 年，石林县被列为国家现代农业全产业链标准化示范试点，制定并推广《人参果生产技术规程》《人参果脱毒种苗生产技术规程》《人参果搭架引蔓栽培果品品质提高关键技术》等一系列地方标准和主推技术。

二是加强日常监管，为人参果种植企业、合作社配备农药残留快检仪器 16 台，每批次产品上市前开展自检，合格产品方准上市。石林县农产品质量安全检测站每年在人参果集中上市期开展人参果专项监督抽检。生产中的及时监管，保障了“石林人参果”品牌的健康发展。

（三）推动合作共赢，做强做优种业和电商“两端”

一是加强与科研院校合作，把好种业关。与云南农业大学、云南省农业科学院等科研机构合作开展新品种选育、航天育种、病虫害防治等一系列科研项目，提供脱毒组培苗进行扩繁。

二是结合人参果生物学特性，示范推广人参果搭架引蔓栽培技术，提高产量，提升品质。

三是引进企业开发人参果富硒芽茶、富硒果脯、果娃酒等系列产品，增加产品附加值。

四是大力发展电商，拓展销售渠道。整合县乡村三级物流平台，在线下展示、人才培训、电商孵化、产品检测、包装设计、数据统计分析等环节形成一站式人参果数字平台。

（四）加强宣传推介，打造区域公用品牌

人参果属特色小果种，市场供应量少，大多数消费者了解不多，石林县按照先内后外、生产宣传同步的方式，逐步打开了销售市场，解决了农民销售的后顾之忧。2012 年，中央电视台农业频道“每日农经”栏目播出《好吃又赚钱的人参果》，财经频道“生财有道”栏目播出石林人参果专题节目。2015 年以来，连续举办九届“中国石林人参果文化旅游节”。2016 年，在北京举办“石林人参果产业发展论坛暨和人参果新闻发布会”。2017 年，在北京举办“石林县人民政府人参果北京推介会”。2022 年，在上海举办“石林人参果区域公用品牌全球战略发布会”。2022—2023 年，在昆明长水机场出入口设立石林人参果户外广告。2023 年，“石林人参果号”地铁专列在昆明地铁 5 号线运行。

三、工作成效

经过多年的品牌打造，“石林人参果”成为优质农产品和名牌农产品的金字招牌。石林人参果产业被昆明市人民政府列为加快转变农业发展方式“一县一示范”产业；石林县被昆明市人民政府列为“一县一业”示范县，被云南省农业农村厅列为“一县一业”特色县；“石林人参果”品牌被列入“绿色云品”区域公用品牌名录；石林人参果荣获云南省名牌农产品称号、第十四届昆明国际农业博览会优质农产品奖；主产区西街口镇被授予“中国人参果之乡”，被认定为全国“一村一品”示范镇，被列为“全国农业产业强镇”。2021 年，石林人参果的品牌价值被中国品牌建设促进会评估为 15.83 亿元。石林“宜奈果”“齿艿”人参果入选云南省“绿色云品”品牌目录名单。2023 年，石林利民人参果协会被批准为首批国家现代农业全产业链标准化示范基地试点。

在石林人参果的示范带动下，全县农业产业发展稳步推进。2023 年，创建云南省绿色食品产业基地 7 个，新增“三品一标”产品 6 个，实现农林牧渔业现价总产值 58.9 亿元；带动当地农业总产值同比增加 8 000 万元，带动 21 300 个农户实现增收，带动农民人均年收入同比增加 0.3 万元。

昭通苹果

一、基本情况

昭通苹果种植迄今已有80余年的栽培历史，出产昭通苹果的云南省昭通市昭阳区是中国西南冷凉高地最具代表性和影响力的优质苹果产区之一，高海拔、低纬度、强日照、大温差，造就了“早、甜、香、脆、艳”的独特品质，在同类果品中属上品。2023年，昭通苹果种植面积达85万亩，产量110万吨，综合产值120亿元以上。经过多年发展，昭通苹果已成为昭阳区农民脱贫增收致富的重要经济支柱产业。

二、主要做法

（一）以技术标准为抓手，为地理标志农产品品质提升提供技术支持

近年来，昭通市牵头制定了《西南冷凉高地地区绿色食品苹果生产技术规程》《昭通苹果生产技术综合规程》等23个行业、地方及团体标准。按照“标准管理、科技支撑、质量控制”的思路，鼓励苹果生产企业大力发展“地理标志农产品+绿色食品”模式，实施土壤有机质提升工程，强化应用病虫害绿色防控技术。推行地理标志农产品标准化生产，让绿色生产成为昭通苹果向现代农业产业转型升级和高质量发展的鲜明底色。

（二）以组织建设为抓手，为地理标志保护提供人才支撑

产业发展的关键在人才。为推进苹果产业发展，昭阳区于2019年成立昭通市昭阳区苹果产业发展中心，编制50人，各乡镇（街道）均明确专人负责苹果产业工作，村级设立辅导员负责日常技术指导，实施网格化服务管理。区、乡镇（街道）、村服务体系的建立健全，为地理标志保护工作的落实落地提供了坚强的人才保障。

（三）以规范化管理为抓手，营造地标保护的良好氛围

一是抓农药的规范经营，禁止销售违禁农药。对绿色食品允许使用农药与限用农药实行标记分隔销售，从源头上把好投入品服务关。

二是抓基地规范建设，实施地理标志保护的区域和绿色食品基地均竖牌公示，既起到宣传作用，又发挥监督规范功能。建立规范的公司与基地管理制度、生产记录档案、投入品保管等。

三是抓操作规范，要求技术标准操作系统规范，提高标准执行效果。

（四）以品牌建设为抓手，提高地理标志品牌影响力

一是持续加大地理标志产品宣传力度。通过昭通苹果展销会，推动品牌化水平逐步提升。鼓励绿色食品企业大力推广使用地理标志农产品标识。加强地理标志农产品昭通苹果的宣传力度，统一设计制作并安装地理标志农产品标志宣传牌。

二是全力打造地理标志产品与品牌融合发展模式。以“昭阳红”高端苹果品牌为引领，探索地理标志农产品与“昭阳红”融合发展模式。2018 以来，昭阳区连续召开 3 届昭通苹果展销会和“昭阳红”高端苹果品牌发布会。组织企业参加昆明国际南亚博览会、北京“云南特色·冬农魅力”等产品宣传推介活动。重点通过“新零售 + 全渠道销售”“传统电商 + 社交电商＋社群电商”“全媒体宣传 + 新媒体营销”等模式，不断扩大“昭通苹果”品牌的影响力。

三、工作成效

（一）产业规模日趋壮大，联农带农成效明显

1989 年，农业部在昭通市昭阳区建设优质红富士苹果生产基地 2 000 亩，带动昭通苹果产业迅猛发展。截至 2023 年年底，昭通苹果种植规模 85 万亩，年产量 110 万吨，年综合产值超 120 亿元，带动果农 13.5 万户 52.7 万人增收。昭通苹果形成了政府引导、企业主导、群众参与的联动发展新格局，通过全面构建产供销全链条发展体系，创新“公司 + 基地 + 农户”等多种产业发展模式，实施科技兴果、抱团发展、产镇融合等工作措施，有效推动当地经济发展和农民收入增长。近年来，昭通市先后引进一批行业龙头企业，带动发展 81 家从事苹果种植、加工、营销的重点企业，建成目前全国最大的苹果产业冷链物流园，创建 254 个规范化管理的苹果产销专业合作社，带动果农户均年收入 7.25 万元，人均年收入 1.89 万元，产业发展健康有序，农民增收成效明显。

（二）地理标志保护与监管日益规范

目前，全区 24 家企业使用昭通苹果农产品地理标志，授权使用面积达 8 万亩，授权产量 16 万吨。同时，16 家苹果生产主体获得绿色食品认证，认证面积共 3 万余亩。辖区生产主体严格按标准生产，确保产品质量安全。在每年对 10 个以上苹果生产基地的抽检中，检测结果全部合格。24 家用标企业集体上线国家级及省级农产品质量安全追溯平台。

（三）品牌效应成效显著

昭通市建立了苹果产业品牌体系，做强苹果产业发展名片，重点打造“昭阳红”高端苹果品牌，引导苹果产销企业、合作社创建企业知名品牌。昭阳区被评选为中国南方优质苹果商品生产基地。“昭通苹果”先后获得中国最有影响力的十大苹果区域公用品牌、中国百强农产品区域公用品牌、中国果业最受关注的优质品牌等荣誉，位列国家地理标志苹果品牌价值排行榜第三位，品牌价值达到 226.73 亿元。如今，“昭阳红”“沁果昭红”“满园鲜”等一大批苹果品牌正成为广大消费者耳熟能详的优质苹果名片。

工布江达藏猪

工布江达藏猪产于西藏自治区林芝市工布江达县，生长在海拔 2 500～3 500 米的青藏高原半山区，年平均气温 7～12℃，冬季最低气温 -15℃，无霜期 110～190 天，在自然条件差和饲料资源缺乏的条件下，藏猪仍能很好地生存，具有其他猪种所不具备的独特种质特性。多年来，工布江达县委、县政府始终把藏猪产业作为支柱产业及乡村振兴的主导产业。

一、基本情况

1993 年，工布江达县错高乡被确定为藏猪原种保护区，国家每年划拨藏猪保种专项资金。2004 年，藏猪品种被列入《中国畜牧品种志》，被正式确定为地方原始猪种。2018 年，工布江达藏猪获得农产品地理标志。近年来，工布江达县委、县政府积极调整和优化农牧特色产业结构，按照“部门牵头、乡镇组织、农民自愿、政府扶持”的原则，坚持以产业兴旺为重点，以实现藏猪产业发展壮大、农牧民增收为目标。坚持“特色化、专业化、规模化、品牌化”的发展定位，围绕“原种保护—集中扩繁—规模养殖—质量控制—精深加工”的全产业布局，形成藏猪产业增效、农民增收的良性互动格局。

二、主要做法

（一）扩大养殖规模，推行生态养殖

为更好保护工布江达藏猪品种资源，扩大养殖规模，改善养殖环境，推行生态养殖，提高疫病防控能力，工布江达县先后打造 3 个沟口养殖基地及 5 个生态养殖点，以“适当放牧 + 全价饲料补饲”的养殖方式，降低饲养成本、保证养殖质量和藏猪肉口感，重点针对西藏自治区的传统消费群体，提高了市场供应量。

（二）保障饲料安全供应，提高藏猪品质

继续通过“补饲料”方式，解决全县 27 个藏猪养殖合作社及养殖大户能繁母猪缺饲料、缺营养的问题，有效提升了藏猪繁育能力和仔猪成活率，从源头上保证藏猪品质。截至目前，已发放能繁母猪饲料 500 吨。

（三）设立产业发展滚动资金，扶持藏猪养殖企业

一是设立扶持资金 900 万元，以短期、低息借贷方式，帮助符合条件的藏猪规模养殖企业缓解资金短缺问题。二是投入资金 410.6 万元用于 5 个生态养殖点的打造。

（四）开拓销售渠道，提高经济效益

针对藏猪合作社、养殖大户面临的销路难、价格不稳定等现状，提出企业订单模式，由企业牵头，与合作社、养殖大户签订收购协议，以保价收购滞销商品猪。目前已与 8 家合作社签订协议，完成收购 129 头，实现增收 35.1 万元。

三、主要成效

（一）地理标志产业基础持续扩大

目前，工布江达藏猪产业已初步形成了从原种到市场的全产业链，构建了“一心两区”的藏猪产业规划发展布局，实现了“国家级藏猪遗传资源保护区、国家级藏猪优势特色农产品示范区、自治区藏猪产业核心区”的发展目标。打造了藏猪养殖沟口 3 条、藏猪生态养殖点 5 个、藏猪规模化养殖场 4 个、藏猪养殖合作社 15 家、养殖大户 15 家、饲料加工厂 1 个、藏猪养殖企业 3 家。藏猪养殖规模达 16.1 万头 / 年，存栏量达 8.6 万头。

（二）地理标志规范使用全面完善

制定实施了《工布江达藏猪农产品地理标志授权使用管理办法》《工布江达藏猪地理标志证明商标授权使用管理办法》《工布江达藏猪农产品地理标志授权使用规范程序》等文件，与 10 家主要工布江达藏猪生产主体签订《工布江达藏猪农产品地理标志使用协议书》，并开展培训和巡检督促。制作了《工布江达藏猪农产品地理标志保护知识宣传单》和《地理标志保护知识宣传手册》，在相关单位及当地群众中发放，为后续进一步管理优化奠定了坚实的基础。

（三）地理标志产品质量不断强化

标准化生产是地理标志品牌品质的保障，也是规范地理标志使用管理的重要支撑。组织农业、食品等相关领域专家初步研究制定了 20 余项标准与规程，进一步完善了工布江达藏猪生产日志，并对地理标志相关从业单位及人员开展了标准化生产培训工作，引导工布江达藏猪产业逐步实现产业的整体标准化。

（四）地理标志智慧生产与监管深入推进

工布江达县是西藏自治区藏猪核心发展区。为匹配地理标志产业的标准化建设，并进一步解决统一监管不便的问题，开发了“工布江达藏猪农产品地理标志质量信息管理系统”和“工布江达藏猪农产品地理标志溯源防伪系统”，囊括了地理标志生产信息整理上传、管理查询、授权公示、品牌宣传、产品防伪溯源等功能，能够支撑地理标志综合智慧化管理、产业信息数据分析研究等工作的需要。在巴河藏猪产业园建立了工布江达藏猪质量控制中心，配套网络信息数据采集、接收显示等相关设施设备。

（五）产学研合作联系紧密，区域性品牌宣传强化

工布江达县目前建成并运行多个标准化扩繁场，采取本交与人工授精技术进行藏猪繁育，与西藏农牧学院、四川农业大学等高校合作，为藏猪集中扩繁提供技术支持，以实现统一配种、统一免疫、一批次繁育。打造了“工布江达藏猪”区域公共品牌，培育了 2 家藏猪肉深加工企业，注册了“藏鲜达”“工布名优”“6J6 火腿”等企业品牌，在巴河镇叮当村设置了“中国藏猪之乡欢迎您”山体方钢字，强化品牌宣传。

◆ 柞水黑木耳

陕西省商洛市柞水县地处秦岭南麓，因境内盛产柞树（耳树）而得名。柞水黑木耳栽培历史悠久，早在明清时期，柞水当地人就从事木耳生产，但受传统落后的生产方式影响，难以形成规模化发展。

柞水县委、县政府立足资源禀赋，把木耳产业作为主导产业，按照“标准化、规模化、科技化、品牌化”要求，坚持“政府推动、企业参与、三级推进”思路，带领全县人民“同念木耳经、同唱木耳戏”，全面推进木耳产业发展壮大，全力打造“柞水黑木耳”品牌，将柞水打造成全国闻名的“黑木耳之乡”，让小小木耳真正成为支撑乡村振兴的“大产业”。

一、基本情况

“柞水黑木耳”是柞水县区域公用品牌，品牌授权企业 51 家。柞水县依托品牌建设，年发展木耳 1 亿袋以上，产出干木耳 5 000 吨，实现产值 3 亿元，户均增收 1.5 万元。获得有机食品、绿色食品认证 13 个、良好农业规范认证 2 个，“柞水黑木耳”入选中国农产品百强标志性品牌，被认定为国家地理标志证明商标、农产品地理标志，柞水县是陕西省首批特色农产品优势区。“小木耳、大产业”被习近平总书记点赞。

二、主要做法

（一）培优品种，完善标准，培育“品质耳”

一是开展新优品种研发。引进科研团队，搭建了李玉院士工作站、木耳技术研发中心两个科技平台，先后培育了柞水 1 号至柞水 5 号 5 个柞水本土木耳菌种，夯实柞水黑木耳品质提升基础。

二是强化标准推广应用。制定发布了陕西省地方标准《地理标志产品　柞水木耳》、商洛市地方标准《柞水木耳袋栽技术规程》《柞水木耳菌包工厂生产技术规程》，建立部门联村包抓、帮扶、企业示范种植和产业全程技术服务机制，编写技术手册和明白卡，下发给生产主体和经营组织，标准知晓率、入户率双双达到 100%，推动柞水黑木耳从传统经验生产转为现代标准化生产。建成木耳标准化示范园区 2 个、示范基地 50 个，带动全县实现木耳标准化生产全覆盖，为柞水黑木耳品质提升提供了强有力的科技支撑。

（二）挖掘内涵，讲好故事，培育“品牌耳”

一是深入打造区域公用品牌。聘请专业机构深度挖掘“柞水黑木耳”品牌内涵，统一设计制作“柞水黑木耳”品牌标识、品牌包装、宣传语，在第五届柞水木耳文化节上，正式发布“柞水黑木耳”区域公用品牌。同步制定“柞水黑木耳”区域公用品牌《三年行动实施方案》和《品牌保护及授权管理办法》。组织企业积极参加中国国际进口博览会、中国—东盟博览会、中国杨凌农业高新科技成果博

览会、中国绿色食品博览会、中国国际农产品交易会等省内外大型展会50余次，成功举办了柞水“小木耳·大产业”招商推介大会2次，连续举办柞水木耳文化节8届，广泛开展品牌宣传推介。

二是讲好品牌故事。编排《木耳花开》渔鼓情景剧1部，组织编写《柞水木耳赋》《木耳之歌》《小木耳大产业》歌曲，制作专题宣传片1部，深度挖掘柞水黑木耳饮食、药用、历史等文化，柞水黑木耳生产与观光采摘、科普宣传、健康养生等有机结合，在木耳生产核心区推行“木耳+旅游”融合发展模式，建设提升西川木耳博物馆、主题公园、特色小镇和金米田园综合体，多种形式讲好柞水黑木耳的品牌故事，融合三产实现多元增收。

（三）创新模式，带动农户，培育“致富耳”

一是创新“两借两还”模式。针对部分群众缺乏产业启动资金的难题，由村集体经济组织与企业签订借（菌）袋合同，农户与村集体经济组织签订“借袋还耳，借棚还耳”协议，村集体经济组织免费提供木耳大棚和菌袋，木耳采摘结束后，农户将成品耳上交村集体统一销售，村集体经济组织将销售资金扣除借袋成本后返还群众，群众无需资金就能参与木耳产业发展。

二是创新“产业+就业+三变”模式。探索村企联手共建、政府定点帮扶、群众积极参与等形式，清算盘活农村土地、山林等资源资产，吸纳各类资金，推进木耳产业区域化布局和合作化发展。木耳生产企业、基地、园区积极开发就业岗位，吸纳脱贫户就近就业。通过集体控股、村民参股等方式提升村集体经济生产经营水平，促进木耳产业持续健康发展，带动群众增收致富。

三、主要成效

（一）产业规模不断扩大

建成了年产2 000万袋木耳菌包的生产厂5个、木耳大棚2 760个、生产基地80个、专业村65个，发展专业耳农4 186户，全产业链捆绑从业人员2.91万人，人均年增收6 000元。成功创建了陕西商洛国家农业科技园区柞水核心区，国家现代农业产业园建设稳步推进，形成了特色明显、结构合理的现代农业产业体系。

（二）经营主体持续壮大

先后引进培育木耳龙头企业13家，发展新型经营主体165家，企业建成年产1 000吨的木耳分拣包装生产线5条，开发木耳代餐粉、木耳酱、木耳啤酒等6类16个产品的精深加工系列产品，带动了木耳袋料生产、加工仓储、配套产品开发、包装营销等行业，激发了木耳产业的生机活力。

（三）品牌效应得以提高

加强与淘宝、京东、抖音等平台合作，开通南京地铁“柞水木耳号”专列，参加大型展会76次，加大品牌展示，提升品牌知名度。建立“政府+合作社+农民+电商+网播”五方联动营销机制，在一线城市设立木耳直销店98家、协作店41家、电商198家。柞水黑木耳年销售额达到6.2亿元，品牌价值突破30亿元，实现了柞水黑木耳“上网”“入市”、销往全国市场。

丹凤葡萄

一、基本情况

（一）资源禀赋

陕西省商洛市丹凤县位于秦岭南麓，是典型的山区县。县内土壤类型主要为褐土、黄棕壤和在紫色砂页岩上发育而成的紫色土，非常有利于葡萄的生长发育。丹凤葡萄在独特的自然环境下，具有肉质坚实，含糖量高，香味浓郁的特点。

（二）历史传承

丹凤葡萄种植历史悠久，1911 年意大利传教士安森曼及南阳客商华国文，在龙驹寨开办葡萄酒酿造作坊，以丹凤葡萄为原料酿制葡萄酒，葡萄酒文化传承至今。

（三）发展格局

近年来，丹凤县委、县政府将葡萄酒列为全县首位农业产业，大力推进葡萄酒产业建链、补链、延链、升链，形成了集葡萄种植、葡萄酒生产、文化体验、休闲观光等于一体的“三厂三庄万亩基地”发展格局。

二、经验做法

（一）加大政策支持，统筹谋划发展

丹凤县委、县政府为发展葡萄产业、延长产业链条，先后出台《丹凤县葡萄酒产业发展规划（2021—2023 年）》《丹凤县葡萄酒产业高质量发展实施意见》等政策性文件，成立中共丹凤县葡萄酒产业链党委，高位推动葡萄及葡萄酒全产业链发展。

（二）坚持标准引领，提升产品质量

制定、完善酿酒葡萄种植、葡萄酒生产技术规程和质量标准，支持制定和推行具有产区特色、个性典型的企业标准，构建全产业链标准体系。打造万湾、白衣寺、黑沟河 3 个地理标志示范样板基地，开展良种良苗选育与水肥一体化生产技术示范推广，极大提高了葡萄产品质量，为酿造葡萄酒提供优质原料。

（三）加强监督检查，维护品牌形象

建立丹凤葡萄年度生产状况发布制度，发布当年气候、采收、产量、品质等信息。制定“丹凤葡萄”农产品地理标志管理办法，完善授权企业标志申领和使用制度。联合市场监管、农业执法等部门，开展农产品地理标志专项整治活动，严厉打击伪造、冒用及违规使用地理标志等行为，维护了地理标志品牌公信力。

三、主要成效

（一）一二三产业融合发展

全县发展赤霞珠、摩尔多瓦等优质品种葡萄基地 2.5 万亩，培育丹凤葡萄酒厂、丹凤酒庄、东凤酒庄等龙头企业 6 家，注册“丹凤葡萄酒”“安森曼”等商标 10 多个，发展葡萄酒软木塞企业 4 家，建立电商服务中心 3 家，实现农旅、工旅、文旅、康养融合发展。

（二）品牌培育稳步推进

丹凤葡萄地理标志授权企业 5 家，认证绿色食品、有机产品 3 个。丹凤葡萄被认定为全国名特优新农产品；“丹凤葡萄”品牌入选全国名优果品区域公用品牌；丹凤县被中国酒业协会授予中国葡萄酒历史文化名城称号。

（三）溢价增收成效显著

目前，全县葡萄酒年储酒能力 3 万吨、生产能力 2 万吨，年产值超过 2 亿元，带动 4 000 余户参与产业经营，农户年人均增收 3 000 元以上，实现了“培育一个品牌、拉动一个产业、带富一方百姓”。

◆ 临潼石榴

临潼石榴是陕西省西安市临潼区特产，2007 年获得国家农产品地理标志登记保护，2021 年陕西省农业农村厅将临潼石榴列入地理标志农产品保护工程实施范围。临潼区立足资源优势，倾力打造石榴产业品牌，形成以石榴为主导的生态产业链，带动农民增收，促进农业经济和农业生态水平整合提升。

一、基本情况

临潼既是驰名中外的风景名胜区，又是传统的农业大区，培育了石榴、番茄制种、奶牛养殖三大特色产业，被誉为“中国石榴之乡”。临潼石榴种植面积 8 万亩，年产鲜果 8 万余吨，绿色食品石榴生产面积 2 万亩，建成高标准优质石榴示范园 15 个。全区拥有石榴加工企业 5 家，从事石榴生产销售的企业、专业合作社 16 家，石榴产业年产值 5 亿元以上。培育了“百福瑞”“林彤”“临绿”“临研”等省市级知名鲜果品牌 15 个，“丹若尔”“秦俑”“红石榴”3 个石榴饮品品牌。发布“盛世御果 · 丝路飘香”临潼石榴公用品牌，石榴种植系统荣列中国重要农业文化遗产保护名录。

二、主要做法

（一）优化石榴产业布局，引导产业集聚发展

按照《临潼区石榴产业发展规划》，以“一街一业”“一村一品”为目标，强化项目引领与政策支持，在秦岭骊山北麓 6 个街道加快种植优生区发展。在 10 个石榴主产街道打造石榴准化示范园、石榴旅游观光园、石榴盆景园及石榴品种资源圃等，确保产业发展有示范引领。

（二）组建石榴技术服务体系，强化科技支撑

为保持临潼石榴产业的发展动力和质量，围绕石榴生产加工、展示销售、技能培训、创新研发、示范推广、旅游休闲等“六位一体”同步推进，加强与西北农林科技大学、重庆大学及中国园艺学会石榴分会的科技合作，建立由专家教授、社区技术员、乡土人才共 120 人组成的技术服务体系，组建技术攻关小组，研发早熟石榴和富硒石榴，提升品牌溢价、功能溢价空间。同时，深挖临潼石榴文化内涵，深化产业园文旅融合的品牌发展路径，加大网络宣传营销，提升“临潼石榴”公用品牌影响力，发展“互联网 + 石榴”产销模式，打造临潼石榴广阔的品牌发展之路。

三、主要成效

（一）区域公用品牌不断做强

临潼石榴栽植历史悠久、技术领先、果味品质上乘，在国内享有盛誉。2020 年，临潼石榴种植系统被认定为第五批中国重要农业文化遗产。2021 年，临潼石榴登记为国家名特优新农产品。临潼石榴先后荣获全国优质石榴奖、中国国际农产品展销会金奖、最受消费者喜爱的公众品牌、中国杨凌农业高新成果博览会后稷奖等诸多奖项。临潼石榴已成为临潼乃至西安对外的一张名片。

（二）石榴产供销联合机制不断融合

政府采取行业规范、政策倾斜、项目扶持等办法，搭建石榴全产业链，组建石榴产业联合会，带动合作社参与石榴种植、技术渗透、市场营销、仓储物流和石榴加工全产业链建设，打造了“百福瑞”联合品牌，实现利益共享。建立“企业 + 农户”的订单生产模式，西安丹若尔石榴酒业、秦俑石榴酒、红石榴酒 3 家石榴加工企业与 200 余户种植户签订石榴购销合同，形成了稳定的购销关系。临潼区政府搭建平台，组织加工企业参加国家级、省级及市级农副产品展销活动，宣传企业产品、提高产品知名度。

（三）石榴品质不断提升

临潼石榴推广应用智慧监管平台，实现消费者“一网可查”追溯体系。有 30 多家企业、合作社实现从种植到餐桌的全程追溯。利用质量追溯“四挂钩”政策，引导绿色食品认证企业主体加贴农产品追溯二维码标签，提高临潼石榴包装上市率与可追溯覆盖率。丰乐、果友等 5 家石榴主体在推进使用追溯码的评比中获西安市农业农村局表彰。

临潼石榴在“抱团、共赢、协同”的发展态势下，真正实现了“种出团结果实、乐享幸福产业”的繁荣局面。伴随着乡村振兴战略的雄伟宏图，临潼石榴产业活力迸发，新业态、新动能不断显现，朝着乡村高质量发展的道路奋力前行。

◆ 户县葡萄

陕西省西安市鄠邑区地处关中平原腹地，南依秦岭，北临渭水，自然风光秀丽，文化底蕴深厚。户县葡萄的发展，相传起于周、兴于汉唐，种植历史悠久，产业传承有序。2018 年 2 月，鄠邑区取得了户县葡萄地理标志保护登记证书，户县葡萄品牌化、标准化、品质化水平得到很大的提升。近年来，鄠邑区委、区政府着力打造以户县葡萄为代表的农业全产业链标准化发展新引擎，采取多种措施，有力地促进了户县葡萄产业的健康持续高效发展。在鄠邑区，小葡萄串起的大产业描绘了乡村振兴的新画卷。

一、基本情况

鄠邑区四季分明，光、热、水资源丰富，农业生产条件优越，特别适合葡萄生长。优越的地理环境和气候条件，为户县葡萄种植奠定了良好的基础。丰富的民间文化资源，为户县葡萄的发展提供了无形的品牌价值资源。依托独特的自然资源优势，推广标准化栽培管理技术，着力打造户县葡萄全产业链标准化发展，形成了以户太 8 号为主，甜蜜蓝宝石、醉金香等 20 多个品种搭配种植，早、中、晚熟品种错峰持续上市的葡萄产业发展格局，建成了西北地区唯一一家国家级葡萄产业体系“葡萄新品种西安区试园”。户县葡萄面积稳定在 6.6 万亩，年产量稳定在 10 万吨左右，年产值 12 亿元。入选中国农产品区域公用品牌目录、全国名特优新农产品名录、受市场欢迎的葡萄区域公用品牌二十强、2022 年首批陕西省现代农业全产业链典型、2023 年陕西省农业生产“三品一标”和农业绿色发展典型案例。户县葡萄已成为展现西安市都市农业发展的一张靓丽名片。

二、主要成效

鄠邑区委、区政府高度重视地理标志保护工程，区农业农村局分别从生产能力提升、品牌建设宣传和知识产权保护 3 个方面制定方案并实施了户县葡萄地理标志保护工程，取得显著的经济效益、生态效益和社会效益。

（一）经济效益显著提高

通过标准化生产基地建设、绿色食品认证、避雨设施建设，户县葡萄地理标志授权的各生产基地减少农业投入品的使用，节约生产成本 5%，每亩地减少农药等费用 500 元，每亩增加经济效益 1 000 多元。

（二）生态效益日益凸显

通过标准技术宣传培训，质量跟踪监测、产地环境监测评估，户县葡萄授权企业的农药化肥使用率减少 10% 以上，土壤和水质等产地环境明显得到改善。

（三）社会效益逐步扩大

在授权使用地理标志的 10 个葡萄生产基地建设标准化生产示范农田 1 000 亩，7 个生产基地推广建设葡萄避雨设施 400 亩，户县葡萄标准化生产率高于 80%，授权使用地理标志的生产者产品合格率达到 100%，包装产品加标上市率达到 100%。2020 年葡萄成熟期，西安地区阴雨天气不断，降水量较历年同期偏多，葡萄地理标志授权的生产基地优果率明显高于其他生产基地，示范带动作用十分明显。

三、主要做法

（一）强标准，发挥示范带动效应

标准化示范园建设助推产业优化升级。以生态循环农业为基础，以种植户太 8 号葡萄、猕猴桃、养殖肉牛为重点，通过“畜—沼—果”循环经济模式，实现畜禽粪便资源化利用和可持续发展。种养结合的生态循环模式，实现零污染、零排放，有效改善了葡萄生长环境。通过果园生草、水肥一体化、精准农业、追溯管控等领先技术践行绿色生态理念，保证每一颗葡萄的高品质。

（二）补短板，完善硬件设施建设

户县葡萄成熟期经常会出现连续阴雨天气，容易导致大田葡萄果实裂果，进而造成病害发生，既影响产量又影响果品品质，带来很大经济损失，避雨棚可以有效地减少甚至避免病害的发生。通过在葡萄正上方搭建避雨棚，有效地避免了果实与雨水直接接触，水平方向通风透气性良好，防止果实成熟期雨水造成裂果，在减少葡萄发病的同时，还能提高商品果率，使商品果率达到 90% 以上。

（三）重培优，促进新品种吸纳推广

筛选在当地表现优良的品种，从而丰富西安市鲜食葡萄品种。增加了园区葡萄品种的多样性，可延长葡萄的供应时间；为了方便周边农户参观学习，建设了示范展示园区，开展观察研究并选择更适于本地种植的葡萄品种，提升了产区总体的生产水平。

（四）拓思路，延长产业发展链条

融合一二三产业，促进户县葡萄基地与休闲观光的有机融合，建成了西安户太葡萄酒庄、荣华葡萄庄园、西安天菊葡萄酒庄等葡萄酒庄 4 个，开发出了“户太”系列葡萄酒（汁）和冰葡萄酒，把户县葡萄转化为休闲观光代言品，推进户县葡萄优势品牌与旅游、休闲等产业融合发展。同时，建成了户县葡萄供应链中心和户县葡萄物流快递交易服务中心，实现了集仓储、分拣、包装、销售、运输、市场等为一体的自动化、数字化的供应链服务，促进葡萄全产业链发展。

◆ 玉门枸杞

一、基本情况

甘肃省酒泉市玉门市是古丝绸之路重镇，历史悠久、文化灿烂，因西域和阗美玉由此通关而得名，又因唐代诗人王之涣“羌笛何须怨杨柳，春风不度玉门关”的诗句而声名远扬。玉门地处大漠戈壁、干旱少雨，属于典型大陆性中温带干旱气候区，受益于得天独厚的光热资源禀赋和祁连山冰川融雪滋润，成为优质枸杞种植区。玉门枸杞色泽鲜红、粒大饱满、口味甘甜、养分丰富，品质极佳。2019 年玉门枸杞登记为国家地理标志农产品，2023 年入选全国名特优新农产品目录，现已成为当地最大的“红色”产业，是全国重要的优质枸杞主产区之一。

二、经验做法

（一）示范引领，推进按标生产

玉门市以实施地理标志农产品保护工程项目为契机，以建设玉门枸杞绿色标准化示范基地为抓手，开展技术培训 23 场，培训枸杞生产管理人员 620 人，编印《玉门市枸杞标准化生产技术规程》3 000 册，推广增施有机肥、应用灭虫灯、悬挂粘虫板、生物药剂防治病虫害等综合生产技术，建成绿色标准化示范基地 8 个，面积共计 5 200 亩，引领落实枸杞绿色标准化种植面积超过 20 万亩，通过示范推广绿色标准化生产技术，实现了化肥、农药投入“双减少”，保持了枸杞特色品质，提升了质量安全水平。

（二）质量管控，实行全程追溯

深化乡镇农产品质量安全网格化管理，建成全市农产品质量安全追溯平台指挥中心，强化玉门枸杞信息化监管追溯，不断压实生产主体责任、提升自律意识，实行玉门枸杞“认证标识＋承诺达标合格证＋追溯二维码”带标上市。印制玉门枸杞地理标志专用防伪标识 80 万枚，购置蓝牙二维码打印机 30 台，建成合格证开具服务站 6 个，追溯枸杞产品 3 000 多吨。一枚小小的合格证，既是生产主体的“承诺书”，又是上市枸杞产品的“身份证”，推进了产品身份标识化，实现了质量安全可追溯。

（三）扩大认证，培育区域品牌

不断扩大玉门枸杞质量认证，认证绿色食品企业 3 家、有机企业 3 家。融合“玉门珍好”“甘味”区域公用品牌，培育壮大企业商标品牌 20 个，建成玉门枸杞体验馆，制作《圣果天成　玉门枸杞》宣传片，在示范基地、空港高速、宾馆商超等设置宣传牌 24 块，讲述玉门枸杞品牌故事。组织企业“走出去”，参加大型展会并宣传推介，获得第二十二届中国绿色食品博览会金奖。

（四）聚焦市场，打造全产业链

推进枸杞加工由传统原料初加工向功能性产品深加工转变，培育建成规模生产加工企业 35 家，拥有烘干、冻干、原汁、分级包装等生产线 40 多条，年生产加工枸杞产品 5 万吨以上，开发了冻干枸杞、枸杞原浆、枸杞酒、枸杞饮料、枸杞雪糕等产品 10 余种，不断延伸产业链条，增加产品附加值。线上线下经营销售主体 72 家，年销售总额 11 亿元以上，全市枸杞全产业链快速发展，提升了玉门枸杞市场竞争力。

（五）建设小镇，推开对外窗口

建设总面积 3 300 亩的玉门枸杞小镇，建成枸杞大厦、交易市场、展示体验馆、智慧农场、农产品博览馆，组建运行玉门云仓、西安中转仓、宿迁前置仓和县域集采集配中心、产品质量追溯中心、线上直播直销中心“三仓三中心”，入驻枸杞企业 20 多家，集枸杞生产、加工、展示、营销等于一体的枸杞集散地初步形成，成为吸引客商、发展产业的对外窗口，树立了玉门枸杞农文旅三产融合“新地标”。

三、主要成效

（一）产业壮大，经济效益显著

玉门枸杞种植面积达 24 万余亩，年产枸杞干果 4.2 万吨，年产值 11.5 亿元。产品备受市场青睐，销往全国各地，出口欧盟、东南亚等地。三年树龄平均亩产枸杞干果近 285 千克，亩均收入近万元。玉门市移民乡镇盐碱地适宜种植枸杞，激发了群众种植枸杞的积极性，枸杞成为家庭重要收入来源。玉门枸杞产业发展，促进了农业增效，“红果果”成了群众增收致富的“金豆豆”。

（二）品牌擦亮，社会效益提升

成功举办首届甘肃酒泉枸杞博览会，“陇宇”枸杞入选“甘味”商标品牌，枸杞产区下西号镇被农业农村部认定“一村一品”示范村镇，玉门枸杞小镇被评为国家林业产业示范园区，2023 年玉门市入选第三批国家农产品质量安全县，进一步擦亮了玉门枸杞地理标志品牌，消费者对玉门枸杞地理标志农产品满意度达到 90% 以上。

（三）品质提升，生态效益凸显

落实玉门枸杞绿色标准化技术推广应用，提高了枸杞种植户科技应用水平，降低了化肥和农药使用量，保护和改善了产地环境，促进了玉门枸杞产业可持续发展。强化质量安全监管追溯，实行产品带标上市，构建质量安全追溯体系，拉高了玉门枸杞质量安全的“标准线”，保持了玉门枸杞的特色品质，促进了枸杞产业的高质量发展，助推玉门市走向乡村振兴的新征程。

民勤蜜瓜

一、基本情况

民勤蜜瓜是甘肃省武威市民勤县特产，种植始于清朝光绪年间（1875—1908 年），由在新疆任知县的民勤籍人士张建勋引入并种植成功，香飘五凉，享誉河西。20 世纪 40 年代，时任美国副总统华莱士访华时途经甘肃，赠送当地一包“蜜露甜瓜”种子，在兰州试种成功，名为“白兰瓜”，至 60 年代在民勤湖区大面积种植，果形圆正，色味俱佳，使民勤蜜瓜闻名遐迩并远销中国香港。经过 60 多年持续发展，全县蜜瓜种植面积 20 万亩，年产量 54 万吨，年产值达 16.2 亿元。民勤蜜瓜已成为民勤县特色优势主导产业，民勤县成为全国优质蜜瓜的重要产区。

二、经验做法

（一）加强品种培育，提升蜜瓜品质

聘请知名甜瓜专家吴明珠院士以及高校、科研院所专家组建技术服务团队，建成民勤县种质资源保护中心，依托珍宝蜜瓜产业园，在现有民勤蜜瓜种质资源收集和繁育保护工作的基础上，择优扶持县内种子培育企业、瓜菜产销专业合作社等经营主体，配套完善遮阳降温、防寒保温、通风换气、水肥一体、育苗床架、播种、催芽等基础设施，建立蜜瓜良繁培育基地。蜜瓜新品种试验、示范、推广和品质提升更加规范化、科学化，推动了全县蜜瓜产业高质量、可持续发展。

（二）加强品牌建设，提高知名度

民勤县印发《民勤蜜瓜品牌体系建设方案》《民勤蜜瓜一二三产融合发展实施方案》，出台《民勤县农产品“三品一标”认证补助奖励办法》《民勤县种植业发展扶持办法》等，县财政每年拿出 100 万元资金奖励补助“三品一标”农产品认证、品牌建设、宣传推介及营销活动。民勤蜜瓜 1995 年被评为“中华老字号产品”；1999 年获得昆明世博会金奖；2006 年获“北京奥运推荐瓜果产品”一等奖；2010 年通过国家地理标志产品认定；2019 年获得农产品地理标志登记；2020 年注册地理标志证明商标，入选“甘味”农产品区域公用品牌“好中优”产品名录，民勤县被中国蔬菜流通协会授予“中国蜜瓜之乡”称号，民勤县收成镇被认定为全国“一村一品”示范镇；2021 年收成镇珍宝蜜瓜基地被认定为粤港澳大湾区“菜篮子”基地，民勤蜜瓜入选全国名特优新农产品名录；2022 年入选“甘味”系列十大地方公用精品品牌名单；2023 年入选农业农村部农业品牌精品培育计划。

（三）加强推介宣传，拓展营销渠道

一是精心策划“蜜瓜节”系列活动，联合京东物流集团举办民勤蜜瓜全网发售活动和蜜瓜节，持续加强与阿里巴巴、京东等国内知名电商平台和企业对接。积极组织企业参加“甘味”特色农产品展

销会、中国绿色食品博览会、全国农业博览会等专业展会，同时将蜜瓜作为赴外招商引资必带品，开展宣传推介。二是通过新闻媒体、网络平台、广告标语、小视频、网红直播等方式，提高民勤蜜瓜知名度、美誉度。三是借助“天下有民勤人”的人脉资源，引导龙头企业、专业合作社等经营主体大力开展“农超对接”“农校对接”“农企对接”，拓展蜜瓜销售渠道，增加农民收入。四是成功举办2023年中国蜜瓜产业大会暨首届甘肃·民勤蜜瓜产业大会，成立全国蜜瓜产业联合研究中心，发布民勤蜜瓜团体标准，民勤蜜瓜馆开馆运行。民勤县被北京农产品流通协会评选为北京农产品供应基地，评选现场签约金额23.33亿元，有力拉动了民勤蜜瓜火爆全网、热销全国。

三、主要成效

（一）经济贡献显著增长

近年来，民勤蜜瓜种植面积逐步扩大，从2018年的6.85万亩增加到2023年的20万亩，产量从23万吨增长到54万吨，亩均纯收入从3 600元增加到4 500元，年产值从5.6亿元增长到16.2亿元。蜜瓜产业成为民勤县招徕天下客商的“甜瓜”，市场欢迎的“香瓜”，农民致富的“金瓜”，经济发展的“宝瓜”，有力助推全县乡村振兴。2023年，蜜瓜产业的发展帮扶带动农户1.5万人，实现农户增收2 400万元以上，农户人均收入年增幅达10.22%。

（二）生态农业模式创新

大力推广蜜瓜“有机肥+微生物菌肥+配方肥”“有机肥+作物秸秆+油渣+配方肥”化肥减施增效技术、膜下滴灌水肥一体化技术等标准化生产模式，配套肥料机械深施装备集成技术的应用，实现民勤蜜瓜“三节、三增、三提高”，即节水、节肥、节成本，增加产量、增加收入、增加效益，提高品质、提高灌水利用效益、提高肥料利用率。推广植物源农药、粘虫板、杀虫灯，组建专业化飞防队、机防队，开展病虫草害专业化统防统治和绿色防控，科学安全使用农药，减少使用量，提高使用率，促进农业绿色可持续发展。

（三）品牌影响力持续扩大

制作民勤蜜瓜宣传片、民勤蜜瓜微信朋友圈小视频广告，邀请网红在全国知名电商平台直播带货，积极参加和举办展会，民勤蜜瓜附带农产品地理标志上市销售，民勤蜜瓜美誉度和知名度越来越高，“中国蜜瓜之乡”的金字招牌越擦越亮。

定西马铃薯

甘肃省定西市安定区地处黄土高原丘陵沟壑区，属典型的干旱半干旱地区，是全国最适宜马铃薯种植的主产区之一，所产马铃薯薯块大、薯皮光滑、薯型整齐、干物质含量高、口感好、耐贮运，产量和质量在全国均处于一流水平。

一、基本情况

安定区以打造“中国薯都核心区”为目标，按照“抓种薯繁育促外销，抓机械耕作促效益，抓品牌建设促销售，抓市场建设强服务，抓精深加工促转化”的总体思路，努力将安定区创建成全国马铃薯主食化战略先行试验示范区。2023 年，全区马铃薯种植面积稳定在 100 万亩，总产量达到 185 万吨，加工能力达 73 万吨，全产业链产值达到 65 亿元，农民人均从马铃薯产业中获得收入 3 800 元。

二、经验做法

按照“一乡一业”“一村一品”的发展思路，进一步突出地方特色和资源优势，紧紧围绕产业发展和农民增收两大主题，深入开展巩固拓展脱贫攻坚成果同乡村振兴有效衔接，扎实推进定西马铃薯地理标志农产品保护工程建设。

（一）增强综合生产能力

重点开展生产基地提升、绿色防控技术应用、传统加工工艺改造升级。扶持 2 家种薯企业进行以新大坪、陇薯系列为主的定西马铃薯脱毒种薯生产及扩繁推广，每个企业建立种薯生产基地 1 000 亩以上。

（二）提升产品特色品质

重点开展定西马铃薯提纯复壮及扩繁，建立产业链标准体系，开展地理标志农产品质量控制技术规范及相关管理制度的宣贯培训。推广轮作倒茬、种薯处理、配方施肥、膜上覆土、膜下滴灌、统防统治、杀秧收获、残膜回收、科学贮藏、全程机械化十大绿色高效技术。开展马铃薯种植及相关管理知识培训，组织生产主体考察马铃薯主产区，提高经营者整体素质。扶持 40 家合作社进行马铃薯商品薯绿色标准化种植，提高定西马铃薯品质。

（三）叫响区域特色品牌

一是开展农产品“三品一标”认证。围绕马铃薯地理标志农产品培育，大力开展绿色食品、有机产品认证，建成省级绿色食品（马铃薯）标准化基地，确保“三品一标”年增长率保持在 8% 以上，种植面积占马铃薯总种植面积的 50% 以上。二是开展品牌宣传推介。组织马铃薯种薯、加工企业和合作社积极参加中国绿色食品博览会、中国国际薯业博览会、中国兰州投资贸易洽谈会、中国马铃薯大会等推介活动。三是积极参加品牌评选活动，开展中国农业品牌和“甘味”知名农产品区域公用品牌培育工作，提升定西马铃薯品牌价值。

（四）建立质量管控机制

按照定西马铃薯质量控制技术规范、农产品地理标志使用协议等相关规定，对产品生产区域、规模产量、特色品质、标志使用等开展技术服务和监督管理。按照《农产品地理标志公共标识设计使用规范手册》要求，规范上市产品包装标识，支持证书持有人和标志使用人开展打假维权行动。标志使用人做好生产信息采集，推行产地和产品台账管理，依托国家农产品质量安全追溯管理信息平台，推动产品可追溯。

三、主要成效

（一）种植面积得到保障

以 3 个万亩标准化核心示范基地为中心，辐射全区 19 个乡镇打造 11 个连片化、高质量的片带，共计 21.8 万亩。引导鼓励新型经营主体积极流转撂荒耕地建设马铃薯种植基地，依托高标准梯田集中连片程度高、基础设施完善的优势，高标准梯田建成后全部用于马铃薯种植，保障了马铃薯种植规模。

（二）产品品质明显提升

采取“企业流转土地”“企业对接合作社”和“微型薯补助项目”等多种模式，生产马铃薯原原种 2.5 亿粒，建立原种扩繁基地 6.3 万亩、一级种扩繁基地 51 万亩，保障定西马铃薯品质。

（三）基地建设取得突破

采取“龙头企业 + 合作社 + 基地 + 农户”建设模式，建成 11 个黑膜马铃薯万亩核心示范区，共计 21.8 万亩，辐射带动以黑膜覆盖为主的马铃薯标准化种植基地 86 万亩。

（四）加工产业链条不断延伸

全力打造“定西宽粉”品牌，形成了以精淀粉、全粉、变性淀粉及其衍生产品、主食化系列食品为主，上下游配套、产业链完整的加工产业集群。目前，安定区有宽粉加工企业 28 家，其中生产能力 500 吨以上的 9 家，规模以上重点企业 9 家，年生产能力达 3.3 万吨。

（五）产业水平持续提高

一是实施了安定区 2022 年中央财政农业生产发展马铃薯产业项目，重点用于种薯产能及质量提升、定西宽粉生产线建设、产品研发、品牌建设、包装设计、实体店建设等环节奖补，线上营销平台建设和宣传推广补助。二是实施“甘味”企业商标品牌奖补项目，对符合条件的 3 家企业进行奖补，每个商标品牌奖补 5 万元。三是实施了安定区 2023 年马铃薯产业集群项目，使用中央资金 1 350 万元，地方整合及自筹资金 4 280 万元，用于良种繁育质量提升、山旱地“引水上山”水肥一体化基地、仓储保鲜、基础设施及配套设施等建设。四是实施了安定区 2023 年市级优势特色产业定西宽粉扶持项目。支持基础好的 8 家生产主体扩建生产线、引进先进设备、建设冷库等附属基础设施。

渭源白条党参

甘肃省定西市渭源县是“中国党参之乡”，自古就有“党参故里”之说。近年来，渭源县围绕打造“全国知名的中医药产业基地”发展目标，按照“做大基地、做强企业、做优品牌”的发展思路，通过延链补链，形成了现代中药材产业发展格局，打造“渭源白条党参”知名品牌。

一、基本情况

渭源白条党参根呈长圆柱形，条长直、根长分枝少。顶端有一膨大的根头，具多瘤状茎痕，外皮色泽灰黄色或黄褐色，上部有细密横纹，下部有纵纹，横切面外白内黄呈菊花心，质地坚实，有特殊香气，味微甜。2012 年，农业部对渭源白条党参实施农产品地理标志保护。渭源县通过实施渭源白条党参地理标志农产品保护工程，提升了生产能力、品牌效应和标准化程度，推动渭源白条党参产业提档升级。

二、主要做法

（一）抓体系建设

组建了渭源白条党参研究院，建成渭源县中药材种质资源库和药圃园。强化组织培训，定期组织举办基层农技推广体系培训班、新型职业农民技术培训班等，每个乡镇培养 1 ～ 3 名技术骨干。实行绿色防控，印发《关于建立渭源县优势特色产业三年倍增行动计划“五个一”工作机制的通知》等文件，加强对中药材田间管理和科学防控病虫草害，严防中药材农残问题的发生。

（二）抓现场推进

在 9 个乡镇的 10 个村新建 10 个产地加工车间，大力招引工业延链补链强链项目，佛慈红日配方颗粒生产线建成投产，天成药业精制饮片加工项目顺利推进。组织 16 家县内中药材加工企业参加亳州招商推介会、中国兰州投资贸易洽谈会等各类展销、展览活动 12 场次，“渭源白条党参”品牌效应逐步显现。

（三）抓典型带动

按照抓典型、推模式、可复制的思路，总结好做法和成功经验进行推广。录制中药材专题宣传片《渭源白条党参》，通过多种途径，加大宣传力度。实行周报制，每周定期报告中药材工作进展情况。每年对中药材种植、加工企业及农户开展专题调研。

（四）抓流通体系

全县形成以渭水源中药材市场为中心，会川江能、莲峰、新寨 3 个中药材市场为产地市场，其他农贸市场为网点的中药材线下集散市场和 60 多家电商参与的线上销售体系，形成了线上线下融合发展的销售模式。发展中药材产业合作社 604 家。大力推广中药材无硫保鲜仓储方法，切实提高中药材仓储质量，全县中药材静态仓储能力达到 6 万吨，年交易量 12 万吨，年交易额 24 亿元。

（五）抓产业链条

以中药材全产业链提升为方向，以建设“全国精制饮片加工基地”为目标，重点发展中药饮片、中药提取物、中药配方颗粒、现代中成药、功能保健品和药食同源食品，推动中药材全产业链发展。

（六）抓品牌创建

督促中药材经营企业、农民专业合作社严格落实“两证一标识”制度，开展农产品“三品一标”认证。制定《渭源白条党参区域品牌授权使用管理办法》《渭源白条党参品牌准入标准》《渭源白条党参区域公共品牌管理机制》等，建立品牌的管理与运行体系，完善准入与退出机制，授权企业统一使用“渭源白条党参”农产品地理标志。实施“渭源白条党参”“渭源药膳”品牌建设、赋能、提质工程，构建“区域公共品牌 + 企业品牌 + 产品品牌”的品牌体系，推动产业扩量提质、转型升级。

三、主要成效

（一）种植规模稳量提质

渭源县以打造“道地中药材药源基地”为目标，坚持“绿色、道地、生态、有机”发展理念，推广“龙头企业 + 合作社 + 基地 + 农户”模式，2023 年，中草药材播种面积达 35 万亩，年产中药材 12 万多吨，实现了示范基地点上开花、农户种植面上结果的带动效应。

（二）生产加工转型升级

依托渭源工业集中区，以中药材有效成分提取和中成药系列产品开发为主，大力发展中医药加工，延伸产业链条，推动党参产业工业化、规模化、集约化发展。目前，全县中药材加工企业达到 73 家，其中省市级龙头企业 16 家，通过良好生产规范（GMP）认证的企业 30 家，发展中药材个体加工户 1 200 多户。完成标准化车间认证 30 家，工业集中区入驻 46 家，形成了年产中药饮片 6 万吨、中药提取物 0.2 万吨的生产规模，中医药加工业年总产值达到 9 亿元。

（三）产品质量安全可追溯

建立中医药全产业链质量安全追溯机制，将渭源县中药材种植基地纳入农产品安全质量追溯公共服务平台，加快大数据、环境监测控制、物联网等信息化技术在中药材生产中的应用，实现中药材在种植、采收、加工、干燥、包装、仓储及销售全过程可追溯，提升中药材生产信息化水平。

（四）品牌宣传体系完善

制定渭源白条党参品牌建设方案和渭源白条党参道地药材标准，统一设计印制道地中药材品牌包装，全面扩大“中国党参之乡”和“渭源白条党参”品牌效应。加强“渭源白条党参”“渭源药膳”品牌的建设，构建“区域公共品牌 + 企业品牌 + 产品品牌”的品牌体系，依托科研院所和企业开发了中药材相关加工产品。同时，餐饮行业和医疗机构等积极研发渭源药膳系列名菜、名方、名汤、名茶产品，“甘味天下先，好参出渭源”的药乡广告已逐步打响。

◆ 互助八眉猪

青海省海东市互助土族自治县（以下简称互助县）是青海名酒“互助酒”的产地，大量的酿酒副产品为养猪业提供了良好的饲料，当地群众养猪经验丰富，对猪的品种培育比较重视，猪肉品质好。经过互助县群众长期选育，互助八眉猪已成为当地主导猪品种，具有适宜高原环境、抗病性强的特征。自20世纪70年代起，互助县已开始建立八眉猪原种繁育场和保种场，以保护这一品种。2012年，互助八眉猪取得农业部农产品地理标志登记。

一、基本情况

（一）品种来源与特征

互助八眉猪是西北地区古老的品种之一，因其头狭长、耳朵下垂、眉毛呈倒“八”字形，故称为“八眉猪”，当地人又称其为“大耳朵”。互助八眉猪在青海约有4 000年的驯养历史，是高原特定环境下经过长期自然选择和人工选育而形成的地方猪种，主产区位于湟水河流域，中心产区就在互助县，具有适应性强、性早熟、抗逆性好、产仔多、母性好、沉积脂肪能力强（是肉味鲜美的主要原因）、肉质好、能适应贫瘠多变的饲养管理条件、遗传性状稳定、对近交有抗力等特性。

（二）产品特色

互助八眉猪的猪肉肉质好，鲜红色，肌肉呈大理石条纹，肉嫩，有自然肉香味，瘦肉肉质比较细且脂肪沉积较多。

二、主要做法

近年来，互助县按照“优化结构、注重特色，提升规模养殖水平，重点发展八眉猪产业”的思路，依托良好的生猪养殖基础和独特的八眉猪种质资源，加大资金投入力度，加快转变发展方式，大力发展规模化养殖，促进了八眉猪产业的较快发展。

（一）扩大养殖规模

“十二五”以来，县政府每年拨付专项资金500万元以上，着力推行“企业＋基地＋农户”的模式发展八眉猪产业。全县共建成万头猪场7个、千头猪场26个、百头猪场127个，八眉猪深加工企业1家，组建生猪养殖专业合作社57家、养猪协会2家，有生猪养殖基地村40个，年出栏生猪30头以上的规模养殖户达920户。

（二）建立良种繁育体系

八眉猪原种育繁场和保种场存栏保种核心群母猪达到 895 头，每年向社会提供八眉猪二元母猪 8 220 头，基本满足了全县商品配套杂交生产的需要，初步形成了以互助八眉猪原种育繁场和保种场为龙头，在保种的基础上开展杂交利用，生产二元杂交母猪供应良种仔猪繁育基地，由基地生产三元商品仔猪供应社会的良种猪繁育体系。

（三）强化地理标志农产品保护与全产业链标准化

互助县 2021 年实施地理标志农产品（互助八眉猪）保护工程，开展八眉猪引种和提纯复壮，提高互助八眉猪综合生产能力。强化地理标志农产品质量安全管理和特色品质保持，优化并严格落实生产技术规程，建立健全产业链标准体系；生产经营主体按标生产，加强标准实施应用和示范推广，推动现代农业全产业链标准化。开展质量安全检验检测，加强全程质量控制。

（四）加强品牌建设与管理

深入挖掘传统农耕文化，丰富品牌内涵，讲好互助八眉猪的历史故事。开展专题宣传和推介活动，加强品牌营销，开展互助八眉猪绿色食品认证，提高品牌认知度和市场竞争力，促进品牌溢价。规范标志授权使用，强化产品带标上市，建立健全质量标识和可追溯管理制度。

三、品牌发展情况

（一）发展路径

一是结合工作实际，成立以农产品质量安全检测中心主任为组长，畜牧兽医站、八眉猪技术服务中心工作人员为成员的专项工作小组，把工作任务和责任落实到人，有计划、有步骤推进，确保八眉猪产业持续健康发展。

二是加强地理标志农产品（互助八眉猪）品牌打造，增强市场竞争力。

三是加大相关法律法规和业务知识培训，着力增强广大生产者、经营者和管理者品牌意识和标准化生产意识，进一步提高产品知名度、美誉度和市场占有率。

（二）取得成效

2006 年，互助八眉猪被农业部确定为国家级畜禽遗传资源保护品种。2008 年 7 月，互助八眉猪原种繁育场被农业部确认为第一批国家级畜禽遗传资源保种场。2009 年 1 月，“互助八眉猪”证明商标在国家商标总局获准注册。2012 年，互助八眉猪农产品地理标志取得农业部登记。2022 年，互助八眉猪入选青海绿色有机农畜产品“青农优品”系列。

◆ 祁连牦牛

近年来，青海省海北藏族自治州祁连县充分发挥畜牧业资源优势，立足实际，利用特色产业和区位禀赋，通过开展品牌建设，提升产品质量和特色品质，增强综合生产能力，推动祁连牦牛地理标志农产品保护，提高知名度，拓宽销售渠道，促进产业发展。

一、基本情况

（一）养殖环境

祁连牦牛产区祁连县地处青藏高原，是世界公认的“超净区”之一，土壤与水资源几乎没有受到污染。草场类型主要为山地草甸类和高寒草甸类，可食牧草比例高，产草量高，草质优良，营养价值高，适口性强，适宜放牧。

（二）产品特征

祁连牦牛长期生长在海拔 3 500 米以上的高寒地区，以传统游牧饲养方式进行生产管理。祁连牦牛肉光泽润滑，肉色深红，脂肪淡黄色，肌纤维清晰有韧性，呈明显的大理石纹，弹性好，外表湿润。祁连牦牛肉富含 18 种氨基酸，铁、锌、硒等人体必需的微量元素以及丰富的维生素，高蛋白、低脂肪，氨基酸种类齐全，腥膻味小，具有其他牛肉无法比拟的独特风味。

二、主要做法及成效

祁连县确定牦牛产业为主导产业，初步形成生产、加工、贮藏、流通销售各环节的有机结合。

（一）政府引导，科学规划，突出重点

牦牛产业试点工作扎实有效，千头牦牛基地、牦牛主题公园建设有序推进，牦牛产业综合体观摩签约暨野血牦牛产业发展论坛成功举办。牦牛政策性保险覆盖面达到 100%，重大动物疫病免疫注射密度达到 100%，农畜产品质量安全率超过 95%，高效、绿色养殖比例达 85% 以上。

（二）院地合作，抢抓时机，振兴种业

祁连县充分发挥院地合作双方优势，成立专家组开展祁连牦牛基因鉴定、生长、生产性能测定等

工作，共测定祁连牦牛 80 头，抽取 80 份血样，同时，开展体型外貌与体尺体重测定、照片采集等工作，共采集 2 500 条（组）数据，高质量推进普查和信息收集，祁连牦牛优质化进程步入快车道。

（三）培育主体，延伸链条，实现增效

祁连县培育新型经营主体 245 个，村集体股份制合作社 45 个，组建祁连牦牛产业全产业链重点县联合体 1 个。建设牦牛产业链条，牦牛养殖合作社、养殖大户和加工环节雇佣职工均实现收益，收益人群超过 5 000 户，户均增收 3 000 元以上。牦牛产业有较强的吸纳劳动力能力，带动牧民人均纯收入达到 1.83 万元（新增 0.58 万元），通过土地流转和参股分红，稳定增加收入，增收效益明显。

（四）创建基地，技术创新，三产融合

祁连县坚持贯彻落实习近平总书记关于打造青海绿色有机农畜产品输出地的重要指示精神，通过做“强”一产，做“优”二产，做“活”三产，打造一批全产业链标准化基地，培育一批以绿色食品、有机产品、地理标志农产品为重点的绿色优质农产品精品，采取“基地 + 技术单位 + 主管单位”建设模式，大力扶持基地项目建设、升级物质装备、加快技术改造和新产品研发步伐，提升祁连牦牛等农畜产品的精深加工水平，建立起产销结合，科研、教学与生产结合的产、供、销生产经营体系，推进三产融合发展。

（五）市场主导，企业唱戏，做强品牌

为进一步提升祁连牦牛农产品地理标志品牌知名度和影响力，祁连县与授权企业签订了祁连牦牛农产品地理标志使用协议、使用承诺书及营销安全承诺书，确保农产品地理标志规范，维护证书持有人和标志使用人的合法权益，打造好农产品地理标志这块金字招牌，将祁连牦牛相关产业做大做强，推动区域特色农牧业产业高质量发展。坚持市场主导、企业唱戏，利用品牌授权扩展营销“窗口”，发展“农产品 + 直播”等新型销售模式，推动名特优农畜产品走出祁连县，提升“祁连牦牛”品牌的影响力、竞争力和带动力。

（六）品牌加持，加强宣传，走向高端

通过品牌效应加持，提升农畜产品终端附加值。组织已获得地理标志使用授权以及通过绿色食品与有机产品认证的企业赴北京、山东、海南参加交易会，提高农畜产品知名度和影响力，拓宽祁连县优质农产品销售渠道。

◆ 玉树牦牛

玉树牦牛产自青海省玉树藏族自治州（以下简称玉树州），是高原型牦牛中数量最多的类群，生长在气候条件严酷、草地生态条件脆弱的“中华水塔”——三江源地区。2016 年，玉树牦牛获得农产品地理标志保护，2019 年，玉树牦牛被列为青海农产品区域公用品牌，同年入选中国农产品百强标志性品牌。牦牛产业作为玉树州的经济支柱产业，是实现玉树州产业科学发展、经济转型升级、人民脱贫致富的重要支撑。

一、基本情况

玉树州土地总面积 26.7 万千米 ^{2}，草场总面积为 2.28 亿亩，是青海省面积最大的生态牧区。全州牦牛总存栏量为 158.97 万头，主要品种为高原牦牛、环湖牦牛和长毛牦牛。

二、经验做法

玉树州依托生态资源、自然资源、文化资源三大优势，依据“生态优先、品牌先行、集约经营、集群发展、科技赋能”原则，推进玉树牦牛高质量发展，走出了一条美丽乡村与美好生活互促互进的生态富民之路。

（一）生态优先

玉树州始终将生态保护放在首位，大力推行退牧还草政策，推进玉树地区的草场从过度利用向自然修复、休养生息转变。同时，推进合作社运作模式，打破家庭草场壁垒，对于可用牧场实行统一管理，采用四季轮牧的方式发展牦牛养殖产业，坚定走生态优先、绿色托底、集约高效、可持续的玉树牦牛高质量发展之路。

（二）品牌驱动

玉树州充分发挥玉树野血牦牛的品种优势，严把育种养殖以及生产加工各个环节的质量关，打造玉树牦牛产业的生态概念、绿色概念，将玉树牦牛打造成“绿色原生态、优质高端”的品牌形象，凭借三江之源、“中华水塔”、国家生态安全屏障的美誉，以及对口帮扶企业首农集团的强大资源背景，推广玉树牦牛品牌。

（三）集约经营

玉树州打破过往以家庭为独立生产单元，各自为政的传统经营模式，大力发展股份改造合作社，采用以股份合作社为主体，能人代管、联户经营、大户经营等其他经营模式为补充的多种经营体制，最大限度地集中整合草场、牲畜、劳动力等生产要素，施行“划区轮牧”“以草定畜”的科学养殖模式，在生态优先前提条件下，实现牦牛产业提质增效。

（四）集群发展

玉树州根据产区实际情况，建立州示范园区、县产业园区、乡村示范基地三级产业体系，以市场化机制整合产业链上的各个相关主体，吸引牧民、合作社、育种企业、生产加工企业、物流企业等各类主体参与到玉树牦牛产业链的构建中，分工合作、各司其职，推动玉树牦牛产业链各环节协调发展。

（五）科技赋能

加大科研和信息技术的投入，充分发挥“两网一链”的技术优势。无论是产业源头的人工授精、胚胎移植等提纯复壮技术的使用，还是产业中端养殖、屠宰、加工过程中区块链技术的普及、物联网技术的运用，以及产业终端互联网 O2O 模式的应用，都充分发挥了科技的力量，让传统的牦牛产业插上科技的翅膀，推进玉树牦牛产业高质量发展。

三、主要成效

经过 10 余载的探索实践，玉树州的生态畜牧业合作社从无到有，从弱到强，培育了全国草地生态畜牧业试验区试点合作社 26 个，示范合作社 38 个，合作社总数达到 206 个，发挥了整合资源、解放劳力、提升效益的作用，群众的认可度逐年提高。依托生态畜牧业合作社建设，培育 7 家省级、10 家州级龙头企业，产业化经营格局基本形成。3 个县市完成全域有机畜牧业认证工作，认证草场面积达到近 9 000 万亩。

2017 年，玉树牦牛入选中国特色农产品优势区；2018 年，玉树州人民政府和北京首农食品集团共同投资成立青海首农玉树供应链发展有限公司，玉树牦牛养殖从良种繁育、生态养殖、短期舍饲、屠宰加工到市场销售全产业链开始完善升级；2020 年，制定了《玉树牦牛品牌营销发展规划及三年行动计划》；2021 年，玉树牦牛被列入国家畜禽遗传资源保护名录；2022 年，首届中国（玉树）牦牛产业大会在玉树市隆重召开。2023 年，玉树牦牛产业成功入选首届乡村振兴品牌节产业振兴十大典型案例，“玉树牦牛”区域公用品牌荣膺第三十一届中国国际健博会生态产业振兴奖。同时，玉树州已连续举办 10 届玉树牦牛节暨优良种畜评比活动，充分展示出玉树牦牛“人无我有、人有我优、人优我特”的品牌影响力和知名度。

◆ 中宁枸杞

宁夏回族自治区中卫市中宁县是宁夏枸杞的发源地。依托得天独厚的自然环境和600年人工种植经验，中宁枸杞形成了独特品质。

中宁县是宁夏枸杞核心产区、全国枸杞产业特色优势区，国家级中宁枸杞市场是全国最重要的枸杞集散地。近年来，中宁县积极推进中宁枸杞全产业链高质量发展，取得明显成效。

一、坚持扩基地、调布局，产业标准化有了新突破

全面实行统一标准生产、统一技术指导、统一病虫害防治、统一质量检测、统一品牌标识的中宁枸杞标准化生产管理模式。目前，建成自治区级良种采穗圃和苗木繁育基地3个，千亩以上标准化枸杞示范园区14个，星级基地7家，国家级优质果园2家，宁夏枸杞优质基地4家，宁夏枸杞示范苗圃1家，创建全国绿色食品原料生产基地10.4万亩，获得食品生产中危害分析和关键控制点管理体系（HACCP）、良好农业规范（GAP）、有机产品等认证106个。推行“龙头企业+合作社+农户”订单生产模式，以保护价收购中宁枸杞，保障种植户利益。不断加大基地的供水、供电、道路等基础设施建设，有效改善了基地基础条件。

二、坚持强科技、提品质，产业高端化有了新动能

坚持“政产学研用”相结合，打造枸杞产业科创高地。成立了中宁枸杞创新研究院，建立“专家+农技人员+基地”服务体系，培育推广宁杞1号等8个宁杞系列新品种。设立专家人才库和科研项目库，联结两院院士8位，设立签约实验室17个，建成院士工作站1家，工程技术研究中心2家，企业技术创新中心6家，科技型企业16家，其中，国家高新技术企业3家，国家级科技型中小企业8家，自治区级科技中小企业5家。

根据市场需求实施项目化管理，一揽子采用“企业+创新平台+科研人员+项目”招拍挂模式，推进枸杞产品向医药、健康、美容等领域延伸，枸杞酒、枸杞汁、枸杞芽茶、压片糖果、枸杞明目胶囊、枸杞特膳等多个自主知识产权的系列产品得到产业化生产，现有自主专利100多项。

三、坚持兴加工、延链条，产业集约化有了新格局

围绕全产业链深化细分领域、补链延链壮链，制定了枸杞加工行业标准，推进枸杞深加工企业整合。建成新水农产品加工园区、枸杞加工城2个加工园区，同时，加快中宁县枸杞产业高新技术示范园区建设。

中宁县现有枸杞加工企业 124 家，其中，国家级龙头企业 6 家，自治区级 11 家，市级 17 家，建成良好生产规范（GMP）生产车间 10 座，枸杞绿色灭菌工厂 1 座，枸杞干鲜果、酒、压片糖果等深加工产品达 10 类 100 余种。

大力培养枸杞产业专业人才，创立宁夏大学枸杞学院，中宁县被授予“自治区枸杞产业人才高地工作站”称号。

四、坚持强营销、拓渠道，产业市场化有了新跨越

大力推广中宁枸杞区域公用品牌形象，统一包装标识，目前已在 100 余家企业推广应用，形成了大品牌带小品牌的产业格局，培育了“宁夏红”“早康”“玺赞”等自主品牌 100 余个，其中，3 个品牌荣获“中国驰名商标”称号、12 个品牌荣获“宁夏著名商标”8 个品牌荣获“宁夏枸杞知名品牌”。

建成全国最大的枸杞专业批发市场——国家级中宁枸杞市场。在地级以上城市建成中宁枸杞专卖店、专柜 1 000 余个。建立电商孵化中心，携手天猫、京东、淘宝等共建电商平台，开展订购式、会员制、直播带货新型营销，2023 年线上交易额达到 32 亿元。

不断拓展国际销售新渠道，在阿联酋、巴西、中国澳门等国家和地区成功注册境外商标，产品远销欧美、东南亚 40 多个国家和地区，出口企业达 27 家。

五、坚持严监管、保品牌，产业安全化有了新保障

建立健全产业标准、绿色防控、质量检验检测和产品溯源“四大体系”。引导和督促经营主体严格对标生产，推行《中宁枸杞》标准和《枸杞道地药材》标准。

在早春清园、采果前期、夏果期、秋果期、越冬封园等重点防控阶段严格落实绿色防控技术，建立健全“县、乡 + 基地”枸杞病虫害预测预报体系，病虫害绿色防控覆盖面 100%。

建成枸杞质量检测中心 2 个，快检实验室 94 个，做到产地环境、种植基地、制干环节、产品出厂、入市销售“五必检”。

强化溯源管理，规范中宁枸杞质量追溯标识应用，累计发放质量追溯标识 2 000 余万枚。强化包装物推广使用，采用枸杞包装物赋码管控溯源技术。

六、坚持强引领、提质量，产业融合化有了新内涵

成立中宁枸杞文化研究学会，创作了一批具有影响力的枸杞文化精品，出版了《中宁枸杞志》等枸杞历史文化专著 30 余部。加强与中央电视台、地方主流媒体的合作，讲好中宁枸杞故事，扩大中宁枸杞品牌影响力。

积极营造“中国枸杞之乡”“中国枸杞文化之乡”氛围，打造了玺赞、杞鑫等 14 个观光体验文旅基地。推动“枸杞产业 + 文化 + 旅游”融合发展，玺赞生态枸杞庄园、杞滋堂枸杞健康体验馆被评为国家 3A 级旅游景区。连续举办了 6 届枸杞产业博览会，组织开展乡村旅游暨枸杞饮食文化节、枸杞采摘直销节、“宁夏枸杞宴”金牌美食评比大赛等题材新颖、文化内涵丰富的活动。

◆ 银川鲤鱼

一、基本情况

银川鲤鱼肉嫩味美，细腻而有弹性，无土腥味，体色鲜亮，体形修长。2010 年，银川鲤鱼获得农产品地理标志登记保护。2021 年，实施地理标志农产品保护工程项目。宁夏回族自治区银川市以银川鲤鱼地理标志保护工程项目为抓手，结合鲤鱼、草鱼“健身瘦身”养殖模式推广，建立全产业链标准体系、标准化养殖体系、质量追溯体系，开展品牌宣传与推介，取得了明显的经济效益和社会效益。

二、经验做法

（一）聚焦“试验示范”，提升银川鲤鱼标准化养殖水平

产业的发展需要先进技术标准、质量控制标准以及综合管理标准的支撑。

一是提升鲤鱼品质特色。给鱼“瘦身”是将池塘标准化养成的腹部肥厚的商品鲤鱼（养殖周期 2 年，规格 1.0 ～ 1.5 千克）放入经过水处理的循环池中停食 1 个月左右，经“瘦身”后的商品鱼具有体色光鲜、无土腥味、少脂肪、口感好等特点，体重虽然下降，但价格却是普通鲤鱼的 2 ～ 3 倍。

二是改善鲤鱼养殖系统。养殖采用的瘦身池是由玻璃钢或水泥建造，池内壁和底部规则光滑，涂有生态漆。该系统配备了低碳高效循环流水养殖系统和专用净化设备，采用底部中央排水，上部沿池壁切向进水，以便在不增加机械设备和其他动力的情况下制造人工旋流，使鱼的残饵及排泄物得以集中收集发酵，并转化为有机肥料，养殖过程中增加了水体中的溶氧，降低了氨态氮、亚硝酸盐、总磷、总氮等含量，不但提升了养殖水质，还使水资源得以循环利用。

（二）突出“标准研制”，构建全产业链标准体系

与中国水产科学研究院珠江水产研究所开展技术合作，不断试验研究，对生产、流通、追溯等环节梳理分析，修订和完善了银川鲤鱼“健身瘦身”指标参数，制定了《银川鲤鱼全产业链标准化体系建设指南》《银川鲤鱼养殖技术规程》《银川鲤鱼产品标准》3 个团体标准，形成了银川鲤鱼“健身瘦身”养殖技术路线图，规定了银川鲤鱼养殖的产地范围、养殖条件、苗种培育、成鱼养殖、“瘦身健身”养殖及产品质量要求等内容，建立了全产业标准体系，为品牌培育奠定了基础。

（三）确保“舌尖安全”，构建农产品质量追溯体系

目前，银川鲤鱼已纳入银川市农产品质量安全追溯体系，实现“从池塘到餐桌”的全过程监管。

一是建立银川鲤鱼品质数据库和品种指标体系，与中国农业科学院农业质量标准与检测技术研究

所合作，对银川鲤鱼规格大小、肉质紧实度、肌肉纤维弹性等感官指标，土腥味、香甜味等味觉指标，对应蛋白质、脂肪、氨基酸等可视参数量化测定，确定追溯指标。

二是做到身份标识化和全程数字化管理，通过智慧检测仪，实现检贴联动，将苗种、生产运输、出售、企业情况等全环节信息录入并开具电子合格证后准许上市。通过完善全产业链质量安全追溯体系，使消费者更放心。

（四）精塑“产品魅力”，提高品牌影响力

为提升品牌知名度和影响力，开展品牌宣传与推介。

一是深挖银川鲤鱼文化内涵，设计银川鲤鱼礼盒包装、充气包装、品牌标识及文创卡片，拍摄制作银川鲤鱼宣传片，充分利用自媒体，多角度、全方位地宣传推介，银川鲤鱼的知名度和美誉度不断提高。

二是通过开发胴体真空冷藏、熏制、加工预制菜等方式，提升银川鲤鱼产品附加值，延长产业链，扩大消费群体。

三、主要成效

（一）银川鲤鱼品质得到明显提升

银川鲤鱼通过“健身瘦身”，完成了品质提升，解决了口感差、肉质不紧实等产品薄弱点。通过标准化养殖，实现统一包装、统一价格、统一标识、粘贴地理标志农产品专用电子合格证，打造出一款肉质结实、味道爽滑、清香无腥、产品可溯的“瘦身鲤鱼”。一改国人对鲤鱼“不能清蒸”的根深蒂固的认识，使得银川鲤鱼的烹饪手法更加多元化，口味更加多样化，提高了银川鲤鱼的市场竞争力和销售价格。

（二）养殖技术标准化、规范化水平大大提高

产品标准是产品质量的技术保障，同时也是技术和经济能力的综合反映，谁的技术转化为标准，谁就掌握了市场的主动权。制定农产品地理标志银川鲤鱼全产业链标准体系，极大地提高银川鲤鱼的市场占有率，让常规养殖品种也能优质优价。

（三）检测方式更好地适应了市场需求

水产品中药物残留一直是影响水产品品质的重要因素之一。智慧检测仪检测参数多，前处理环节操作简单且没有假阴性，可实现企业自检，方便快捷，出具的电子合格证较以往手工填写的合格证更易得到社会各阶层的认可。

（四）品牌认知认可度显著提高

银川鲤鱼品牌的曝光度和影响力不断加大，消费者对银川鲤鱼的认可度越来越高，优质优价的市场竞争环境基本实现。

泾源蜂蜜

一、基本情况

宁夏回族自治区固原市泾源县地处六盘山国家级自然保护区和国家森林公园核心区，全县森林覆盖率达 37.45%，自然生态环境优越，蜜粉源植物无污染，特别适宜饲养蜜蜂，当地群众素有养殖蜜蜂的传统。按照“扩规模、育龙头、强品牌、拓市场”的总体思路，泾源县大力推行“1+10”“大手连骨干拉小手”养殖模式，实施技术强基、扩繁并重的“双强”工程，建设标准化蜂场，开展数字化蜂业试验示范，全面打造多产融合、多方共赢、联合增收的乡村振兴示范点，全县建成百群以上标准化蜂场 49 个，培育养蜂户 1 425 户，建成西北地区最大的蜂产品生产加工企业，培训养蜂人员 5 950 人次，目前全县蜂群养殖规模稳定在 3.5 万群，年生产蜂蜜 180 吨，年产值 5 500 万元以上。泾源蜂蜜品牌价值 1.44 亿元。

二、主要措施

（一）规范标准化养殖，强产业，扩规模

一是标准引领强示范。通过闽宁项目支持，建成标准化蜂场 5 个，各蜂场养殖规模均达到 120 群以上，每个标准化蜂场带动 5 户脱贫户发展中蜂养殖，蜂场承建人通过代养分红或免费提供基础蜂群等不同方式，带动 25 户脱贫户养殖中蜂，户均增收 2 000 元。二是摸清底数强扩群。越冬后开展蜂群摸底登记，实名登记蜂群 12 238 箱，涉及 90 个行政村 869 户养蜂户，其中脱贫户 412 户蜂群 4 335 箱，一般户 457 户蜂群 7 903 箱，全年分蜂扩群 14 240 余箱，养殖规模稳定在 3.5 万群。

（二）项目带动育龙头，强品牌，拓市场

一是支持宁夏众天蜂业生物科技有限公司的良种繁育基地开展中蜂良种繁育工作，全年培育优质蜂王（王台）1.4 万余只，125 户养蜂户免费领取，节约养蜂户育王成本 70 万元以上。二是建立了“企业 + 基地 + 农户”的联农带农机制，经济社会效益明显，支持泾源蜂蜜经营企业协议收购养蜂户蜂蜜进行精深加工，2023 年已收购 161 户脱贫养蜂户的蜂蜜 10.04 吨，带动增加脱贫户收入 60.018 万元。三是通过闽宁协作“互联网 +”项目建成泾源蜂蜜云仓物流中心，实现了销售数据共享互通，开辟了特色农产品销售新渠道。四是建立“蜂旅融合”示范区，建设集中华蜜蜂智慧养殖、休闲观光体验、蜜蜂文化科普、蜂产品展示销售、培训教育于一体的中蜂产业综合体，开启了一二三产业融合发展模式。

（三）强化技术服务，保障产业持续健康发展

一是规范运行“大手连骨干拉小手”养殖机制，确保养蜂户技术服务全覆盖。优选确定 23 名“大

手”，签订技术服务协议，带动筛选合格的技术骨干人选 43 人，按照属地管理原则辐射帮带一般养蜂户，开展中蜂养殖四季管理技术指导服务。二是举办“泾源县 2023 年闽宁协作中蜂养殖致富带头人能力提升培训”班 2 期，共培训中蜂养殖人员 200 人，其中产业致富带头人 80 人，养蜂户 120 人。

（四）加强中蜂疫病防控和环境保护

一是坚持预防为主，综合防治的原则，指导养蜂户落实常年饲养强群以及定期消毒、疫病防治等关键技术措施，组织技术干部在标准化蜂场开展中蜂巢虫诱杀和囊状幼虫病的监测。二是在县域内禁止饲养意蜂等其他蜂种，加强宣传和监督检查，驱离外地转场意蜂 3 次 70 余群。三是在中蜂养殖区域加强禁止使用农药的宣传，为中蜂养殖提供安全保障。

（五）补充种植蜜粉源植物

结合生态经济产业、道地中药材及牧草种植项目实施，以“农旅融合观光基地”建设为核心，补充种植蜜粉源植物 3.6 万亩，弥补了季节性蜜粉源不足的短板。

三、工作成效

（一）养蜂产业示范引领作用显著

建成标准化蜂场 5 个，各蜂场养殖规模均达到 120 群以上，对养蜂户开展标准化、规模化、科学化养殖起到了示范引领作用。

（二）产业绿色高质量发展提速

建成了一批区级绿色食品原料基地、标准化基地和出口基地，有力地推进绿色农业高质量发展。

（三）全链条产业合作模式确立

健全产供销和线上线下融合的全链条体系，形成了“企业 + 基地 + 农户”的联农带农机制，通过“互联网 +”，实现了销售数据共享互通，为特色农产品销售开辟了新渠道。

（四）区域品牌建设成效显著

加大对“泾源蜂蜜”区域公用品牌规范管理，组织开展“三品一标”、中国农业良好规范等品牌建设，培育了一批市场竞争力强的区域品牌和企业品牌。

（五）产品质量安全监管体系强化

加快农产品质量安全追溯体系建设，推行农产品质量安全监管与“检测 + 合格证”、承诺达标合格证结合，强化产品带标上市。

（六）泾源蜂蜜市场影响力增强

通过泾源蜂蜜形象宣传和推广，开设专营店和网店，实现线上线下销售，组织企业参加各类交易会、展销会，使泾源蜂蜜知名度明显提高，市场竞争力明显提升。

◆ 泾源黄牛肉

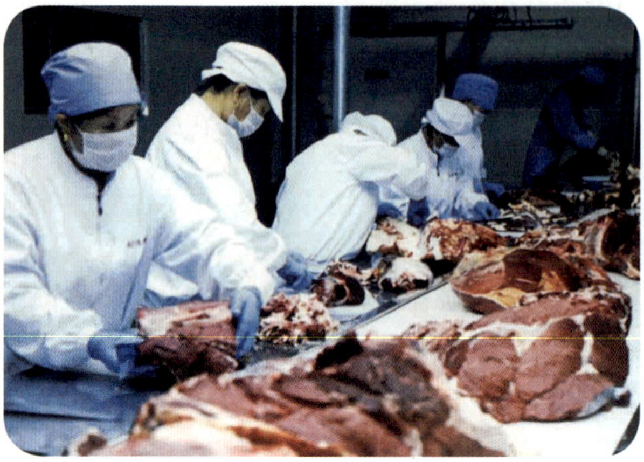

一、基本情况

泾源县是宁夏回族自治区环六盘山优质肉牛养殖核心县。泾源县按照“夯基建标、扩量增质、扩链增效、扩市增收”的思路，着力打造肉牛特色产业绿色基地，通过筑牢产业发展基础、扩大肉牛养殖规模、推动产业高效发展、强化品牌工程建设、拓展多元化产业路径，助推产业扩量增质、扩链增效、扩市增收，推动产业提档升级。全县肉牛饲养量达到 12 万头，牛肉年产量 10 416 吨。

二、主要做法

（一）筑牢基础，推动产业发展

按照“新建一批、扩建一批、盘活一批、改造一批”建设方式，建设“出户入园”示范点 5 个。采取集中种植和分散种植相结合的方式，完成优质高产高效玉米种植 10.5 万亩，每年加工调制全株玉米青贮 20 万吨，夯实饲草料生产基础。探索“企业 + 村集体 + 农户”饲草料供应机制，组建饲草料配送社会化服务组织 1 个、饲草配送加工中心（配送点）7 个。

（二）持续扩大肉牛养殖规模

对现有母牛群进行纯繁，建立系谱档案，开展生产性能测定，将纯繁母犊牛作为后备母牛集中饲养，逐渐扩大良种母牛核心群规模，全年培育安格斯肉牛核心群繁育场3个，培育“50”家庭牧场（存栏肉牛 50 头以上的注册家庭牧场）10 家。实施安格斯母牛核心群规模建设工程，全县共引进育肥牛 19 132 头，引进基础母牛 4 332 头，完成冷配改良肉牛 3.2 万头，“见犊补母”项目验收 3 万头。

（三）开拓市场，强化品牌建设

构建泾源黄牛肉品牌营销体系，加大品牌宣传推介，支持经营主体在自治区外大中城市建设泾源黄牛肉品牌营销店。与浙江农合集团签订肉牛产业合作协议，通过“订单收购、定向收购”形成常态化供应。目前，泾源黄牛肉已销往全国 20 多个省（区、市），在中国—阿拉伯国家博览会、博鳌“一带一路”全球金融大会等大型活动中备受好评。

（四）构建利益链，实现联动发展

坚持多主体参与、多业态打造、多利益联结，打造“市场 + 基地 + 农户”的产业发展新格局。深化“企、社、园”联农带农机制，设立乡村振兴贷款风险补偿基金和乡村振兴融资担保基金，制定《百企联百村带千户实施方案》，出台“1523”激励政策，建立“联农带农企业名录库”，创新“三资变股”“四轮驱动”模式，优化金融保险产品供给，企业、合作社、村集体、农户等参与主体的各项权益

得到有效保障。

（五）构建产品全程可追溯体系

建立泾源县泾源黄牛肉质量安全全程可追溯体系平台，逐步逐批对泾源黄牛肉生产加工经营主体及产品实现电子身份识别、数字化可视化管理，将追溯设备与生产养殖、电子防伪标识、产品质量检测、承诺达标合格证充分结合，实现泾源黄牛肉全链条电子化，强化产品代标上市，切实维护广大消费者权益。

（六）多种形式开展宣传推广

借力全国地理标志农产品保护工程项目，加大对泾源黄牛肉形象和统一包装的宣传应用力度，在全国范围内组织开展了泾源黄牛肉宣传口号征集活动，指导企业开展绿色食品、良好农业规范等认证。举办“红色六盘山避暑泾河源”宁夏·泾源2023年文化旅游推介会（西安站）、“浪宁夏　品味道”2023宁夏·泾源美食文化节、宁夏六盘山泾源县第七届黄牛节和泾源县名特优农产品促消费活动，组织企业参加全国各类农产品展销和推介活动。制作泾源黄牛肉宣传片和泾源黄牛肉发展历史舞剧《鸿运当头》，利用新闻媒体、抖音、快手等方式广泛宣传，泾源黄牛肉的知名度及其品牌的社会公信力明显提升。

三、工作成效

（一）产业规模快速壮大

聚焦合理承载、扩规提质、延链增值，产业基础有效夯实，加快了肉牛规模化、集约化、标准化、品牌化、市场化发展速度，泾源肉牛产业已成为巩固脱贫成果和实施乡村振兴衔接的支柱产业。

（二）产业绿色高质量发展速度加快

建成了一批区级、国家级绿色食品原料标准化生产基地、全产业链条标准化生产基地，有力地推进绿色农业高质量发展。

（三）“商、企、园”利益连接机制形成

构建利益链实现产业联动发展，打造“市场＋基地＋农户”的产业发展新格局，形成了“企业＋养殖合作社＋家庭农场＋大户＋商超”联农带农利益链接机制。

（四）泾源黄牛肉品牌集群形成

通过品牌建设，培育了一批市场竞争力强的区域品牌和企业品牌，泾源黄牛肉品牌价值达32.5亿元。

（五）农产品质量安全监管水平提升

构建农产品质量安全追溯体系建设，强化产品带标上市，确保全县人民群众“舌尖上的安全”。

（六）市场竞争力明显提升

依托“互联网＋新媒体”，宣传推广泾源黄牛肉，在抖音、快手等电商平台上线销售泾源黄牛肉系列产品，产品销往浙江、福建等20多个省（区、市）的大型超市，市场竞争力明显增强。

盐池滩羊肉

宁夏回族自治区吴中市盐池县是滩羊的核心产区和国家级种质资源保护区，被誉为“中国滩羊之乡”。多年来，围绕良种化繁育、规模化养殖、标准化生产、产业化经营、品牌化营销的“五化”体系建设，着力实现滩羊产业高质量发展。“盐池滩羊肉”品牌价值达106.82亿元，产品畅销28个省（区、市）50多个大中城市。

一、基本情况

盐池县位于宁夏回族自治区东部，地处陕甘宁蒙四省（区）交界地带。近年来，盐池县始终把滩羊产业作为全县的“一号产业”，聚焦“正宗、品质、效益”总基调，一任接着一任抓、一茬接着一茬干，以增加农民收入为核心，创新建立“政策引领、产业扶持、协会带动、企业统领”的运行机制，自2009年制定出台了《关于进一步加快滩羊产业发展意见》以来，连续15年印发《盐池县滩羊产业发展实施方案》，先后投入各类资金8亿元，以政策促调整、以项目促发展、以延链促融合，着力完善滩羊产业现代产业体系、生产体系、经营体系，持续推动盐池滩羊产业提质增效，不断擦亮“盐池滩羊肉”金字招牌。

2022年，全县羊只饲养量324.8万只，其中存栏130.7万只，出栏194.1万只，羊肉产量2.91万吨，滩羊养殖主体呈现“企业＋规模养殖园区（场）＋养殖户”的结构组成，规模化养殖率超过70%，屠宰加工比例达58%，精深加工比例在20%以上，全产业链年产值达80.1亿元。

二、具体做法

坚持以政策促调整、以项目促发展、以延链促融合，创新“良种化繁育、规模化养殖、标准化生产、产业化经营、品牌化营销”的“五化”体系建设发展模式，推动滩羊产业高质量发展。

（一）聚焦良种化繁育再提速

与科研机构合作完成滩羊生产性能测定，挑选双羔基因1 766只。强化“核心群＋选育群＋扩繁群”三级繁育体系建设，培育壮大盐池滩羊选育场、朔牧繁育中心2个良繁基地，建立滩羊系谱图2 000余份，累计投放优秀滩羊种公羊2.8万只，培育基础母羊“选育群”32万只，存栏量稳定达到86万只。

（二）聚焦规模化养殖再攻坚

依托滩羊优势特色产业集群、国家数字应用创新基地建设等项目，累计建成滩羊养殖示范村91个，生态牧场100家，“300”模式家庭牧场123个。建设100万亩天然草原修复补播改良和优质牧草种植基地，年种植一年生牧草30万亩，补播改良天然草原30万亩，为滩羊产业发展提供优质饲草保障。

（三）聚焦标准化生产提质效

高标准建成盐池滩羊研究检测中心，制定盐池滩羊标准技术规程 28 项，开发滩羊基因鉴定（SNP）技术，实现 3 小时快速甄别。成功编制盐池滩羊全产业链高质量发展的团体标准体系，创新研发盐池滩羊专用配方饲料，注册“兴羡”滩羊专用饲料商标，建成年产 4 万吨滩羊专用饲料的饲料加工厂。

（四）聚焦产业化经营促发展

扶持壮大滩羊集团、鑫海公司等区市级龙头企业 18 家，培育滩羊智慧养殖经营主体 7 家。开发滩羊肉精深加工产品 150 余种，以及滩羊副产品 48 种。构建“养、加、销”利益共享、风险共担联结机制，组织滩羊集团每年以高于市场价 4 元 / 千克的价格，签订 60 万只滩羊的收购订单，切实保障养殖户稳定增收。

（五）聚焦品牌化营销拓市场

依托“四上国宴”的品牌优势，培育“宁鑫”“羊泰鲜”等特色品牌 41 个。创新“企业直销店 + 品牌专卖店 + 零售店 + 超市专柜 + 网络电商”营销模式，在全国开设销售点 226 家，打入各大城市的 153 家连锁超市、262 家餐饮企业，品牌知名度和影响力大幅提升。

三、经验亮点

盐池县聚焦“正宗、品质、效益”发展目标，创新滩羊产业“五化”体系发展模式，打通“养、加、销”全产业链产业发展路径，着力实现滩羊产业高质量发展。

一是打造了一批标准化程度高的滩羊养殖基地，为龙头精深加工企业提供了重要原料。

二是创新“研、选、育、推”一体化生产体系，应用人工授精技术、多胎基因滩羊胚胎移植等选育技术，提升滩羊优质种羊年繁育推广能力。

三是依托“区域公用品牌 + 企业品牌 + 商品品牌 + 个人品牌”品牌联育模式，创新企业自有品牌授权管理模式，打造“滩羊百年”“羊贵妃”等品牌，品牌价值稳步提升。

四是构建“养、加、销”利益共享、风险共担联结机制，组织 10 余家企业订单收购养殖户羊只，巩固了联动带农和产业培育基础。

四、发展成效

近年来，盐池县结合滩羊产业发展实际，将滩羊产业打造成了农民的致富羊，养殖户的生活一年更比一年好。依托滩羊集团，整合滩羊产业化联合体，建立“企业 + 农户”利益合作体系，创新“养、加、销”产业链利益共享、风险共担的联结机制，实行“县统乡、乡统村、村统组、组统户”统一出口的滩羊养殖营销模式，引导企业与养殖户签订滩羊订单养殖协议，订单收购价格高于市场同期价格的 10%，累计订单收购滩羊 207 万只。2022 年，盐池县农民人均可支配收入 16 593 元，农民收入的一半以上直接来自滩羊产业。

和田玉枣

和田玉枣2009年被纳入农产品地理标志保护。新疆生产建设兵团第十四师二二四团把红枣产业作为产业兴连强团的核心，培育新型农业经营主体，形成农产品生产、加工、销售融合发展，推动实现传统农业向现代农业的转变。

一、基本情况

二二四团自2003年春季开始种植苗木起，截至目前，已完成土地开发面积22.9万亩，其中种植面积18.9万亩，经济林16.6万亩，防护林2.3万亩。二二四团红枣种植面积从小到大逐年发展起来，从6.7万亩扩大到15.5万亩。同时，在团场农业科、农科中心、连队技术员农技服务推广体系的指导下，红枣管理技术在职工中得到推广，管理水平有效提升。目前已建设完成红枣标准园10万亩，高标准示范园3万亩，红枣挂果达产面积13.6万亩，红枣年产量17.5万吨。

二、主要做法

（一）以合作社经营发展为主体，打造优质红枣生产基地

围绕红枣提质增效，引导加工企业在平等互利基础上，与农户、农民合作社签订红枣购销合同，合理确定收购价格，形成稳定的购销关系。鼓励农产品产销合作，建立技术开发、生产标准和质量追溯体系，设立共同营销基金，打造联合品牌，实现利益共享。

（二）健全产业发展利益联结机制，推动红枣产业发展

以连队支部为主体，构建“企业＋党支部＋合作社＋职工”模式，在连队党支部的带领和引导下，从生产、加工到销售，产业发展理念一以贯之，让职工融入产业经营发展的各个环节，职工充分感受产业发展的优越性。依托昆仑山枣业股份有限公司、振南枣业公司、丰茂枣业公司等产业龙头企业加大红枣收购加工力度，延长产业链。

（三）利用现有电商发展优势，优化资源布局

一是对二二四团电商协会、8连电商培训基地等电商平台进行优化升级，打造电商孵化基地。2020年二二四团从事红枣网上销售人员312人，销售红枣5 000吨，实现价值6 000万元，产业电商优势初步显现。

二是结合团电商特点对从业人员开展培训，快速提升人员素质。2020年邀请优秀电商大咖、院校老师开展电商培训3期，培训电商从业人员132人次。

三是师团层面制订电商发展计划，为各个连队投资建立完善的电商运营环境并配备相应的设备。成立新晋物流服务有限公司，加盟快递公司2家，同时，建立云仓，电商自家的红枣以及职工滞销的红枣统一入库，降低运输成本。

（四）建立和完善农业技术服务和质量追溯体系建设

一是进一步加强团场农业技术服务能力建设。

二是引进农资、农机服务公司，以合作社为主体，通过购买服务的方式实现优质高效的农事农技服务。

三是依托昆玉八戒管理公司建立完善的农产品质量追溯体系，保障农产品质量安全。

三、主要成效

（一）标准化程度高

种植的13.6万亩红枣全部按照标准化方式生产，其中5 000亩通过有机产品认证。辖区内90%以上企业实现红枣清洗、烘干分拣自动化改造，农产品标准化程度不断提高。

（二）组织化水平高

建立了“企业＋团场＋农户”的生产经营模式，80%的红枣通过订单收购，这为团场综合配套改革后，通过培育新型经营主体，推动红枣规范化标准化生产、销售加工打下了坚实基础。

（三）市场影响力大

辖区内企业注册有“昆仑山”“和田玉枣”“二二四臻品”“大漠玉”等商标。产品出口至美国、加拿大及欧盟国家，具有较高的品牌影响力。

（四）规模效应突出

红枣产业产值占全团经济总量的83%以上。从事主导产业生产经营活动的农户占总农户的80%，其中骏枣集中连片种植面积为全世界最大。红枣产业已经成为第十四师主导产业，二二四团已成为新疆重要的骏枣集散地。